DYNA'SUP DROIT

Collection dirigée par Frédéric Debove

Directeur de l'Institut de droit et d'économie de l'université Panthéon-Assas (Paris II)
Directeur de l'Institut pour l'égalité des chances

DROIT DU TRAVAIL

Corinne Pizzio-Delaporte

Maître de conférence en Droit privé
à l'université Panthéon-Assas (Paris II)

Vuibert

Collection Dyna'Sup droit

Retrouvez tous nos ouvrages sur www.vuibert.fr

Dernières parutions

Droit des biens, Aline Cheynet de Beaupré (janvier 2011)

Introduction à la philosophie du droit, Stamatios Tzitzis (janvier 2011)

Droit de la famille, 6e édition, Frédéric Debove, Renaud Salomon, Thomas Janville (octobre 2010)

Introduction historique au droit, 5e édition, Jean-Paul Andrieux (septembre 2010)

Droit de l'environnement, Pascale Martin-Bidou (septembre 2010)

Droit du sport, Charles Amson (juillet 2010)

Droit constitutionnel, 3e édition, Patrick Fraisseix (juin 2010)

Relations internationales, Emmanuel Tawil (février 2010)

Droit des libertés fondamentales, Charlotte Denizeau (février 2010)

Droit de la police, 3e édition, Hervé Vlamynck (février 2010)

Procédures civiles d'exécution, 4e édition, Cécile Robin (septembre 2009)

Introduction au droit, 2e édition, Astrid Marais (septembre 2009)

Illustration de couverture : Extrait d'une carte commerciale de la compagnie de viande Liebig avec un atelier de composition.

Atelier de composition d'un magazine illustré français vers 1934.
Série Liebig : La confection d'un journal illustré (*The Making of an illustrated Magazine*) n° 4.

ISBN 978-2-311-00304-8

Sommaire

Liste des principales abréviations

B. : Bulletin de la Cour de cassation
C. trav. : Code du travail
Cass. civ. : Chambre civile de la Cour de cassation
Cass. crim. : Chambre criminelle de la Cour de cassation
Cass. soc. : Chambre sociale de la Cour de cassation
CDD : contrat de travail à durée déterminée
CDI : contrat de travail à durée indéterminée
CE : comité d'entreprise
CHSCT : comité d'hygiène, de sécurité et des conditions de travail
D. : Dalloz
DIF : droit individuel à la formation
Dir. : directive
DP : délégué du personnel
Dr. ouvr. : Droit ouvrier
Dr. soc. : Droit social
DS : délégué syndical
et a. : et autres
JCP S : La Semaine juridique, édition sociale
LS : Liaisons sociales
obs. : observations
OSR : organisation syndicale représentative
RJS : Revue de jurisprudence sociale Francis Lefebvre

Titre 1. Présentation générale du droit du travail

1. L'objet de ce titre, assez long, est de donner une vue d'ensemble tant des acteurs que des facteurs intervenant en droit du travail. Il permet de faire connaissance avec le langage, les intervenants, les problématiques particuliers à la matière. C'est plus qu'un titre introductif : c'est le fondement des titres suivants.

Section 1
DÉFINITION, OBJET ET FINALITÉS DU DROIT DU TRAVAIL

I. Définition du droit du travail

2. Le droit du travail ne s'adresse pas à tous les gens qui travaillent mais seulement aux salariés, c'est-à-dire à ceux qui sont titulaires d'un contrat de travail. Cette situation les oppose aux travailleurs indépendants (commerçants, artisans, professions libérales, etc.) qui ne sont pas régis par des règles identiques, notamment au regard de leur protection sociale. Les fonctionnaires, quant à eux, relèvent du statut de droit public[1].

Le droit du travail peut se définir ainsi : il s'agit de *« l'ensemble des règles juridiques applicables aux relations individuelles et collectives de travail qui naissent entre employeurs privés et ceux qui travaillent sous leur autorité moyennant une rémunération appelée salaire »*[2]. Cette définition permet de dégager les principaux critères du contrat de travail : son caractère privé, la subordination qui existe entre l'em-

1. Il existe deux systèmes de fonction publique : celui « de la carrière » et celui « de l'emploi ». En France, c'est le système de la carrière qui est retenu. Celui qui travaille pour l'État, ses administrations, les collectivités territoriales relève du statut de la fonction publique. Le statut de la fonction publique existe pour les agents de l'État depuis 1946 ; il a été réformé en 1981. Les fonctionnaires sont en général recrutés par concours (catégories A, B et C). Le principe est celui de la séparation du grade et de l'emploi, de manière à protéger les fonctionnaires contre les risques relatifs aux changements politiques.

2. Définition attribuée à Gérard Lyon-Caen par Jean-Emmanuel Ray in *Droit du travail, droit vivant*, Éditions Liaisons, 1991, p. XI.

ployeur et le salarié, et le salaire qui constitue la contrepartie de cette subordination.

Pour schématiser, si l'on veut relever du droit du travail, il faut être un employeur du secteur privé employant un salarié titulaire d'un contrat de travail. Les deux parties entrent alors dans le champ d'application de ce droit.

Une remarque est nécessaire : le terme salarié s'impose et non celui d'employé. En effet, tous les employés sont des salariés, mais tous les salariés ne sont pas des employés car ce dernier terme renvoie à une catégorie socioprofessionnelle (ouvriers, employés, cadres). De même, le terme d'employeur, et non celui plus familier de « patron », s'impose également.

3. Le droit du travail tend, ces dernières années, à être parfois assimilé au droit de l'emploi[3]. Les deux notions ne sont pourtant pas à confondre. Alors que le droit du travail ne vise que le secteur dit privé (celui des entreprises privées soumises au Code du travail), le droit de l'emploi s'entend d'un arsenal de politiques pour l'emploi dont le champ d'application est beaucoup plus vaste puisqu'il peut s'agir également du domaine public, voire du domaine communautaire[4]. Le droit de l'emploi comprend dans sa sphère le droit du travail, mais pas uniquement. Certaines mesures ayant trait à la politique sociale (chômage ou autre) entrent dans le domaine du droit de l'emploi mais non du droit du travail. Autrement dit, l'emploi a une connotation économique que ne revêt pas le travail au sens juridique du terme. De même, le droit du travail est un droit assez procédural alors que le droit de l'emploi est un droit plus instrumental[5].

En droit du travail, la notion d'emploi va surtout intervenir en amont et en aval du travail, avant l'embauche et après la rupture du contrat de travail, afin d'instaurer des règles qui tendent à assurer un emploi au futur travailleur ou au chômeur : ainsi, l'État va par exemple créer des contrats de travail spécifiques pour favoriser l'emploi des jeunes ou des chômeurs de longue durée. Toutefois, certaines mesures prévues dans le Code du travail et qui peuvent intervenir lors de l'exécution du travail relèvent de la politique de l'emploi. Tel est le cas du plan de sauvegarde de l'emploi qui vise à limiter ou à éviter le nombre de licenciements collectifs : il doit prévoir des mesures de reclassement qui ont pour objectif le maintien de l'emploi. Tel est encore le cas de tout le dispositif concernant la formation professionnelle (*infra*, n° 534 et s.), qui s'inscrit réellement dans le cadre de la politique pour l'emploi.

En résumé, les deux notions sont certes différentes, mais elles ont des points communs. Certaines dispositions du droit du travail s'inscrivent nettement dans le cadre de la politique de l'emploi. Cela s'explique en réalité par une évolution

3. Sur ce point, voir Titre 2, chapitre 1 ou encore, par exemple F. Gaudu, « Les notions d'emploi en droit », Dr. soc. 1996, p. 569 et « Du statut de l'emploi au statut de l'actif », Dr. soc. 1995, p. 535 ; A. Lyon-Caen, « Le maintien de l'emploi », Dr. soc. 1996, p. 665 ; A. Supiot, « Du bon usage des lois en matière d'emploi », Dr. soc. 1997, p. 219 ; Ch. Daniel, « Les politiques d'emploi : une révolution silencieuse », Dr. soc. 1998, p. 3.

4. L'emploi est devenu l'un des objectifs de l'Union européenne.

5. Ne parle-t-on pas des instruments de la politique de l'emploi ?

de la notion du travail. D'une conception ouvrière fondée sur la subordination (employeur-salarié), elle glisse doucement vers une conception plus économique dans laquelle tous les agents de la vie économique et sociale (l'employeur, le salarié, mais aussi l'entreprise et l'État) interviennent. Cela permet d'expliquer que, même si le droit du travail tend à protéger les intérêts des salariés, d'autres intérêts vont apparaître : celui de l'entreprise, mais aussi celui de l'emploi.

II. Objet du droit du travail

4. Le droit du travail, entendu *stricto sensu* (*supra* n° 2), a pour objet principal de régir les relations professionnelles, c'est-à-dire d'organiser, de manière assez flexible en laissant une grande part à la négociation, les rapports de travail au sein des entreprises ou des branches d'activité (A). C'est pourquoi il convient de préciser que l'objet de ce droit n'est pas de régir la protection sociale des individus (B).

A. Le droit du travail a pour objet de régir les relations professionnelles

5. Classiquement, on entend par « relations professionnelles de travail » tant les relations individuelles de travail que les relations collectives.

Les relations individuelles concernent les rapports de travail liant l'employeur et ses salariés. Il s'agit globalement d'analyser tant le lien contractuel que le lien disciplinaire unissant les deux parties. L'aspect contractuel est important car le salarié est avant tout titulaire d'un contrat de travail, mais l'aspect disciplinaire l'est tout autant puisque le même salarié est en état de subordination juridique (*infra*, n° 562 et s.). En bref il s'agit d'analyser le contrat de travail.

Les relations collectives renvoient à la vie de l'entreprise, à la collectivité des travailleurs salariés. Elles ont pour objet d'organiser la représentation du personnel, la négociation collective, et éventuellement les conflits collectifs du travail[6]. Elles sont assimilables à un terme employé dans les entreprises : les relations sociales, c'est-à-dire comment organiser la négociation avec les syndicats, la consultation et l'information des représentants du personnel, etc.

B. L'objet du droit du travail est distinct de celui du droit de la protection sociale (ou de celui du droit de la Sécurité sociale)

6. Le droit du travail est complété par le droit de la protection sociale (qui inclut pour une grande part le droit de la Sécurité sociale) ; l'association des deux matières concrétise le droit social. En résumé, le salarié évolue au sein de

6. Il peut paraître un peu schématique de séparer les relations de travail en deux groupes distincts, alors que l'ensemble des règles du droit du travail s'articulent entre elles...

relations de travail organisées autour de son contrat de travail (droit du travail), mais il bénéficie également d'une protection sociale contre les risques qui affectent ses revenus tirés du travail (droit de la protection sociale). Les deux aspects du droit social sont indissociables.

7. La protection sociale des salariés est assurée à la fois par l'État et par des organismes privés d'assurance complémentaire. Tout salarié est assuré social, c'est-à-dire qu'il est inscrit à la Sécurité sociale (ou affilié au régime général). Cette inscription, matérialisée par une immatriculation, lui permet d'être couvert contre les principaux risques qui affectent le travail : les risques dits « physiques » comme la maladie, la maternité, les accidents du travail, la vieillesse et le décès ; le salarié est également protégé contre le risque « économique » par le régime d'assurance chômage. Lorsque le salarié est exposé à l'un de ces risques, il se trouve dans l'impossibilité physique ou économique de travailler et donc de percevoir un revenu. C'est pourquoi il lui faut être assuré légalement contre ces risques. En contrepartie de cotisations sociales qui couvrent l'ensemble des risques évoqués et qui sont directement prélevées par les employeurs sur les bulletins de paie (technique du précompte), les salariés vont recevoir des prestations à chaque fois que l'un des risques surviendra. Par exemple, le salarié malade percevra de la part de son organisme d'assurance maladie des indemnités journalières (appelées prestations en espèces) pour remplacer une partie de son salaire ; de même, il pourra se faire rembourser ses dépenses de médecin et de pharmacie (prestations en nature).

Pourtant, la couverture prise en charge par le régime légal n'est pas entière. Il reste toujours à la charge de l'assuré une part des dépenses appelée ticket modérateur. C'est la raison pour laquelle des organismes privés gèrent la couverture complémentaire des assurés sociaux. En contrepartie de cotisations supplémentaires, quelquefois prélevées et gérées par l'entreprise, le salarié verra ses dépenses de santé remboursées en totalité ou en quasi-totalité. De même, le retraité qui aura cotisé durant ses années de travail à un régime complémentaire de vieillesse[7] percevra une retraite plus intéressante que s'il n'avait cotisé qu'au régime général (bien que les régimes complémentaires soient obligatoires pour tous et qu'ils risquent d'être insuffisants dans l'avenir, d'où la nécessité de régimes sur-complémentaires, voire de fonds de pension).

Des mécanismes de couverture sociale identiques existent pour l'ensemble de la population. Les travailleurs indépendants, les agriculteurs ainsi que les travailleurs relevant de régimes dits « spéciaux » ont une couverture sociale proche de celle des salariés. Les étudiants et les conjoints d'assurés sociaux bénéficient d'une extension du champ d'application du régime général, ils sont protégés alors même qu'ils ne travaillent pas.

---

7. Tous les salariés sont obligatoirement affiliés à des régimes complémentaires de retraite gérés en ce qui concerne les non-cadres par l'ARRCO et pour les cadres par l'AGIRC.
Le dispositif est-il suffisant pour éviter une « crise du système » ? La loi du 9 novembre 2010 (JO, 10) portant réforme des retraites de base n'est elle qu'un premier pas vers la refonte totale de l'assurance vieillesse (*infra* n° 700).

III. Finalites du droit du travail

8. Le droit du travail a principalement deux finalités. En réalité, on pourrait trouver autant de finalités que de règles de droit social qui ne forment pas toujours un tout cohérent. Chacun doit pouvoir y trouver son intérêt : c'est là le particularisme du droit du travail, droit concret et conforme à la réalité, parfois complexe et confus, mais passionnant.

A. Le droit du travail est un droit protecteur des intérêts des salariés

9. Le contrat de travail a un caractère alimentaire. Or, ce qui le caractérise par rapport à tous les autres contrats de droit privé c'est la subordination[8] dans laquelle se trouve le salarié vis-à-vis de son employeur. Il était donc nécessaire de construire une réglementation protectrice des intérêts des travailleurs salariés tout en veillant à ne pas la rendre trop contraignante, de crainte de dissuader l'embauche. Là réside toute la difficulté : organiser et réglementer des relations déséquilibrées. Cette réglementation est le résultat de toute une évolution sociale (*infra*, section 2).

Deux principes illustrent l'aspect protecteur du droit du travail :

Lorsqu'il n'est pas possible, lors de la survenance d'un litige, de décider clairement des droits de chacun et de la responsabilité de la faute, le doute profite au salarié *(dubio pro operario)*[9] ;

Lorsque deux sources s'opposent, l'ordre public social permet d'appliquer au salarié la norme inférieure qui lui est plus favorable)[10]. Cette notion, aussi nommée, principe de faveur, tend à pouvoir être remise en cause depuis 2004 (*infra*, titre 2).

Le principe suivant lequel le droit du travail est un protecteur des intérêts du salarié est à relativiser. Certes, la majeure partie des dispositions de la loi

---

8. La notion de subordination est assez vague et sera étudiée avec le contrat de travail. Elle peut néanmoins déjà être expliquée comme le fait, pour le salarié, d'être soumis tant au pouvoir de direction qu'au pouvoir disciplinaire de l'employeur et d'exécuter son contrat de travail dans ce cadre.

9. Art. L. 1235-1 NCT, anc. L. 1235-1 C. trav. : *« En cas de litige, le juge à qui il appartient d'apprécier la régularité de la procédure suivie et le caractère réel et sérieux des motifs invoqués par l'employeur, forme sa conviction au vu des éléments fournis par les parties et au besoin après toutes mesures d'instruction qu'il estime utiles. (...) Si un doute subsiste, il profite au salarié »*

10. En dehors de l'application de l'ordre public social qui ne joue qu'en cas de conflit de normes, les juges peuvent aussi, dans un souci de protection du salarié, décider de lui appliquer « la disposition (qui lui est la) plus favorable ». Ce principe de faveur fait l'objet de nombreuses décisions. Sur ces notions lire : Y. Chalaron, « L'application de la disposition la plus favorable », *Mélanges Lyon-Caen*, Dalloz, 1989 ; A. Chevillard, « La notion de disposition plus favorable », Dr. soc. 1993, p. 363 ; A. Jeammaud, « Le principe de faveur, enquête sur une règle émergente », Dr. soc. 1999, p. 45.

sociale a pour objet de protéger la partie faible au contrat et la jurisprudence sociale, souvent critiquée pour cela, va fréquemment dans un sens identique.

Toutefois, de nouvelles notions apparaissent, singulièrement en jurisprudence, telle la notion d'« intérêt d'entreprise ». L'intérêt de l'entreprise doit en effet être pris en compte car de sa survie dépend la survie de l'emploi (*supra*, n° 2) et cet intérêt particulier à connotation plus collective va certainement à l'encontre de l'intérêt du salarié, intérêt purement individuel. De ce fait, la notion d'intérêt de l'entreprise est contrôlée par le juge social qui énonce que doit être prise en compte la *« protection des intérêts légitimes de l'entreprise »*. Par exemple, une clause de non-concurrence peut valablement restreindre la liberté « de travail » d'un salarié si elle est conforme à la protection des intérêts légitimes de l'entreprise, autrement dit si elle est proportionnelle au but recherché : une entreprise peut insérer une clause de non-concurrence dans le contrat de l'un de ses salariés si cela se justifie vraiment compte tenu de l'activité de l'entreprise et de l'emploi exercé par le salarié. Tout cela pour démontrer que les intérêts des parties au contrat de travail ne sont plus appréhendés séparément mais globalement par un contrôle de proportionnalité entre le but recherché et les mesures prises pour y parvenir. Une application plus fréquente par les juges de l'article L.1121-1 du Code du travail, qui énonce les principes de finalité et de proportionnalité en droit du travail, devrait contribuer à relativiser l'affirmation de principe suivant laquelle le droit du travail est toujours plus favorable au salarié.

B. Le droit du travail tend à promouvoir les relations professionnelles[11]

10. Comment concilier les intérêts des travailleurs et des employeurs ? Si la loi réglemente le temps de travail[12], il est préférable que la mise en place de ce dernier soit adaptée aux nécessités des entreprises. La réglementation côtoie la négociation.

C'est la raison pour laquelle le droit du travail contribue à développer les relations professionnelles entre employeurs et salariés en leur permettant d'agir pour défendre leurs intérêts. Les instruments privilégiés du développement des relations professionnelles sont la négociation collective et la participation des travailleurs à la vie de l'entreprise.

En outre, depuis quelques années, les partenaires sociaux sont de plus en plus associés à l'élaboration des normes professionnelles :

– *en droit communautaire*, les partenaires sociaux européens sont désormais intégrés au processus législatif communautaire (par exemple en matière de congé parental, de travail précaire, de travail à temps partiel ou encore de stress au travail[13]) ;

---

11. Voir, sur ce point, Jean-Claude Javillier, Manuel de droit du travail, LGDJ, 5e édition, 1995, n° 30.

12. Voir *infra* n° 477 et s.

13. Directive n° 96/34 du 30 juin 1996, JOCE, L. 145 du 19 juin 1996.

– *en droit français*, comme en témoigne, par exemple, la volonté de relancer le dialogue social dans les PME dépourvues de délégués syndicaux[14]. En outre, la loi du 4 mai 2004 marque une première réforme du dialogue social en instaurant de nouveaux mécanismes pour la négociation collective (*infra*, titre 2) et la loi du 17 janvier 2007 sur la modernisation du dialogue social permet d'insérer dans le Code du travail un titre préliminaire intitulé « Dialogue social ». Cela implique de nouvelles procédures de concertation obligatoire des partenaires sociaux avant tout projet de réforme du droit du travail.

Le droit du travail doit donc aussi jouer un rôle dans la régulation des rapports économiques et sociaux. Il ne peut se contenter d'instaurer des règles ponctuelles. Il doit s'adapter à la conjoncture et si possible l'anticiper. C'est le fruit d'une évolution assez rapide, comparé à certaines autres branches du droit.

Section 2
RAPPEL HISTORIQUE

11. Le droit du travail est un droit relativement jeune qui a, depuis un siècle et demi, eu des conséquences importantes pour les employeurs et pour les travailleurs.

Une approche historique du droit du travail permet de comprendre ses fondements et ses orientations actuelles.

Avant la Révolution française, officiaient les corporations qui regroupaient l'ensemble des travailleurs appartenant à un secteur déterminé. Seules les personnes membres de ces organismes pouvaient travailler, ce qui constituait de véritables monopoles qui étaient autant de freins à la liberté d'embauche et à la liberté du travail. Il existait de même les compagnonnages, institutions plus discrètes, qui participaient également à l'organisation des relations de travail.

Depuis 1789, il est d'usage de distinguer deux grandes périodes qui ont chacune, à leur manière, participé à la construction d'un droit du travail plus libéral[15].

---

14. Accord national interprofessionnel du 31 octobre 1995 relatif aux négociations collectives, et loi n° 96-985 du 12 novembre 1996 (*JO* du 13) relative à l'information et à la consultation des salariés dans les entreprises et les groupes d'entreprises de dimension communautaire, ainsi qu'au développement de la négociation collective. La loi avait pour objet premier d'intégrer dans le droit français la directive CE n° 94/45 du 22 septembre 1994 relative à la mise en place d'un comité d'entreprise européen. Adoptée à titre expérimental, la loi du 12 novembre 1996 a été partiellement reprise dans la loi Aubry II sur la réduction du temps de travail.

15. Sur ce point, voir notamment Gérard Lyon-Caen, Jean Pélissier, Alain Supiot, *Droit du travail*, Précis Dalloz, 17e éd., 1994, n° 11 et s.

I. L'émergence d'un droit du travail

12. Les premiers fondements du droit du travail apparaissent au moment de la Révolution française. Ils demeurent épars jusqu'à la Seconde Guerre mondiale.

A. Le droit du travail de 1789 au début du XIXe siècle

13. Les principaux apports de la Révolution sont marqués par une volonté de libéralisme et ils jettent les bases juridiques du capitalisme en France. Les événements principaux qui intéressent le droit du travail sont les suivants :

– suppression du travail corporatif et proclamation du principe fondamental de liberté du travail : *décret d'Allarde des 2 et 17 mars 1791*[16] ;

– interdiction des groupements professionnels et des coalitions, de manière à éviter la reconstitution des corporations dans une volonté d'individualisme *: loi Le Chapelier des 14 et 17 juin 1791* ;

– affirmation du principe d'autonomie de la volonté dans la conclusion des contrats de travail qui s'intitulent à l'époque « contrats de louage de service » ; ils sont insérés dans le Code civil de 1804 puisqu'il n'existe pas encore de Code du travail. Le travailleur peut ainsi louer librement sa force de travail contre une rémunération.

14. Le contrat de louage de service est donc un contrat de droit commun et il conserve aujourd'hui encore cette spécificité. L'article L.1221-1 du Code du travail énonce toujours : *« Le contrat de travail est soumis aux règles du droit commun »* ; il doit répondre aux exigences entourant tout contrat de droit privé à peine de nullité. Le contrat de louage de service se forme librement ; son contenu, en particulier le salaire, est librement fixé. Il appartient à la catégorie des contrats d'adhésion par lesquels l'employeur détermine les conditions de travail, le travailleur est libre d'y adhérer ou pas. Il existe peu de règles contraignantes pour l'employeur à l'époque : il recrute ses travailleurs et s'en sépare librement. Seule limite à son pouvoir : l'interdiction de l'engagement à vie assimilé à de l'esclavage.

En cas de litige, notamment sur le salaire, le patron doit être cru sur sa seule affirmation (le doute lui profite donc). Les livrets ouvriers (loi du 22 germinal an XI) qui seront créés par la suite permettront un véritable contrôle policier des ouvriers en déterminant leurs déplacements ; celui qui ne possède pas un tel livret est considéré comme un vagabond. Tout travailleur qui quitte son patron doit recevoir délivrance du livret, ce qui prouve qu'il est libre de tout engagement ; mais si l'ouvrier est débiteur de son patron, celui-ci peut refuser de lui remettre le document. Les litiges du travail relèvent alors de la compétence du commissaire de police.

Quelles sont les conséquences de la Révolution française sur la vie sociale ? L'interdiction de toute forme de corporation engendre des injustices : l'ouvrier

---

16. [...] « Il sera libre à toute personne... d'exercer telle profession, art ou métier, qu'elle trouvera bon... »

livré à lui seul, sans aucune organisation collective, perçoit des rémunérations insuffisantes, travaille sans condition d'hygiène et de sécurité, vit dans des taudis[17], constituant des « classes pauvres et vicieuses »[18].

B. Le droit du travail au xixe siècle

15. C'est à cette époque que se constitue progressivement le mouvement ouvrier. Alors que *« la bourgeoisie se définit comme la classe qui ne veut pas être nommée (...) à l'inverse les ouvriers se définissent comme le groupe social auquel on a toujours donné un nom »*[19].

La première loi sociale date du 22 mars 1841 et fait suite au célèbre rapport du docteur Villermé intitulé *Tableau physique et moral des ouvriers employés dans les manufactures de coton, de laine et de soie*, rédigé en 1840, où l'on apprend notamment que des enfants de cinq ans travaillent dix heures par jour. À cette époque, l'emploi des enfants est encore plus fréquent dans la grande industrie que celui des femmes et des immigrés ; dans les filatures, les enfants sont appréciés pour leur agilité et leur souplesse qui leur permettent de se glisser sous les métiers alors que ceux-ci sont toujours en marche, d'où de nombreux accidents...

C'est ainsi que l'on va interdire, dans les usines de plus de vingt ouvriers, le travail des enfants de moins de huit ans et leur emploi pour les travaux de nuit ou dangereux. Pourtant, le travail des enfants reste autorisé ; pour ceux qui ont entre douze et seize ans, il est accepté dans une limite de douze heures par jour. Bien qu'apportant un progrès social considérable, cette loi ne fut jamais vraiment appliquée, les parents ayant besoin de l'argent rapporté par les enfants et le mouvement libéral de l'époque lui reprochant de fausser les mécanismes économiques.

C'est à partir de la révolution de 1848 que les grands principes qui gouvernent actuellement le droit du travail ont été proclamés, dont le droit au travail (ouverture d'ateliers nationaux destinés à fournir du travail à ceux qui n'en avaient pas) et l'affirmation de la liberté d'association professionnelle, bien que ces réformes essentielles aient été partiellement abrogées peu de temps après. Par la suite, seule la loi du 25 mai 1864 est importante car elle supprime le délit de coalition et permet ainsi de rendre la grève licite.

---

17. Pour aller plus loin : M. David, *Les Travailleurs et le sens de leur histoire*, éd. Cujas, 1967 ; L. Chevallier, *Classes laborieuses et classes dangereuses*, éd. Hachette, collection Pluriel.

18. Au XVIIIe siècle, l'ouvrier est considéré « comme naturellement turbulent, mutin, fauteur de trouble. Il faut donc le soumettre et le contenir (...). Tous les auteurs le décrivent comme une mauvaise tête (...). Mal adapté aux nouvelles formes de travail, il n'arrive pas à l'heure, chôme le lundi, sinon le mardi, râle, s'alcoolise, fait grève, s'insurge aussi plus volontiers qu'un autre ». Sur l'ensemble de la question, lire G. Aubin et J. Bouveresse, *Introduction historique au droit du travail*, PUF, collection droit fondamental, éd. 1995, et J. Rougerie, *Procès des communards*, Julliard, 1964.

19. Gérard Noiriel, *Les Ouvriers dans la société française, XIXe-XXe siècles*, éd. Points, collection Histoire.

C. Le droit du travail sous la IIIe République

16. Schématiquement, les grandes étapes sont les suivantes :

– *1874* : loi réglementant le travail des femmes et des enfants, création de l'inspection du travail.

– *Loi du 21 mars 1884* : étape décisive car elle reconnaît la liberté d'association professionnelle, d'où la possibilité de former, pour les employeurs et pour les travailleurs, des syndicats.

– *1898* : réglementation des accidents du travail (obligation pour les employeurs de garantir les travailleurs contre ce type d'accident).

– *1906* : réglementation de la durée du travail, droit au repos hebdomadaire, journées de huit heures (semaines de 48 heures).

– *1910* : rédaction du Code du travail.

– *1919* : première loi sur les conventions collectives.

– *1928* : établissements des assurances sociales pour les risques maladie, invalidité ou vieillesse.

– Réglementation progressive du congédiement des salariés : *lois de 1890 et de 1928* introduisant le délai de préavis et la possibilité pour les juges d'accorder des dommages et intérêts en cas de licenciement abusif.

Après la Première Guerre mondiale existent *« les trois piliers juridiques des relations collectives de travail entre employeurs et ouvriers : liberté syndicale, liberté de grève, convention collective de travail »*[20].

D. Le droit du travail d'avant la Deuxième Guerre mondiale (le Front populaire)

17. 1936 marque une nouvelle étape en matière de réglementation des rapports collectifs de travail avec la conclusion des accords de Matignon (7 juin 1936) entre le gouvernement, la CGT et la CGPF. Le législateur favorise la conclusion et l'extension des conventions collectives de travail qui réglementent les conditions de travail et de salaire. Il est également décidé que les salariés ne travailleront que 40 heures par semaine et qu'ils bénéficieront des congés annuels payés *(lois des 20 et 21 juin 1936)*.

La Deuxième Guerre mondiale marque un arrêt momentané de l'essor du droit du travail. Une Charte du travail, empruntée aux systèmes italien et allemand, est mise en place. Elle prévoit la création de syndicats mixtes et dénonce tout conflit social. Il faut attendre la Libération pour que le droit social soit à nouveau dynamique.

---

20. Jean-Claude Javillier, *op. cit.*

II. L'affirmation d'un droit du travail dynamique

18. La Libération s'accompagne d'un nouvel essor du droit du travail. La Constitution de 1946 énonce dans son préambule les droits sociaux fondamentaux : droit syndical, droit à la négociation collective, droit de grève, droit à la Sécurité sociale. Dans les entreprises, sont institués en 1945 des comités d'entreprise dont les droits et prérogatives restent encore limités. Enfin, notons la création, en 1945, du système français de Sécurité sociale, subtil mélange du principe de l'assurance et du principe de l'assistance.

Par la suite, la *loi du 11 février 1950* est relative aux conventions collectives et aux conflits collectifs du travail. Le SMIG (salaire minimum interprofessionnel garanti) fait son apparition à la même époque.

La Ve République est marquée par la volonté d'associer le capital de l'entreprise et le travail : les salariés sont invités à participer financièrement aux résultats de l'entreprise (ordonnances du *7 janvier 1959* et du *17 août 1969*). Cette évolution de la doctrine sociale n'empêchera pas les événements de mai 1968, par ignorance du gouvernement de l'importance du mouvement syndical et des revendications des étudiants. Le projet de protocole de Grenelle des 25 et 27 mai 1968 portait sur de nombreuses propositions (majoration du SMIG, engagement de réduire progressivement la durée du travail, discours que l'on retrouve singulièrement de nos jours). Seul le vote de la *loi du 27 décembre 1968* sur la reconnaissance de la présence syndicale dans l'entreprise (sections syndicales et délégués syndicaux) constitue un progrès social directement issu de mai 1968.

Après la contestation sociale de 1968, quelques grands textes sont adoptés, dont la *loi du 13 juillet 1971* sur la formation continue dans l'entreprise et surtout la loi du *13 juillet 1973* qui réforme le droit du licenciement en instaurant des garanties procédurales bénéficiant au salarié.

19. Depuis la crise économique des années 1970, le droit du travail est souvent mis en accusation comme faussant le marché du travail par les contraintes et les charges qu'il fait peser sur l'entreprise[21]. Les différents gouvernements oscillent entre réglementation et déréglementation bien que la priorité soit donnée à la lutte contre le chômage, donc à une politique active de l'emploi. Il est même prévu en 1975 une réforme de l'entreprise pour laquelle un comité de travail présidé par Pierre Sudreau est constitué. En 1982, après la victoire de la gauche à la présidentielle, Jean Auroux, ministre du Travail, élabore un rapport fondamental qui s'intitule « Les droits des travailleurs ». Les salariés ne sont plus uniquement considérés comme des moyens de produire du travail, mais aussi comme des citoyens de l'entreprise, titulaires de droits et de libertés qu'ils peuvent faire appliquer. S'ensuivront des réformes importantes engendrant un certain contrôle de la politique menée par l'employeur en matière de durée du travail, de travail précaire, en créant un véritable droit disciplinaire et en

21. Voir le numéro spécial de *Droit social*, « Faut-il brûler le Code du travail ? », 1986, p. 559.

donnant aux salariés un droit d'expression directe et collective sur leurs conditions de travail. Mais le spectre du chômage demeure et rien ne semble pouvoir y remédier, même les discours épisodiques sur le partage et la réduction du temps de travail.

Les réformes de ces vingt dernières années tendent à relancer l'emploi et à limiter le nombre des licenciements en instaurant par exemple un contrôle renforcé lors des licenciements pour motif économique (plan de sauvegarde de l'emploi). Le droit de l'emploi occupe une place croissante au sein des relations de travail (*supra*, n° 2).

Les termes de modernisation ou de « flexisécurité » deviennent des mots « clé » dans le langage des juristes de droit du travail. Il faut négocier, s'adapter ; les dispositions rigides sont proscrites. Mais tout le monde est-il apte à négocier ? À qui profite réellement cette « flexisécurité » ?

C'est ainsi qu'a été signé le 19 janvier 2008 un texte très important, l'Accord national interprofessionnel (ANI) portant modernisation du marché du travail. Cet Accord a été pour l'essentiel retranscrit dans une loi du 25 juin 2008[22], loi portant le même nom que l'Accord. Il s'agit de dispositions, s'accompagnant de décrets d'application, visant de nombreux domaines du droit du travail : la période d'essai, les contrats de travail à durée déterminée, la rupture conventionnelle du contrat de travail, le portage salarial, etc. Les effets de ces réformes récentes seront rappelés tout au long des développements qui suivront.

20. Le droit du travail est, de nos jours, devenu un droit complexe, marqué par l'inflation des lois que certains ont voulu (inutilement ?) résorber par une refonte du Code du travail entrée en vigueur en mai 2008.

En réalité, il serait parfaitement utile de dresser un tableau de toutes les lois ou ordonnances qui ont, pêle-mêle, été adoptées ces dix dernières années pour voir l'incohérence de la réglementation. Les juristes de droit du travail « courent » après l'actualité, se faisant rapidement dépasser et n'ayant pas toujours le temps d'analyser. Il faut à la fois faire face à un droit en mutation, notamment dans le domaine des NTIC[23], mais aussi à un droit en recherche permanente d'amélioration, de progrès. En témoigne la « mode des rapports »[24] qui apportent souvent des pistes de réflexion mais qui demeurent parfois lettre morte.

En définitive, le droit du travail subit plus qu'il ne gouverne l'évolution économique et sociale.

---

22. Loi n° 2008-596 du 25 juin 2008 (*JO* du 26 juin).

23. Nouvelles technologies de l'information et de la communication.

24. Citons rapidement le rapport Boissonat en 1995, puis le rapport Supiot, suivi quelques années plus tard du rapport de Virville, etc., sans parler des rapports plus « pointus », comme le rapport Hadas Lebel de 1996 sur la réforme des syndicats, du rapport Camdessus de 2004 portant sur une réflexion du contrat de travail, etc.

Section 3
LES SOURCES DU DROIT DU TRAVAIL

21. Les sources du droit du travail sont de deux ordres. Certaines sont imposées par la loi ou par les textes internationaux ; d'autres proviennent de la négociation des partenaires sociaux ou de l'engagement unilatéral de l'employeur. Enfin, l'ordre public n'est pas étranger au domaine du droit du travail.

I. Les sources classiques

22. Les sources dites classiques sont communes à toutes les branches du droit.

A. Les sources nationales

1) La Constitution

23. La Constitution a un rôle majeur en droit du travail. Le préambule constitutionnel de 1946, auquel renvoie le préambule de 1958, consacre pour la première fois à ce niveau les droits sociaux des travailleurs : droit au travail, droit syndical, droit de grève, droit de négociation collective, droit à la Sécurité sociale. Le droit d'obtenir un emploi est également un grand principe. La difficulté est de concilier ces textes avec d'autres grands principes issus de la Déclaration des droits de l'homme de 1789 : droit de propriété, liberté d'entreprendre, liberté du salarié. La jurisprudence du Conseil constitutionnel est également source de droit du travail. Le Conseil constitutionnel se prononce sur la valeur de certains principes comme la libre négociation des salaires entre employeurs et salariés, principe fondamental du droit du travail[25]. De même, il se prononce sur la conformité à la Constitution des lois sociales. Il indique encore les principes relatifs à la liberté d'entreprendre et de travailler ainsi que le principe d'égalité de traitement entre travailleurs et entre travailleurs de sexe masculin et de sexe féminin (principe de non-discrimination).

Notons que ces dernières années le Conseil constitutionnel est souvent saisi par l'opposition, suite à l'adoption d'une loi sociale qui se trouve déférée devant l'instance suprême pour qu'elle examine la constitutionnalité de la loi. Les questions prioritaires de constitutionnalité deviennent fréquentes en ce domaine.

2) La loi

24. La loi est la source essentielle du droit du travail français, ne serait-ce que sous un angle quantitatif. C'est la raison pour laquelle la codification est permanente et apparaît souvent, ces dernières années, sous la forme de lois portant diverses mesures d'ordre social (par exemples lois « DMOS », lois « de modernisation »), ou plus familièrement « lois fourre-tout ».

---

25. Cons. const. 11 juin 1963. D. 1964, p. 109, note Léo Hamon.

Depuis les années 1980, la plupart des textes législatifs ne font qu'entériner les accords conclus par les partenaires sociaux. Ainsi en est-il de l'Accord national interprofessionnel du 31 octobre 1995 relatif à la négociation collective, mais surtout de l'Accord national interprofessionnel du 12 janvier 2008 portant modernisation du marché du travail.

25. La loi fixe les règles concernant les principes fondamentaux du droit du travail et du droit syndical. Depuis 1910, il existe un Code du travail qui est une compilation des lois et actes réglementaires adoptés. Il a été remplacé en 1973 *(loi du 2 janvier 1973)*. Une recodification visant à la simplification (contestable) est entrée en vigueur au 1er mai 2008.

En la forme, le Code contient trois catégories de textes : une partie législative (L) et deux parties réglementaires (R pour les décrets en Conseil d'État et D pour les décrets simples).

Le Code est lui-même divisé en thèmes majeurs : la première partie est consacrée aux relations individuelles de travail, la deuxième aux relations collectives de travail, la troisième à la durée du travail, le salaire, l'intéressement, etc., la quatrième à la santé et la sécurité au travail, la cinquième à l'emploi, etc. Il y a donc huit parties principales dans le Code du travail.

Les articles du Code répondent à une articulation précise *(ex. L.1221-1)*. La lettre renvoie donc à l'une des trois principales catégories de textes du Code. Le premier chiffre renvoie à l'un des livres correspondant aux principaux thèmes abordés dans le Code (ainsi, pour la première partie du Code consacrée aux relations individuelles, on trouve : livre I : dispositions préliminaires ; livre II : le contrat de travail ; livre III : le règlement intérieur et le droit disciplinaire ; livre IV : la résolution des litiges – le conseil de prud'hommes, etc.). Chaque livre est lui-même divisé en titres. Par exemple, le livre I de la première partie du Code est subdivisé en six titres parmi lesquels on trouve le harcèlement et l'égalité hommes-femmes, entre autres thèmes. Ainsi, pour résumer, l'article L.1221-1 se trouve dans la partie législative, le premier chiffre correspond à la première partie du Code, le deuxième au livre deuxième et le troisième au titre II. Les derniers correspondent à des subdivisions mineures.

Au fond : *« Il s'agit non d'un Code au sens napoléonien mais d'une consolidation au sens anglais. »*[26] Regroupant la quasi-totalité des textes relatifs au droit du travail, il ne peut être consulté sans des recherches parallèles dans d'autres Codes comme par exemple le Code de la Sécurité sociale ou encore le Code civil[27], sans oublier le Code pénal puisque certains évènements affectant la relation de travail

26. Gérard Lyon-Caen, Jean Pélissier, Alain Supiot, *Droit du travail*, Précis Dalloz, 17e éd., 1994, no 39.

27. La chambre sociale de la Cour de cassation vise fréquemment des articles du Code civil, par exemple l'article 1134 de ce Code qui énonce : *« Les conventions légalement formées tiennent lieu de loi à ceux qui les ont faites. Elles ne peuvent être révoquées que de leur consentement mutuel, ou pour les causes que la loi autorise. Elles doivent être exécutées de bonne foi. »* De même, le contrat de travail est avant tout un contrat de droit commun (C. trav., art. L. 1221-1).

sont aussi considérés comme des délits. De nombreux textes d'importance ne sont pourtant pas codifiés[28].

3) Les actes réglementaires

26. L'autorité administrative, en général le ministre du Travail, est appelée à intervenir fréquemment en matière sociale. Par exemple, c'est un décret en conseil des ministres, auquel renvoie la loi, qui fixe le taux du SMIC[29]. La matière de l'hygiène et de la sécurité est régie par une multitude de décrets simples. Il convient de ne pas oublier les arrêtés ministériels (en matière d'extension de convention collective du travail), les arrêtés préfectoraux (ouverture hebdomadaire des magasins). Quant aux circulaires ministérielles qui interprètent les lois, elles ne sont pas codifiées mais ont une grande importance pratique pour les entreprises, lesquelles ont besoin de connaître la position de l'administration sur un point de droit du travail.

4) La jurisprudence

27. Les décisions rendues par les juges en droit du travail sont très fréquentes en raison des nombreux conflits qui opposent non seulement employeurs et salariés mais également employeurs et administration du travail ou représentants du personnel. Le juge de droit commun est le conseil de prud'hommes mais les autres juridictions, tant judiciaires qu'administratives, jouent également un rôle important[30].

La jurisprudence est indéniablement une source du droit du travail, notamment pour les décisions rendues par la chambre sociale de la Cour de cassation (*infra*, section 4).

B. Les sources internationales et européennes

28. Trois principales organisations internationales ou régionales participent à l'élaboration du droit du travail.

1) L'Organisation internationale du travail (OIT)

29. Organisme tripartite (regroupant à la fois des représentants des gouvernements et des représentants des organisations syndicales représentatives des salariés et des employeurs), cette institution spécialisée de l'ONU créée en 1919 par le traité de Versailles élabore des conventions (ou traités) que les États peuvent ratifier. Ces conventions entrent dans la catégorie des traités multilatéraux auxquels l'article 55 de la Constitution attribue une force supérieure à celle de

28. Mais il est tout de même possible d'en trouver trace à la fin du Code du travail dans une table chronologique des textes relatifs au droit du travail.

29. Au 1er janvier 2010, le taux horaire brut du SMIC est de 8, 86 euros (net horaire de 6,95 euros). Le SMIC mensuel brut (sur la base de 35 heures) est de 1 343,80 euros (net mensuel de 1 055,42 euros). Le SMIC brut horaire devrait passer à 9 euros au 1er janvier 2011 et à 1 365 euros pour le SMIC brut mensuel.

30. Voir sur ce point le contentieux du travail, *infra* n° 51 et s.

la loi, même postérieure. Citons à titre d'exemple, parmi les quelque cent soixante- cent quatre-vingt textes adoptés, les conventions suivantes : le travail forcé (1930), le droit d'organisation et de négociation collective (1949), l'égalité de rémunération (1951). Parmi l'une des dernières conventions adoptées, citons celle qui concerne *« les pires formes du travail des enfants »* (conv. n° 182 du 17 juin 1999), c'est-à-dire la vente et la traite des enfants, le travail forcé et obligatoire, le servage, le recrutement forcé pour faire la guerre, etc. Les États qui n'appliquent pas ces conventions n'encourent pas de sanction au sens répréhensif du terme. Mais ils peuvent être mis au ban de la société internationale, bien que des procédures spécifiques les obligent à adresser régulièrement à l'organisation des rapports sur l'application des traités internationaux et à se soumettre à une commission d'experts. L'OIT adopte aussi des recommandations qui ne sont pas des traités mais des Codes de bonne conduite, des standards fixant des objectifs.

30. Ces derniers temps, un contentieux intéressant a opposé le droit international et plus spécialement la Convention OIT n° 158 à notre législation, à propos du CNE (contrat nouvelle embauche). Schématiquement, la Cour de cassation a ainsi décidé[31], conformément aux positions soutenues par le BIT (Bureau international du travail)[32], mais contrairement à celle du Conseil d'État[33], que la période de consolidation de deux ans prévue pour tout CNE était contraire à la Convention n° 158 qui prévoit une période d'essai d'un délai raisonnable. Ainsi, la Convention OIT étant d'application directe en droit interne, la loi du 25 juin 2008 portant modernisation du marché du travail prévoit que tous les CNE doivent être transformés en CDI « normaux ». C'est « l'arrêt de mort » des CNE. La législation française peut donc toujours faire l'objet d'un contentieux international, l'avancé de notre droit ne nous met pas à l'abri des remontrances des instances supérieures.

31. À l'échelle européenne, deux sources principales du droit social peuvent être relevées : le Conseil de l'Europe et l'Union européenne.

2) Le Conseil de l'Europe

32. Sous l'égide du Conseil de l'Europe siégeant à Strasbourg furent adoptées successivement :

– la Convention européenne de sauvegarde des droits de l'homme et des libertés fondamentales (1950) : elle contient des articles relatifs au droit social (prohibition du travail forcé, art. 4 ; protection de la liberté syndicale, art. 11). Des recours intentés devant la Cour européenne des droits de l'homme permettent, de manière indirecte, de renforcer l'application de ces articles[34]. La Conven-

31. Cass. soc. 1er juillet 2008, Liaisons sociales, *Bref*, n° 15155, 9 juillet 2008.

32. Rapport du 14 novembre 2007.

33. CE, 19 octobre 2005, n° 283471, rec. Lebon.

34. Pour une application de l'article 8 de la Convention par la Chambre sociale en matière de clause de mobilité-résidence, Cass. soc. 12 janvier 1999, Spileers, Liaisons sociales JP

tion connaît une application intéressante en droit du travail car elle apparaît ces dernières années au visa de certains arrêts de la chambre sociale de la Cour de cassation, notamment dans les domaines de l'article 6 de la Convention (droit à un procès équitable) et dans le domaine de l'article 8 prônant le droit au respect de la vie privée (ce qui a son importance notamment en ce qui concerne le droit au secret des correspondances ou encore les clauses de mobilité, *infra*, Titre 4) ;

– la Charte sociale européenne (1960) : elle affirme, sur le plan européen, les grands principes du droit social. C'est plutôt un Code de bonne conduite obligeant les États membres du Conseil de l'Europe à adopter des attitudes identiques, notamment pour les États peu avancés en matière sociale. Une nouvelle version de la Charte sociale européenne a été adoptée en 1999, elle est appelée à se substituer progressivement à la Charte initiale. La nouvelle Charte porte à 31 le nombre des droits sociaux fondamentaux. Un protocole additionnel, entré en vigueur le 1er juillet 1998, prévoit un système de réclamations collectives qui assure un contrôle plus efficace de la Charte. Quatre catégories d'organisations peuvent formuler des revendications, parmi lesquelles on trouve des syndicats européens (Business-Europe et la CES).

Notons également l'existence d'une convention relative au statut juridique du travailleur migrant (1977).

3) L'Union européenne

33. Ses 27 membres[35] se sont progressivement engagés à coordonner, sinon à harmoniser, certaines de leurs réglementations sociales. Les conditions sociales différentes d'un pays à l'autre empêchent la libre circulation des personnes en Europe, l'un des grands principes communautaires. De plus, cet état de fait peut entraîner des distorsions de concurrence entre les entreprises européennes[36]. C'est

Hebdo, n° 615 du 25 janvier 1999. Voir notre article, « Libertés fondamentales et droits du salarié : le rôle du juge », Dr. soc. 2001, p. 404, mobilité (*infra*, nos 634 et s.).

35. Allemagne, Autriche, Belgique, Bulgarie, Chypre (partie grecque), Danemark, Espagne, Estonie, Finlande, France, Grèce, Hongrie, Irlande, Italie, Lettonie, Lituanie, Luxembourg, Malte, Pays-Bas, Pologne, Portugal, République tchèque, Roumanie, Royaume-Uni, Slovaquie, Slovénie, Suède. Les États européens qui ne sont pas membres sont : l'Islande, le Liechtenstein, la Norvège.

36. Le phénomène du dumping social est une conséquence des disparités sociales qui existent entre les États membres. Par exemple, la direction de l'usine Hoover située sur le territoire français a décidé il y a quelques années de délocaliser ses établissements pour les installer en Écosse où les coûts sociaux sont moindres. De même, la Cour de justice des Communautés européennes a dénoncé la pratique de certaines entreprises prestataires de services qui employaient des travailleurs portugais à des niveaux de salaires plus bas que ceux attribués aux travailleurs français (CJCE 27 mars 1990, aff. C. 113/89, RI, p. 1417, Rush Portuguesa). Ce problème devrait être partiellement résolu depuis l'adoption, le 16 décembre 1996, de la directive relative au détachement des travailleurs dans le cadre d'une prestation de services (JOCE n° L. 18 du 21.1.97). En droit français, un décret n° 94-573 du 11 juillet 1994 (JORF du 12.7.94, p. 10041), pris en application de l'article 36 de la loi quinquennale du 20 décembre 1993 (loi n° 93-1313, JORF du 21.12.93), a introduit dans le Code du travail une disposition qui vise les salariés détachés à titre temporaire sur le territoire national par une entreprise non établie en France pour y effectuer une prestation de

pourquoi différents textes émanant tant du droit communautaire originaire que du droit dérivé sont relatifs au droit social[37].

34. Le traité de Rome prévoit notamment en matière sociale :

– la libre circulation des travailleurs (art. 45 du Traité). Ce principe permet à toute personne qui désire trouver un emploi dans un autre État membre que celui d'origine de pouvoir se déplacer sans aucune restriction. Elle bénéficie pour cela des droits de sortir librement de son pays, d'entrer librement dans le pays membre de son choix pour y exercer une activité salariée ou non salariée et d'y séjourner après avoir occupé un emploi, à condition toutefois de ne pas troubler l'ordre public[38]. Il s'agit de l'une des modalités de la citoyenneté européenne. Des restrictions existent pour les travailleurs qui, employés dans des administrations, disposent de prérogatives de puissance publique.

Le travailleur migrant peut bien évidemment être accompagné des membres de sa famille, même s'ils n'ont pas la nationalité d'un État membre. Ces droits, qui n'étaient auparavant réservés qu'aux personnes actives, ont été étendus en 1990 aux étudiants, aux pensionnés et aux inactifs[39]. Une directive du 29 avril 2004[40] permet un droit de séjour élargit et sans condition pour tout citoyen communautaire et les membres de sa famille ;

– l'égalité de traitement entre les sexes (art. 157). Elle concerne l'accès au travail et l'égalité dans les conditions de travail (rémunération, formation, protection sociale, etc.[41]).

---

services. Les salariés détachés doivent alors être soumis aux conventions et accords collectifs étendus applicables aux salariés employés par les entreprises établies en France exerçant une activité principale identique à la prestation de services effectuée. Concrètement le travailleur détaché bénéficiera des dispositions conventionnelles concernant notamment l'hygiène et la sécurité, la durée du travail, le travail dominical, le travail de nuit, les congés payés, etc.

37. Rappelons que les institutions communautaires sont le Conseil de l'Union, la Commission, le Parlement européen et la Cour de justice des Communautés européennes (CJCE). Les actes de droit dérivé sont notamment des règlements qui sont directement applicables dans les droits des États membres et des directives qui fixent l'objectif à atteindre tout en laissant aux États les moyens pour y parvenir.

38. Règlement n° 1612/68 du 15 octobre 1968 modifié et directive n° 68/360 du 15 octobre 1968.

39. Directives n°s 90/364, 90/365 et 90/366 du 28 juin 1990, JOCE n° L. 180 du 13.7.90. La directive n° 90/366 ayant été annulée par la Cour de justice pour défaut de base juridique, le Conseil a adopté une nouvelle directive 93/96 le 29 octobre 1993 (JOCE n° L. 317 du 18.12.93).

40. Dir. 2004/35/CE, JOUE L. 158, 30 avril 2004. Notons aussi l'existence de deux textes important en matière d'égalité de traitement : une directive 2000/43/CE du Conseil du 29 juin 2000 relative à la mise en œuvre du principe de l'égalité de traitement entre les personnes sans distinction de race ou d'origine ethnique (JOCE L. 180, 19 juillet 2000, p. 22) et une directive 2000/78/CE du Conseil du 27 novembre 2000 portant création d'un cadre général en faveur de l'égalité de traitement en matière d'emploi et de travail (JOCE L. 303, 2 décembre 2000, p. 16).

41. Directives n° 75/117 du 10 février 1975 (égalité des rémunérations pour un même travail), n° 76/207 du 9 février 1976 (égalité de traitement dans les conditions de travail), n° 86/378 du 24 septembre 1986 (égalité de traitement dans les régimes professionnels de Sécurité sociale), n° 86/613 du 11 décembre 1986 (égalité de traitement dans le cadre d'activités indépendantes). Ces directives ont été reprises par une directive du 5 juillet 2006 (n° 2006/54, JOUE 26 juillet 2006).

Le droit communautaire condamne toute forme de discrimination : les discriminations directes (le fait d'interdire le travail de nuit des femmes alors que celui des hommes n'est pas interdit[42]), mais aussi les discriminations indirectes lorsque, en dépit de l'application de dispositions en apparence neutres, des inégalités manifestes peuvent être constatées dans les faits (comme, par exemple, de ne pas faire bénéficier les travailleurs à temps partiel de conditions de travail identiques aux travailleurs à temps complet alors qu'une majorité de femmes travaillent à temps partiel). Une polémique concerne les discriminations dites « positives » qui consistent à favoriser les femmes, par exemple à l'aide de quotas, dans des secteurs où elles sont sous-représentées. La Cour de justice des Communautés européennes a plus ou moins condamné ce type d'action. Une directive importante du 27 novembre 2000[43] porte création d'un cadre général en faveur de l'égalité de traitement en matière d'emploi et de travail abolit tout type de discrimination face à l'emploi. Ces dispositions communautaires concernant l'interdiction des discriminations ont été retranscrites en 2008 en droit français (*infra*, n° 327) ;

– la coordination des régimes légaux de Sécurité sociale.[44] Le travailleur migrant doit en effet pouvoir se déplacer sur le territoire communautaire sans perdre les droits à la protection sociale qu'il a acquis dans son pays d'origine et sans qu'il soit soumis à deux législations concurrentes qui prétendraient toutes deux au recouvrement de cotisations sociales. C'est pourquoi il est prévu que le travailleur relève en principe de la législation de Sécurité sociale de son lieu de travail (principe d'unicité de la loi applicable : le travailleur, sauf cas de détachement, cotise et est indemnisé dans le pays d'accueil). Dans le même esprit, il pourra totaliser les périodes d'assurance acquises dans différents États membres (en matière de retraite par exemple). Enfin, il bénéficie de la possibilité d'exporter les prestations dont il bénéficie au titre de la législation sociale d'origine, dans le pays d'accueil (comme une rente d'invalidité).

35. Le traité de Maastricht, signé en décembre 1992, a permis l'adoption d'un Accord sur la politique sociale, entre onze États de l'Union (à l'exception du Royaume-Uni), définitivement intégré au droit communautaire depuis. Outre

42. CJCE 25 juillet 1991, aff. 345/89, RI, p. 4062, Stoeckel. La Cour de justice a condamné la France, l'article L. 213-1 du Code du travail (voir les nouveaux articles L. 3122-29 et s.) interdisant le travail de nuit des femmes étant contraire au principe d'égalité de traitement. La France a ainsi été obligée de dénoncer, au mois de février 1992, la convention OIT n° 89 qui avait servi de fondement à cette interdiction. La législation française est désormais en accord avec le droit communautaire depuis l'adoption d'une loi du 9 mai 2001 (*JO* du 10 mai) relative à l'égalité professionnelle et qui vise à ériger l'égalité professionnelle en tant qu'objectif majeur de la négociation collective de branche et d'entreprise. Cette loi lève enfin l'interdiction du travail de nuit des femmes mais pose comme principe général que le travail de nuit doit être exceptionnel tant pour les hommes que pour les femmes.

43. Précitée.

44. Article 48, règlement n° 1408/71 du 14 juin 1971 et son règlement d'application n° 574/72 du 21 mars 1972 abrogés, règlement n° 883/2004 29 avril 2004 (JOCE L. 166, 30 avril 2004, p. 1), réglement d'application n° 987/2009 du 16 septembre 2009 (JOUE n° L284, 30 oct. 2009, p. 1).

diverses mesures d'ordre social, cet accord prévoit la participation des partenaires sociaux européens dans le processus législatif communautaire. Ces derniers[45] ont déjà été consultés à quelques reprises sur leur volonté de participer à l'adoption de textes européens intéressant le droit social. Ils ont une première fois refusé de participer à l'élaboration de la directive sur le comité d'entreprise européen[46]. En revanche, ils sont parvenus à un accord relatif au congé parental et cet accord a été mis en œuvre, comme le prévoit la procédure communautaire, dans une directive européenne. Il en va de même en matière de travail à temps partiel et de travail à durée déterminée[47]. De nombreux autres textes sont venus parfaire l'importance des partenaires sociaux européens dans le processus d'élaboration du droit social à l'échelle européenne comme le télétravail ou encore le stress au travail. De manière plus précise, il existe deux procédures pour la mise en œuvre des accords cadres européens : soit les partenaires sociaux « adoptent » un texte préparé par la Commission mais à l'élaboration duquel ils ont participé (cas du congé parental, du temps partiel et des CDD) et ce texte devient alors une directive, soit ils concluent des accords « volontaires » dont la mise en œuvre au niveau national dépend aussi des partenaires sociaux (un ANI par exemple, comme pour le stress, le harcèlement et la violence au travail). Les partenaires sociaux européens participent également à l'adoption de lignes directrices qui souvent complètent des accords cadres : c'est le cas des lignes directrices contre la violence de tiers au travail adoptées à la fin de 2010 pour parfaire le dispositif relatif au harcèlement et à la violence au travail.

Le Traité de Lisbonne adopté en 2007 renforce la dimension sociale de l'Europe. Il permet à la Charte des droits fondamentaux d'acquérir une valeur juridique ; les droits sociaux[48] devront être garantis par les juges nationaux et communautaires. Par ailleurs, le Traité de Lisbonne assigne de nouveaux objectifs sociaux[49] à l'Union européenne et une clause sociale exige la prise en compte des exigences sociales dans toutes les politiques de l'Union. Ces exigences sont notamment liées à la promotion d'un niveau d'emploi élevé. Enfin, ce traité consacre le rôle des partenaires sociaux et renforce le dialogue social. Il est a noté que même si de nombreux domaines du droit social dépendent désormais de la majorité qualifiée des Etats (les prestations sociales des travailleurs par exemple),

45. L'UNICE (Union des confédérations de l'industrie et des employeurs d'Europe) devenue Business Europe, la CES (Confédération européenne des syndicats), le CEEP (Centre européen des entreprises publiques) et l'UEAPME.

46. Directive n° 94/45 du 22 septembre 1994, JOCE L. 254 du 30 septembre 1994.

47. Accord-cadre relatif au congé parental du 14 décembre 1995, directive n° 96-34 du 3 juin 1994, JOCE L. 145 du 19 juin 1996, p. 4. Accord-cadre sur le travail à durée déterminée du 18 mars 1999, directive n° 1999/70 du 28 juin 1999, JOCE n° L. 167 du 2 juillet 1999, p. 33 et s. Accord-cadre sur le travail à temps partiel et directive n° 97/81/CE du 15 décembre 1997, JOCE n° L. 14 du 20 janvier 1998, p. 9. Depuis, de nouveaux textes concernent le télétravail ou encore le stress, ce dernier point ayant été transposé en France par un accord national interprofessionnel du 8 juillet 2008.

48. La liberté professionnelle et le droit de travailler, le droit à l'information et à la consultation des travailleurs au sein de l'entreprise, le droit de négociation et d'actions collectives, la protection en cas de licenciement injustifié.

49. Le plein emploi et le progrès social, la lutte contre l'exclusion sociale et les discriminations, la promotion de la justice, l'élimination de la pauvreté etc.

la compétence nationale demeure toutefois le principe (les conditions d'emploi des ressortissants de pays tiers).

36. Le droit dérivé communautaire est également une source non négligeable du droit social. L'objectif contenu dans l'ensemble de ces textes est la protection de l'emploi et des conditions de travail. Des directives structurelles ont entrepris, il y a de cela un certain temps, d'harmoniser les droits des États membres dans certaines matières : les licenciements collectifs[50], les droits des salariés en cas de transferts d'entreprises[51], les droits des salariés en cas d'insolvabilité de l'employeur[52] ; de nombreux textes concernent l'harmonisation en matière d'hygiène et de sécurité. Un texte est également relatif à la preuve écrite de la relation de travail[53] et oblige les employeurs à remettre à leurs salariés un document, contrat de travail ou autre, prouvant la relation de travail et enfermant des dispositions impératives comme la nature de l'emploi, le lieu de travail, etc. D'une manière générale, le droit social ne peut générer des entraves à la libre circulation des personnes ou encore à la libre concurrence.

Il faut enfin mentionner l'importance de la jurisprudence de la Cour de justice des Communautés européennes qui interprète les textes communautaires par l'utilisation du recours préjudiciel, et qui a de nombreuses fois obligé le législateur français à modifier les textes nationaux de manière à les rendre compatibles avec la norme communautaire (travail de nuit des femmes, transferts d'entreprises, etc.).

II. Les sources autonomes

37. Les sources autonomes du droit du travail sont des normes qui participent à la spécificité de ce dernier et à son caractère ambivalent. Il convient de distinguer les sources qui font l'objet d'une négociation entre l'employeur d'une part et les organisations représentatives des travailleurs d'autre part, et les sources qui proviennent d'une décision unilatérale de l'employeur. Ces sources, simplement présentées ici, feront l'objet de développements plus importants dans le titre 2 de cet ouvrage, tout comme le droit de la négociation collective.

A. Les sources négociées[54]

1) La convention collective de travail : définition

38. Les conventions collectives de travail sont des accords conclus entre un ou plusieurs employeurs (groupements d'employeurs) avec un ou plusieurs syndicats représentatifs de salariés. Elles ont pour objet de fixer les conditions de travail et de rémunération soit au niveau d'une branche de l'économie, soit au niveau

50. Directives n° 75/129 du 17 février 1975 et n° 92/56 du 24 juin 1992.

51. Directive n° 77/187 du 14 février 1977, JOCE L. 61, 5 mars 1977, modifiée depuis.

52. Directive n° 80/987 du 20 octobre 1980, JOCE L. 283, 28 octobre 1980.

53. Directive n° 91/533 du 14 octobre 1991, JOCE L. 288, 18 octobre 1991.

54. Sur les sources négociées, *infra*, n°s 338 et s.

d'une entreprise. À l'intervention classique de l'État dans l'élaboration des normes sociales s'oppose donc la présence croissante de la négociation entre partenaires sociaux. C'est la manifestation de l'autonomie normative ou collective sous la surveillance plus ou moins discrète des autorités de l'État.

2) Les différents accords collectifs

39. Il existe différentes sortes de conventions collectives qui renvoient aux niveaux de négociation dont elles font l'objet :

– l'accord national interprofessionnel (par exemple celui du 12 janvier 2008 portant modernisation du marché du travail, celui de 1989 sur l'aménagement du temps de travail, celui du 24 mars 1990 sur les contrats à durée déterminée, celui du 31 octobre 1995 sur la négociation collective, etc.) ;

– la convention collective de branche (métallurgie, coiffure, etc.) ;

– l'accord d'entreprise (Renault, « Chachacha coiffure ») ;

– l'accord d'établissement (Renault Flins[55], « Chachacha coiffure » Parly II).

À chaque niveau (au niveau national, de la branche, de l'entreprise ou de l'établissement), les partenaires sociaux s'entendent pour adopter des règles particulières à la population de travailleurs concernée ; ces règles ne peuvent en principe être inférieures (en termes de droits pour les travailleurs) à la loi et devraient être plus avantageuses que celle-ci par application du principe d'ordre public social (ou de faveur). Notons que ce principe peut être remis en cause depuis la loi du 4 mai 2004 (*infra*, Titre 2).

3) Le contrat de travail, source négociée ?

40. Le contrat de travail, contrat de droit privé, est souvent un contrat d'adhésion du futur salarié à ses futures conditions de travail et de rémunération. Mais il se peut qu'il soit aussi un contrat âprement négocié entre les deux parties. Bien que ne devant pas faire obligatoirement l'objet d'un document écrit (sauf cas prévus par la loi), le contrat de travail (lorsqu'il en existe un) est la principale source d'information du salarié sur la nature et le contenu de sa relation de travail. Ce document ne lie pourtant aucunement le juge qui pourra le requalifier si besoin est (par exemple, requalification d'un CDD en CDI).

B. Les sources unilatérales

41. Nous en présenterons brièvement trois : le règlement intérieur, l'usage et les accords atypiques.

1) Le règlement intérieur (pour une étude approfondie, *infra*, Titre 3)

42. Depuis 1982, le pouvoir du chef d'entreprise n'est plus totalement libre : sa liberté d'action est limitée par l'existence d'un règlement intérieur, obligatoire

55. Pour reprendre certains exemples cités par J.-E. Ray in Droit du travail, droit vivant, Éd. Liaisons, 1996.

dans les entreprises de plus de vingt salariés. Le règlement intérieur est un acte réglementaire de droit privé. Ce document écrit qui doit être accessible à tous est une source du droit du travail pour les salariés de l'entreprise qui peuvent ainsi connaître à travers sa lecture :

– les mesures relatives à l'hygiène et à la sécurité ;

– les conditions dans lesquelles ils peuvent être appelés à participer au rétablissement des conditions de travail protectrices de la santé et de la sécurité des salariés ;

– les règles générales et permanentes relatives à la discipline, et notamment la nature et l'échelle des sanctions que peut prendre l'employeur.

Le règlement intérieur doit également énoncer les dispositions relatives aux droits de la défense des salariés et rappeler les dispositions relatives au harcèlement[56].

2) L'usage (*infra*, Titre 2)

43. Un avantage accordé par l'employeur sur une longue période (veille de Noël chômée, prime pour la naissance d'un enfant) peut créer une habitude dans l'entreprise ou dans l'établissement, puis un usage au sens juridique. De nos jours, la plupart des usages ont été intégrés dans les conventions collectives de travail pour mieux assurer leur pérennité. Mais une pratique constante et répétée de l'employeur constitue bien un usage (par exemple le versement d'une prime de rendement lors des fêtes de fin d'année), source d'obligation pour ce dernier, même s'il décide une année de ne pas en faire bénéficier les salariés. Les entreprises cherchent donc souvent à ne pas créer un tel usage et varient leurs habitudes d'une année à l'autre.

L'usage doit donc remplir trois conditions afin d'être qualifié de tel : il doit être fixe (dans son montant ou encore dans son mode de calcul), général (accordé à une catégorie de personnel sans discrimination) et, bien sûr, répétitif. C'est à celui qui se prévaut de l'usage d'en rapporter la preuve.

Les employeurs peuvent toujours « se défaire » de l'usage en dénonçant unilatéralement son existence, en respectant un préavis pour permettre l'ouverture d'éventuelles négociations avec les représentants du personnel. Le non-respect de la procédure de dénonciation entraîne la survie de l'usage. Si aucun accord n'est trouvé, l'employeur devra consulter collectivement les institutions représentatives du personnel et informer individuellement les salariés en cas de disparition de l'usage (moyennant le respect d'un délai de prévenance raisonnable) ; ceux-ci ne pourront donc pas se prévaloir d'une modification de leur contrat de travail. L'usage, tout comme l'engagement unilatéral, ne s'incorpore pas au contrat de travail[57].

---

56. Voir Titre 3.

57. Le premier arrêt ayant abandonné la thèse de l'incorporation de l'usage au contrat de travail : Cass. soc. 25 février 1988, Deschamps et autres c/société Desarbre, Bull. Civ., V, n° 401, Dr. soc. 1989, p. 82, note A. Penneau.

3) Les accords atypiques ou engagements unilatéraux de l'employeur

44. L'employeur ne peut en principe négocier les conventions collectives de travail qu'avec les organisations syndicales représentatives. Pourtant, des accords passés entre l'employeur et par exemple le comité d'entreprise existent. S'ils ne peuvent avoir la qualité de conventions ou d'accords au sens du droit du travail, ils ont la valeur d'engagements unilatéraux de la part de l'employeur. La notion de négociation dérogatoire prend alors toute son importance (*infra*, Titre 2).

De même, l'employeur en conflit avec les organisations syndicales de son entreprise peut décider de passer outre l'accord de celles-ci et de s'adresser directement à la collectivité des salariés en utilisant la technique du référendum[58].

C. Les ordres publics en droit du travail

45. Les ordres publics servent à ordonner l'importance et le caractère plus ou moins obligatoire des règles de droit.

Deux catégories d'ordres publics peuvent trouver application en droit du travail.

1) L'ordre public absolu

46. C'est l'ordre auquel il est impossible de déroger, ni dans un sens favorable, ni dans un sens défavorable au salarié. Outre l'ordre public absolu de droit commun (article 6 du Code civil), citons à titre d'exemple en droit du travail la compétence de l'inspecteur du travail ou celles des conseils de prud'hommes. Le domaine de l'ordre public absolu est cependant restreint car il va à l'encontre de la flexibilité qui gouverne les relations du travail. C'est pourquoi le droit social est régi par un ordre public spécial, adapté à ses exigences : l'ordre public social.

2) L'ordre public social

47. Lorsque, en droit du travail, des normes sont en conflit, il est d'usage d'appliquer la norme (inférieure) la plus favorable au salarié (dérogations *in melius*) : c'est la manifestation de l'ordre public social. Si la référence de base est la loi et que celle-ci prévoit que la semaine de travail est de 35 heures, les partenaires sociaux peuvent toujours négocier une convention collective plus favorable à la population de travailleurs concernée : ils peuvent décider que la semaine de travail sera de 34 heures car cela est plus favorable aux salariés.

Là encore, il est normalement impossible de déroger à l'ordre public de protection. Pourtant, afin d'introduire de la flexibilité dans la négociation, le

58. Voir par exemple le référendum d'Air France du 27 mars 1994, intitulé « Reconstruire Air France ». Cette technique apparaît dans trois domaines de la vie de l'entreprise : la protection sociale complémentaire des salariés, les accords d'intéressement et de participation et la mise en place d'horaires individualisés. Elle prend de l'ampleur depuis la réforme de la négociation collective par une loi de 2004 en se traduisant par l'existence nouvelle d'une majorité d'adhésions pour l'adoption de certains accords collectifs de travail (*infra*, n°s 333 et s.).

législateur a prévu en 2004 des mesures permettant de déroger à l'ordre public social, en prévoyant que des normes inférieures peuvent être moins favorables pour les salariés (*infra*, Titre 2).

Section 4
LES ORGANISMES ADMINISTRATIFS ET JUDICIAIRES DE CONTRÔLE DU TRAVAIL

48. Le contrôle de la bonne application du droit du travail est source de problèmes compte tenu de la multitude des règles qui existent dans le Code du travail, auxquelles il faut ajouter les dispositions des conventions collectives. L'ineffectivité de ce droit est pourtant plus souvent due à une méconnaissance de la règle applicable par l'employeur qu'à une application volontairement faussée du droit du travail.

Deux institutions participent au contrôle du droit social : l'inspection du travail et la justice.

I. L'inspection du travail

49. Limitée à l'origine *(loi du 19 mai 1874)* à l'hygiène et à la sécurité, la mission de l'inspecteur du travail est aujourd'hui multiple. L'inspection du travail fait partie des services extérieurs du ministère du Travail.

Les sections d'inspection regroupent les inspecteurs du travail et les contrôleurs du travail. Les premiers sont recrutés par concours, après quoi ils suivent une scolarité de dix-huit mois à l'Institut national du travail (INT) de Lyon. Après avoir intégré leur section d'affectation, ils superviseront le travail des contrôleurs du travail et des secrétariats. Leurs émoluments sont faibles et les postes vacants rares (une dizaine par an environ). Pourtant, les inspecteurs du travail ne sont pas assez nombreux pour faire respecter l'application du droit social, droit de plus en plus complexe et d'application délicate.

Les sections d'inspection sont regroupées en une direction départementale du travail. Une direction régionale du travail et de l'emploi coordonne et contrôle le fonctionnement des directions départementales. Le ministre du Travail supervise toutes ces activités.

50. L'inspecteur du travail a trois missions fondamentales :

1) Il doit veiller à la bonne application des dispositions du Code du travail (ainsi que des règlements, conventions collectives, etc.) et doit constater les infractions au Code (comme les agents de la police judiciaire).

• Il bénéficie ainsi du droit de visite qui lui permet de pénétrer sans autorisation préalable dans tout lieu où travaillent des salariés, donc de lutter en théorie contre le travail dissimulé.

• De même, il peut se faire communiquer tous les registres de l'entreprise pour contrôler les entrées et sorties de personnel (droit de communication).

• Enfin, il a un droit de prélèvement en matière d'hygiène et de sécurité (produits toxiques par exemple).

Si, lors de ces contrôles, l'inspecteur constate une irrégularité, il peut dresser un procès-verbal transmis au parquet qui décidera des suites à donner (hygiène et sécurité, travail clandestin, etc.). Toutefois, cette procédure est rare, la plupart du temps l'inspecteur demande officieusement à l'employeur de remédier à l'infraction.

L'inspecteur dispose donc d'un pouvoir d'appréciation sur les suites qu'il entend donner à une affaire. Il peut :

– soit notifier à l'employeur une simple observation ;
– soit lui adresser une mise en demeure avant procès-verbal ;
– soit lui dresser un procès-verbal qui sera transmis au parquet, d'où d'éventuelles poursuites pénales.

2) Il peut prendre des décisions administratives qui doivent être motivées.

Certaines sont le fruit d'une intervention directe de l'inspecteur du travail comme en matière de licenciements (autorisation préalable en cas de licenciement d'un représentant du personnel), de règlement intérieur (demande de retrait d'une clause illégale) ou encore de temps de travail (autorisation d'heures supplémentaires, etc.). D'autres sont la conséquence d'une intervention indirecte en sa qualité d'arbitre des conflits du travail lorsque des désaccords sont constatés, par exemple en cas de décision de mutation d'un salarié ou pour la répartition du personnel et des sièges à pourvoir entre les différents collèges pour l'élection de délégués du personnel ou du comité d'entreprise.

Globalement, ces décisions peuvent faire l'objet de deux recours : l'un hiérarchique devant le ministre du Travail, l'autre contentieux devant le tribunal administratif et en appel devant le Conseil d'État (ou devant la cour administrative d'appel en fonction de la nature des décisions prises).

3) Il a, en outre, une mission de conseil et d'assistance aux employeurs et aux salariés qui le demandent, mission très importante qui est appelée à se développer et qui permet d'éviter une assimilation trop simpliste inspecteur du travail-gendarme. Il peut ainsi intervenir aussi bien pour prévenir un conflit individuel qu'un conflit collectif.

II. Les juges du droit du travail

51. Même si le contentieux social est caractérisé par son éclatement (A), le conseil de prud'hommes demeure la juridiction sociale de droit commun (B). La justice sociale est relativement efficace, mais certains critiquent beaucoup de ses aspects (C).

A. L'éparpillement (ou éclatement) du contentieux social

52. Le contentieux du droit du travail a une double caractéristique.

1) Le recours au juge a plus pour objet de servir d'arme dans le rapport de force entre l'employeur et le salarié que de faire trancher le litige sur une question précise. Par exemple, la menace de recourir au juge pénal pour délit d'entrave peut conduire l'employeur à se montrer plus compréhensif dans la négociation menée avec les syndicats. En règle générale, même si le délit d'entrave ne coûte pas très cher à l'entreprise, cette décision judiciaire est très mauvaise pour son image de marque. De même, des condamnations pour harcèlement prononcées par un conseil des prud'hommes peuvent faire l'objet de diffusion par voie de presse, notamment si certains salariés se sont suicidés, et associer le nom d'une entreprise à une image de pure rentabilité au détriment du respect des salariés... La démonstration de l'absence de responsabilité de l'entreprise dépassera alors le seul cadre juridique et la confiance du public sera longue à reconquérir.

2) Le droit du travail est confronté à l'éparpillement du contentieux social.

Le juge de droit commun en droit du travail est le conseil de prud'hommes pour tout litige individuel concernant un salarié et son employeur ou des salariés entre eux.

Mais d'autres juridictions peuvent avoir à connaître du droit du travail :

– le juge pénal (de police ou correctionnel) en cas de délit d'entrave, de harcèlement, d'entraves aux règles d'hygiène et de sécurité, etc. ;

– le juge administratif statuant en recours contentieux contre une décision de l'inspecteur du travail concernant une clause du règlement intérieur ou le licenciement d'un salarié protégé par exemple ;

– le tribunal d'instance en matière de contentieux électoral, de désignation d'un délégué syndical, de représentativité syndicale, d'unité économique et sociale, etc. ;

– le TGI en matière de litige collectif comme l'interprétation des conventions collectives de travail.

B. Le conseil de prud'hommes, juge de droit commun

53. Les partenaires sociaux sont pleinement associés à la justice puisqu'ils peuvent se faire élire conseillers prud'homaux ; ce ne sont donc pas des magistrats professionnels, d'où d'incessantes critiques quant à leur compétence juridique (certains souhaitent mettre en place l'échevinage). Pourtant, en tant que professionnels, ils sont proches des problèmes invoqués devant eux.

Les conseils de prud'hommes ont été institués par une *loi du 18 mars 1806* ; Napoléon, à la requête de la chambre de commerce de Lyon, a installé dans cette ville un conseil de prud'hommes qui était à l'époque majoritairement constitué de patrons. La présence des salariés à parité n'a été instituée qu'en 1848.

1) Les principes fondamentaux de la juridiction prud'homale

54. Ces principes sont les suivants : parité (employeurs et salariés en nombre égal), démocratie (élection des conseillers), conciliation préalable (obligatoire sauf en cas de requalification d'un CDD en CDI), adaptation (procédure simplifiée et peu coûteuse). Par ailleurs, les conseillers prud'homaux bénéficient du statut protecteur comme les représentants des salariés.

2) La compétence du conseil de prud'hommes

55. Le conseil de prud'hommes est compétent pour tous les litiges individuels de travail relatifs au contrat de travail et opposant des salariés entre eux ou un ou plusieurs employeurs avec un ou plusieurs salariés. Cette compétence est d'ordre public ; les parties ne peuvent y déroger.

Il existe au moins un conseil dans le ressort de chaque TGI. La compétence territoriale du conseil de prud'hommes est large et également d'ordre public : l'objectif est de multiplier les tribunaux compétents pour faciliter la saisine des salariés. Sont ainsi compétents[59] : soit le tribunal du lieu où est effectué le travail (établissement), soit celui du domicile du salarié (en cas de travail hors de tout établissement ou de travail à domicile), soit celui du lieu où l'engagement a été contracté ou celui du lieu où l'employeur est établi.

3) La composition du conseil de prud'hommes

56. Le conseil de prud'hommes est composé de sections (encadrement, industrie, services commerciaux, agriculture, activités diverses), l'activité principale de l'employeur déterminant la compétence de la section. Toute section comprend différentes chambres dont une spécifique aux licenciements pour motif économique.

Les conseillers sont élus pour cinq ans. Pour être électeurs, salariés et employeurs doivent remplir des conditions d'âge, de profession et de moralité[60]. Pour être éligible, il convient d'être de nationalité française, d'avoir au moins vingt et un ans, d'être inscrit sur les listes électorales, etc.[61]

Le conseil de prud'hommes est présidé alternativement par un employeur et par un salarié (mais bien sûr les parties en présence ne savent pas de « quel côté » est le président). Les conseillers prud'homaux obtiennent des autorisations d'absence accordées par leurs employeurs pour les audiences et pour recevoir une formation. Les heures d'audience sont considérées comme du travail effectif et payées comme telles ; les heures de formation font l'objet d'un maintien de rémunération par l'employeur et sont imputables sur sa participation au financement de la formation professionnelle continue.

59. C. trav., art. R. 1412-1.
60. C. trav., art. L. 1441-1.
61. C. trav., art. L. 1441-16.

4) La procédure

57. La saisine est simple : demande verbale ou écrite au conseil de prud'hommes, avis adressé aux parties par le secrétariat-greffe par lettre recommandée avec accusé de réception. Puis, la procédure connaît deux étapes.

La conciliation (devant le bureau de conciliation) est obligatoire, sauf en cas de requalification d'un contrat de travail précaire en contrat à durée indéterminée. Les parties peuvent se faire assister ou représenter par un salarié ou par un employeur appartenant à la même branche, par un délégué syndical, leur conjoint ou un avocat. Un procès-verbal constatant la conciliation totale ou partielle est dressé.

En l'absence de conciliation, les parties doivent aller devant le bureau de jugement où l'audience est publique. Le jugement est rendu à la majorité des voix ; en cas d'égalité il est fait appel à un juge départiteur (le président du tribunal d'instance). Selon le montant de la demande (> 4 000 euros[62]), l'appel est possible devant la chambre sociale de la cour d'appel. Sinon, seul un pourvoi devant la chambre sociale de la Cour de cassation est ouvert.

Des décisions d'urgence peuvent être rendues en la formation des référés (par exemple pour mettre fin à un trouble manifestement illicite ou faire face à un danger grave et imminent) afin de pouvoir prescrire des mesures conservatoires ou de remise en l'état qui s'imposent. Mais ce jugement provisoire ne saurait trancher le débat au fond. Il ne faut pas confondre la procédure de référé (décision provisoire) et les procédures simplifiées d'urgence pour lesquelles le bureau de jugement est directement saisi (en matière de requalification par exemple ou encore de licenciement pour motif économique).

C. Le particularisme et les critiques de la justice sociale

58. Le conseil de prud'hommes étant composé de magistrats non professionnels, les décisions rendues par cette instance particulière sont souvent pratiques, parfois déconcertantes dans leur motivation pour le juriste. Pratiquement, le conseil de prud'hommes en tant que juge du fond apprécie souverainement la valeur et la portée probante des éléments fournis par les parties pour asseoir sa décision. Chacune des parties est en principe libre de prouver par les moyens de son choix le bien-fondé de sa thèse. Ainsi, dans une affaire concernant la preuve du paiement des heures supplémentaires (mais dont le principe peut tout aussi bien s'appliquer à d'autres domaines), la chambre sociale a considéré que rien ne s'opposait à ce que le juge prud'homal retienne comme moyen de preuve une attestation établie par le conseiller du salarié qui l'a assisté lors de l'entretien préalable au licenciement[63].

Les recours en appel des décisions de première instance (qu'elles émanent de la juridiction prud'homale ou d'autres juridictions en raison de l'éclatement

62. C. trav., art. D. 1462-3. : le taux de compétence en dernier ressort du conseil des prud'hommes est de 4 000 euros.

63. Cass. soc. 27 mars 2001, Société Sencomatic c/ R. Wisser, *Dalloz Actualités* du 10 mai 2001.

du contentieux social) demeurent fréquents (à condition que l'appel soit possible) et les pourvois en cassation également[64].

59. La chambre sociale de la Cour de cassation a été créée en 1938 et, depuis cette date, son rôle n'a cessé de croître au sein de l'institution[65], d'autant qu'en 2004 le contentieux de la Sécurité sociale est « retourné » à la 2e chambre civile, laissant tout le contentieux du travail à une seule chambre. Elle est organisée selon une structure quasi pyramidale fondée sur une double division des formations de cette chambre : par thème et par nombre de magistrats. Par ailleurs, tous les arrêts de la chambre sociale ne sont pas publiés au Bulletin de la Cour de cassation : cela dépend de leur importance, donc de la formation de la chambre qui les a rendus [formation plénière (FP), ordinaire (FS) ou restreinte (F)][66].

La jurisprudence sociale, singulièrement de la chambre sociale de la Cour de cassation, a toujours fait l'objet de vives critiques. En effet, beaucoup de décisions semblent rendues, pour certains observateurs, exclusivement dans l'intérêt des salariés. En outre, il est surtout reproché à cette juridiction de compliquer le droit social en rajoutant à la loi, ce qui crée une insécurité juridique pour les employeurs et les entreprises[67]. L'insécurité juridique issue de la jurisprudence aurait trois sources principales : l'imprévisibilité de la règle jurisprudentielle, la longueur de l'élaboration de la règle et la rétroactivité de l'interprétation jurisprudentielle (comme en matière de validité de la clause de non-concurrence). S'il est certain que la chambre sociale n'est à l'abri d'aucune critique, celle de l'imprévisibilité n'est pas vraiment fondée dans la mesure où, en fonction des magistrats présents à la chambre sociale, il est assez facile de dégager « une » jurisprudence plus ou moins « sociale » de la chambre. Il est certain que, plus peut-être que toute autre formation de la Cour de cassation, la chambre sociale développe et entretient un particularisme juridictionnel qui ne facilite pas l'appréhension du droit social.

---

64. Rapport 2000 de la Cour de cassation, La Documentation française.

65. Ph. Waquet, Les arrêts de la chambre sociale de la Cour de cassation, Dr. soc. 1998, p. 62 ; A. Mazeaud, Regard sur une actualité jurisprudentielle, Dr. soc. 1999, p. 279.

66. Article L. 131-6 du Code de l'organisation judiciaire.
Deux séries de lettres suivent les numéros de pourvois des arrêts. La première série concerne la formation en nombre (FP, c'est-à-dire les magistrats les plus anciens de chacune des formations, FS, c'est-à-dire formation ordinaire composée d'au moins cinq conseillers et F formation restreinte de trois conseillers et d'un ou deux conseillers référendaires) et la deuxième série la forme et la publication ou la diffusion :
– Les arrêts publiés au bulletin mensuel de la Cour de cassation portent un numéro de pourvoi suivi de la lettre P.
– Les arrêts non publiés au bulletin mais uniquement diffusés aux banques de données, revues, etc., de la lettre D.
– Les arrêts publiés au bulletin d'information bimensuel de la Cour de cassation sont suivis de la lettre B.
– Enfin, ceux qui ne font l'objet que d'un bref commentaire dans le rapport annuel de la Cour de cassation sont suivis de la lettre R et ceux qui sont diffusés sur Internet de la lettre I.
Les arrêts importants sont ceux qui sont rendus par la formation plénière ou ordinaire et qui sont suivis des lettres P + B + R + I.

67. Institut de l'Entreprise et Entreprise et Progrès, deux clubs de réflexion proches du MEDEF, Liaisons sociales, n° 724 du 14 juin 2001.

Titre 2. Les acteurs des relations professionnelles

60. Les relations collectives complètent les relations individuelles de travail dans les entreprises. Il s'agit d'organiser, depuis la fin du XIXe siècle, une représentation collective de tous les travailleurs (chapitre préliminaire) : les représentants du personnel désignés par les syndicats ou élus par les salariés œuvrent à l'élaboration de relations de travail concertées avec la direction. Ils forment le lien indispensable entre l'individuel et la collectivité des travailleurs. Les institutions représentatives du personnel sont variées ; elles n'ont pas toutes la même mission ni les mêmes prérogatives mais elles tendent toutes vers un objectif commun : instaurer des garanties sociales pour les travailleurs (chapitres 1 et 2).

C'est surtout à travers la négociation collective que la force des partenaires sociaux apparaît. Le dialogue social est un élément constructif du droit du travail. Représentants des salariés et des employeurs participent de concert à l'élaboration de normes sociales notamment dans les branches d'activité ou dans les entreprises. Ces normes sociales négociées assurent aux salariés des garanties souvent supérieures à ce que prévoit la loi. C'est là le domaine de l'ordre public social (chapitre 3).

Longtemps détenteurs d'un monopole, les syndicats partenaires de la négociation collective doivent cependant faire face à l'émergence de normes unilatéralement créées par l'employeur. C'est souvent une manifestation de la détérioration du climat social qui peut parfois mener au conflit collectif (chapitre 4).

Chapitre préliminaire

Rappel historique des relations collectives

61. La Révolution française ayant supprimé au nom de la liberté du travail toute possibilité de former une corporation (loi Le Chapelier) au XIXe siècle, les travailleurs se trouvent isolés, sans représentants et sans aucune réalité sociale, hormis celle constituée par leur force de travail.

La reconnaissance des syndicats au XIXe siècle est la première manifestation d'une organisation collective des intérêts des travailleurs (section 1). Il faudra attendre le XXe siècle pour que les institutions représentatives du personnel voient le jour et que la négociation collective s'instaure en France (section 2).

Section 1 LES RELATIONS COLLECTIVES À TRAVERS LE SYNDICALISME

62. Le syndicalisme ouvrier, première manifestation concrète des relations professionnelles, a permis une reconnaissance générale des intérêts des travailleurs et a instauré les prémices d'un dialogue social avec le syndicalisme patronal.

I. La reconnaissance du syndicalisme

63. La loi Le Chapelier de 1791 décide d'interdire toute forme de groupement susceptible de faire obstacle entre l'État et le citoyen. Elle énonce notamment que *« les citoyens d'un même état ou profession, les entrepreneurs, ceux qui ont boutique ouverte et compagnons d'un art quelconque (...) ne pourront, lorsqu'ils se trouveront ensemble, se nommer ni président, ni secrétaire, ni syndics, ni tenir de registre, prendre des arrêtés ou délibérations, former des règlements sur leurs prétendus intérêts communs ».*

Cette loi se révéla difficilement applicable. Les débuts de la révolution industrielle, en provoquant l'apparition d'un prolétariat urbain souvent misérable, amenèrent les ouvriers à s'organiser. On vit ainsi apparaître des sociétés de secours mutuel qui, en cas de grève, jouaient le rôle de caisses de résistance. Elles sont à l'origine des chambres syndicales.

Un premier pas vers la reconnaissance des droits collectifs est franchi par Napoléon III : en 1864, il supprime le délit de coalition et le remplace par le délit d'entrave à la liberté du travail, ce qui constitue l'origine du droit de grève.

64. Mais ce n'est que sous la IIIe République que le législateur rétablit le droit, pour les travailleurs, de se réunir : il s'agit de la loi du 21 mars 1884 (loi Waldeck-Rousseau) sur la liberté d'association professionnelle, qui consacre le droit syndical. La reconnaissance légale du droit syndical permet à ceux qui ont des intérêts professionnels communs de se grouper pour les défendre. Les intérêts de la profession sont par nature collectifs et s'opposent ainsi aux intérêts individuels de chaque travailleur. Les syndicats obtinrent ainsi un statut juridique. De nombreux petits syndicats professionnels se créèrent et restèrent dispersés jusqu'en 1895 (date du congrès de Limoges et de la création de la CGT).

Le syndicalisme ne concerne pas uniquement les travailleurs. Si ces derniers tentent, au travers du syndicat, d'améliorer leurs conditions de vie et de travail, le syndicalisme patronal a d'autres objectifs propres liés à la vie de l'entreprise (objectifs économiques, sociaux, fiscaux).

II. L'organisation des syndicats

65. La dispersion des syndicats ouvriers fut brève. Désireux de se donner plus de cohérence et d'importance, ils se regroupèrent dans un premier temps au sein d'unions départementales et locales (les bourses du travail), ce qui permettait notamment des réunions syndicales, lieux de discussion sur les intérêts communs des intéressés et sur la ligne que tous devaient suivre. Les bourses du travail devaient se réunir en 1892 en une Fédération des bourses du travail.

Cette première forme d'organisation perdure de nos jours puisque les unions locales et départementales des syndicats existent toujours.

66. Les syndicats locaux et départementaux s'organisèrent par la suite à un échelon plus large, tourné non plus vers la région mais vers la profession ou la branche d'activité.

Les fédérations de métier, proches de l'artisanat, ne connurent pas un grand succès en France, car elles représentaient les intérêts des travailleurs les plus qualifiés au sein de chaque profession. [Elles retrouvent cependant aujourd'hui une certaine vigueur avec l'apparition des syndicats « catégoriels » qui menacent parfois la place des grandes organisations syndicales.] Les travailleurs se tournèrent alors vers la fédération de branche d'industrie (le bâtiment, la métallurgie), structure qui regroupe tous ceux qui participent à une même activité industrielle même s'ils n'exercent pas le même métier. Ce mode d'organisation facilitait d'autant plus les prémices du dialogue social que le syndicalisme patronal est également regroupé par branches d'industrie.

Mais il restait encore une étape à franchir de manière à organiser une structure nationale des syndicats.

III. La naissance des centrales syndicales

67. Alors que le regroupement unitaire de tous les travailleurs était à l'ordre du jour en 1895, une vision plus dispersée du syndicalisme ouvrier est née après la Première Guerre mondiale.

A. Le temps de l'union

68. L'organisation syndicale nationale permet de défendre les intérêts de la collectivité des travailleurs. C'est dans cette optique qu'eut lieu le congrès de Limoges en 1895, qui donna naissance à la Confédération générale du travail (CGT). La Confédération regroupait ainsi les unions locales et départementales et les fédérations. Chaque syndicat devait, pour faire partie de la Confédération, adhérer à la fois à une union locale et à une fédération pour un rapprochement par branche d'industrie.

La CGT ne devait avoir pour objet que la défense des intérêts des travailleurs et se devait d'être totalement autonome vis-à-vis de tous les partis politiques. Cette affirmation faite lors du congrès d'Amiens en 1906 (charte d'Amiens) est souvent sujette à controverses depuis.

La CGT devait rassembler les syndicats quelle que soit l'opinion politique, philosophique ou religieuse de ceux qui les animent. C'est pourquoi s'y côtoyaient des réformistes, des marxistes et des anarchistes.

• Pour les réformistes, le syndicalisme a pour raison d'être de concourir au progrès social par la conquête d'améliorations quotidiennes.

• Les socialistes, parmi lesquels les militants d'inspiration marxiste, estiment au contraire que l'objet du syndicalisme est de renverser le capitalisme et d'apporter son concours à l'instauration d'un régime socialiste. L'action syndicale ne se conçoit donc que par subordination à l'action que mène le parti socialiste. C'est un point de vue que défend Jules Guesde, fondateur du parti socialiste unifié en 1905.

• Les anarcho-syndicalistes, enfin, ont en commun avec les socialistes d'être convaincus de la nécessité de mettre fin au capitalisme. À la différence des premiers, toutefois, ils estiment que la révolution sociale résultera de la seule action des syndicats, non d'une action politique, et que le syndicalisme doit par conséquent jalousement sauvegarder son indépendance par rapport aux partis politiques : c'est le « syndicalisme d'action directe » ; cette action doit contribuer à renforcer l'organisation de la classe ouvrière, à faire prendre conscience à chacun de ses droits et à réduire le pouvoir exorbitant des patrons. À cet effet, la grève et le sabotage sont les principaux instruments de l'action syndicale, le but étant de créer une société fondée sur l'association des travailleurs, lesquels assureront la « gestion directe » des ateliers. Il s'agit de se donner les moyens de réussir la grève générale qui mettra fin à la domination du capital.

Les anarcho-syndicalistes dominèrent la vie de la CGT pendant les quinze premières années de son existence ; de nombreuses grèves violentes conduisirent à une première crise du syndicalisme, certains n'adhérant pas à ces actions brutales.

69. Parallèlement, se créèrent d'autres syndicats non confédérés qui se trouvaient proches de la doctrine sociale de l'Église catholique. Ils se regroupèrent en 1919 pour créer la Confédération française des travailleurs chrétiens (CFTC), syndicat plus proche des « cols blancs » que des ouvriers. Si ce syndicat avait une certaine importance au début du siècle, celle-ci n'est plus que relative de nos jours, ce qui se traduit par une faible audience lors des élections professionnelles.

B. Le temps des scissions

70. La tendance « anarcho-syndicaliste » de la CGT fonda en 1921 une nouvelle confédération : la CGT-U (pour unitaire). Cette organisation, proche des idéaux révolutionnaires, était pour partie composée de communistes qui avaient des idées précises sur la lutte syndicale depuis la création de l'Internationale syndicale à Moscou après la révolution d'octobre.

CGT et CGT-U restèrent opposées jusqu'en 1936. Les avantages sociaux acquis lors des accords de Matignon permirent, dans un contexte favorable à la paix sociale, une réunification des deux centrales lors du congrès de Toulouse : la CGT-U réintégra la CGT.

La Confédération générale du travail eut un rôle actif dans la Résistance pendant la Seconde Guerre mondiale, et elle en sortit renforcée lors de la Libération. Mais en 1947 commence la guerre froide et les deux tendances idéologiques sont à nouveau en opposition (une partie minoritaire de la CGT se prononce en faveur de l'aide américaine à la reconstruction de l'Europe, tandis que la partie majoritaire y est opposée en raison du thème développé par Staline de la mainmise de l'impérialisme américain), ce qui conduit à une scission définitive et à la création d'une nouvelle confédération issue de la CGT : Force ouvrière (FO), qui se veut indépendante des communistes et du syndicalisme marxiste.

71. Le paysage syndical français était donc composé en 1950 de quatre centrales syndicales : la CGT, la CFTC, FO, ainsi que la CGC.

La CFTC continuait quant à elle à faire du syndicalisme chrétien, ce qui fut bientôt repoussé par une tendance majoritaire au sein du syndicat. Cette tendance poussait à l'élimination de toute référence confessionnelle, ce qui aboutit à une nouvelle scission : les minoritaires fidèles à la doctrine sociale de l'Église catholique demeurèrent au sein de la CFTC, tandis que les majoritaires créèrent en 1964 la CFDT (Confédération française démocratique du travail). Toute référence à la doctrine chrétienne est abandonnée au profit d'une référence à l'humanisme.

72. À côté des cinq grandes centrales syndicales de travailleurs, les employeurs ont voulu également s'organiser au sein de groupements patronaux. Regroupés depuis 1946 autour du Conseil national du patronat français (CNPF), ils ont voulu changer leur image et participent depuis 1998 au MEDEF (Mouvement des entreprises de France). Les entreprises de taille plus modeste ont aussi leur propre syndicat (CGPME).

C. Le syndicalisme catégoriel et autonome

73. Parallèlement, un syndicalisme catégoriel vit le jour en 1944 : il s'agit de la Confédération générale des cadres (CGC), devenue depuis CGC-CFE (Confédération française de l'encadrement), qui tend à défendre les intérêts propres de cette catégorie professionnelle de travailleurs.

74. Le milieu des années 1991 aura été marqué par la naissance et le développement d'une nouvelle organisation, la fédération SUD (Solidaires, Unitaires, Démocratiques). Son origine remonte à 1988. Cette année-là, la fédération CFDT des PTT décide d'exclure certains militants de la région parisienne qui n'admettent pas l'autorité de ses dirigeants. En 1989, les exclus créent SUD-PTT, qui obtient rapidement un succès certain aux élections professionnelles. À la suite de la grève des services publics de novembre-décembre 1995, le mouvement fait tache d'huile, d'abord avec la création de SUD-rail, puis avec celle de syndicats SUD dans un nombre croissant de services publics, et même, de plus en plus, d'entreprises privées.

Parallèlement, SUD rejoint le « Groupe des Dix » fondé en décembre 1981, qui rassemble un certain nombre de syndicats autonomes, tels que le SNUI (Syndicat national unifié des impôts) ou le SNJ (Syndicat national des journalistes). Ce sont des syndicats autonomes de la mouvance socialiste réformiste.

75. En 1992, enfin, la Fédération de l'Éducation nationale (FEN), qui avait quitté la CGT en 1947, est à son tour victime d'une scission ; deux syndicats (le SNES, secondaire, et le SNEP) ayant été exclus l'année précédente à la suite d'une grave crise interne, les militants mécontents de la politique que mène la direction fédérale créent la Fédération syndicale unitaire (FSU), forte à sa création de treize syndicats et de 150 000 adhérents, soit à peu près autant que la FEN elle-même. Au lendemain de cette scission, la FEN « maintenue » rejoint l'UNSA (Union nationale des syndicats autonomes). L'UNSA est créée après la scission de 1992 qui provoque la perte de la moitié des adhérents de la FEN en février 1993. Proche de la CFDT, elle vise à compenser le recul de la FEN, mais aussi à préparer son extension.

76. En conclusion, le syndicalisme participe donc à l'élaboration d'une politique de défense des intérêts des travailleurs qui se retrouve au sein des entreprises grâce à la présence syndicale dont elles sont dotées depuis 1968. Mais les relations collectives ne proviennent pas uniquement de l'action syndicale, notamment au regard du faible taux de syndicalisation en France (environ 8 % !). Elles sont aussi le fruit d'une présence active des représentants des salariés, ce qui fait craindre parfois aux syndicats la perte de certains de leurs privilèges et monopoles. La grande réforme du 20 août 2008 risque fort d'entraîner un nouveau paysage syndical (*infra* n°s 147 et s.).

Section 2
LES RELATIONS COLLECTIVES À TRAVERS LA REPRÉSENTATION ET LA PARTICIPATION DES TRAVAILLEURS

77. Le passage de l'organisation du syndicalisme à l'organisation des relations sociales au sein des entreprises est progressif. C'est de l'action ouvrière que vont naître les différentes formes de délégations des travailleurs. Ces délégations vont avoir pour mission de dialoguer avec la direction, de représenter les revendications sociales à l'employeur. Les salariés vont même se voir reconnaître un droit à participer à la gestion de l'entreprise.

I. L'émergence de la représentation des travailleurs

78. Dès 1919, le mouvement syndical acquiert le droit de conclure des conventions collectives de travail. À l'époque, elles ont peu d'essor et peu d'autonomie par rapport aux règles conventionnelles classiques issues du droit civil. C'est surtout à partir de 1936 et de l'avènement du Front populaire que les relations sociales vont évoluer.

Tout d'abord, le législateur accorde aux conventions collectives un statut approprié, ce qui renforce leur possibilité de conclusion et d'extension. Ensuite, cette possibilité de conclure des conventions de travail permet aux syndicats de dialoguer efficacement avec les représentants du patronat.

A. Les délégués du personnel

79. L'institution des délégués du personnel date de 1936. Auparavant, seules quelques initiatives individuelles avaient permis l'instauration de la première forme de représentation des salariés.

Quelques prémices avaient eu lieu à la fin du XIXe siècle, une grève au sein des établissements Schneider au Creusot en 1899 ayant entraîné un arbitrage de Waldeck-Rousseau (alors président du Conseil), qui aboutit à la création dans cette entreprise des premiers délégués du personnel.

De même, en 1917, des délégués d'atelier avaient été créés par le ministre de l'Armement Albert Thomas, à la demande des syndicats, dans les usines d'armement. Il était toutefois précisé que ces nouveaux délégués ne devaient pas représenter le personnel ni faire concurrence aux syndicats. Ils devaient se limiter à la présentation des réclamations de l'atelier et arbitrer les différends entre les ouvriers et les chefs d'atelier.

Après les élections de mai 1936 qui amènent le Front populaire au pouvoir, de nombreuses grèves se déclarent. Le gouvernement de Léon Blum demande à la CGT et à la Confédération du patronat français d'accepter une collaboration entre patrons et ouvriers afin d'obtenir une nouvelle organisation du travail. C'est la concrétisation des accords de Matignon, signés dans la nuit du 7 au 8 juin, qui déclarent notamment que tout établissement de plus de dix salariés doit permettre l'élection de délégués ouvriers, dont la mission est de présenter des réclamations *individuelles* à la direction dans les domaines de l'application des lois du travail, des salaires et de l'hygiène.

Après la signature des accords de Matignon, la présence des délégués du personnel est très liée au consensus conventionnel puisqu'une loi du 24 juin 1936 dispose que toute convention collective doit contenir des dispositions relatives à l'élection des délégués. Mais un décret-loi de 1938 reconnaît l'existence de l'institution en dehors de toute référence aux conventions de travail. Les délégués du personnel acquièrent enfin un statut légal et indépendant : leur existence devient obligatoire dans les entreprises occupant plus de dix salariés, même dans les entreprises non soumises à une convention collective réglementée par la loi de 1936. Ils doivent être reçus par la direction au moins une fois par mois et peuvent présenter toute réclamation liée aux conditions de travail, ce qui inclut également les revendications *collectives*.

Les élections des délégués du personnel, suspendues pendant la période de guerre, furent restaurées par une loi du 16 avril 1946. C'est pour finir une des lois Auroux de 1982 (loi du 28 octobre 1982) qui modernisa partiellement l'institution sans ôter son caractère d'origine : les délégués du personnel, obligatoirement élus dans les entreprises occupant plus de dix salariés, ont pour mission essentielle de présenter au chef d'entreprise les revendications professionnelles des salariés qu'ils représentent.

80. Après les réformes de 1982, seule la loi Giraud, dite « loi quinquennale » du 20 décembre 1993, entreprend un changement dans l'esprit de la représentation du personnel. Dans un souci majeur de simplification des élections professionnelles dans les PME de moins de 200 salariés, elle permet de confier aux délégués du personnel la représentation des salariés au comité d'entreprise : il s'agit de la délégation unique du personnel. Le but de cette réforme est d'alléger les coûts et procédures engendrés par les élections et de rendre ainsi l'entreprise plus performante. La représentation du personnel est certes une garantie pour les droits sociaux des salariés, mais sa mise en œuvre et son suivi ne doivent pas paralyser ou freiner l'entreprise.

B. Le comité d'entreprise

81. La naissance des comités d'entreprise en 1945 (ordonnance n° 45-280 du 22 février 1945, puis loi n° 46-10065 du 16 mai 1946) va permettre à des élus du personnel d'exercer un droit de regard, aux débuts modestes, tant sur le plan économique que sur le plan de sauvegarde de l'emploi de l'entreprise. Il

s'agissait pour le gouvernement de l'époque de « réformer l'entreprise » en la dotant d'un organisme composé pour l'essentiel d'élus des salariés, auquel on confierait une participation à la gestion de l'entreprise, tout en excluant toute possibilité de cogestion à l'allemande. Le comité d'entreprise doit, à l'époque, coopérer avec la direction.

L'institution des comités est donc assez tardive, même dans le contexte d'un droit du travail somme toute jeune comparé aux autres branches du droit privé. La raison de cette création tardive est qu'il est difficile d'imposer un droit de regard sur le pouvoir de direction du chef d'entreprise, pouvoir inhérent à son statut de propriétaire de l'organe de production. En outre, tant les délégués du personnel que le comité d'entreprise présentent un risque face au monopole des syndicats. Ce risque s'est d'ailleurs confirmé de nos jours puisqu'une loi (expérimentale) du 12 novembre 1996 a remis partiellement en cause le monopole syndical (*infra* n°s 229 et s.).

82. La loi du 28 octobre 1982 va renforcer les prérogatives du comité d'entreprise dans le domaine économique et financier. Elle va étendre ses moyens d'investigation et permettre la prise en compte de la représentation du personnel dans les entreprises à structure complexe (comité de groupe, délégué syndical central). Mais, pour l'essentiel et dans l'esprit de l'ordonnance de 1945, les comités demeurent une institution à caractère consultatif. De même, leur rôle est bien différencié de celui des syndicats puisque la même loi de 1982 a institué la négociation collective d'entreprise obligatoire sur certains thèmes.

En résumé, quels sont les apports de la loi de 1982 sur les institutions représentatives du personnel ? Cette loi ne bouleverse pas l'économie générale du système mais, outre la création de certaines institutions dans les entreprises à structure complexe, elle contient de nombreuses modifications de détail qui visent à améliorer leur fonctionnement.

II. L'émergence de la participation des travailleurs

83. Les travailleurs vont être amenés à participer à la gestion de l'entreprise mais aussi à ses résultats. Ils peuvent également veiller à la situation financière de leur entreprise.

A. Participation à la gestion

84. La participation à la gestion de l'entreprise, c'est-à-dire à la décision, implique une présence de représentants des travailleurs au sein des organes de gestion.

Dans les entreprises publiques, les lois sur la nationalisation de février 1982 ont permis l'adoption d'une loi du 26 juillet 1983 sur la démocratisation du secteur public. Ce dernier texte a favorisé la présence de représentants élus des salariés aux conseils d'administration et de surveillance (administrateurs salariés) ; il s'agit d'une cogestion minoritaire.

Quant au secteur privé, une ordonnance du 21 octobre 1986 institue une cogestion facultative propre au secteur privé. Les salariés administrateurs ont une réelle voix délibérative, mais leur nombre ne peut excéder le tiers des administrateurs en présence. Une loi du 25 juillet 1994 a par ailleurs créé, pour les sociétés anonymes, un dispositif de représentation des salariés actionnaires au conseil d'administration ou de surveillance lorsque ces derniers détiennent moins de 5 % du capital.

B. Participation aux résultats

85. Les salariés peuvent également participer financièrement aux résultats de leur entreprise. La participation financière (qui inclut le régime de la participation tel que défini par la loi) prend essentiellement deux formes. Elle consiste soit à associer les salariés aux résultats de l'entreprise d'une manière obligatoire (système de la participation) ou de manière facultative (système de l'intéressement), soit à les faire entrer dans le capital d'une entreprise directement en tant qu'actionnaires de leur propre entreprise ou indirectement en leur permettant de détenir un portefeuille commun de valeurs mobilières.

Les deux types de participation financière peuvent aisément se combiner.

Jusqu'en 1994, c'est pour l'essentiel par voie d'ordonnances que va se réaliser la participation financière des salariés. Quatre ordonnances majeures, complétées par des interventions ponctuelles du législateur, vont préciser les conditions de cette participation : l'ordonnance n° 59-126 du 7 janvier 1959 relative à un intéressement facultatif, les deux ordonnances de 1967 instaurant respectivement une participation obligatoire et un plan d'épargne entreprise, et enfin l'ordonnance n° 86-1134 du 31 octobre 1986 relative à l'intéressement et à la participation des salariés aux résultats de l'entreprise et à l'actionnariat des salariés, qui refond l'ensemble du système et qui demeure le texte de référence.

Les dispositions relatives à l'intéressement, à la participation et au plan d'épargne entreprise ont été réintégrées dans le Code du travail par la loi n° 94-640 du 25 juillet 1994. Cette loi modifie partiellement l'ordonnance de 1986 et tend à renforcer la participation par des mécanismes parfois nouveaux et intéressant trois domaines. Tout d'abord, un lien est créé entre la participation au capital et la participation aux conseils d'administration ou de surveillance puisque la loi prévoit la participation des salariés actionnaires aux organes de gestion de l'entreprise. Ensuite, la loi entend assouplir la participation financière en simplifiant et en clarifiant les systèmes d'intéressement et de participation aux résultats, en valorisant le plan d'épargne entreprise, et en validant ou en instituant des mesures conjoncturelles de déblocage anticipé des fonds de la participation (par exemple en cas de risque naturel). Enfin, la loi prévoit la création par voie conventionnelle du compte épargne temps (article L. 3151-1 du Code du travail) : cette mesure constitue une possibilité nouvelle de créer au profit des salariés une capitalisation des droits à congés indemnisés qui trouve un regain d'intérêt dans le cadre de la réduction du temps de travail (lois Aubry).

C. Participation en cas de procédure judiciaire

86. La participation des représentants du personnel dans le cadre des procédures judiciaires est double puisqu'ils peuvent intervenir en amont des difficultés par la procédure d'alerte, mais aussi plus tard lorsque l'entreprise est en redressement judiciaire.

1) L'alerte

87. Une loi du 1er mars 1984 concernant la prévention et le règlement amiable des difficultés des entreprises donne aux représentants élus du personnel au comité d'entreprise le pouvoir de déclencher une « procédure d'alerte » ; cette procédure d'alerte appartient, en cas d'absence de comité, aux délégués du personnel (il convient alors de ne pas confondre cette procédure d'alerte avec le droit d'alerte des délégués du personnel en cas d'atteinte aux droits des personnes ou aux libertés fondamentales individuelles dans l'entreprise, ou même avec le droit d'alerte dont dispose le CHSCT, art. L. 4131-2 du Code du travail).

Ce pouvoir d'alerter la direction ou les instances judiciaires participe à l'idée de prévention des difficultés économiques avant, si possible, que l'entreprise ne se retrouve en situation de redressement judiciaire ou encore de liquidation. Le comité d'entreprise est l'organe pivot du système de par ses possibilités d'accès aux documents comptables de l'entreprise. L'article L. 2323-78 du Code du travail dispose que, *« lorsque le comité d'entreprise a connaissance de faits de nature à affecter de manière préoccupante la situation économique de l'entreprise, il peut demander à l'employeur de lui fournir des explications »*.

Si l'employeur ne peut fournir d'explication ou s'il confirme aux élus du personnel la situation préoccupante, le comité établit un rapport qui sera transmis d'une part à l'employeur et d'autre part au commissaire aux comptes. Le commissaire aux comptes n'est pas le défenseur des intérêts de l'employeur. Le comité d'entreprise peut demander en justice sa révocation s'il l'estime peu partial.

2) L'information et la consultation

88. Lorsqu'il est trop tard pour agir avant les difficultés, le comité d'entreprise a encore un rôle prépondérant à jouer dans la sauvegarde de l'entreprise et donc des emplois de ses salariés. La disparition du comité d'entreprise ne peut intervenir qu'en cas de cessation définitive de l'activité de l'entreprise.

La loi du 25 janvier 1985 relative aux difficultés des entreprises prévoit en premier lieu que le comité d'entreprise peut informer le président du tribunal ou le procureur de la République *« de tout fait de nature à établir la cessation des paiements »* de l'entreprise. De même, le président du tribunal ne peut statuer sur l'ouverture de la procédure sans avoir entendu le chef d'entreprise et le comité d'entreprise ou à défaut les délégués du personnel. Enfin, une fois le jugement d'ouverture établi, le comité d'entreprise est invité par le tribunal à faire choix d'un représentant des salariés dont le rôle est d'établir les créances salariales.

Tout au long de la procédure, lors de la période d'observation et lors de l'adoption par le tribunal d'un plan de redressement de l'entreprise si cela est possible, le comité d'entreprise est associé aux démarches. Dans le dernier cas, si le redressement de l'entreprise passe nécessairement par des licenciements économiques, en cas de continuation ou de cession, le comité est informé et consulté au préalable comme dans le cas de tout projet de licenciement économique de plus de dix personnes sur une même période de trente jours (art. L. 1233-10 du Code du travail). Si les décisions prises par le tribunal lors de ces différentes manifestations ne satisfont pas les élus, ils disposent de différentes voies de recours devant la cour d'appel, notamment en ce qui concerne l'adoption ou le rejet du plan de redressement.

Chapitre 1

Dispositions communes aux institutions représentatives du personnel

89. La loi prévoit trois institutions distinctes pour assurer, au sein de l'entreprise, la représentation du personnel auprès de l'employeur : les délégués du personnel, le comité d'entreprise, les délégués syndicaux (et nouvellement le représentant de la section syndicale). Le CHSCT (comité d'hygiène, de sécurité et des conditions de travail) représente également les intérêts des salariés, mais il a précisément pour but de les associer aux actions de prévention des risques professionnels et d'amélioration des conditions de travail.

Ces institutions obéissent toutefois à des règles générales qui permettent à la fois leur articulation aux différents niveaux de représentation de l'entreprise et la protection des salariés investis d'un mandat.

Section 1 LES ENTREPRISES CONCERNÉES PAR LA MISE EN PLACE D'INSTITUTIONS REPRÉSENTATIVES DU PERSONNEL

90. La mise en place des organes de représentation dépend pour partie du statut public ou privé de l'entreprise concernée mais surtout du nombre de salariés qu'elle occupe.

I. Les entreprises privées et publiques installées sur le territoire français

91. Toute entreprise située sur le territoire français, même si elle est de nationalité étrangère, est soumise à la législation sur les représentants du personnel (principe

de territorialité des lois françaises). Les lois françaises relatives à la représentation du personnel peuvent être considérées comme des lois de police. L'article L. 2312-1 du Code du travail dispose que les délégués du personnel sont élus dans *« tous les établissements de 11 salariés et plus »*. La référence est quasi identique pour le comité d'entreprise sous réserve d'avoir atteint l'effectif de 50 salariés (art. L. 2322-1 du Code du travail). Quant aux délégués syndicaux et sections syndicales, leur présence est prévue, selon l'article L. 2143-3 du Code du travail à condition, également, que l'effectif de 50 salariés soit atteint.

92. Quant aux entreprises publiques, elles peuvent aussi avoir des institutions représentatives du personnel lorsqu'elles ont la forme d'un établissement public à caractère industriel et commercial ou lorsque, établissement de droit public, elles ont une double mission administrative d'une part et industrielle et commerciale d'autre part.

93. Pour l'administration, les GIE (groupements d'intérêt économique) ne peuvent avoir des représentants du personnel que s'ils emploient des salariés recrutés par eux en dehors des entreprises qui les composent. La Cour de cassation a un avis différent propice à l'intérêt des salariés : même s'il est entièrement composé de salariés mis à sa disposition par les seules entreprises membres du groupement, un GIE peut avoir ses propres délégués du personnel. Il en va de même pour les associations qui n'ont pas de personnel propre, mais du personnel détaché qui doit pouvoir bénéficier de l'action de délégués du personnel[1].

II. Le critère prépondérant de la taille de l'entreprise

94. Le législateur a entendu s'assurer que le dialogue était possible entre les salariés et la direction de l'entreprise. Dans les toutes petites entreprises qui occupent moins de onze salariés, on peut imaginer que le dialogue s'établit facilement, ne serait-ce que parce que tout le monde se connaît plus ou moins. Chaque salarié pris individuellement ne rencontre pas vraiment de barrière entre la direction et lui-même, direction souvent constituée par une personne unique : le chef d'entreprise. Il n'en va pas forcément de même pour les entreprises de plus grande taille. Les salariés sont éloignés de la direction par une structure hiérarchique souvent pyramidale. Il leur faut donc des représentants aptes à présenter les revendications de tous.

Le droit du travail a inventé une technique, celle des seuils d'effectifs. Le nombre de salariés occupés par l'entreprise est le critère principal de la mise en place obligatoire des institutions représentatives du personnel. Toute entreprise qui remplit les seuils d'effectifs prévus par la loi doit être dotée de représentants

1. Pour les GIE : Cass. crim. 29 avril 1996, B. n° 147, et pour les associations : Cass. soc. 16 juillet 1987, B. V, n° 512.

adéquats. Une nuance doit tout de même être apportée. Le chef d'entreprise n'a que l'obligation d'organiser les élections des représentants élus. La carence de l'institution qui n'est pas due à une faute de sa part n'engage pas sa responsabilité ; les salariés seront privés de représentants même si le seuil légal est atteint. Il en est de même si un syndicat ne désire pas désigner un délégué syndical et constituer une section syndicale.

De même, dans les entreprises qui n'atteignent pas les seuils légaux, le chef d'entreprise peut volontairement organiser des élections pour permettre la mise en place de représentants du personnel.

Pour résumer, le Code du travail prévoit des représentants du personnel dès que les entreprises atteignent certains seuils, ce qui renvoie au problème plus général du calcul de l'effectif de l'entreprise.

A. La détermination des seuils en fonction

des institutions

95. Les seuils requis ne sont pas les mêmes pour toutes les institutions représentatives du personnel, ce qui s'explique en partie par la mission de chacune d'entre elles. Ils s'entendent pour l'essentiel aussi bien au niveau de l'établissement qu'à celui de l'entreprise (*infra* « le cadre de la mise en place des institutions représentatives du personnel » n° 103 et s.).

1) Le seuil de onze salariés : les délégués du personnel

96. Pour les délégués du personnel, les élections doivent être organisées par l'employeur à partir du moment où l'entreprise occupe au moins onze salariés (remarquons logiquement qu'il est préférable d'employer la formule « au moins x salariés » à la place de celle qui consiste à dire « plus de x salariés » car cela fausse les règles ; en effet, les entreprises qui occupent plus de onze salariés sont celles qui en emploient douze).

La mission des délégués du personnel est de présenter à l'employeur les réclamations tant individuelles que collectives des salariés (art. 2313-1 du Code du travail), mais les salariés conservent la possibilité de présenter individuellement leurs revendications, sans passer par la délégation du personnel ; cette dernière ne dispose donc pas d'un monopole dans sa mission. Toutefois, le législateur a estimé qu'à partir de onze salariés il est préférable que les revendications professionnelles soient présentées par des représentants élus et donc légitimés car ils ont avant tout un rôle de proximité. Ce seuil correspond par ailleurs à des procédés de recouvrement des cotisations moins fréquents pour les petites entreprises (dans les petites entreprises, le recouvrement des cotisations est trimestriel au lieu d'être mensuel). Le nombre de délégués du personnel croît avec la taille de l'entreprise (art. R. 2314-2 du Code du travail) : par exemple de 11 à 25 salariés : un titulaire et un suppléant ; de 26 à 74 salariés : 2 titulaires et 2 suppléants ; de 750 à 999 salariés : 9 titulaires et 9 suppléants. À partir de 1 000 salariés, un titulaire et un suppléant doivent être élus par tranche de 250 salariés.

Notons que les nombres indiqués représentent le nombre de titulaires et qu'il faut ajouter à chaque fois autant de suppléants. Ces chiffres peuvent, en outre, être augmentés par voie conventionnelle.

Des dérogations existent dans le cas de la mise en place dans les entreprises occupant moins de 200 salariés de la délégation unique du personnel (art. R. 2314-3 du Code du travail).

2) Le seuil de cinquante salariés

97. Le seuil de cinquante salariés est un seuil déterminant en droit du travail à de nombreux points de vue (par exemple, c'est lui qui permet l'élaboration du plan de sauvegarde de l'emploi). Pour ce qui est des représentants du personnel, il concerne tant les représentants élus que ceux désignés.

a) Les représentants élus : le comité d'entreprise

Alors que le chiffre de 100 salariés avait au départ été retenu, le comité d'entreprise doit être mis en place dans toute entreprise occupant au moins 50 salariés. Il convenait en réalité de tenir compte des entreprises moyennes. Le nombre de représentants élus, titulaires et suppléants, croît aussi avec la taille de l'entreprise (art. R. 2324-1 du Code du travail).

b) Les représentants désignés

Le seuil de 50 salariés n'est théoriquement pas retenu pour la constitution des sections syndicales (art. L. 2142-1 du Code du travail). Mais ce chiffre de 50 salariés est tout de même important car un syndicat ne peut désigner un délégué syndical que dans les entreprises ou établissements occupant au moins 50 salariés (art. L. 2143-3 du Code du travail). Le chiffre de 50 salariés conditionne la présence syndicale dans l'entreprise car la section a certes un rôle important à jouer, mais en aucun cas elle ne négocie les conventions collectives de travail, ce qui relève du domaine des délégués syndicaux.

En résumé, le seuil de 50 salariés est applicable pour tous les représentants désignés même s'ils n'ont pas le même rôle : les délégués syndicaux, les représentants de la section syndicale et le représentant syndical au comité d'entreprise.

c) Le CHSCT

98. Enfin, si l'entreprise ou l'établissement occupe au moins 50 salariés, il convient de mettre en place un CHSCT (art. L. 4611-1 du Code du travail).

Une fois les seuils légaux connus, il reste à savoir quels sont les salariés qui vont être compris dans ces seuils. En effet, le calcul de l'effectif réel de l'entreprise permettra de déterminer si cette dernière a ou non atteint les seuils obligatoires l'obligeant, sous peine de délit d'entrave, à se doter d'instances représentatives du personnel.

B. La méthode de calcul de l'effectif

99. Depuis l'adoption de la loi Auroux du 28 octobre 1982, la détermination de l'effectif se fait de manière identique pour toutes les institutions représentatives du personnel (rappelons que cette loi avait notamment pour but de simplifier la mise en place des institutions représentatives du personnel). Le contentieux relève ici du tribunal d'instance.

1) Les salariés comptabilisés

100. Pour connaître l'effectif d'une entreprise, il faut prendre en considération les salariés occupés par l'entreprise (qui sont titulaires d'un contrat de travail et qui sont en position de subordination juridique). Les salariés à temps partiel et les titulaires d'un contrat de travail à durée déterminée sont pris en compte au prorata de leur temps de travail ou de leur présence dans l'entreprise, à l'exception pour ces derniers de ceux qui remplacent un salarié absent de l'entreprise car cela équivaudrait à le compter deux fois. Sont aussi comptabilisés les salariés dont le contrat de travail est suspendu ou encore ceux qui sont en préavis, les travailleurs à domicile, les travailleurs handicapés. La chambre sociale a décidé que les travailleurs mis à disposition devaient être compris dans l'effectif de l'entreprise utilisatrice[2]. Quant aux salariés exerçant des fonctions de direction, après avoir décidé de leur exclusion car ils pouvaient être assimilés au chef d'entreprise, la Cour de cassation a finit par admettre qu'ils peuvent être pris en compte pour le calcul de l'effectif [3].

Certains salariés sont totalement exclus des effectifs : il s'agit des apprentis et des titulaires de contrats d'insertion en alternance.

2) Le moment de la détermination de l'effectif

101. Quelle période faut-il prendre en compte pour calculer l'effectif ?

L'effectif requis pour la mise en place de chaque institution doit être atteint pendant douze mois consécutifs ou non au cours des trois années précédentes. Il s'agit d'une règle générale pour toutes les institutions représentatives du personnel (L. 2322-2 pour le comité d'entreprise, L. 2312-2 pour les délégués du personnel et L. 2143-3 pour les délégués syndicaux). Cela permet à une entreprise ou à un établissement qui possède dès sa création le seuil requis pour la mise en place d'institutions représentatives du personnel d'attendre un an pour faire procéder à des élections.

La Cour de cassation a précisé que ce calcul doit se faire mois par mois au cours des trois années précédentes (c'est-à-dire les années précédant la date des élections) et non pas en calculant la moyenne de chacune des trois dernières années[4]. Cette règle ne joue normalement pas lors du renouvellement des ins-

---

2. Cass. soc. 28 mars 2000, pourvoi n° 98-60.440.
3. Cass. soc. 26 septembre 2002, RJS 12/02, n° 1411.
4. Cass. soc. 17 décembre 1984, B. V. n° 503.

titutions puisqu'il convient alors de se référer à l'effectif moyen de l'entreprise au jour de l'élection.

102. En résumé, la règle gouvernant le calcul des effectifs a deux objets : elle sert non seulement à savoir si une entreprise a atteint le seuil d'effectifs l'obligeant à mettre en place une institution représentative du personnel, mais aussi à rechercher la tranche d'effectifs dans laquelle l'entreprise se situe afin de déterminer le nombre de salariés qui peuvent être élus ou désignés dans chaque institution (par exemple, de 50 à 74 salariés, il faut deux délégués du personnel, trois membres élus du comité d'entreprise et un délégué syndical).

Section 2
LE CADRE DE LA MISE EN PLACE DES INSTITUTIONS REPRÉSENTATIVES DU PERSONNEL

103. Les institutions représentatives du personnel n'ont pas des missions identiques. Il faut alors que l'unité de représentation prise en compte pour leur détermination (élection ou désignation) corresponde à l'exercice le plus efficace de leur mission.

I. L'établissement[5]

104. L'établissement est une notion complexe qui gouverne de nombreuses règles en droit du travail.

A. L'établissement et les institutions représentatives du personnel

105. L'établissement est l'unité la plus modeste. Il est le cadre privilégié de l'élection des délégués du personnel. Cela résulte des textes mêmes du Code du travail (article L. 2312-1 du Code du travail) : l'élection des délégués du personnel doit avoir lieu dans l'établissement et non dans l'entreprise, à condition que cette entreprise soit dotée d'établissements distincts bien sûr. Pourquoi l'établissement distinct est-il le cadre privilégié de l'élection des délégués du personnel ? Les juges considèrent que, pour déterminer le cadre de l'élection, il faut avant tout tenir compte de la finalité de l'institution. L'objectif est alors de permettre aux délégués du personnel d'être aussi proches que possible de leurs mandants et de remplir efficacement leur mission. Cette détermination du cadre de l'élection

5. B. Desjardins, La Notion d'établissement en droit du travail, RJS 4/93, Chr. p. 215.

varie d'une élection à l'autre ; c'est à la date de l'élection à venir qu'il faut se placer[6].

Toutefois, l'établissement distinct n'est pas le cadre exclusif de l'élection des délégués du personnel. Il peut aussi servir d'unité pour la désignation des délégués syndicaux ou pour la mise en place d'un comité d'établissement.

Quant aux délégués syndicaux d'établissement, les juges ont réaffirmé[7] que *« constitue un établissement distinct au regard de la désignation des délégués syndicaux, le centre distinct et éloigné géographiquement du siège social, constituant un groupe de salariés numériquement important ayant des intérêts communs, ayant sur place un représentant de l'employeur qualifié pour recevoir les réclamations et revendications et transmettre celles auxquelles il ne pourrait donner suite »* ; les critères de reconnaissance de l'établissement distinct sont identiques quelle que soit l'institution concernée. Cette position est classique. Le rôle des délégués syndicaux étant d'assurer une mission de revendication pouvant permettre la négociation d'accords d'établissement, le cadre dans lequel ils exercent leurs missions doit être proche des salariés qu'ils défendent.

B. Les critères de l'établissement distinct

106. Qu'est-ce qu'un établissement distinct ? Cela correspond dans les faits à une usine, une agence, une succursale, un bureau, mais le Code du travail n'en donne aucune définition. Il faut se reporter à la position de l'administration.

Dans une circulaire DRT du 14 juin 1945, les services administratifs ont déclaré que *« l'établissement se distingue par sa dépendance à l'égard de l'organisme que constitue l'entreprise elle-même, il n'y a ni véritable autonomie, ni personnalité distincte de l'entreprise à laquelle il est rattaché. Il n'y aura pas nécessairement établissement distinct pour cette seule raison que les services sont situés dans plusieurs bâtiments distincts ; l'annexe d'une entreprise (dépôt ou atelier par exemple), si elle est étroitement rattachée à l'établissement principal, ne constitue pas un établissement distinct ; il faut tenir compte, dans chacun des cas d'espèce, de la nature du lien entre les différents services qui sont assurés dans les divers locaux »*.

On l'aura compris, il n'y pas de réel critère de l'établissement distinct. Celui de l'éloignement n'en est certainement pas un. Ce qui est certain, c'est qu'à la différence de l'entreprise à laquelle il est rattaché il n'a pas la personnalité juridique.

107. Un arrêt Citröen de 1968[8] a permis de dégager quelques éléments de l'établissement distinct : il s'agit d'« une réunion de plusieurs personnes travail-

---

6. Cass. soc. 16 mai 1990, n° 88-60430. Cette importance du moment de la mise en place des institutions représentatives du personnel se retrouve avec la représentativité des syndicats car tant les salariés élus que mandatés doivent correspondre aux attentes des salariés au moment approprié. Il s'agit du critère de concordance mission / moment.

7. Cass. soc. 8 octobre 1998, SA Air Liberté c/ Syndicat national du transport aérien CFDT, Liaisons sociales jurisprudence, n° 611 du 29 décembre 1998.

8. Civ. 22 juillet 1968, Dr. soc. 1969, p. 49.

lant ensemble d'une manière permanente sous la direction d'un ou de plusieurs représentants du même patron ». Selon certaines décisions de justice, l'aspect prépondérant est celui du bon fonctionnement de l'institution représentative : il y a établissement distinct dès que sont réunies les conditions nécessaires pour que les délégués du personnel soient en mesure d'*« exercer véritablement leurs fonctions »*, c'est-à-dire de présenter les revendications des salariés. C'est pourquoi ils doivent se trouver à proximité de ceux qui les ont mandatés ; il s'agit encore d'une application du principe de finalité.

Depuis le début des années 1990, la chambre sociale retient une définition identique de l'établissement distinct, que celui-ci serve à l'élection des délégués du personnel ou à la désignation des délégués syndicaux : il s'agit d'*« un groupe de salariés ayant des intérêts communs et travaillant sous une direction unique, peu important que la gestion du personnel soit centralisée à un autre niveau, dès lors qu'il existe sur place un représentant de l'employeur pour recevoir les réclamations et transmettre celles auxquelles il ne peut pas donner suite »*[9]. Les critères sont donc ceux d'une communauté d'intérêt et de la présence d'un chef d'établissement doté des pouvoirs nécessaires à l'exercice de sa mission : il doit pouvoir recevoir les revendications de représentants du personnel et surtout être en mesure d'y donner suite. Il ne saurait y avoir reconnaissance d'un établissement distinct si les décisions ne peuvent être prises qu'à l'échelon du siège social.

Quant au Conseil d'État, par deux décisions de 1996[10], il semble se référer exclusivement au critère de l'autonomie de gestion marquant une certaine inflexion de sa jurisprudence dans le sens d'un abandon du critère de l'implantation géographique.

La Cour de justice des Communautés européennes, enfin, a donné sa propre interprétation de la notion d'établissement dans le cas des licenciements collectifs, notion qui n'est pas définie dans le texte communautaire[11]. C'est une définition assez large qui dépend en grande partie des circonstances de l'affaire. Une société danoise appartenant à un groupe et qui envisageait de procéder à des licenciements collectifs se voyait reprocher par un syndicat de ne pas avoir procédé à l'information ni à la consultation des travailleurs concernés ; la détermination du cadre de la consultation était au cœur de l'affaire. La société incriminée soutenait qu'elle n'était pas un établissement au sens de la directive dès lors qu'elle n'était pas pourvue d'une direction pouvant effectuer de manière autonome des licenciements collectifs. Les juges de Luxembourg répondent que, par *« le terme d'établissement, il y a lieu d'entendre, selon les circonstances, l'unité à laquelle les travailleurs concernés par le licenciement sont affectés pour exercer leur tâche.*

9. Cass. soc. 10 octobre 1990, Dr. soc. 1991, p. 40, obs. J. Savatier pour l'élection des délégués du personnel, et Cass. soc. 20 mars 1991, Dr. soc. 1991 p. 700, obs. J. Savatier.

10. CE 27 mars 1996, RATP et 3 avril 1996, Syndicat des travailleurs de l'électricité de Tahiti, RJS 5/96 n°s 556 et 564 ; Ch. Maugüe, « Vers un certain infléchissement de la jurisprudence sur les critères de l'établissement distinct (conclusions, Dr. soc. 1996, p. 938).

11. Dir. 75/129/CEE du 17 février 1975.

Que l'unité en cause dispose d'une direction pouvant effectuer de manière indépendante des licenciements collectifs n'est pas essentiel à la définition de la notion d'établissement »[12]. Une fois encore, la notion d'établissement est fonction de sa finalité, ici l'information et la consultation dans le cadre des licenciements collectifs. La CJCE adopte une position assez souple en accordant plus d'importance au critère de la mission.

C. La division de l'entreprise en établissements distincts

108. Qui décide du nombre d'établissements distincts ? La division de l'entreprise peut être décidée par voie conventionnelle entre le chef d'entreprise et les organisations syndicales représentatives (à l'unanimité). L'accord a une nature électorale et les syndicats signataires ne sont pas recevables à en contester l'application[13].

Les litiges sont fréquents, l'employeur ayant moins intérêt que les représentants à multiplier le nombre d'établissements car cela multiplie d'autant les institutions représentatives du personnel. Dans ce domaine, il y a un réel éclatement du contentieux social. Si le litige est soulevé à l'occasion des élections des délégués du personnel (ou de la désignation des délégués syndicaux), le juge d'instance sera compétent. En revanche, le directeur départemental du travail est compétent pour reconnaître de la qualité d'établissement distinct à l'occasion de la mise en place d'un comité d'établissement (art. L. 2322-5 du Code du travail) ou à défaut d'accord entre le chef d'entreprise et les organisations syndicales intéressées, ou encore pour décider du nombre d'établissements distincts au sein d'une entreprise. Les décisions du directeur départemental du travail peuvent faire l'objet d'un recours devant les tribunaux administratifs[14].

Les établissements qui n'atteignent pas le seuil légal requis pour la mise en place de délégués du personnel ou la désignation de délégués syndicaux doivent être rattachés à un établissement plus important afin de pouvoir assurer les garanties des salariés en matière d'institutions représentatives du personnel[15].

12. Arrêt du 7 décembre 1995, C-449/93, Rec. 1995, I, p. 4306, Dr. soc. 1996, p. 431, obs. M. A. Moreau.

13. Cass. soc. 10 juin 1997, B. V., n° 215.

14. Une ordonnance n° 2005-1478 du 1er décembre 2005 précise la compétence du juge administratif en matière d'établissements distincts, pour la mise en place des délégués du personnel, B. Gauriau, « Du nouveau sur la reconnaissance des établissements distincts pour la mise en place des délégués du personnel », à propos de l'ordonnance n° 2005-1478 du 1er décembre 2005, JCP S 2006, 1001.

15. Cass. soc. 28 février 1989, B. V. n° 147.

II. L'entreprise

109. La notion d'entreprise se rapproche d'une conception sociale des liens unissant la direction et les salariés. En droit commercial, on retient plus facilement le terme de société car il est mis l'accent sur les différentes formes de sociétés et non sur les rapports qui peuvent exister entre un chef d'entreprise et ceux qui travaillent pour lui.

A. La notion d'entreprise

110. Ce n'est qu'assez tardivement que l'on s'est intéressé à la notion d'entreprise. Selon le rapport Sudreau (1975), l'entreprise est un instrument de progrès économique et technique ; principal agent de l'expansion, moteur de l'innovation et de l'évolution de la vie collective, c'est le pivot de la vie économique. L'entreprise est la réunion de moyens matériels agencés de manière à produire des biens ou à fournir des services ; elle est créatrice de richesses, c'est une cellule sociale élémentaire. En réalité, la notion d'entreprise ne se laisse pas enfermer dans une catégorie juridique, dans une définition statique puisque chaque branche du droit l'appréhende : le droit commercial s'intéresse surtout aux éléments patrimoniaux tandis que, pour le droit social, l'entreprise est une cellule sociale dotée d'une activité commune sous une autorité unique.

Des théories anciennes, mais qui ont toujours une utilité, ont tenté de définir l'entreprise. Paul Durand a le premier analysé l'entreprise comme une institution (1947) : l'employeur et les salariés appartiennent à un même organisme, leurs intérêts sont solidaires, leurs actions doivent servir l'utilité commune : c'est la théorie institutionnelle ou communautaire de l'entreprise. Elle se différencie de la théorie contractuelle ou patrimoniale qui conçoit l'entreprise comme un ensemble de contrats de travail individuels qui s'y développent. Les travailleurs sont mis au service du capital et les détenteurs du capital disposent de la propriété et de la direction de l'entreprise.

En réalité, l'entreprise est une organisation spécifique non susceptible d'être rangée dans une catégorie juridique. L'entreprise apparaît être un concept juridique autonome. L'accent doit de plus en plus être mis sur le capital humain.

L'entreprise est en droit social un lieu où se rencontrent le pouvoir de l'employeur vis-à-vis de ses subordonnés, le rôle des représentants du personnel, médiateurs des rapports sociaux, et les libertés individuelles et collectives de chaque salarié.

B. L'entreprise et les institutions représentatives du personnel

111. L'entreprise est l'unité de référence en droit du travail, même s'il n'existe pas à proprement parler de définition. Elle correspond à la fois à une unité sociale et à une unité économique. C'est pourquoi elle représente le cadre privilégié de

l'élection des membres du comité d'entreprise à qui la loi confère de nombreuses attributions économiques et sociales (*infra*, n°s 229 et s.).

Si l'entreprise ne comporte qu'une seule entité, elle sera à la fois composée de délégués du personnel (onze salariés), d'un comité d'entreprise (50 salariés) et de représentants désignés (délégués syndicaux). Si l'entreprise est divisée en plusieurs établissements distincts, chaque établissement, à condition d'atteindre les seuils légaux, sera doté : de délégués du personnel, d'un comité d'établissement, de délégués syndicaux d'établissement. À l'échelon de l'entreprise, les différents comités d'établissements seront coiffés par un comité central d'entreprise et les délégués syndicaux d'établissement par un délégué syndical central par tendance syndicale (art. L. 2143-5 du Code du travail, dans les entreprises occupant au moins 2 000 salariés et comportant au moins deux établissements de 50 salariés chacun ou plus). La représentation des délégués du personnel ne connaît en revanche que des délégués d'établissement en raison de leur mission de proximité auprès des salariés qu'ils représentent.

C. Les représentants du personnel dans les entreprises de moins de deux cents salariés

112. Depuis la loi quinquennale de 1993, dans les entreprises de moins de 200 salariés, le chef d'entreprise a la faculté de décider (après consultation des institutions représentatives du personnel s'il en existe) que les délégués du personnel constituent la délégation du personnel au comité d'entreprise (délégation unique du personnel).

Ce n'est pas une fusion des institutions mais une fusion des mandats. Les délégués du personnel et le comité d'entreprise fonctionnent comme deux institutions distinctes ; ils conservent leurs attributions propres.

Le but de cette réforme est de simplifier la mise en place des institutions représentatives du personnel dans les petites structures, notamment au regard des charges administratives et des coûts engendrés par les élections.

D. Le sort des représentants du personnel en cas de changement d'entreprise

113. Lorsque l'entreprise change de direction dans le cadre de l'article L. 1224-1 du Code du travail (*infra*, n°s 644 et s.), le sort des représentants du personnel n'est pas modifié : à condition que le changement d'employeur s'accompagne du transfert d'une entité économique autonome ayant conservé son identité, le mandat des représentants du personnel transférés subsiste. Le mandat du délégué syndical subsiste si l'entreprise conserve son autonomie ; il en va de même pour le délégué du personnel si l'établissement distinct dont il relève conserve également son autonomie. Pour les membres du comité d'entreprise (membres élus et représentants syndicaux au comité d'entreprise), il faut que l'entreprise transférée conserve son autonomie ; en cas de perte de son auto-

nomie juridique, l'activité de l'entreprise disparaît et cela entraîne *de facto* la disparition de l'institution.

Rappelons également que, lors d'un transfert partiel d'entreprise ou d'établissement, les représentants du personnel ne peuvent être compris dans ce transfert partiel qu'avec l'autorisation préalable de l'inspecteur du travail, afin de s'assurer que la mesure envisagée n'a pas un caractère discriminatoire.

III. Les autres unités de représentation du personnel

114. De manière à permettre à tous les salariés d'être représentés par des organes de représentation, il est possible d'envisager le regroupement de différentes entreprises afin de créer entre elles des institutions représentatives du personnel communes. Ce sont des unités de représentation plus vastes que l'entreprise, mais qui, au niveau de la représentation du personnel, seront considérées comme une seule et même entreprise.

A. L'unité de site et l'établissement[16]

115. L'article L. 2312-5 du Code du travail énonce que *« dans les établissements qui occupent moins de onze salariés et dont l'activité s'exerce sur un même site où sont employés durablement au moins 50 salariés, le directeur départemental peut, de sa propre initiative ou à la demande des organisations syndicales de salariés, imposer l'élection de délégués du personnel lorsque la nature et l'importance des problèmes communs aux entreprises du site le justifient »*.

Les critères du site sont au nombre de trois : un critère géographique, un deuxième tenant aux effectifs et, enfin, le dernier relatif aux problèmes communs (transports, repas du midi, sécurité) des différents salariés travaillant sur le site. Concrètement, le site peut correspondre aux différentes activités réunies dans un centre commercial ou dans un immeuble de bureaux ou encore dans une rue piétonne.

Les délégués de site peuvent être créés par accord entre l'autorité gestionnaire du site et le représentant des employeurs concernés et les organisations syndicales de salariés, ou par décision du directeur départemental (après avoir mené une enquête auprès des intéressés), comme le prévoit l'article L. 2312-5 du Code du travail. Par la suite, des élections classiques sont organisées. La suppression de l'institution intervient en fin de mandat si les effectifs du site sont restés en dessous de 50 salariés pendant au moins six mois.

Le site ne peut être reconnu qu'entre différents établissements. L'article L. 2312-5 du Code du travail ne concerne que l'élection de délégués du personnel et non d'autres institutions représentatives du personnel. La reconnaissance du site se justifie pour les délégués du personnel en raison de la nature de

16. C. Parlant, « Les délégués de site », *Petites Affiches*, 22 janvier 1986.

leur mission qui est de présenter aux employeurs les diverses réclamations des salariés du site. Le site ne semble en revanche pas approprié à la mission de revendication et de négociation des délégués syndicaux (*infra*, n°s 165 et s.).

Un problème se pose néanmoins au niveau du site. Lorsque celui-ci correspond dans les faits à une galerie marchande, il se peut que les différents magasins soient ou bien très petits avec un ou deux salariés, ou bien appartiennent à de grandes structures de restauration, de hi-fi et d'électroménager et emploient un nombre suffisant de salariés pour avoir leurs propres délégués du personnel. Comment articuler la mission de ces représentants avec celle des délégués de site ?

B. L'unité économique et sociale et les entreprises juridiquement distinctes

116. Des entreprises juridiques distinctes (sans que la notion d'établissement entre en jeu ici) peuvent constituer dans les faits un groupement réel qui doit permettre aux différents salariés de ces entreprises de bénéficier de représentants du personnel communs. Il s'agit de rechercher si ces entreprises qui n'ont apparemment rien à voir les unes avec les autres n'en constituent pas moins une unité économique et sociale.

1) La notion d'unité économique et sociale

117. L'unité économique et sociale[17] est à l'origine une notion dégagée par les juges à la fin des années 1970 pour remédier à la fraude de certains employeurs qui, pour contourner leurs obligations en matière de représentation du personnel, multipliaient la création d'entreprises en deçà des seuils légaux.

Les premières décisions sont celles des juridictions répressives et elles condamnent effectivement la fraude des employeurs[18]. Par la suite, les juges de la chambre sociale abandonnèrent la référence à la fraude pour retenir le principe suivant lequel plusieurs entreprises juridiquement distinctes peuvent constituer au regard du droit du travail *« un seul ensemble économique ou une seule entité économique et sociale »*[19].

La loi de 1982 a repris la notion d'unité économique et sociale mais seulement pour ce qui est du comité d'entreprise (art. L. 2322-4 du Code du travail) : lorsqu'une unité économique et sociale regroupant au moins 50 salariés est reconnue par convention ou décision de justice entre plusieurs entreprises juridiquement distinctes[20], la mise en place d'un comité d'entreprise commun

17. G. Blanc-Jouvan, « L'unité économique et sociale et la notion d'entreprise », Dr. soc. 2005, 68. S. Giraud, « L'unité économique et sociale », *Action juridique*, 2004, n° 168, p. 7.

18. Cass. crim. 23 avril 1970, D. 1970, p. 444, Grands arrêts, n° 64.

19. Cass. soc. 14 février 1973, B. V. n° 82.

20. Cass. soc. 7 mai 2002, RJS 7/02, n° 835 : il ne peut y avoir d'unité économique et sociale reconnue par convention ou par décision de justice qu'entre des personnes juridiquement distinctes prises dans l'ensemble de leurs établissements et de leurs personnels.

est obligatoire. Les juges ont toutefois reconnu que le concept d'unité économique et sociale s'applique aussi pour la mise en place de délégués du personnel ou la désignation de délégués syndicaux communs à plusieurs entreprises.

2) Les critères de l'unité économique et sociale[21]

118. Il n'existe pas de définition légale de l'unité économique et sociale. Les critères dégagés par la jurisprudence sont notamment :

– des critères économiques (surtout pour reconnaître l'existence d'un comité d'entreprise) :

- une identité ou une complémentarité des activités,
- une direction commune ou une concentration des pouvoirs de direction[22] ;

– des critères sociaux : une communauté de travailleurs ayant des intérêts communs : conditions de travail identiques, activités sociales et culturelles communes, règlement intérieur identique, convention collective commune, etc.

Les critères retenus pour la mise en place des institutions représentatives du personnel sont les mêmes pour toutes, mais ceux dégagés pour la mise en place d'une institution (par exemple les délégués du personnel) peuvent ne pas être valables pour la désignation d'une autre institution (les délégués syndicaux). En effet, comme en matière d'établissement distinct, le critère qui prévaut est celui qui permet le meilleur fonctionnement de l'institution concernée.

Ainsi, la reconnaissance d'une unité économique et sociale pour la désignation de délégués syndicaux n'implique pas que l'élection des membres du comité d'entreprise doive se dérouler dans le même cadre, la finalité des institutions étant différente, les critères de l'unité économique sont les mêmes pour toutes les institutions[23]. C'est pourquoi, pour reconnaître l'existence d'une unité économique et sociale en vue de la mise en place d'un comité d'entreprise commun, le juge peut se référer à un précédent jugement ayant constaté l'existence de cette unité pour la désignation de délégués syndicaux dès lors qu'il relève qu'aucune modification n'est intervenue dans les rapports entre les sociétés[24].

3) Le contentieux de l'unité économique et sociale

119. Les litiges relatifs à la mise en place d'une unité économique et sociale relèvent du tribunal d'instance, juge des élections professionnelles. Ce juge, saisi par exemple par les organisations syndicales représentatives, recherchera si, pour l'institution intéressée, les critères de l'unité économique et sociale sont réunis.

---

21. J. Savatier, « Problèmes posés par la reconnaissance d'une unité économique et sociale », Dr. soc. 1997, p. 347.
22. Cass. soc. 15 mai 2001, JCP E 2001, 1479, F. Duquesne, « L'unité économique et sociale entre plusieurs entreprises juridiquement distinctes nécessite notamment que les éléments qui la composent soient soumis à un pouvoir de direction unique. »
23. Cass. soc. 3 mai 2007, JCP S, 1519.
24. Cass. soc. 25 octobre 1995, RJS 12/95, n° 1254

Les critères sociaux peuvent alors prédominer, ou vice versa, toujours en fonction de la finalité de l'institution.

Une demande en reconnaissance de l'unité économique et sociale peut être présentée à tout moment, même en dehors des périodes électorales. Mais le jugement reconnaissant l'unité économique et sociale a un caractère déclaratif à la date de la requête introductive d'instance ; c'est pourquoi les élections qui pourraient avoir lieu entre la date d'introduction d'instance et celle du jugement sont nulles pour avoir été organisées de manière autonome entre des sociétés constituant pourtant une unité économique et sociale[25].

En résumé, des entreprises juridiquement distinctes peuvent être dotées d'un comité d'entreprise commun, de délégués du personnel communs ou de délégués syndicaux communs[26] si les critères de l'unité économique et sociale sont reconnus.

C. Le groupe

120. Il n'existe pas de réelle définition du groupe en droit du travail. Il faut partir de la définition donnée par l'article L. 2331-1 du Code du travail suivant laquelle *« un comité de groupe est constitué au sein d'un groupe formé par une entreprise appelée entreprise dominante et les entreprises qu'elle contrôle »* dans les conditions fixées par la loi du 24 juillet 1966 sur les sociétés commerciales.

Le groupe ne concerne qu'une seule institution représentative du personnel : le comité de groupe.

Suivant les dispositions de la loi de 1966 relative au droit des sociétés, le groupe est formé d'une société dite dominante, ses filiales (dont elle détient directement plus de la moitié du capital), les sociétés dont elle détient indirectement plus de la moitié du capital (c'est-à-dire à travers ses filiales à 50 %) et les sociétés où la mère détient une participation se situant entre 10 et 50 % du capital. Lorsqu'une société mère est installée sur le territoire français, un comité de groupe doit être institué depuis la loi du 28 octobre 1982, modifiée par la loi du 12 novembre 1996 afin d'intégrer les mesures relatives au comité d'entreprise européen (*infra*, n° 122). Les litiges qui peuvent naître à propos de la délimitation du groupe relèvent de la compétence du tribunal de grande instance de la société dominante.

121. Les critères essentiels au groupe sont la domination, qui peut résulter d'un contrôle (financier par exemple) ou d'une influence, et la finalité de l'institution. La finalité du groupe n'est pas vraiment de développer les relations sociales. Dans

---

25. Cass. soc. 7 octobre 1998, n° 97-60.292.

26. La Cour de cassation a rappelé les modalités de notification de la désignation d'un délégué syndical dans une unité économique et sociale. Pour que la désignation soit valable (sinon elle est nulle et non seulement inopposable à la société concernée), la notification doit indiquer l'existence et la composition de l'unité économique et sociale dans le cadre de laquelle la désignation est censée intervenir : Cass. soc. 26 avril 2000, SARL Relais Charlemagne multimédia c/ Mace et autre, Liaisons sociales, n° 677 du 13 juin 2000.

le contexte actuel, il s'agit plutôt, en cas de difficultés économiques, de permettre le reclassement des salariés dans les entreprises qui peuvent permuter tout ou partie de leur personnel : c'est le devoir d'adaptation qui pèse sur le chef d'entreprise.

Dès lors, à quoi sert le comité de groupe ? Il ne représente pas vraiment une institution représentative du personnel au sens propre car il n'a pas de pouvoir réel d'action. Il est censé faire circuler l'information entre les entreprises, et ses pouvoirs peuvent gagner en importance depuis l'adoption de la loi du 12 novembre 1996. Toutefois, depuis la loi du 4 mai 2004 relative au dialogue social, le groupe peut être le cadre d'accords négociés, ce qui lui donne une nouvelle légitimité.

D. Le groupe de dimension communautaire[27]

122. La directive 94/45 du 22 septembre 1994, transposée en France par une loi n° 96.985 du 12 novembre 1996 a entraîné une modification du Code du travail. L'article L. 2341-4 du Code du travail entend permettre aux travailleurs appartenant à un groupe de dimension communautaire ou à une entreprise de dimension communautaire de pouvoir accéder à l'information et éventuellement de participer à une consultation avec la direction. Il s'agit en quelque sorte d'éviter tous les méfaits du dumping social, qui consiste à profiter de la disparité des législations sociales pour traiter les travailleurs de différents pays de manière discriminatoire.

L'accès à l'information et / ou à la consultation (entendue jusqu'alors comme un simple échange de vues et l'établissement d'un dialogue) peut se faire à travers la constitution d'un réel comité d'entreprise européen ou d'une procédure d'information et de consultation.

Les entreprises ou groupes d'entreprises concernés doivent avoir une dimension communautaire (art. L. 2341-4 du Code du travail), c'est-à-dire employer au moins 1 000 salariés dans l'ensemble des États membres de la Communauté européenne et au moins 150 dans deux États membres différents.

Comment articuler l'existence dans un groupe français d'un comité de groupe et d'un comité d'entreprise européen ? Afin d'éviter la multiplication des instances de représentation, il est prévu à l'article L. 2345-2 du Code du travail qu'un accord peut décider de la suppression du comité de groupe au profit du seul comité d'entreprise européen.

Une fois les conditions relatives à la mise en place des institutions représentatives du personnel déterminées, se pose la question des moyens dont disposent les représentants du personnel pour exercer leur mission.

---

27. B. Teyssié, *Le Comité d'entreprise européen*, Economica, 1997.

Section 3
UN MOYEN MIS À LA DISPOSITION DES REPRÉSENTANTS DU PERSONNEL : LE CRÉDIT D'HEURES

123. Les représentants du personnel élus et désignés disposent de nombreux moyens prévus par loi et qui ont tous des particularités liées au bon fonctionnement de leur mission (voir pour chaque institution, chapitre 2). Pourtant, ces moyens présentent des caractéristiques générales communes.

Outre le fait que les représentants du personnel disposent de locaux et autres moyens matériels leur permettant d'agir efficacement, ils ont surtout la possibilité d'exercer leur mission représentative durant les heures de travail qui sont payées comme telles et à l'échéance normale : il s'agit des heures de délégation ou crédit d'heures.

124. Pour permettre une égale répartition du temps de travail et du temps réservé au mandat, les représentants du personnel bénéficient d'un « crédit d'heures » qui varie en fonction des institutions. Le montant légal est fixé pour chaque institution et il est en principe personnel et mensuel. Par exemple, les délégués du personnel ont un crédit de quinze heures par mois et par personne, les membres du comité d'entreprise de vingt heures, etc.

Ce crédit d'heures est particulièrement généreux puisqu'il n'intègre pas les réunions légales (comme les réunions mensuelles du comité d'entreprise). C'est pourquoi la délégation unique du personnel permet, dans les petites et moyennes entreprises, pour lesquelles le coût des « absences payées » est très lourd, de réduire le crédit d'heures d'environ 40 %.

I. Les conditions d'utilisation du crédit d'heures

125. Il existe depuis 1982 une présomption simple de bonne utilisation du crédit d'heures au profit des salariés ; il appartient donc à l'employeur de prouver l'utilisation non conforme de ces heures.

Pendant les heures de délégation, les représentants du personnel peuvent se déplacer à l'intérieur ou à l'extérieur de l'entreprise. Ils peuvent également prendre tous contacts nécessaires à l'accomplissement de leur mission sous réserve de ne pas gêner le déroulement du travail des autres salariés. Ils peuvent aussi assurer leur propre défense lors d'une audience à l'occasion d'une contestation par l'employeur de l'utilisation des heures de délégation car le salarié protégé est alors dans l'exercice de son mandat. Sur le fondement de l'article L. 2315-1 du Code du travail (car il s'agissait de délégués du personnel), la Cour de cassation estime qu'*« en assumant sa propre défense lors d'une contestation par l'employeur de l'utilisation des heures de délégation, le salarié protégé est dans l'exercice de son mandat* »[28]. En résumé, le temps passé par un représentant du personnel à se défendre devant le conseil de prud'hommes entre dans le cadre de son mandat et peut, à ce titre, être imputé sur le crédit d'heures. Le représentant est donc en droit de demander à son employeur la rémunération de ces heures en tant qu'heures de délégation.

Cependant, les représentants du personnel ne peuvent utiliser leurs heures de délégation pour assister un salarié aux prud'hommes. En effet, même si l'article L. 1453-4 du Code du travail accorde à tout salarié désigné à cet effet par une organisation syndicale représentative le droit de s'absenter dix heures par mois pour assister ou représenter un de ses collègues à une audience prud'homale, cette activité n'entre pas dans les fonctions d'un représentant du personnel. Ce temps n'est pas payé à ce dernier comme temps de travail et ne doit pas non plus être rémunéré comme heures de délégation[29]. Néanmoins, relevons que le temps passé par un délégué syndical à une audience judiciaire afin de s'informer sur un litige mettant en cause d'autres représentants du personnel à l'occasion d'un conflit collectif relève cette fois de sa mission, qui consiste à représenter son syndicat dans l'entreprise et qui peut être exercée en tout lieu dans l'intérêt des salariés de l'entreprise ou de l'établissement au titre desquels il a été désigné[30].

II. Le report et le dépassement du crédit d'heures

126. Les représentants du personnel qui n'utilisent pas tout leur crédit ne peuvent le reporter d'un mois sur l'autre. En revanche, ils ont la possibilité dans certains cas précis (si la convention collective le prévoit ou en cas de circonstances exceptionnelles comme une grève par exemple) de dépasser leur crédit.

127. Le contentieux porte fréquemment sur le dépassement des heures de délégation et donc sur la rémunération. Les heures de délégation sont rémunérées normalement, même si elles se situent en dehors des heures de travail. Mais elles ne doivent pas apparaître ainsi sur le bulletin de paie[31] car cela pourrait créer des discriminations à l'encontre du représentant du personnel (en cas de demande d'un logement ou d'un crédit bancaire).

En revanche, dès lors qu'ils ne s'attachent pas à l'exercice du mandat, les agissements du salarié protégé dans le cadre de ses fonctions spécifiques peuvent constituer une faute d'une gravité suffisante pour en justifier le licenciement. Il en est ainsi en cas de dépassement répété et important du crédit d'heures alloué à l'intéressé[32], ou en cas d'indélicatesses, tel le détournement des

28. Ass. plén. 31 octobre 1996 (deux arrêts), Dr. soc. 1997, p. 270, Jean-Maurice Verdier, « L'imputation sur les heures de délégation du temps passé par un salarié à assurer sa propre défense en justice ».

29. Cass. soc. 12 mars 1987, Liaisons sociales, Juris. Actua. nº 5943 du 16 avril 1987.

30. Cass. soc. 12 avril 1992, Liaisons sociales, Juris. Actua. nº 6730 du 10 septembre 1992.

31. Cass. soc. 18 février 2004, RJS 4/04, nº 412.

32. CE 16 avril 1982, Sté Dupré-Verdun, Lebon, tables p. 767.

cotisations syndicales[33]. Il en est de même si le représentant du personnel a, de surcroît, utilisé la subvention de fonctionnement du comité d'établissement pour payer ses heures de délégation prises en sus du crédit légal qui lui était accordé[34].

Seule la justification de circonstances exceptionnelles autorise le dépassement des heures de délégation. Est une circonstance exceptionnelle le fait par exemple pour les membres du comité d'entreprise de se trouver saisis d'un projet important de restructuration de l'entreprise. Dans ce cas, et contrairement aux heures de délégation effectuées dans la limite du crédit d'heures, il appartient au représentant du personnel d'apporter à la fois la preuve des circonstances exceptionnelles justifiant le dépassement et la conformité de l'utilisation de ces heures excédentaires avec sa mission[35].

33. CE 25 avril 1984, Legoff, Lebon, tables p. 762.

34. CE 17 décembre 1993, RJS 3/94, n° 263.

35. Cass. soc. 29 janvier 1992, RJS 3/92, n° 303, Cass. soc. 10 mai 1994, SA Brampton c/ Bonvalet, RJS 1994, n° 712.

Chapitre 2

La représentation du personnel

128. Les représentants du personnel ont pour mission de représenter les salariés auprès de la direction. Certains d'entre eux sont élus parmi les salariés (section 2) ; d'autres sont mandatés, désignés par les organisations syndicales (section 1). Leur rôle est à la base fondamentalement différent.

Section 1
LA REPRÉSENTATION DÉSIGNÉE

129. Les syndicats désignent ou mandatent eux-mêmes les salariés qui vont les représenter dans les entreprises ou au sein de certaines instances paritaires. Il s'agit donc d'une légitimité purement interne (le délégué syndical ne tire sa légitimité que du syndicat qui l'a désigné), mais cela a des conséquences importantes dans l'entreprise. En effet, les délégués syndicaux qui négocient les conventions collectives de travail agissent dans l'intérêt de l'ensemble des salariés, y compris de ceux qui ne sont pas syndiqués. C'est dire l'importance (souvent critiquée) que le droit du travail français, et particulièrement le droit de la négociation collective, accorde au syndicalisme. D'où l'importance de la réforme du 20 août 2008 (*infra*, n^{os}154 et s.).

I. Présentation des syndicats

130. Le syndicat n'est pas une simple émanation théorique d'idées plus ou moins politiques. Il dispose de nombreux moyens d'ordres divers qui lui permettent de conserver une grande autonomie d'action.

A. Définition et objet

131. Un syndicat est un groupement professionnel de personnes « *exerçant la même profession, des métiers similaires ou des métiers connexes, concourant à l'établissement de produits déterminés ou la même profession libérale* » (art L. 2131-2 du Code du travail). Le critère de l'activité professionnelle est déterminant ; une simple communauté

d'intérêts ne suffit pas[1] (pour la définition des unions ou centrales syndicales, *supra*, n°s 67 et s.).

Les syndicats peuvent regrouper des salariés ou des employeurs.

132. Ils ne peuvent avoir pour objet que *« l'étude et la défense des droits ainsi que des intérêts matériels et moraux, tant collectifs qu'individuels, des personnes visées par leur statut »* (art. L. 2131-1 du Code du travail). Il s'agit du principe de la spécificité des syndicats professionnels (*infra*, B). Leur objet est donc exclusivement professionnel : tant les activités religieuses que commerciales (actes de commerce) sont interdites aux syndicats. Les syndicats peuvent toutefois participer à des activités d'ordre politique (comme par exemple l'organisation d'une grève à caractère politique), bien que cela leur soit de prime abord interdit.

B. La liberté syndicale et ses effets

133. La liberté syndicale nécessite notamment une légitimité du syndicat mais implique également que seules certaines personnes sont recevables pour agir en dissolution du syndicat.

1) L'affirmation de la liberté syndicale

134. La liberté syndicale est une liberté publique reconnue par la loi du 21 mars 1884 (*supra*, chapitre préliminaire), proclamée par le Préambule de la Constitution de 1946 auquel fait référence celui de 1958 : *« Tout homme peut défendre ses droits et ses intérêts par l'action syndicale et adhérer au syndicat de son choix »* Le Conseil constitutionnel a reconnu à plusieurs reprises que la liberté syndicale repose sur des textes ayant valeur constitutionnelle. Cette liberté est enfin affirmée par des textes internationaux dont la Convention OIT n° 87 et l'article 11-1 de la Convention européenne de sauvegarde des droits de l'homme et des libertés fondamentales.

Le Code du travail reprend bien sûr ces principes aux articles L. 2131-1 (*« Les syndicats peuvent se constituer librement »*) et L. 2141-1 du Code du travail (*« Tout salarié, quels que soient son sexe, son âge, sa nationalité, sa religion ou ses convictions, son handicap, son orientation sexuelle, son appartenance, vraie ou supposée, à une ethnie ou une race, peut librement adhérer au syndicat professionnel de son choix »*).

135. La liberté syndicale implique trois autres libertés :

– la liberté de créer un syndicat (L. 2131-2) ;

– la liberté d'adhérer ou de ne pas adhérer à un syndicat ou encore de lui retirer son adhésion (L. 2141-1) ;

1. Pour le refus de la qualité de syndicat, malgré sa dénomination, au « Syndicat des commerçants et entreprises commerciales du Cher », Cass. crim. 14 juin 2000, Dr. soc. 2000, p. 1017. En effet, ce groupement ne comprenait pas des personnes exerçant la même profession mais des personnes exerçant les activités les plus diverses dans les domaines du commerce, de l'artisanat et des services. N'étant pas un syndicat, le groupement en question ne pouvait se porter partie civile dans une poursuite contre un employeur pour infraction à la règle du repos dominical.

– la liberté d'emploi : l'appartenance à un syndicat ne doit avoir aucune conséquence sur le travail. Le licenciement d'un salarié pour un motif lié à son appartenance syndicale est discriminatoire.

Les travailleurs, salariés ou non, sont donc libres d'adhérer au syndicat de leur choix ; ils bénéficient alors de certains droits comme le droit de participation et de vote aux assemblées générales. Mais ils doivent également respecter des obligations : payer leur cotisation et respecter la discipline syndicale notamment. Les travailleurs peuvent aussi démissionner, c'est-à-dire retirer leur adhésion au syndicat. Le refus de payer la cotisation équivaut à une démission du syndicat.

Il convient de s'arrêter un instant sur la liberté d'emploi et le principe de non-discrimination en matière de droit syndical. Cela ne concerne pas que la possibilité de se faire licencier en raison de son appartenance syndicale. Les arrêts les plus récents mettent l'accent sur des différences de situation qui touchent le plus souvent la rémunération et qui ne sont pas forcément objectives.

Par exemple, des salariés peuvent ne pas avoir bénéficié de procédures d'avancement, à la différence de leurs collègues non syndiqués[2]. Comment le prouver ? L'interdiction des mesures discriminatoires à l'égard des salariés syndiqués peut être sanctionnée essentiellement sur deux fondements : l'article L. 1132-1 du Code du travail qui interdit tout type de discrimination et l'article L. 2141-5 du même Code qui porte plus spécifiquement sur les activités syndicales des salariés. Des dispositions pénales spécifiques et plus générales viennent parfaire le dispositif (article 225-1 du Code pénal et L. 2135-2 du Code du travail). Mais, à côté de ces éléments qui permettent de fonder une action contre une mesure discriminatoire, ce qui est le plus important pour le salarié c'est de pouvoir prouver la discrimination. Inspiré par le droit communautaire, le juge français a instauré une sorte de règle de preuve partagée (article L. 1134-1 du Code du travail) : il appartient au salarié qui se prétend victime d'une discrimination (en raison de son appartenance syndicale ou pour tout autre motif car la règle de preuve est générale) d'apporter au juge des éléments de fait qui étayent la discrimination. Et il revient alors à l'employeur de prouver que sa décision est justifiée par des éléments objectifs étrangers à toute discrimination, comme l'ancienneté, les diplômes, etc. Le salarié peut se servir par exemple de fiches de paie d'autres collègues, de notes de service ou autres mails prouvant qu'il a volontairement été écarté. Le juge cherchera des éléments objectifs qui permettront de justifier la différence de traitement. S'il n'en trouve pas, il jugera la mesure discriminatoire et pourra condamner l'employeur.

2) Les effets de la liberté syndicale

136. Pour bénéficier de la liberté syndicale, un groupement doit avoir la qualité de syndicat, qualité qui se manifeste à travers l'exigence de « spécialité » de ce

2. Cass. soc. 6 juillet 2005, JCP S 4 octobre 2005, 1242, ou encore Cass. soc. 17 oct. 2006, JCP S 16 janvier 2007, 1024.

dernier. Par ailleurs, une fois cette qualité reconnue, elle peut être contestée à la condition cette fois-ci de démontrer un intérêt à agir.

a) La légitimité et la spécialité (ou spécificité) des syndicats

137. Un problème particulier concerne la qualification même de syndicat et la légitimité de certains groupements qui voudraient se voir reconnaître cette qualité alors que leurs objectifs sont politiques.

La question qui a été posée aux juges après un contentieux de longue haleine[3] était de savoir si, en fonction des critères distinctifs d'un véritable syndicat professionnel, les syndicats Front national pénitentiaire et Front national de la police pouvaient ou non revendiquer cette qualité[4].

Il s'agit de savoir si on peut opposer à certains groupements le principe de spécialité des syndicats qui découle de l'article L. 2131-1 du Code du travail dans sa rédaction issue de la loi du 22 octobre 1982 et suivant lequel les syndicats ne peuvent avoir pour objet *« que l'étude et la défense des droits ainsi que des intérêts matériels et moraux {...} »*.

Tout dépend en effet de ce que l'on sous-entend par « intérêts moraux ». Ceux-ci pourraient-ils contenir des intérêts politiques ? À l'évidence et en pratique, la séparation totale entre l'action syndicale et l'action politique est utopique, sachant que les organisations syndicales représentatives sont appelées à négocier aux plus hautes instances avec l'État. Mais cela pourrait-il impliquer pour autant la disparition totale du principe de spécialité des syndicats qui leur permettrait alors, pour certains, d'avoir des objectifs politiques clairement affirmés ? Cela serait-il conforme à l'idéologie française même du syndicalisme, à une certaine forme d'éthique ?

À l'évidence non : dans les arrêts susmentionnés concernant le FN, les juges ont décidé que les syndicats concernés n'étaient que l'instrument d'un parti politique qui est à l'origine de leur création et dont ils servent exclusivement les intérêts et les objectifs, en prônant des distinctions fondées sur la race, la couleur, l'ascendance, l'origine nationale ou ethnique. Ces groupements ne pouvaient donc se prévaloir de la qualité de syndicat au sens du droit français.

b) L'intérêt à agir pour demander la dissolution d'un syndicat

138. Par ailleurs, un autre problème de droit était soulevé dans ces affaires : quelles sont les personnes qui peuvent justifier d'un intérêt à agir et qui sont recevables à contester la qualité d'un syndicat ? Les juges ont retenu une conception large du droit d'agir[5] : *« Toute personne justifiant d'un intérêt à agir est recevable à contester la qualité de syndicat professionnel d'un groupement dont l'objet ne satisfait pas aux exigences des articles L. 2131-1 et L. 2131-2 du Code du travail, et à*

3. Voir notamment cour d'appel de Paris, 17 juin 1997, Front national de la police, Dr. soc. 1997, p. 985, obs. A. Jeammaud.

4. Chambre mixte 10 avril 1998, trois arrêts (deux concernant les syndicats FN et l'un les ostéopathes), Dr. soc. 1998, p. 565, rapport du conseiller Jean Merlin.

5. Arrêt sur le syndicat des ostéopathes.

en demander la nullité, indépendamment du droit, pour le procureur de la République, d'en requérir la dissolution {...} ». Cette décision constitue un revirement de jurisprudence et va à l'encontre de nombreuses opinions doctrinales qui considéraient que l'action en dissolution ne pouvait être exercée qu'à la diligence du procureur de la République au nom du respect de la liberté syndicale et de la protection des intérêts des syndicats[6]. Or, dans les affaires qui nous intéressent ici, les actions étaient menées par d'autres syndicats. Ces actions pourraient donc être aussi menées par des membres du syndicat lui-même ou par l'employeur.

Ne peut-on alors affirmer que le principe même de la liberté syndicale confère aux personnes justifiant d'un intérêt à agir, sous réserve d'en contrôler (difficilement) les abus, le droit de s'opposer à la constitution de groupements dont les objectifs pourraient être illicites ?

C. L'organisation des syndicats

139. Les syndicats peuvent se constituer librement (art L. 2131-2 du Code du travail). Il faut toutefois en pratique désigner les dirigeants du syndicat et rédiger ses statuts (art. L. 2131-3 du Code du travail). Pour constituer un syndicat, il suffit, une fois les statuts rédigés, de les soumettre à l'assemblée générale puis de les déposer à la mairie qui en donne copie au procureur de la République. Le syndicat n'a d'existence légale que du jour du dépôt de ses statuts à la mairie.

140. Le syndicat fonctionne autour de trois organes : le conseil d'administration et le bureau assurent sa gestion et son fonctionnement sous le regard de l'assemblée générale. Alors que les syndicats de base ne peuvent comprendre que des membres exerçant des professions identiques, à l'échelle supérieure, il est fréquent que les syndicats professionnels se concertent pour l'étude et la défense de leurs intérêts matériels et moraux.

Les organisations syndicales de salariés peuvent ainsi comprendre :

– des unions de syndicats à caractère interprofessionnel, par localité ou par région : ce sont les unions locales, départementales ou régionales de syndicats ;

– des fédérations professionnelles qui groupent par branche d'activité tous les salariés travaillant dans une même industrie (dans le bâtiment, l'édition, la métallurgie par exemple) ;

– des confédérations, autrement appelées les centrales syndicales, qui rassemblent au niveau national les syndicats, unions et fédérations de même tendance. En France, les cinq centrales syndicales représentatives des salariés sont : la CGT, la CFDT, la CFTC, la CGT-FO et la CGC ; les employeurs sont principalement représentés par le MEDEF ;

– les confédérations nationales peuvent être affiliées à des confédérations internationales (CISL, CMT ou encore FSM) ou à des organisations plus régionales (sur le plan européen, la CES, le CEEP et Business Europe, anciennement UNICE).

---

6. Ce qui avait été décidé dans un arrêt de la chambre sociale du 6 avril 1994, RJS 5/94, n° 567.

141. La dissolution des syndicats peut être volontaire (à l'unanimité), prévue par les statuts, ou encore décidée judiciairement (voir par exemple les affaires relatives aux syndicats Front national). Les biens du syndicat sont dévolus conformément aux statuts ou, à défaut de dispositions statutaires, suivant les règles déterminées par l'assemblée générale. Les biens ne peuvent jamais être répartis entre les membres adhérents (art. L. 2131-6 du Code du travail).

D. Ressources, capacité, personnalité civile et responsabilité du syndicat

142. Les ressources du syndicat peuvent avoir quatre provenances : les cotisations des membres dont le taux est fixé par les statuts ou par l'assemblée générale ; les revenus des biens mobiliers ou immobiliers ; les subventions, dons et legs ; les profits d'opérations à caractère paracommercial.

Les syndicats jouissent de la personnalité civile (article L. 2132-1 du Code du travail). La personnalité civile des syndicats leur confère deux droits.

1) Le droit d'acquérir des biens

143. Les syndicats peuvent acquérir des biens meubles ou immeubles ; ils peuvent affecter une partie de leurs ressources à la création d'habitations à loyer modéré et à l'acquisition de terrains pour jardins ouvriers, éducation physique ou hygiène (L. 2132-5). Les syndicats peuvent également constituer entre leurs membres des caisses spéciales de secours mutuel et de retraite (L. 2132-6). Ils ont la capacité de contracter, ce qui leur permet notamment de négocier les conventions collectives de travail.

2) Le droit d'ester en justice

144. Surtout, les syndicats peuvent ester en justice : « *Ils peuvent devant toutes les juridictions exercer tous les droits réservés à la partie civile relativement aux faits portant un préjudice direct ou indirect à l'intérêt collectif de la profession qu'ils représentent* » (L. 2132-3 ; pour la contestation de la légitimité d'un syndicat, *supra*, n° 137).

À condition d'avoir un intérêt à le faire (l'intérêt à agir), le syndicat peut agir dans différentes situations.

En premier lieu, le syndicat peut agir pour la défense de ses biens et droits propres ou l'exercice de son pouvoir disciplinaire, notamment pour le respect des engagements pris par voie de convention collective. Le syndicat peut par exemple exercer son pouvoir disciplinaire à l'encontre de l'un de ses membres en vue de son exclusion. Les tribunaux vérifieront la rectitude de la procédure au regard des statuts. De même, est susceptible de porter un préjudice au moins indirect à l'intérêt collectif de la profession la solution d'un litige relatif à l'interprétation d'un accord collectif lorsque ce litige soulève une question de principe[7]. En effet, le syndicat est signataire de l'accord collectif et il doit pouvoir en obtenir

7. Cass. soc. 3 février 1998, TPS 1998, comm. 173.

l'application ou réclamer des dommages-intérêts en cas d'inexécution. La Cour de cassation a d'ailleurs élargi ce droit d'agir des syndicats même lorsqu'il s'agit d'un accord collectif non étendu[8].

Il n'est pas nécessaire que le syndicat soit représentatif pour pouvoir agir en justice aux fins de défendre ses droits puisque le critère est celui de l'intérêt à agir.

En deuxième lieu, il peut agir pour la défense d'intérêts professionnels individuels. Le syndicat peut représenter des salariés : le syndicat peut assister ou représenter une partie devant le conseil des prud'hommes. Il s'agit du droit de substitution dont la particularité est de permettre au syndicat d'agir sans mandat du salarié.

Cette action déroge à l'adage : « *Nul ne plaide par procureur* » et doit donc être prévue par des textes légaux pour pouvoir être exercée. En général, le droit de substitution est prévu dans les cas de figure où le salarié est dans une situation délicate (travailleurs à domicile, travailleurs étrangers, travailleurs temporaires) ou encore lorsqu'il se trouve dans une position de faiblesse (licenciement économique, discrimination sexuelle, etc.). Par exemple, les organisations syndicales représentatives peuvent exercer en justice toutes actions qui naissent des dispositions concernant le licenciement économique[9] en faveur d'un salarié, sans avoir à justifier d'un mandat de ce dernier.

Le droit de substitution fait l'objet de peu de jurisprudence, mais la chambre sociale a pris soin de préciser les modalités du droit d'opposition des salariés qui font l'objet de cette action, notamment en ce qui concerne l'information desdits salariés. Le droit du travail prévoit que le salarié doit avoir été averti par lettre recommandée avec accusé de réception ; à partir de ce moment, si le salarié ne s'y est pas opposé dans un délai de quinze jours, l'organisation syndicale avertit l'employeur suivant les mêmes formes de son intention d'ester en justice[10]. L'avertissement effectué par le syndicat est une formalité substantielle et la lettre doit comporter des mentions obligatoires et détaillées. Le droit de substitution touchant la liberté individuelle du salarié, il faut s'assurer que ce dernier a donné son assentiment en pleine connaissance de cause et que la lettre d'information soit motivée par le syndicat qui doit y indiquer toutes les précisions sur la nature et l'objet de l'action exercée. Enfin, quant au moment de l'information, les juges ont récemment décidé que l'information du salarié « le jour de l'instance » remplissait les conditions de validité du droit de substitu-

8. Cass. soc. 3 mai 2007, Sté Sofaco, Liaisons sociales, jurisprudence-hebdo 15 mai 2007, n° 124/2007.

9. Saisi à propos du droit de substitution dans le cadre du licenciement pour motif économique, le Conseil constitutionnel a exprimé la nécessité de l'information : Cons. const., 25 juillet 1989, Dr. soc. 1989, p. 629. Cette nécessité d'information avait été affirmée au préalable, d'une manière générale, par la chambre sociale : Cass. soc. 17 décembre 1980, Union nationale des syndicats de l'énergie nucléaire, de la recherche et des industries connexes CGT-FO c/ CEA, Bull. n° 915.

10. Cour d'appel de Versailles 26 juin 1996, SA Hispano Suiza c/ Mazur et autre, RJS 12/96, n° 1253.

tion[11]. En effet, même si ce moment est tardif, la chambre sociale relève qu'un délai de plus de quinze jours s'était écoulé depuis la notification aux salariés lorsque le conseil de prud'hommes s'est prononcé. L'action du syndicat était donc recevable.

En dernier lieu, le syndicat peut agir pour la défense des intérêts collectifs de la profession : les syndicats peuvent agir dès que le litige soulève une question de principe susceptible d'avoir des conséquences pour les adhérents et de nature à porter un préjudice même indirect, fût-il d'ordre moral, à l'intérêt collectif de la profession. Ainsi, dans une affaire Denis[12], la chambre criminelle a énoncé que *« le défaut de réunion et de consultation du comité d'entreprise, lorsque sont envisagés des licenciements collectifs pour motif économique, est en lui-même générateur d'un préjudice subi par la profession à laquelle appartient le personnel de l'entreprise et dont les syndicats qui représentent cette profession ont qualité pour demander réparation »*. Le fait que les comités d'entreprise aient le droit d'ester en justice ne fait pas obstacle à ce que les organisations syndicales interviennent dans le cas d'entrave apportée par l'employeur au fonctionnement du comité d'entreprise. Des syndicats d'employeurs peuvent aussi agir en justice (spécialement en référé) contre des entreprises violant la règle du repos dominical, à condition que ces syndicats représentent la profession à laquelle appartiennent les entreprises défenderesses[13].

3) La responsabilité des syndicats

145. Les syndicats peuvent engager leur responsabilité civile en cas de dommage causé à autrui (article 1382 du Code civil, par exemple en cas de grève) ou en cas de non-respect de leurs engagements contractuels (notamment d'accords collectifs) ; ils peuvent aussi engager leur responsabilité pénale (articles 131-8 et 131-9 du Code pénal).

146. Si les syndicats disposent de pouvoirs en droit français, c'est surtout grâce à un principe du droit du travail qui aboutit à créer une hiérarchie entre les syndicats, à donner une place prépondérante à ceux à qui le droit reconnaît la représentativité.

II. La représentativité syndicale

147. Dans les pays où règne le pluralisme syndical, il n'y a pas autant de pouvoirs que de syndicats. Seuls ceux qui sont reconnus représentatifs bénéficient de prérogatives importantes. C'est dire que la représentativité est une notion fondamentale, car elle resurgit dans de nombreux domaines du droit social, partout où les partenaires sociaux sont amenés à négocier avec les employeurs ou les pouvoirs publics.

---

11. Cass. soc. 1er février 2000, SA Servair c/ Lasne et autres, Liaisons sociales, jurisprudence-hebdo, n° 662 du 21 février 2000.

12. Cass. crim. 3 décembre 1996, Liaisons sociales, 18 février 1997, n° 7613.

13. Cass. soc. 7 mai 1993, Bull. V. n° ° 10, Dr. soc. 1993, p. 606.

Le concept de représentativité a été utilisé pour la première fois par le traité de Versailles en 1919 pour la désignation des représentants à la Conférence internationale du travail.

Mais que signifie la représentativité d'un syndicat ? *« C'est la compétence reconnue aux syndicats d'être les porte-parole des salariés (y compris de ceux qui ne sont pas leurs adhérents et qu'ils ne représentent pas au sens du droit civil). »*[14] Pour le *Vocabulaire juridique*[15], c'est *« une qualité juridique exigée d'une organisation syndicale pour l'exercice de certaines prérogatives »*. Cela correspond à une définition classique et théorique de la représentativité.

D'une autre manière, il conviendrait de renverser le problème. Plutôt que de parler de compétence des syndicats, il conviendrait d'évoquer la reconnaissance des salariés. Le syndicat représentatif de nos jours, c'est celui qui répond aux attentes des salariés, à qui ils font confiance (lors des élections professionnelles dans l'entreprise par exemple). C'est pourquoi ce concept du droit du travail est tellement contesté de nos jours, car il revient de droit à des organisations qui ne répondent peut-être plus vraiment aux attentes des salariés[16].

Une grande réforme de la représentativité a été amorcée en 2007 grâce à un rapport Larcher préliminaire et a donné lieu à une loi du 20 août 2008.

Un nécessaire examen des règles antérieures (A) permet de mieux comprend l'ampleur de la réforme (B).

A. Le système antérieur

148. Le système antérieur était assez simple, mais il conférait une sorte de monopole à cinq centrales syndicales (CGT, CFDT, CFTC, CGT-FO et CGC) et ne laissait quasiment aucune place à un véritable pluralisme syndical. Par ailleurs, c'était devenu au fil du temps un système « fictif » car ne répondant pas du tout aux attentes réelles des salariés.

1) Comment déterminait-on la représentativité ?

149. Pour pouvoir bénéficier de la représentativité, un syndicat devait normalement remplir des critères légaux.

Le Code du travail énonçait les critères de représentativité auxquels la jurisprudence se référait pour habiliter des syndicats à signer les conventions collectives de travail. Ces critères étaient :

– les effectifs ;
– l'indépendance ;
– les cotisations ;
– l'expérience et l'ancienneté du syndicat ;
– l'attitude patriotique pendant l'Occupation

14. G. Lyon-Caen, J. Pélissier, A. Supiot, Droit du travail, Précis Dalloz, 19e éd., 1998, no 551.
15. G. Cornu, Association Henri Capitant, PUF, 6e éd., 1996.
16. Rappelons que le taux de syndicalisation en France dans le secteur privé est d'environ 8 %.

Les juges avaient ajouté un autre critère plus concret : celui de l'audience lors des élections professionnelles, qui permet de mesurer réellement l'impact des idées d'un syndicat sur les salariés d'une entreprise ou d'une profession, et ce malgré la baisse année après année de cette audience (*supra*, chapitre préliminaire). Lorsqu'il existait une contestation sur la représentativité syndicale, les juges appréciaient les critères dans leur ensemble mais pouvaient décider que seuls un ou plusieurs de ces critères suffisaient à prouver la représentativité. Ces critères n'étaient pas cumulatifs.

2) Quelles étaient les différentes manières de prouver sa représentativité ?

150. Il existait en réalité deux modes de preuve de la représentativité auxquels s'ajoutait une représentativité particulière.

a) La représentativité « présumée »

151. Encore appelée représentativité « nationale », elle impliquait que tout syndicat affilié à une organisation représentative sur le plan national était considéré comme représentatif de plein droit. C'était une présomption irréfragable de représentativité dont bénéficiaient les cinq confédérations nationales (CGT, CFDT, CFTC, CGT-FO et CGC), en vertu d'un arrêté du 30 mars 1966, et tous les syndicats qui leur sont affiliés. Il en allait de même pour les organisations patronales représentatives[17]. L'UNSA avait tenté de faire partie du groupe des « cinq » en faisant valoir son importance et son activité tant dans le secteur public que le secteur privé, mais le Conseil d'État rejeta sa demande[18].

b) La représentativité « prouvée »

152. Les syndicats qui n'étaient pas affiliés aux organisations syndicales représentatives reconnues sur le plan national devaient prouver leur représentativité à l'aide des critères légaux.

À quelle occasion cette représentativité devait-elle être prouvée ? Le plus fréquemment lors des élections professionnelles dans les entreprises ou établissements ou au moment de la négociation d'un accord collectif. La représentativité d'un syndicat allait être contestée par un autre syndicat déjà représentatif ou par l'employeur ; le contentieux était alors ouvert. C'était au syndicat dont la représentativité était contestée qu'il incombait de rapporter cette preuve[19].

Le juge compétent au niveau de l'entreprise était le juge d'instance, juge des élections professionnelles, mais la Cour de cassation contrôlait le respect des critères légaux.

---

17. La présomption irréfragable découle de l'affiliation à une confédération mais non à une simple fédération comme la FEN, ni même au Syndicat national des journalistes (le SNJ), qui ne bénéficie pas de la qualité d'organisation syndicale représentative (Cass. soc. 4 mai 1994, RJS 6/94, n° 721).

18. CE, 5 novembre 2004, RJS 1/05, n° 65.

19. Cass. soc. 4 mai 1994, précité.

c) La représentativité catégorielle

153. La représentativité catégorielle signifie qu'un syndicat peut représenter valablement une fraction de salariés. Le cas le plus connu est celui de la CGC-CFE, qui est une organisation syndicale représentative des cadres. La CGC peut donc présenter des candidats lors des élections professionnelles dans le collège adéquat, c'est-à-dire celui des cadres. Elle peut aussi participer à la signature d'accords collectifs concernant les cadres (par exemple un avenant à un accord d'entreprise concernant uniquement le temps de travail des cadres).

B. La réforme de la représentativité syndicale

154. Une représentativité syndicale qui ne correspond pas à la légitimité des syndicats auprès des salariés se devait d'être réformée. Mais la technique employée pour cette réforme se devait aussi de ménager les susceptibilités des uns et des autres. C'est pourquoi, après avoir fait appel à Gérard Larcher pour présenter un rapport sur la représentativité, rapport qui posa les premiers jalons de la réforme[20], syndicats et gouvernement se retrouvèrent autour d'une table ronde pour négocier. Cette négociation fut productive puisqu'elle aboutit à une importante position commune en date du 9 avril 2008[21]. La possibilité d'adopter le texte sous la forme juridique d'un accord national interprofessionnel fut très vite rejetée pour éviter toute tension inutile.

La position commune porte *« sur la représentativité, le développement du dialogue social et le financement du syndicalisme »*. Approuvée par une majorité de syndicats (seuls FO et l'UPA l'ont tout de suite rejetée), elle prévoyait que la validité du contenu serait subordonnée à l'adoption d'une loi.

Il fallut attendre le 20 août 2008 pour que l'essentiel de la position commune soit repris par une loi, loi parmi les plus importantes de ces dernières années, marquant un virage net avec la vision du paysage syndical que nous connaissions depuis l'après-guerre.

155. **La loi du 20 août 2008 portant rénovation de la démocratie sociale :**

La loi n° 2008-789 du 20 août 2008 contient un titre I intitulé *« La démocratie sociale »* qui jette les bases d'une nouvelle représentativité syndicale en France[22]. Mais elle contient aussi de nouvelles dispositions concernant la représentation syndicale (*infra*, n° 167). Elle est accompagnée d'une importante circulaire de la Direction générale du travail qui fait le point sur les dates d'entrée en vigueur de la loi[23].

---

20. Rapport du 25 janvier 2007 proposant plusieurs pistes de réflexion aux partenaires sociaux, Sem. Soc. Lamy, 5 février 27, p. 4.

21. Bref social, 11 avril 2008, Gauriau, « La Position commune du 9 avril 2008 : première lecture sur la représentativité syndicale », JCP S., 197, 15 avril 2008, p. 3.

22. B. Gauriau, « La rénovation de la démocratie sociale », JCP S n° 36, 2 septembre 2008, p. 14.

23. Circulaire DGT n° 20, 13 novembre 2008, Liaisons sociales, n° 250/2008.

La Cour de cassation a, depuis, estimé que la réforme du 20 août 2008 est conforme aux dispositions internationales et européennes (notamment la CEHD, les conventions n° 98 et 135 de l'OIT et la Charte des droits sociaux fondamentaux de l'Union européenne) relatives à la liberté syndicale. Le juge de première instance avait validé la désignation d'un délégué syndical FO, alors que ce syndicat n'avait obtenu que 7,01 % des voix lors des dernières élections, en écartant la loi de 2008 jugée contraire au droit international (en ce qu'elle exige un taux de 10 %). La Cour de cassation censure le jugement et annule la désignation litigieuse du délégué syndical. Le fait de subordonner la représentativité syndicale et la possibilité de désigner un délégué syndical à l'obtention d'un suffrage de 10 % aux élections professionnelles dans l'entreprise n'est pas contraire aux normes susvisées[24].

1) La représentativité des organisations syndicales

a) La fin de la présomption irréfragable

156. En abrogeant l'ancien article du Code du travail, la loi met fin à la présomption irréfragable de représentativité dont bénéficiait jusqu'alors tout syndicat affilié à une organisation syndicale représentative au plan national. Cela implique notamment que le principe d'unicité syndicale est remis en cause puisqu'il ne suffit plus à un syndicat d'être affilié à l'une des cinq Confédérations nationales pour être représentatif. Cela a pour conséquence que le fait d'être représentatif ne confère plus automatiquement une situation privilégiée, comme en matière de présentation de candidats au premier tour des élections professionnelles ; désormais, toute organisation syndicale qui remplit les nouveaux critères de représentativité peut y présenter des candidats[25].

Désormais les syndicats doivent faire preuve de leur représentativité sur la base de critères cumulatifs.

b) Les critères de représentativité

157. La nouvelle loi réactualise les critères de représentativité (art. L.2121-1 du Code du travail). Les nouveaux critères sont les suivants :

– le respect des valeurs républicaines ;

– l'indépendance ;

– la transparence financière ;

– une ancienneté minimale de deux ans dans le champ professionnel et géographique couvrant le niveau de négociation, ancienneté appréciée à compter de la date de dépôt légal des statuts ;

– l'audience électorale ;

– l'influence, prioritairement caractérisée par l'activité et l'expérience ;

– les effectifs d'adhérents et les cotisations.

---

24. Cass.soc. 14 avril 2010, n° 09-60.426.

25. R. Chiss, C. Souchon, Le nouveau visage de l'« unicité syndicale », JCP S 2010, n° 1479.

La nouveauté est que ces critères sont cumulatifs : l'ensemble des critères est apprécié de manière globale c'est-à-dire que tous les critères doivent être réunis, mais avec des pondérations. Si une organisation syndicale doit satisfaire à tous les critères de représentativité, il est des cas où le législateur a prévu une représentativité simplifiée, ce que certains auteurs nomment « la petite représentativité » et qui réunit les critères suivants : respect des valeurs républicaines, indépendance, constitution légale depuis au moins deux ans, champ d'application professionnel et géographique couvrant l'entreprise ou l'établissement concerné[26].

Ces critères sont pour la plupart des critères jurisprudentiels que la loi reprend, à l'exception pourtant du critère du respect des valeurs républicaines qui remplace le critère désuet de l'attitude patriotique pendant l'Occupation. Notons que ce critère faisait l'objet dans la « Position commune » d'avril 2008 de plus de précisions. En effet, elle précisait que ce nouveau critère *« implique le respect de la liberté d'opinion politique, philosophique ou religieuse, ainsi que le refus de toute discrimination, de tout intégrisme et de toute tolérance »*. Depuis, la Cour de cassation s'est prononcée sur le critère des valeurs républicaines dans un arrêt concernant la CNT (Confédération nationale du travail), organisation anarcho-syndicaliste qui prône, notamment, l'abolition de l'État[27]. Le respect des valeurs républicaines est en effet, non seulement un critère de représentativité, mais aussi une condition d'implantation et de participation à la vie sociale de l'entreprise qui permet la désignation d'un délégué syndical, ou encore la présentation de candidats au premier tour des élections. Confirmant le jugement du tribunal d'instance, la Cour estime que la preuve n'est pas rapportée que la CNT n'est pas, en dépit des mentions figurant dans son statut, un syndicat poursuivant une action illicite. Ce n'est pas en fonction de l'objet déterminé dans les statuts du groupement qu'il faut apprécier la représentativité de ce dernier, mais plutôt en fonction de l'action réellement menée, action qui n'avait pas pour effet, dans cette affaire, de remettre en cause le respect des valeurs républicaines.

En outre, on peut remarquer, à la différence de la jurisprudence ancienne, que la loi dissocie le critère des effectifs et celui des adhérents et des cotisations. En revanche, cette dernière établit un lien entre effectifs et cotisations à l'instar de la jurisprudence qui reconnaît comme représentatif un syndicat qui a un nombre suffisant d'adhérents et des cotisations qui lui permettent d'assurer son indépendance vis-à-vis de l'employeur[28]. Le critère de la transparence financière est essentiel car il garantit une véritable indépendance financière du syndicat en privilégiant le critère des cotisations. La loi introduit en parallèle un nouveau chapitre dans le Code du travail, comportant une section consacrée à la procédure d'établissement et de publicité des comptes des organisations syndicales. Les

26. C. Trav. L.2314-3.

27. Cass.soc. 13 octobre 2010, n° 10-60.130. On peut aussi mentionner une décision relative au syndicat SUD dont les valeurs républicaines ont déjà été contestées en raison de statuts prônant un socialisme autogestionnaire, et qui seraient contraires à la libre propriété et à la liberté d'entreprendre : TI Longjumeau, 1er février 2010, Bref social n° 15542.

28. Cass. soc. 8 janvier 1997, n° 95-6.995.

syndicats sont désormais tenus d'établir des comptes annuels, d'en assurer la publicité et, lorsque leurs ressources dépassent un seuil qui sera fixé par décret, de nommer au moins un commissaire aux comptes et un suppléant.

L'ancienneté minimale de deux ans est une nouveauté car ce critère était auparavant apprécié par le juge. Quant à l'influence du syndicat, elle est caractérisée prioritairement par l'activité et l'expérience.

Le critère prépondérant, et qui avait déjà été mis en avant par la jurisprudence, est indéniablement celui de l'audience électorale car il marque la volonté de mettre l'accent sur la légitimité des syndicats lors des élections professionnelles. L'audience est évaluée à partir des suffrages obtenus par chaque syndicat aux élections professionnelles, selon des modalités adaptées à chaque niveau d'appréciation de la représentativité.

- Au niveau de l'entreprise ou de l'établissement :

Sont représentatives au niveau de l'entreprise ou de l'établissement les organisations syndicales recueillant au moins 10 % des suffrages exprimés au premier tour des dernières élections des titulaires au comité d'entreprise ou de la délégation unique du personnel, ou à défaut des délégués du personnel, quel que soit le nombre des votants (art. L. 2122-1 du Code du travail). La périodicité de l'appréciation de la représentativité intervient dans les entreprises à chaque nouvelle élection, soit en principe tous les quatre ans.

- Au niveau de la branche :

Les organisations syndicales doivent avoir recueilli au moins 8 % des suffrages exprimés au premier tour des dernières élections des titulaires au comité d'entreprise, ou de la délégation unique du personnel, ou à défaut des délégués du personnel, ces suffrages étant appréciés tous les quatre ans.

- Au niveau interprofessionnel :

Le seuil d'audience est, comme au niveau de la branche, de 8 % des suffrages exprimés dans les mêmes conditions que celles énoncées précédemment.

2) Le maintien des présomptions de représentativité à titre transitoire

158. Le texte de loi maintient à titre transitoire des présomptions de représentativité simples, qui peuvent donc être repoussées par la preuve contraire, et obéissent à des conditions différentes en fonction du niveau auquel il est fait référence :

- Au niveau interprofessionnel :

Au niveau national et interprofessionnel, les syndicats présumés représentatifs à la date de publication de la loi, soit le 21 août 2008, demeurent représentatifs jusqu'à la première mesure de l'audience. Il s'agit d'une présomption simple de représentativité qui bénéficie aux cinq confédérations (CFDT, CFE-CGC, CFTC, CGT et FO). Mais bénéficient aussi de la présomption simple de représentativité tous les syndicats dont la représentativité est fondée sur les anciens critères du Code du travail (effectifs, indépendance, cotisations, expérience, ancienneté et attitude patriotique pendant l'Occupation).

• Au niveau de la branche :

Jusqu'à la première mesure de l'audience au niveau de la branche professionnelle, au plus tard cinq ans après la publication de la loi, soit en 2013, seront présumés représentatifs à ce niveau : les syndicats affiliés aux organisations syndicales représentatives de salariés au niveau national et interprofessionnel ainsi que les syndicats déjà représentatifs dans la branche. En outre, pendant quatre ans à compter de la première détermination des organisations syndicales de salariés reconnues représentatives au niveau des branches en application de la loi du 20 août 2008, toute organisation syndicale affiliée à l'une des organisations syndicales reconnues représentatives au niveau national et interprofessionnel est présumée représentative au niveau de la branche.

• Au niveau de l'entreprise :

Jusqu'aux résultats des premières élections professionnelles, sont présumés représentatifs au niveau de l'entreprise ou de l'établissement : tout syndicat reconnu comme représentatif à ce niveau le 21 août 2008, tout syndicat affilié à l'une des cinq confédérations et tout syndicat constitué à partir du regroupement de plusieurs syndicats dont l'un au moins est affilié à une organisation syndicale représentative au niveau national et interprofessionnel le 21 août 2008.

De nombreux problèmes sont posés par l'application de cette **période transitoire** dans l'attente des premières élections professionnelles et donc pour la désignation, notamment, d'un délégué syndical.

Par quatre arrêts[29], la Cour de cassation a, pour la première fois, interprété la loi du 20 août 2008. Elle a décidé qu'en ce qui concerne le nouveau critère de représentativité qu'est l'audience :

– pour être représentatif, un syndicat doit avoir obtenu au moins 10 % des suffrages exprimés au premier tour des élections professionnelles ;

– pour être représentatif au niveau de la branche, un syndicat doit avoir obtenu au moins 8 % des mêmes suffrages.

Par conséquent, le seul fait d'adhérer à une Confédération nationale considérée comme représentative au niveau national ne suffit plus pour être représentatif. Il a alors été prévu qu'en attendant les prochaines élections professionnelles et de manière transitoire, les cinq Confédérations considérées comme représentatives au niveau national sont présumées être toujours représentatives. La Cour de cassation a précisé qu'il s'agit toujours d'une présomption irréfragable[30].

La question peut se poser du sort des syndicats qui ne bénéficient pas d'une présomption de représentativité valable lors de la période transitoire et donc de la faculté qu'ils ont ou non de désigner un représentant, un délégué syndical par exemple. La Cour suprême[31] a déclaré que, dans l'attente des prochaines élec-

---

29. Cass. soc. 8 juillet 2009, n°s 09-60.048, 09-60.011, 09-60.032, 08-60.599, 09-60.015.

30. *Ibidem.*

31. Cass. soc. 10 mars 2010, n° 09-60.065, 09-60.246, 09-60.282. Voir aussi Cass. soc. 26 mai 2010, n° 09-60.243, JCP S 2010, n° 1335, note B. Gauriau.

tions professionnelles, un syndicat qui ne bénéficie pas de la présomption transitoire de représentativité peut l'établir :

– Soit par affiliation postérieure à l'une des organisations représentatives au niveau national ou interprofessionnel ;

– Soit en apportant la preuve qu'il remplit les nouveaux critères de représentativité prévus par la loi de 2008, à l'exception de celui fondé sur l'obtention d'un score électoral de 10% qu'il devra satisfaire au moment des élections.

III. La présence syndicale dans l'entreprise

159. Les organisations syndicales représentatives ont un rôle important dans l'entreprise, notamment grâce à la présence d'une section syndicale et de délégués syndicaux. Ces institutions représentent les intérêts du syndicat, la « ligne syndicale ». Mais leur présence est loin d'être concrètement inutile puisque la loi accorde aux organisations syndicales représentatives le droit de négocier des conventions collectives. Le droit à la présence syndicale dans l'entreprise a été instauré en 1968 ; il a bouleversé les rapports de force et la création des normes d'entreprises, même si le droit à la négociation collective avait été reconnu dans les textes depuis plus longtemps.

A. La section syndicale

160. Même si elle ne dispose pas de pouvoirs très importants, la section syndicale manifeste la présence du syndicat dans l'entreprise.

1) Présentation

161. La section syndicale a pour rôle de représenter les intérêts matériels et moraux de ses membres, conformément à l'objet des syndicats.

Aucun seuil d'effectif n'est exigé par la loi pour la constitution d'une section syndicale. Tout syndicat représentatif pouvait auparavant créer une section syndicale. Mais depuis la loi du 20 août 2008, peut constituer une section syndicale chaque syndicat ayant plusieurs adhérents dans l'entreprise et reconnu comme représentatif dans l'entreprise, ou affilié à une organisation syndicale représentative au niveau national ou interprofessionnel, ou légalement constitué depuis moins de deux ans, respectant les valeurs républicaines, indépendant et dont le champ professionnel et géographique couvre l'entreprise concernée. Par ailleurs, un nouvel acteur social est créé : le représentant de la section syndicale (*infra*, n° 168).

La présence d'une section syndicale est indispensable à la désignation de délégués syndicaux. Les syndicats peuvent créer une section syndicale, mais il s'agit pour eux d'une simple faculté. L'unité de représentation requise est l'entreprise (et non l'établissement), mais aucun seuil d'effectif n'est mentionné. Toutefois, le syndicat ne peut désigner un ou plusieurs délégués syndicaux que dans les entreprises ou établissements occupant au moins 50 salariés (art. L. 2143-3 du Code du travail). Ainsi, *a priori*, la création de cette dernière doit précéder la désignation du délégué.

2) Moyens dont dispose la section syndicale

162. Aux fins d'exercer son rôle de représentation du syndicat, la section syndicale dispose du droit de collecter des cotisations (cela peut se faire à l'intérieur de l'entreprise et pendant le temps et sur les lieux du travail avec l'accord de l'employeur), d'afficher des communications (sur un panneau distinct de ceux des délégués du personnel ou du comité d'entreprise, et un exemplaire doit être simultanément transmis à l'employeur) et de distribuer des tracts. Elle dispose également d'un local dans l'entreprise. Dans les entreprises ou établissements de 1 000 salariés et plus, l'employeur doit désormais (loi du 20 août 2008) mettre à la disposition de chaque section syndicale constituée par une organisation syndicale représentative dans l'entreprise ou l'établissement un local propre (convenable, aménagé et doté du matériel nécessaire à son bon fonctionnement, L. 2142-8, *al.* 2 du Code du travail). En revanche, les organisations syndicales dont la représentativité n'a pas encore été prouvée bénéficient d'un local commun.

La loi prévoit que les modalités d'utilisation par la section syndicale de certains de ces moyens d'action (panneaux, local, etc.) nécessitent un accord avec le chef d'entreprise.

Toutes les modalités d'action de la section dépendent en principe d'un accord avec le chef d'entreprise.

Les membres de la section ne sont pas des salariés protégés au sens du droit du travail car ils n'ont pas de mission représentative ; seules les dispositions de l'article L. 1132-1[32] du Code du travail interdisant toute forme de discrimination les protègent contre l'arbitraire de l'employeur.

La section peut se réunir mensuellement (L. 2142-10 du Code du travail, les modalités sont fixées avec le chef d'entreprise) : cette réunion ne peut rassembler que les salariés membres du syndicat. Elle peut se tenir dans l'enceinte de l'entreprise mais pas dans les lieux de travail, ce qui implique

---

32. Article L. 1132-1 du Code du travail : « *Aucune personne ne peut être écartée d'une procédure de recrutement ou de l'accès à un stage ou à une période de formation en entreprise, aucun salarié ne peut être sanctionné, licencié ou faire l'objet d'une mesure discriminatoire, directe ou indirecte, telle que définie à l'article 1*er *de la loi n*o *2008-496 du 27 mai 2008 portant diverses dispositions d'adaptation au droit communautaire dans le domaine de la lutte contre les discriminations, notamment en matière de rémunération, au sens de l'article L. 3221-3, de mesures d'intéressement ou de distribution d'actions, de formation, de reclassement, d'affectation, de qualification, de classification, de promotion professionnelle, de mutation ou de renouvellement de contrat en raison de son origine, de son sexe, de ses mœurs, de son orientation sexuelle, de son âge, de sa situation de famille ou de sa grossesse, de ses caractéristiques génétiques, de son appartenance ou de sa non-appartenance, vraie ou supposée, à une ethnie, une nation ou une race, de ses opinions politiques, de ses activités syndicales ou mutualistes, de ses convictions religieuses, de son apparence physique, de son nom de famille ou en raison de son état de santé ou de son handicap.* »

qu'elle ne peut avoir lieu que dans le local syndical (ou tout autre local prêté par une institution représentative du personnel). La section syndicale peut également organiser des réunions exceptionnelles lorsqu'elle souhaite inviter des personnalités extérieures, toujours selon des modalités fixées avec l'employeur.

La section dispose d'un crédit d'heures spécial pour la préparation de la négociation des accords collectifs de travail. Il s'agit d'un forfait, d'une enveloppe que la section répartit comme elle le souhaite entre les intéressés. En tant que crédit d'heures, ce temps est rémunéré comme temps de travail.

3) Preuve de l'existence de la section syndicale

163. Afin de faciliter l'implantation des syndicats dans l'entreprise, la chambre sociale de la Cour de cassation avait construit un régime de présomption de l'existence d'une section syndicale. Par deux arrêts de principe du 27 mai 1997 rendus au visa du nouvel article L. 2143-3 du Code du travail[33], elle avait opéré un revirement de jurisprudence en décidant que la désignation d'un délégué syndical valait présomption de l'existence d'une section syndicale.

164. La Cour de cassation avait aussi déclaré dans un arrêt en date du 17 mars 1998[34]que la présomption irréfragable de représentativité liée à l'affiliation à l'une des cinq grandes confédérations syndicales représentatives au niveau national est applicable à la désignation du représentant syndical au comité d'entreprise. L'existence d'une section syndicale était établie par cette seule désignation.

La présomption d'existence de la section syndicale dépend désormais des conditions posées par la loi du 20 août 2008.

Un autre problème se pose : combien faut-il d'adhérents à un syndicat pour pouvoir constituer une section syndicale ? La loi prévoit qu'il faut « plusieurs adhérents » pour pouvoir désigner un délégué syndical (art. L. 2142-1 du Code du travail). Encore faut-il s'entendre sur le terme « plusieurs ». Selon la Cour suprême, cela s'entend d'au moins deux adhérents[35], peu importe les effectifs de l'entreprise (même s'ils sont très faibles)[36].

4) Le représentant de la section syndicale (infra n° 168)

B. Les délégués syndicaux

165. Les délégués syndicaux représentent la force concrète du syndicat dans l'entreprise puisqu'il leur appartient de négocier, avec l'employeur ou ses représentants,

33. Arrêt Syndicat général CFDT de Nantes et Derand c/ Sté Rézéenne de transports et affaire Le Kieffre et Syndicat commerce CFDT des Yvelines c/ Sté Castorama, Liaisons sociales, jurisprudence hebdo, n° 7683 du 9 juin 1997.

34. Arrêt Sté Culligan France c/ Sapin et autres, précité.

35. Cass. soc. 8 juillet 2009, n° 08-60.599.

36. Cass. soc. 4 novembre 2009, n° 09-60.039. Cass. soc. 26 mai 2010 (précité) : deux adhérents suffisent à la constitution d'une section syndicale et l'un d'eux peut être désigné représentant de la section syndicale.

les accords collectifs d'entreprise qui régissent les conditions de travail et d'emploi au sein de cette dernière.

1) Modalités de la désignation (comparaison délégué syndicale / représentant de la section syndicale)

166. Les délégués syndicaux ne peuvent être désignés par un syndicat représentatif que dans les entreprises occupant au moins 50 salariés (art. L. 2143-3 et s. du Code du travail). Si les pouvoirs du délégué n'ont pas changé, la représentation syndicale a connu de récents bouleversements.

a) La représentation syndicale après la loi du 20 août 2008 : délégué syndical et représentant de la section syndicale

1. Le délégué syndical

167. Le délégué syndical est celui qui représente de manière concrète les intérêts du syndicat dans l'entreprise, notamment en raison du fait qu'il négocie conventions et accords collectifs de travail. Sa nomination est subordonnée à la condition classique que l'entreprise occupe au moins 50 salariés.

Chaque organisation syndicale représentative dans l'entreprise peut désigner un délégué syndical. Il s'agit d'une nouvelle formule car, avant la loi du 20 août 2008, seuls les syndicats représentatifs pouvaient désigner un délégué. Les apports de la loi nouvelle sont les suivants :

– Seules les organisations reconnues comme représentatives dans l'entreprise ou l'établissement de 50 salariés peuvent désigner un délégué syndical (art. L. 2143-3, *al.* 1 du Code du travail).

– Le délégué syndical doit être choisi parmi les candidats aux élections professionnelles qui ont recueilli au moins 10 % des suffrages valablement exprimés au premier tour des dernières élections au comité d'entreprise ou à la délégation unique du personnel ou des délégués du personnel, quel que soit le nombre de votants. S'il ne reste aucun candidat ayant atteint la barre des 10 %, le délégué syndical est choisi parmi les autres candidats ou, à défaut, parmi ses adhérents au sein de l'entreprise ou de l'établissement.

Cette dernière disposition reprend l'un des articles de la « Position commune » de janvier 2008. Cela fait dépendre la faculté de désigner un délégué syndical de la tenue d'élections professionnelles dans l'entreprise ou l'établissement. L'objectif est clairement de conférer à la personne désignée une légitimité par le vote des salariés. Mais cette mesure a ses limites car, si le délégué n'est pas élu, le délégué syndical devra être choisi parmi d'autres candidats.

D'autres mesures qui existaient auparavant sont maintenues : possibilité de désigner un délégué supplémentaire dans les entreprises occupant 500 salariés (art. L. 2143-4 du Code du travail), faculté de désigner un délégué central dans les entreprises de 2 000 salariés (art. L. 2143-5 du Code du travail).

2. Le représentant de la section syndicale (RSS)

168. Un nouveau venu fait son entrée dans le paysage des relations sociales : le représentant de la section syndicale.

Dans les entreprises d'au moins 50 salariés, pour les organisations syndicales non représentatives dans l'entreprise ou l'établissement, qui ont une section syndicale, il existe désormais la possibilité de désigner un représentant de la section syndicale (art. L. 2142-1-1 du Code du travail).

Cela concerne donc les syndicats non encore représentatifs mais :

– affiliés à une organisation syndicale représentative au niveau national et interprofessionnel ;

– ou répondant aux quatre critères cumulatifs suivants : être légalement constitué depuis deux ans au moins, avoir plusieurs adhérents dans l'entreprise ou l'établissement, respecter les valeurs républicaines et être indépendant, avoir un champ professionnel et géographique qui couvre l'entreprise concernée.

Dans les entreprises de moins de 50 salariés, les syndicats non représentatifs qui constituent une section syndicale peuvent désigner, pour la durée de son mandat, un délégué du personnel comme représentant de la section syndicale (art. L. 2142-1-4 du Code du travail).

Les conditions pour devenir représentant de la section syndicale sont identiques à celles exigées pour un délégué syndical (*infra*, n° 169). Il en va de même pour les règles relatives à la publicité, à la contestation, à l'exercice et à la suppression de son mandat.

Quel est le rôle du représentant de la section syndicale au regard du délégué syndical ? Les fonctions générales sont les mêmes : représenter les intérêts du syndicat en bénéficiant des droits y afférents, comme le droit de se déplacer librement. Mais la différence majeure est que le représentant de la section syndicale n'a pas la capacité de négocier les accords et conventions collectives de travail (sauf par dérogation dans les entreprises où aucun délégué syndical n'a été désigné, art. L. 2143-23 du Code du travail). Sa fonction est de faire progresser le syndicat en donnant plus de poids à la section syndicale afin que le syndicat obtienne les 10 % nécessaires aux élections professionnelles. Le rôle moins important du représentant de la section syndicale par rapport à celui du délégué syndical se prouve par le peu d'heures de délégation dont il dispose par mois, à savoir 4 heures.

b) Quelles conditions pour être délégué syndical ?

169. Pour pouvoir être désigné, il faut être âgé de 18 ans (sauf disposition conventionnelle plus favorable), travailler dans l'entreprise depuis au moins un an (même remarque que précédemment) et jouir de ses droits de vote politiques (art. L. 2143-1 du Code du travail).

Des mesures particulières doivent être envisagées en cas de licenciement, de manière à éviter toute tentative de discrimination de l'employeur mais aussi toute tentative frauduleuse du salarié qui se sent menacé et entend ainsi bénéficier de garanties particulières.

Si le salarié est en cours ou en instance de licenciement, la désignation faite avant la notification (c'est-à-dire avant l'envoi de la lettre de licenciement) est valable, sauf caractère frauduleux manifeste. Il bénéficiera alors des dispositions particulières relatives aux salariés protégés (sauf si la désignation est reçue par l'employeur après l'envoi de la lettre de licenciement, à moins que l'employeur n'ait eu connaissance de l'imminence de la désignation au moment de l'envoi). La désignation postérieure au licenciement ne permet pas au salarié de bénéficier de la procédure exorbitante du droit commun, mais le délégué syndical continuera à exercer son mandat normalement pendant son préavis.

Que se passe-t-il lorsqu'un salarié est licencié après que sa désignation en tant que délégué syndical a été annulée par le juge d'instance et que ce jugement est cassé ? Le salarié a normalement droit à la réparation du préjudice subi. Les parties doivent être replacées dans l'état où elles se trouvaient avant le jugement cassé : le salarié a donc toujours la qualité de délégué syndical et son licenciement, n'ayant pas été soumis à l'autorisation administrative préalable, est irrégulier. La réparation prend donc la forme d'une réintégration ou de dommages-intérêts. Les choses se compliquent si, entre-temps (c'est-à-dire entre les deux décisions de justice), l'entreprise où travaillait le salarié a été cédée. Si le salarié demande la poursuite de son travail, il peut bénéficier, si les conditions sont remplies, de l'article L. 1224-1 du Code du travail et se tourner vers le cessionnaire. En revanche, s'il ne demande pas la réintégration mais la réparation sous forme d'indemnisation de son préjudice, il doit se tourner vers son ancien employeur, le cessionnaire n'étant pas tenu de supporter les obligations incombant au cédant à la date du changement[37].

170. De manière générale, le mandat des délégués syndicaux n'est pas limité dans le temps ; il prend fin lorsque le syndicat y met fin ou lorsque le salarié quitte l'entreprise ou encore quand il démissionne de son mandat. Il en va de même en cas de diminution du nombre de délégués suite à une réduction de l'effectif ou de disparition de la section syndicale.

Mais de manière plus précise, depuis la réforme de 2008, le mandat du délégué syndical prend fin lorsque, lors des élections suivantes, l'organisation syndicale qui l'a désigné n'est plus représentative ou si le délégué syndical n'a pas recueilli au moins 10 % des suffrages exprimés au premier tour.

171. Que peut-on faire dans les entreprises occupant moins de 50 salariés pour assurer une présence syndicale ?

Le législateur a entendu faciliter la représentation syndicale et donc la négociation collective dans les petites entreprises. C'est pourquoi, en dessous du seuil requis de 50 salariés, les organisations syndicales peuvent désigner un délégué du personnel pour la durée de son mandat comme délégué syndical (art. L. 2143-6, *al.* 1, du Code du travail). Sauf disposition conventionnelle, ce mandat qui concrétise un cumul de fonctions n'ouvre pas droit à un crédit d'heures.

---

37. Cass. soc. 28 octobre 1996 et Cass. soc. 10 décembre 1996, Liaisons sociales, jurisprudence n° 7590 du 17 janvier 1997.

c) La publicité de la désignation

172. La désignation du délégué syndical (art. L. 2143-7 du Code du travail) ainsi que son nom et son prénom doivent être portés à la connaissance de l'employeur par lettre recommandée avec demande d'avis de réception ; elle est simultanément envoyée à l'inspection du travail. La désignation doit en outre être affichée sur les panneaux réservés aux communications syndicales ; l'employeur qui s'oppose à cet affichage commet un délit d'entrave. Dans le cadre d'une unité économique et sociale, ces formalités doivent être effectuées auprès de chaque entreprise concernée. Au sein d'une entreprise à établissements multiples, la désignation doit être faite à la direction de l'entreprise ; la désignation effectuée uniquement auprès du chef d'établissement est nulle, sauf si le syndicat prouve que le chef d'entreprise en a eu connaissance de manière certaine.

d) Le contentieux de la désignation

173. Le contentieux de la désignation relève du tribunal d'instance où la désignation a été notifiée (juge des élections et des désignations). Selon l'article L. 2143-8 du Code du travail, les contestations relatives aux conditions de désignation des délégués syndicaux ne sont recevables que si elles sont introduites dans les quinze jours qui suivent le moment où les noms ont été portés à la connaissance du chef d'entreprise. Ces contestations doivent être introduites par voix de simple déclaration au secrétariat du greffe du tribunal d'instance. Selon le deuxième alinéa de l'article L. 2143-8, passé ce délai de quinze jours la désignation est purgée de tout vice sans que l'employeur puisse exciper ultérieurement d'une irrégularité pour priver le délégué syndical de sa mission de représentation[38].

2) Le rôle et la protection des délégués syndicaux

174. Le rôle des délégués syndicaux est de représenter le syndicat auprès du chef d'entreprise. Ils représentent les syndicats lors des négociations des conventions ou accords collectifs de travail. La désignation d'un délégué syndical oblige l'entreprise notamment à négocier sur les salaires et sur le temps de travail.

Les délégués syndicaux peuvent intervenir dans tous les domaines relevant de l'objet des syndicats professionnels, ils peuvent représenter les syndicats en justice s'ils ont reçu à cet effet un pouvoir spécial. Ils peuvent aussi être conseillers du salarié lors de l'entretien disciplinaire ou de l'entretien préalable au licenciement.

Pour exercer leur mission, les délégués syndicaux disposent d'un crédit d'heures (art. L. 2143-13 du Code du travail) et sont considérés comme salariés protégés.

38. Pour une illustration de ces principes, Cass. soc. 9 juillet 1996, deux arrêts, Liaisons sociales, jurisprudence n° 7533 du 3 octobre 1996.

a) Le crédit d'heures des délégués syndicaux

175. Le crédit d'heures est, pour ces représentants du personnel, fonction de l'effectif de l'entreprise : il est de dix heures par mois dans les entreprises occupant de 50 à 150 salariés, de quinze heures entre 151 et 500 salariés puis de vingt heures au-delà (plus de 500 salariés). Ce crédit peut être dépassé dans des circonstances exceptionnelles, notamment en cas de négociation ou de conflit collectif. Il faut ajouter à cela le crédit dont dispose la section syndicale pour préparer la négociation collective (*supra*, n° 161). Comme tout crédit d'heures, il est payé comme temps de travail.

Le délégué syndical central dispose de vingt heures par mois pour l'exercice de son mandat. Le délégué syndical ne peut pas faire entrer toutes ses activités dans les heures de délégation. En sont exclues les fonctions exercées au sein de l'organisation syndicale, les fonctions de conseiller prud'homal en cas de cumul de mandat, le temps passé pour son information personnelle. Néanmoins, les juges ont décidé que le temps passé par un délégué syndical à une audience judiciaire afin de s'informer sur un litige mettant en cause d'autres représentants du personnel à l'occasion d'un conflit collectif relève cette fois de sa mission, qui consiste à représenter son syndicat dans l'entreprise et qui peut être exercée en tout lieu dans l'intérêt des salariés de l'entreprise ou de l'établissement au titre desquels il a été désigné[39]. En revanche, sont pris en compte les réunions dans le cadre de la section syndicale, le temps passé aux audiences judiciaires introduites par le délégué syndical pour assurer sa propre défense.

Ne s'imputent pas sur le crédit d'heures mais sont rémunérés comme du temps de travail : les réunions organisées à l'initiative de l'employeur, le temps passé à la négociation collective.

b) Le statut protecteur des délégués syndicaux

176. Salariés protégés, ils ne peuvent être sanctionnés, licenciés ou faire l'objet d'une cession partielle d'entreprise sans autorisation préalable de l'inspection du travail.

Si cette autorisation n'est pas accordée ou que le chef d'entreprise omet de la demander, le licenciement est irrégulier et le délégué syndical a droit à réintégration ou réparation sous la forme de dommages-intérêts.

De plus, l'employeur se rend coupable du délit d'entrave lorsqu'il empêche le bon déroulement du mandat ou lorsqu'il prend une mesure discriminatoire (qui peut aussi être sanctionnée sur le fondement de l'article L. 1132-1 du Code du travail).

c) Le local syndical

177. Depuis la loi du 20 août 2008, dans les entreprises ou établissements de plus de 1 000 salariés, l'employeur doit mettre à la disposition de chaque organisation syndicale représentative un local convenable, aménagé et doté du

39. Cass. soc. 14 avril 1992, Liaisons sociales, Juris. Actua., n° 6730 du 10 septembre 1992.

matériel nécessaire à son fonctionnement (art. L. 2142-8, *al.* 2, du Code du travail). En revanche, celles qui n'ont pas encore prouvé leur représentativité bénéficient d'un local commun, comme avant (art. L. 2142-8, *al.* 1, du Code du travail).

3) Les modalités de l'action syndicale : le problème des tracts

178. Parmi les nombreuses attributions dont bénéficient les délégués syndicaux et la section pour l'exercice de leur mission, se pose le problème particulier des tracts de nature syndicale.

De fait, les juges examinent avec attention l'exercice de leurs prérogatives syndicales par les représentants du personnel désignés, spécialement en ce qui concerne les publications et tracts de nature syndicale.

a) La distribution des tracts

179. La loi permet en effet la libre communication des informations syndicales dans l'entreprise, à condition que cette communication par voie de publications et tracts soit diffusée *« aux heures d'entrée et de sortie du travail »* (art. L. 2142-4 du Code du travail). Les tracts ne peuvent donc pas être diffusés pendant les heures de travail et les juges se montrent très stricts quant au respect de cette règle, sauf usage en sens contraire dans l'entreprise. Les représentants syndicaux qui ne respectent pas cette mesure s'exposent à des sanctions disciplinaires, car leur attitude est considérée comme fautive. Les syndicats essaient parfois de contourner l'interdiction en dissimulant les tracts dans des enveloppes fermées et en les distribuant pendant les heures de travail, ce qui est réprimé par les juges[40].

180. Cependant, la détermination des heures d'entrée et de sortie suscite des interrogations lorsqu'il existe dans l'entreprise un horaire variable, ce qui rend plus difficile la distribution des tracts syndicaux. La distribution pendant les heures de travail (par exemple sur le bureau de certains salariés absents) peut être acceptée par les juges à condition que le syndicat prouve l'existence d'un usage d'entreprise permettant une telle distribution. Employeurs et syndicats peuvent aussi conclure un accord assouplissant les modalités de distribution des accords syndicaux dans l'entreprise.

S'il n'y a pas d'accord avec le chef d'entreprise ou si la preuve d'un usage favorable ne peut être rapportée par le syndicat, les juges peuvent faire une application stricte du Code du travail. Ils ont ainsi jugé que la diffusion de tracts syndicaux par le dépôt sur le bureau de personnel absent en dehors des horaires de travail, ou par distribution au personnel d'un service ayant commencé le travail depuis une demi-heure (service commençant à 8 h 30 et tracts distribués à 9 heures) n'est pas conforme à la loi ; le juge peut alors ordonner la cessation de telles distributions[41]. Pour éviter ces litiges, il serait facile de considérer que,

40. Cass. soc. 31 mars 1998, RSJ 5/98, n° 605.

41. Cass. soc. 27 mai 1997, Dr. soc. 1997, p. 760, obs. J. Savatier.

dans les entreprises à horaire variable ou lorsque les salariés ont des aménagements de leur temps de travail (temps partiel par exemple, jours de congé supplémentaires dans le cadre des 35 heures), l'employeur, dans le cadre de son obligation de négocier de bonne foi, doit chercher à engager avec les organisations syndicales représentatives une négociation sur les modalités complémentaires de l'exercice du droit syndical (art. L. 2144-2 du Code du travail).

b) Le contenu des tracts

181. Le rôle des syndicats est d'engager la polémique syndicale. Ils peuvent ainsi dénoncer certains agissements de la direction qu'ils estiment contraires aux intérêts des salariés. Pourtant, il ne faut pas confondre action syndicale et propos injurieux ou diffamatoires. La frontière est parfois délicate entre l'injure et l'expression syndicale.

La Cour a ainsi jugé que la diffusion d'un tract interpellant les salariés d'une entreprise sur la nécessité d'un engagement syndical par l'adhésion plutôt que de *« gueuler dans les vestiaires après ce salaud de patron et vouloir refaire le monde »* était condamnable et engageait la responsabilité du syndicat envers l'employeur[42].

c) Internet et activité syndicale

182. Après une réponse ministérielle[43] qui posa la première le problème de l'utilisation d'Internet à des fins associatives ou syndicales dans les entreprises, c'est la Cour de cassation qui prit l'initiative de déterminer dans quelles conditions des syndicats peuvent utiliser l'intranet ou l'Internet pour la diffusion de leurs tracts syndicaux.

Dans un premier arrêt[44], la chambre sociale pose clairement les conditions d'utilisation. Ainsi, la diffusion de tracts et de publications syndicaux sur la messagerie électronique mise à la disposition des salariés par l'entreprise n'est possible qu'à la condition soit d'être autorisée par l'employeur, soit d'être organisée par voie d'accord d'entreprise. Dans les deux hypothèses, pas d'accès sans accord direct ou par voie de négociation d'entreprise.

Depuis, peu d'arrêts portent sur ce problème de droit hormis, notamment, un arrêt qui vient préciser ce que peuvent faire les organisations syndicales dans la limite des libertés individuelles et collectives[45]. Il s'agissait d'une affaire où un syndicat avait ouvert un site internet sur lequel étaient publiées des informations relatives à la société à laquelle il appartenait. Cette dernière a alors invoqué la protection des droits d'autrui pour limiter la liberté de communication électronique des syndicats. En effet, cette liberté peut être limitée dans la mesure de

42. Cass. civ. II 10 juin 1999, Action juridique, n° 138, septembre 1999, p. 20. En effet, le terme employé étant utilisé « sans précaution ni réserve » revêtait un caractère injurieux excédant le cadre normal de l'expression syndicale.

43. Rép. min. n° 12090 du 1er février 1999, p. 619.

44. Cass. soc. 25 janvier 2005, n 174, Dalloz Actualités, 9 février 2005.

45. Cass. soc. 5 mars 2008, n° 06-18.907, JCP S n° 1254, note B. Gauriau.

ce qui est nécessaire pour éviter que la divulgation d'informations confidentielles ne porte atteinte aux droits des tiers.

C. Les représentants syndicaux au comité d'entreprise

183. En vertu d'une une loi du 28 octobre 1982, chaque organisation syndicale représentative dans l'entreprise pouvait désigner un représentant au comité d'entreprise (art. L. 2324-2 du Code du travail).

Depuis la réforme du 20 août 2008, pour pouvoir désigner un représentant syndical au comité d'entreprise il faudra que l'organisation syndicale ait des élus dans l'entreprise. Il est possible de noter qu'à la différence des autres désignations syndicales la loi n'exige pas que ce représentant soit choisi parmi les candidats ayant recueilli au moins 10 % des suffrages. Il n'est donc plus nécessaire d'être un syndicat représentatif pour désigner un représentant syndical au CE. Ce nouveau dispositif ne nécessite pas de période transitoire et est entré en vigueur au lendemain de la loi[46].

Il s'agit d'une simple faculté à laquelle le syndicat peut renoncer. Le syndicat ne peut désigner qu'un seul représentant, sauf disposition conventionnelle plus favorable : par exemple, deux syndicats affiliés à la même fédération ne peuvent mandater qu'un représentant.

Le représentant syndical ne peut cumuler ses fonctions avec celles de membre élu du comité d'entreprise. Dans les entreprises de moins de 300 salariés, le délégué syndical est de droit représentant syndical au comité d'entreprise (art. L. 2143-22 du Code du travail). Le délégué syndical est à ce titre destinataire des informations fournies au comité. L'effectif s'apprécie au niveau de l'entreprise et non à celui de l'établissement. Au sein desdites entreprises et en raison de la règle énoncée plus haut, la désignation d'un membre élu du comité d'entreprise comme délégué syndical est impossible puisqu'il est de droit représentant au comité d'entreprise, sauf si le syndicat renonce à le désigner comme représentant au comité d'entreprise. Dans les entreprises comportant des établissements distincts, le comité central d'entreprise peut comprendre un représentant syndical (central) choisi par les organisations syndicales parmi leurs représentants aux comités d'établissement ou parmi les membres élus de ces comités. Il n'a qu'une voix consultative (*infra*, n° 240).

La représentativité du syndicat doit, selon la règle générale, s'apprécier à la date de la désignation. Mais, à la différence des règles prévues en matière d'élections (du comité d'entreprise), cette représentativité s'apprécie non pas pour chaque catégorie de salariés mais par rapport à l'ensemble du personnel. L'auteur de la désignation peut être soit une fédération, soit une union de syndicats.

La loi précise que le représentant syndical au comité d'entreprise doit être choisi obligatoirement parmi les membres du personnel de l'entreprise et qu'il doit remplir les conditions d'éligibilité au comité d'entreprise. La désignation du

46. Cass. soc. 10 mars 2010, n° 09-60.282, 09-60.347.

représentant est notifiée à l'employeur dans les mêmes conditions que celle des délégués syndicaux, à l'exception de l'affichage qui n'est pas ici requis. Les litiges relatifs à la désignation sont de la compétence du tribunal d'instance (art. L. 2324-23 du Code du travail) ; les contestations doivent être déclarées au secrétariat-greffe dans les quinze jours de la désignation.

La durée du mandat est fonction de la volonté du syndicat car elle n'est précisée par aucun texte légal ; le renouvellement du comité d'entreprise en raison notamment des élections est sans incidence sur le mandat.

Dans les entreprises occupant au moins 500 salariés, le représentant syndical auprès du comité d'entreprise bénéficie d'un crédit de vingt heures. Dans les entreprises de moins de 300 salariés, le délégué syndical est de droit représentant syndical au comité d'entreprise et il n'y a pas de cumul. Entre 300 et 500 salariés, il n'y a pas de crédit d'heures prévu par la loi, mais des dispositions conventionnelles peuvent être plus favorables.

184. Quel rôle joue le représentant syndical au sein du comité d'entreprise ? Il se contente dans les faits d'assister aux réunions sans voix délibérative ; son avis ne peut être requis qu'à titre consultatif. Bien que n'ayant pas de voix prépondérante, le chef d'entreprise est obligatoirement tenu de convoquer le représentant syndical au même titre que les autres membres du comité d'entreprise titulaires ou suppléants. De manière générale, son rôle n'est pas à confondre avec celui du délégué syndical : il ne peut pas négocier les conventions collectives mais peut tout de même participer à la préparation de la négociation au sein de la section syndicale. Il représente en quelque sorte le relais entre l'organisation à laquelle il appartient et l'employeur aux fins d'exposer les idéologies et les chevaux de bataille du syndicat. Notons pour finir que, dans les entreprises occupant au moins 300 salariés, les organisations syndicales représentatives peuvent désigner un représentant syndical, choisi parmi les salariés de l'entreprise, qui siégera au CHSCT avec voix consultative.

Section 2
LA REPRÉSENTATION ÉLUE

I. Les élections professionnelles

185. Le déroulement des élections professionnelles est identique pour les délégués du personnel et pour le comité d'entreprise, d'autant que ces élections doivent avoir lieu si possible de manière concomitante tous les quatre ans.

A. Les acteurs des élections professionnelles

186. Quatre acteurs interviennent dans la mise en œuvre des élections professionnelles.

1) L'initiative de l'employeur

187. L'employeur a dans le déclenchement du processus électoral une responsabilité majeure. En effet, il a l'initiative des élections : à lui de les organiser à échéances régulières.

Toutefois, l'obligation qui lui incombe n'est qu'une obligation de moyens : il doit organiser les élections mais, si elles ne peuvent avoir lieu pour un motif extérieur, il n'engagera pas sa responsabilité. Si l'employeur ne respecte pas ses obligations, il peut être condamné pour délit d'entrave. Mais l'employeur diligent n'est pas responsable en cas d'absence de mise en place de l'institution ou en cas de non-renouvellement (par exemple en cas d'absence de candidature ou de quorum au premier tour ou encore en cas d'absence de candidature au second tour) : le chef d'entreprise établira alors un procès-verbal de carence, affiché dans l'entreprise et transmis à l'inspecteur du travail, qui en envoie copie aux organisations syndicales.

L'employeur reste néanmoins responsable de l'organisation matérielle et du bon déroulement du vote : pour cela, il doit notamment en aviser les membres du personnel par voie d'affichage et les organisations syndicales intéressées par courrier.

2) La négociation avec les organisations syndicales

188. La raison pour laquelle l'employeur n'est tenu que par une obligation de moyens est que, une fois le processus déclenché, il n'est plus seul maître du jeu : entrent en scène les organisations syndicales. L'employeur invite ces dernières à venir négocier avec lui le protocole d'accord préélectoral. Ce document comprend notamment les modalités d'organisation et de déroulement des élections et la répartition du personnel et des sièges entre les collèges (*infra*, n° 198).

189. En raison de la présomption irréfragable de représentativité dont bénéficiaient les confédérations nationales, elles seules avaient le privilège de pouvoir présenter des candidats au premier tour des élections. La réforme du 20 août 2008 change ici les règles applicables aux élections professionnelles. En effet, ces dernières ont désormais un rôle primordial tant en termes d'accès à la représentativité (*infra*, n° 194) que de condition de validité des accords.

Parmi les candidats, les syndicats ne sont pas obligés de choisir parmi les salariés syndiqués : ils ont la faculté de choisir comme candidats soit leurs propres adhérents, soit des salariés non syndiqués. Rappelons toutefois que, après avoir décidé qu'un syndicat représentatif ne peut désigner un délégué du personnel dont la candidature a été présentée par un autre syndicat[47], les juges ont approuvé la désignation comme délégué syndical d'un délégué du personnel élu en tant que candidat libre[48].

---

47. Cass. soc. 2 novembre 1994, précité.
48. Cass. soc. 6 juillet 1999, précité.

3) Le contrôle administratif et judiciaire des élections

190. L'inspecteur du travail est le troisième acteur des élections professionnelles. À défaut d'accord entre employeurs et syndicats, il doit procéder à la répartition des sièges et du personnel entre les collèges électoraux. Son intervention est dans ce cadre obligatoire. Toutefois, l'inspecteur ne peut que procéder à la répartition. Il ne peut statuer définitivement sur l'appartenance individuelle d'un salarié à un collège.

191. Le dernier mot revient alors au juge d'instance, qui est compétent pour toutes les contestations relatives à la négociation de l'accord préélectoral qui échappent à l'inspecteur du travail. Il doit notamment trancher les litiges éventuels sur le nombre et la composition des collèges électoraux (en application de la loi et des conventions collectives) ou encore fixer les modalités de vote (si on le lui demande à défaut d'accord, mais sa saisine n'est sur ce point pas obligatoire). Le juge d'instance est enfin seul compétent pour juger de la régularité de l'ensemble des opérations électorales.

B. La préparation des élections professionnelles

192. L'employeur doit avertir toutes les organisations syndicales représentatives et les inviter à négocier l'accord préélectoral selon des modalités nouvelles.

1) Les thèmes de la négociation

193. En ce qui concerne la négociation, les parties doivent se mettre d'accord sur deux points essentiels :

– la répartition du personnel dans les collèges électoraux et la répartition des sièges entre les différentes catégories de personnel. À défaut d'accord, l'inspecteur du travail doit être saisi et trancher ;

– les modalités de déroulement des opérations électorales. En cas de désaccord sur les modalités de vote, le juge d'instance peut être saisi et trancher. S'il n'est pas saisi (la saisine sur ce point n'étant pas obligatoire), l'employeur décide seul.

2) La convocation des syndicats : la réforme du 20 août 2008

194. Auparavant, seuls étaient invités à négocier le protocole d'accord préélectoral les syndicats affiliés à une organisation syndicale représentative au plan national et ceux ayant fait la preuve de leur représentativité dans l'entreprise.

Aux termes de la loi nouvelle, l'employeur doit désormais inviter à cette négociation (art. L. 2314-3 du Code du travail) :

– les organisations syndicales représentatives dans l'entreprise ou l'établissement, celles y ayant constitué une section syndicale ainsi que les syndicats affiliés à une organisation syndicale représentative au niveau national et interprofessionnel. Cette convocation doit se faire par écrit ;

– les organisations syndicales satisfaisant aux critères du respect des valeurs républicaines et d'indépendance, légalement constituées depuis au moins deux ans et dont le champ professionnel ou géographique couvre l'entreprise ou l'établissement concerné. La convocation se fait ici par voie d'affichage.

La convocation à venir négocier est toujours effectuée un mois avant l'expiration du mandat des délégués du personnel ou des membres du comité d'entreprise.

La loi nouvelle n'a pas changé le fait que le refus de l'employeur d'inviter les organisations syndicales à venir négocier entraîne l'annulation des élections et que si l'employeur n'invite pas toutes les organisations syndicales, il commet une irrégularité là aussi susceptible d'annuler les élections.

195. Le protocole d'accord préélectoral

La loi du 20 août 2008 prévoit que la validité du protocole, document comprenant notamment les modalités d'organisation et de déroulement des élections et la répartition du personnel et des sièges entre les collèges, est subordonnée à la signature par la majorité des organisations syndicales ayant participé à sa négociation, dont les organisations syndicales représentatives ayant recueilli la majorité des suffrages exprimés lors des dernières élections professionnelles. Si ces résultats ne sont pas disponibles, on prend en compte la majorité des organisations syndicales représentatives dans l'entreprise (art. L. 2324-4-1 du Code du travail).

3) Électorat et éligibilité

196. Sont électeurs les salariés de l'entreprise qui ont 16 ans accomplis et qui travaillent depuis trois mois dans l'entreprise. Sont éligibles les salariés électeurs qui ont 18 ans, qui travaillent sans interruption dans l'entreprise depuis au moins un an et qui n'ont pas été déchus de leur fonction syndicale ; ils ne doivent en outre avoir aucun lien de parenté avec le chef d'entreprise. Peuvent donc être élus des salariés syndiqués ou non, bien qu'il appartienne aux syndicats de négocier les modalités des élections.

4) Listes électorales

197. Pour ce qui est des listes électorales, leur composition est libre, mais il ne peut y avoir, en ce qui concerne le nombre de candidats et l'appartenance de ceux-ci à un collège, plus de noms que de sièges à pourvoir.

Les listes peuvent être contestées par l'employeur et par les syndicats mais l'employeur ne peut se faire juge lui-même de leur régularité ; le tribunal d'instance est seul compétent.

Notons que la propagande électorale est l'œuvre exclusive des salariés et des organisations syndicales.

5) Collèges

198. Avant l'élection des délégués du personnel ou des membres du comité d'entreprise, le personnel est réparti en deux collèges électoraux (art. L. 2324-11 du Code du travail, « ouvriers-employés » et « ingénieurs, chefs de service, techniciens, agents de maîtrise et assimilés »).

Dans les entreprises occupant plus de 500 salariés, les ingénieurs, les chefs de service et cadres administratifs, commerciaux ou techniques assimilés ont au moins un délégué titulaire élu dans les mêmes conditions.

En outre, un troisième collège électoral est prévu par la loi pour les élections au comité d'entreprise : quel que soit l'effectif des salariés, un collège spécial est réservé aux cadres et aux personnes assimilées à condition qu'ils soient au moins vingt-cinq au moment de la constitution ou du renouvellement du comité.

Les sièges, tant de titulaires que de suppléants, sont eux-mêmes répartis entre les deux collèges. C'est la nature de l'emploi occupé qui détermine l'appartenance à un collège. Le nombre et la composition des collèges électoraux tels que fixés par la loi peuvent être modifiés mais seulement par un accord unanime (c'est-à-dire par toutes les organisations syndicales représentatives dans l'entreprise). L'absence d'une seule signature d'une organisation syndicale entraîne la nullité de l'accord[49]. Si l'employeur et les syndicats ne parviennent pas à un accord sur la répartition des sièges, l'inspecteur du travail tranchera. Sa décision peut faire l'objet d'un recours hiérarchique devant le ministre du Travail ou d'un recours contentieux devant le tribunal administratif en première instance et directement devant le Conseil d'État en appel.

C. Le déroulement des élections

199. Le scrutin est un scrutin de liste à deux tours avec représentation proportionnelle à la plus forte moyenne. Il faut procéder à des votes séparés pour les titulaires et suppléants dans chacun des collèges. L'employeur n'est tenu d'organiser un vote par correspondance que si celui-ci a été prévu.

1) Accès aux élections

200. Les élections professionnelles se font toujours selon un scrutin de liste à deux tours avec représentation proportionnelle à la plus forte moyenne (art. L. 2324-22, al. 1 du Code du travail). En revanche, la représentativité n'est plus considérée comme un préalable à la présentation de listes au premier tour des élections :

– Au premier tour des élections : ce premier tour demeure le monopole des listes syndicales mais il n'est plus réservé aux organisations syndicales représentatives. Toutes les organisations syndicales mentionnées aux articles L. 2314-3 et

49. Cass. soc. 11 octobre 1994, Bull. V. n° 273.

L. 2324-4 du Code du travail, c'est-à-dire celles que l'employeur doit inviter à négocier le protocole d'accord préélectoral selon les dispositions sus-rappelées, peuvent présenter des candidats.

– Au second tour des élections : à l'inverse, toutes les candidatures non syndicales sont admises. Il peut notamment s'agir d'associations de salariés constituées selon la loi de 1901.

2) Quels principes faut-il respecter pendant les élections ?

201. Les principes généraux du droit électoral sont énoncés par les articles L. 2314-21 et L. 2324-19 du Code du travail ainsi que par le Code électoral. Le juge d'instance doit vérifier le respect de ces principes sous le contrôle de la Cour de cassation.

Par ailleurs, depuis une « loi pour la confiance dans l'économie numérique », l'utilisation du vote électronique lors des élections professionnelles est reconnu mais rigoureusement encadré afin d'assurer la sécurité et la confidentialité du scrutin[50]. En effet, cette possibilité doit être décidée par un accord d'entreprise ou par un accord de groupe comprenant un cahier des charges précis. Le protocole d'accord préélectoral doit mentionner expressément l'existence de cet accord collectif et comporter, en annexe, la description détaillée du fonctionnement du système retenu et du déroulement des opérations électorales[51]. En ce qui concerne la possibilité de prévoir le vote électronique par un accord d'établissement, la Cour de cassation s'y est opposée, interprétant strictement la lettre des dispositions du Code du travail[52].

3) Comment sont proclamés les résultats des élections ?

202. Les résultats des élections sont proclamés par le bureau de vote qui indique nominativement les élus avec le nombre de voix obtenues ; ce document est transmis par l'employeur à l'inspecteur du travail. Lorsque des candidats ont obtenu le même nombre de voix, ils sont élus dans l'ordre de présentation de la liste. Aucune disposition n'oblige à donner priorité aux plus âgés.

Les contestations relatives à l'électorat et à la régularité des opérations électorales sont de la compétence du tribunal d'instance dans le ressort duquel a eu lieu la proclamation des résultats. Le recours contre la décision de première instance est limité au pourvoi en cassation.

4) La concomitance des élections des délégués du personnel et des représentants du personnel au comité d'entreprise

203. Depuis 2005, les élections des délégués du personnel et du comité d'entreprise sont portées à quatre ans et ont lieu à la même date (art. L. 2324-3 du

50. C. trav., art. R. 2314-8 et R. 2324-4.
51. C. trav., art. R. 2314-16 et R. 2324-12.
52. Cass. soc. 10 mars 2010, n° 09-60.096.

Code du travail ; auparavant le rythme des élections professionnelles était de deux ans). Il s'agit du principe de concomitance des élections.

L'application de ce principe peut poser problème lorsque, à l'occasion d'élections simultanées, la carence de l'une des institutions est constatée et que, à la suite de la demande d'un salarié ou d'un syndicat, les élections de cette institution (en l'espèce des délégués du personnel) ont lieu plus tard que celles du comité d'entreprise. Pour permettre l'application d'un principe du droit du travail suivant lequel les salariés ont le droit d'être représentés par chacune des institutions prévues par la loi, la Cour de cassation confirme l'application du principe de concomitance même en cas de carence de l'une des institutions. Concrètement, cela obligeait l'employeur à organiser les élections des délégués du personnel dans le mois comme cela lui avait été demandé par un syndicat (obligation incombant à l'employeur d'organiser les élections professionnelles, *supra*, n° 185) et, comme cette demande avait eu lieu un an et demi après les élections simultanées, il devait recommencer ces élections concomitantes quatre mois plus tard. Ainsi, la simultanéité des élections professionnelles n'empêche pas l'organisation d'élections à l'intérieur du délai de deux ans en cas de carence de l'une des institutions[53].

II. Les délégués du personnel

204. La présence des délégués du personnel dans le paysage du droit du travail français date de 1936 (loi du 24 juin 1936). Mais c'est surtout grâce à un décret-loi de 1938, qui reconnaît l'existence de l'institution en dehors de toute référence aux conventions de travail, que l'institution acquiert son autonomie. Les délégués du personnel disposent enfin d'un statut légal et indépendant : leur existence devient obligatoire dans les entreprises occupant plus de dix salariés. Ils doivent être reçus par la direction au moins une fois par mois et peuvent présenter toute réclamation liée aux conditions de travail : leur principale mission est de présenter à l'employeur les réclamations individuelles et collectives des salariés.

205. Aux fins de redonner une certaine présence aux élus du personnel, une loi Auroux de 1982 avait modernisé l'institution et la loi quinquennale avait prévu la fusion des mandats des élus du personnel dans les petites entreprises. Toutefois, le bilan des lois Auroux[54] démontre que l'institution des délégués du personnel est en difficulté, en rivalité à la fois avec les représentants désignés et avec les élus du comité d'entreprise. Les délégués du personnel semblent peu actifs dans leurs prérogatives traditionnelles de réclamation et ne compensent pas cette faiblesse par un redéploiement de leur activité vers d'autres formes d'action.

La loi Aubry II du 19 janvier 2000 leur donne cependant la possibilité de participer à la négociation collective. En effet, dans les entreprises de moins de 50 salariés, la réduction du temps de travail peut être effectuée par l'application

53. Cass. soc. 13 avril 1999, Liaisons sociales, jurisprudence n° 629 du 26 avril 1999.

54. Rapport de M. Coffineau, « Les lois Auroux, dix ans après », février 1993.

directe d'un accord de branche étendu. En l'absence d'accord de branche étendu et à défaut de salarié mandaté par un syndicat dans le délai de deux mois à compter de la date à laquelle les organisations syndicales représentatives sont informées par l'employeur de sa décision d'engager des négociations, les délégués du personnel peuvent négocier l'accord. Ce dernier devra toutefois être approuvé par la majorité du personnel et validé (comme par le passé dans le cadre de la loi expérimentale du 12 novembre 1996), dans les trois mois suivant cette approbation, par une commission paritaire nationale de branche ou locale.

En définitive, les délégués du personnel ne présentent pas de réelle menace pour les syndicats dans le cadre de la négociation collective car ils n'interviennent qu'en dernier recours et seulement dans les entreprises occupant moins de 50 salariés. C'est peut-être une manière de rappeler la place des délégués du personnel, la finalité de l'institution et son rôle de proximité avec les salariés.

A. Le cadre de l'institution

206. La plupart des remarques qui vont suivre ont été développées dans le premier chapitre relatif à la mise en place des institutions représentatives du personnel (*supra* n° 104 et s.). Il ne s'agira donc ici que d'un bref rappel des règles applicables.

L'unité de représentation des délégués du personnel est l'établissement à condition que ce dernier puisse être qualifié de distinct (*supra*, n° 104).

L'obligation d'élire des délégués du personnel existe dans tous les établissements où sont occupés au moins onze salariés (art. L. 2311-1 du Code du travail) et qui sont situés sur le territoire français.

Pour connaître l'effectif d'une entreprise, il faut prendre en considération les salariés occupés par l'entreprise (qui sont titulaires d'un contrat de travail et qui sont en position de subordination juridique). Les salariés à temps partiel et les titulaires d'un contrat de travail à durée déterminée sont pris en compte au prorata de leur temps de travail ou de leur présence dans l'entreprise. L'effectif requis pour la mise en place de chaque institution doit être atteint pendant douze mois, consécutifs ou non, au cours des trois années précédentes.

Les établissements qui n'atteignent pas le seuil de onze salariés peuvent tout de même procéder à l'élection de représentants du personnel, les « délégués conventionnels » (art. L.2312-4 du Code du travail) ; ils peuvent aussi se grouper entre eux pour permettre l'élection de délégués du personnel. Depuis la loi quinquennale du 23 décembre 1993, l'élection des délégués du personnel est alignée sur celle du comité d'entreprise et a lieu tous les deux ans ; les délégués sont rééligibles.

Les délégués du personnel peuvent aussi être reconnus à l'échelon d'une unité économique et sociale : il s'agira alors de délégués du personnel communs à des entreprises juridiquement distinctes. De même, à l'échelon d'un site, des délégués communs aux différents établissements du site pourront être élus. Dans le cadre d'une entreprise regroupant des établissements distincts, chaque établissement qui atteint le seuil requis devra permettre l'élection de délégués du personnel d'établissement. Une représentation centrale n'existe pas pour ces élus au niveau de l'entreprise.

Rappelons enfin que, depuis la loi quinquennale de 1993, dans les entreprises de moins de 200 salariés, le chef d'entreprise a la faculté de décider (après consultation des institutions représentatives du personnel s'il en existe) que les délégués du personnel constituent la délégation du personnel au comité d'entreprise (délégation unique du personnel).

B. Le mandat de délégué du personnel

207. Le délégué du personnel est un salarié protégé (art. L. 2421-3 et s. du Code du travail) membre de l'entreprise et dont les conditions d'exécution de la mission sont prévues par la loi.

1) Qui peut être délégué du personnel ?

208. L'article L. 2314-16 du Code du travail énonce les conditions d'éligibilité à la fonction.

Pour être élu délégué du personnel, il faut être salarié de l'entreprise, y être électeur, y travailler depuis un an au moins sans interruption c'est-à-dire sans rupture du contrat de travail (ce qui ne comprend pas les périodes de suspension, la suspension du contrat de travail au moment même de l'élection n'empêche pas de se porter candidat), ne pas être conjoint, ascendant, descendant, frère, sœur ou allié au même degré du chef d'entreprise, et ne pas avoir été déchu de ses fonctions syndicales. Ces conditions n'étant pas d'ordre public, elles peuvent être réduites ou supprimées dans le cadre de l'accord préélectoral.

Un salarié ne peut être éligible que dans l'établissement auquel il appartient. Il ne peut être élu dans un autre collège électoral que le sien. La loi prévoit la présence de délégués du personnel titulaires mais aussi de suppléants qui sont admis aux réunions avec l'employeur.

2) Quelles sont les conditions d'exécution du mandat d'un délégué du personnel ?

209. Depuis 2005, les délégués du personnel sont élus concomitamment aux élus du comité d'entreprise tous les quatre ans[55]. Il s'agit d'une disposition d'ordre public absolu, aucune disposition conventionnelle ne saurait y déroger.

210. En ce qui concerne la fin du mandat de délégué du personnel, plusieurs cas de figure doivent être envisagés.

La prorogation du mandat de délégué du personnel est impossible en cas de prorogation tacite, de prorogation judiciaire ou encore par une disposition du

55. C. trav., art. L. 2314-26, sur la notion de concomitance, Cass. soc. 13 avril 1999, SA Conforama c/ Belloin et autres, précité.

règlement intérieur. En revanche, le mandat peut être prorogé soit par une clause expresse et non équivoque d'une convention collective (à condition qu'elle n'ait pas pour effet de retarder indéfiniment de nouvelles élections), soit par un accord particulier passé entre l'employeur et les organisations syndicales représentatives (art. L. 2314-26 du Code du travail). L'accord doit être unanime.

Les fonctions de délégué du personnel peuvent prendre fin en cours de mandat. L'article L. 2314-26 du Code du travail prévoit ces différentes hypothèses : décès, démission du mandat, résiliation du contrat de travail (démission, licenciement, départ en retraite), perte des conditions requises pour l'éligibilité, révocation en cas de délégué élu sous étiquette syndicale.

Le remplacement en cours de mandat est possible suivant les dispositions de l'article L. 2314-30 du Code du travail. Il est fait en général appel au suppléant de la même appartenance syndicale ou relevant de la même catégorie professionnelle. Le mandat de délégué du personnel est cumulable avec ceux de membre du comité d'entreprise (art. L. 2314-19) ou de délégué syndical (art. L. 2143-9).

Ni le changement d'employeur (art. L. 1224-1 du Code du travail), ni la modification du contrat de travail de l'intéressé, ni les cas de suspension du contrat de travail (maladie, grève, chômage partiel) ne mettent fin au mandat.

Il en va de même, selon un arrêt récent, même si la suspension a pour cause une mise à pied disciplinaire. Par un revirement de jurisprudence[56], la chambre sociale a jugé que la mise à pied disciplinaire *« n'a pas pour effet de suspendre l'exécution du mandat de représentant du personnel »* (il s'agissait d'un délégué du personnel). En conséquence, le salarié peut tout de même prétendre pendant cette période aux heures de délégation, se rendre aux réunions et exercer pleinement son mandat ; le refus de l'employeur serait constitutif du délit d'entrave. Cet arrêt démontre clairement la séparation du contrat de travail (permettant l'exercice du pouvoir disciplinaire) et du mandat électif (protégé par le droit du travail contre l'arbitraire du pouvoir disciplinaire).

C. Le rôle des délégués du personnel

211. Les délégués du personnel ont différentes missions.

1) Prérogatives générales

212. Leur mission principale est de présenter à l'employeur les réclamations individuelles et collectives relatives aux salaires et à l'application légale et conventionnelle du droit du travail (art. L. 2313-1 du Code du travail), bien que les salariés conservent le droit de s'adresser individuellement et directement à leur employeur. Les délégués du personnel sont en quelque sorte les porte-parole des salariés.

56. Cass. soc. 23 juin 1999, Debout, Liaisons sociales, jurisprudence, n° 639 du 5 juillet 1999, voir *infra* « Le statut protecteur », 317 et s.

Les missions des délégués du personnel peuvent parfois se confondre avec celles des délégués syndicaux. La chambre sociale a donc précisé que les délégués du personnel présentent les réclamations relatives à l'application du statut du personnel (application des taux de salaire dans l'entreprise, application des règles d'hygiène et de sécurité ou des conventions et accords collectifs de travail, par exemple) tandis que les délégués syndicaux présentent les revendications visant la modification du statut du personnel (modification des taux de salaire) ; tout ce qui relève de la négociation à proprement parler appartient aux délégués syndicaux dans le cadre de la négociation collective.

En résumé, les délégués du personnel réclament l'application de la loi ou de la convention collective alors que les délégués syndicaux revendiquent l'amélioration des conditions de travail.

213. Le délégué du personnel peut aussi prêter assistance aux salariés notamment en cas de procédures disciplinaires ou de licenciement (conseiller du salarié), même s'ils n'ont pas le monopole de la représentation dans ce domaine.

Les délégués du personnel peuvent intervenir auprès de l'inspection du travail. Ils peuvent la saisir de toutes les plaintes et observations relatives à l'application des prescriptions légales et réglementaires dont l'inspecteur est chargé d'assurer le contrôle (art. L. 2313-1, hygiène et sécurité, etc.). Par ailleurs, lorsque l'inspecteur du travail visite l'entreprise, il doit se faire accompagner par le délégué compétent si celui-ci le désire. Il s'agit d'une simple faculté pour le délégué. Toutefois, il semblerait, selon l'administration, que ce dernier peut imposer sa présence lorsqu'il a sollicité la visite de l'inspecteur, alors qu'il ne peut exiger de l'accompagner si l'inspecteur a pris seul l'initiative de la visite.

214. Les délégués du personnel ont des liaisons avec les autres institutions représentatives du personnel et notamment avec le comité d'entreprise : ils ont alors qualité pour lui communiquer les suggestions et observations du personnel sur toutes les questions entrant dans la compétence du comité (art. L. 2313-9 du Code du travail). Ces liaisons sont facilitées si un délégué du personnel est également élu au comité d'entreprise. La délégation du personnel se doit aussi d'être en liaison avec le CHSCT puisque les délégués titulaires participent à la désignation des membres de ce dernier. Par ailleurs, les délégués du personnel peuvent communiquer au CHSCT les suggestions et observations entrant dans ses compétences. Le CHSCT saisi par un délégué doit émettre un avis.

215. S'ajoutent à leurs attributions propres, en l'absence de l'une des autres institutions représentatives du personnel (en cas de carence ou en cas d'effectifs inférieurs aux seuils légaux), les missions de l'institution manquante : il s'agit des fonctions supplétives de la délégation du personnel en l'absence de comité d'entreprise, de CHSCT ou de délégués syndicaux. Par exemple, dans ce dernier cas, dans les entreprises de moins de 50 salariés, ils exercent collectivement certaines attributions économiques du comité d'entreprise.

2) Droit d'alerte

216. Depuis la loi du 31 décembre 1992, les délégués du personnel disposent du droit d'alerte en cas d'atteinte aux droits des personnes ou aux libertés fondamentales individuelles dans l'entreprise. Cette procédure est proche de celle dont dispose le CHSCT dans le cas de danger grave et imminent pour la sécurité des personnes. Elle est directement inspirée du rapport de Gérard Lyon-Caen de 1991, qui a aussi permis l'adoption de mesures spécifiques concernant l'embauche et le recrutement.

Lorsque les délégués du personnel sont face à une *« atteinte aux droits des personnes ou aux libertés individuelles dans l'entreprise qui ne serait pas justifiée par la nature de la tâche à accomplir ni proportionnée au but recherché »* (art. L. 2313-2 du Code du travail), les délégués peuvent agir en trois étapes :

– ils doivent d'abord faire part à l'employeur de l'atteinte éventuelle ;

– puis une enquête est menée par l'employeur avec le délégué. Les dispositions doivent alors être prises rapidement pour remédier à la situation dénoncée ;

– enfin, en cas de carence ou de divergence avec l'employeur, le délégué du personnel peut saisir, sous réserve de l'accord du salarié concerné (intérêt à agir), le juge des référés (conseil des prud'hommes).

Le juge des référés saisi peut alors ordonner la fin de la situation dangereuse pour les libertés individuelles, comme par exemple exiger le retrait d'une caméra de vidéo-surveillance installée à l'insu des salariés dans le dessein de sanctionner des comportements jugés fautifs par l'employeur.

Cette situation a donné l'occasion à la Cour de cassation de se prononcer sur ce dispositif pour la première fois en 1997[57]. La société Carrefour avait en effet placé une caméra d'enregistrement vidéo à l'insu du personnel dans une cabine où se situait la caisse du poste à essence, ce qui avait conduit au licenciement de plusieurs salariés. Un délégué du personnel exerce alors son droit d'alerte et saisit la juridiction prud'homale d'une demande tendant à « l'annulation des licenciements » prononcés. À tort selon la chambre sociale : le droit d'alerte ne permet pas de demander l'annulation des licenciements. L'article L. 2313-2 du Code du travail ne lui permet que de demander à l'employeur de retirer les moyens de preuve illicites qu'il a employés, en l'espèce, la caméra de surveillance. Car il ne faut pas oublier que le fondement du droit d'alerte est le respect des libertés individuelles, et il ne peut donc être exercé que pour leur défense. La protection est collective, mais le rapport de fond demeure individuel.

Par un arrêt du 26 mai 1999[58], la chambre sociale donne une vision nouvelle de cette procédure. Il s'agissait d'un salarié, délégué du personnel ayant une appartenance syndicale, s'estimant victime d'une discrimination syndicale, car il était le seul de son atelier à ne pas avoir perçu de prime de salissure.

57. Cass. soc. 10 décembre 1997, Aubin c/ Sté Euromarché Carrefour, Liaisons sociales, Juris. Actua., n° 7798 du 27 janvier 1998.

58. Cass. soc. 6 mai 1999, Liaisons sociales, Juris. Hebdo, n° 635, du 14 juin 1999.

Pour dénoncer la discrimination dont il s'estimait l'objet, il exerça son droit d'alerte et il l'imputa sur ses heures de délégation. La question est bien sûr de savoir si le délégué du personnel pouvait utiliser ses heures de délégation pour exercer le droit d'alerte visant à protéger ses propres droits individuels. La Cour de cassation estime que le délégué du personnel peut exercer son droit d'alerte pour son propre compte. Par ailleurs, les heures passées au titre de l'exercice de ce droit doivent s'imputer sur les heures de délégation, payées par l'employeur, car elles entrent dans la mission du délégué du personnel.

Cette vision des missions du délégué du personnel est conforme à une circulaire de 1993[59] : le délégué du personnel peut être à la fois détenteur et bénéficiaire du droit d'alerte. Cette conception extensive du droit d'alerte peut paraître choquante à ceux qui estiment que ce droit nécessite la présence d'un salarié-tiers-victime : le délégué du personnel ne fait que représenter collectivement une réclamation individuelle d'un salarié. Mais, en admettant que, dans l'espèce présentée, l'intéressé ait été le seul représentant du personnel de l'entreprise, lui dénier ce droit équivaudrait à ne reconnaître aucune effectivité au droit d'alerte. Comment aurait-il pu, alors, dénoncer la discrimination syndicale dont il était victime ? Il aurait pu en fait introduire une action en paiement de la prime de salissure et en paiement de dommages-intérêts pour discrimination directement devant le conseil des prud'hommes mais sans passer par le référé.

Peu nombreux sont les arrêts en la matière mais la Cour de cassation s'est plus récemment prononcée sur le droit d'alerte[60]. Il s'agissait d'un employeur qui, après avoir reçu plusieurs lettres anonymes contenant des informations confidentielles intéressant l'entreprise, avait décidé de contrôler les ordinateurs des salariés pour retrouver l'auteur des courriers. La Cour relève que cette consultation a donné à l'employeur, hors la présence des salariés, accès à certains de leurs messages personnels, ce qui portait atteinte à la liberté fondamentale du secret des correspondances et permettait donc aux délégués du personnel d'exercer leur droit d'alerte.

D. L'exercice des fonctions

217. Afin d'exercer au mieux leur mandat, les délégués du personnel disposent de moyens propres leur permettant d'agir. Par ailleurs, ils peuvent dialoguer aussi bien avec la direction qu'avec des salariés.

1) Les moyens des délégués du personnel

218. Le temps nécessaire à l'exercice de leurs fonctions est dénommé crédit d'heures ; il ne concerne que les délégués titulaires. Mais il peut être utilisé par le suppléant en cas de remplacement du titulaire. Il ne comprend pas les

59. Circulaire DRT n° 93/10 du 15 mars 1993.

60. Cass. soc. 17 juin 2009, n° 80-40.274, JCP S, 1362, note Émeric Jeansen.

heures de réunion passées avec l'employeur qui sont payées comme temps de travail.

Le crédit d'heures est limité à dix heures par mois dans les entreprises de moins de 50 salariés et à quinze heures dans les autres, sauf circonstances exceptionnelles justifiant un dépassement (la négociation des 35 heures par exemple). Les délégués du personnel peuvent également obtenir des heures supplémentaires s'ils exercent les missions d'autres institutions, en cas d'absence de comité d'entreprise ou de CHSCT, par exemple. Le crédit d'heures est individuel. Mais le cumul de fonctions entraîne le cumul de crédit. Ainsi, par exemple, un délégué du personnel membre élu au comité d'entreprise cumule un crédit de dix ou quinze heures en tant que délégué du personnel et un autre de vingt heures en tant que membre du comité d'entreprise.

Les représentants du personnel qui n'utilisent pas tout leur crédit ne peuvent le reporter d'un mois sur l'autre. En revanche, il leur est possible dans certains cas précis (si la convention collective le prévoit ou en cas de circonstances exceptionnelles) de dépasser leur crédit.

219. Il existe depuis 1982, pour tous les titulaires d'un mandat représentatif, une présomption simple de bonne utilisation du crédit d'heures au profit des salariés ; il appartient donc à l'employeur de prouver l'utilisation non conforme de ces heures.

Pendant les heures de délégation, les délégués du personnel peuvent se déplacer à l'intérieur ou en dehors de l'entreprise. Ils peuvent également prendre tous contacts nécessaires à l'accomplissement de leur mission sous réserve de ne pas gêner le déroulement du travail des autres salariés. Les délégués peuvent aussi utiliser leurs heures de délégation pour assurer leur propre défense lors d'une audience[61].

En résumé et de manière générale, le temps passé par un représentant du personnel à se défendre devant le conseil de prud'hommes entre dans le cadre de son mandat et peut, à ce titre, être imputé sur le crédit d'heures. Le représentant est donc en droit de demander à son employeur la rémunération de ces heures, en tant qu'heures de délégation[62].

Cependant, les représentants du personnel ne peuvent utiliser leurs heures de délégation pour assister un salarié aux prud'hommes. En effet, même si l'article L. 1453-4 du Code du travail accorde à tout salarié désigné à cet effet par une organisation syndicale représentative le droit de s'absenter dix heures par mois pour assister ou représenter un de ses collègues à une audience prud'ho-

61. Ass. plén. 31 octobre 1996 (deux arrêts), Dr. soc. 1997, p. 270, Jean-Maurice Verdier, « L'imputation sur les heures de délégation du temps passé par un salarié à assurer sa propre défense en justice ». Sur le fondement de l'article L. 424-1 (ancien) du Code du travail (car il s'agissait de délégués du personnel), la Cour de cassation estime que, *« en assumant sa propre défense lors d'une contestation par l'employeur de l'utilisation des heures de délégation, le salarié protégé est dans l'exercice de son mandat »*.

62. Dans le cadre du droit d'alerte, *supra* Cass. soc. 26 mai 1999, SA Seltz et Fils c/ Trendel, précité.

male, cette activité n'entre pas dans les fonctions d'un représentant du personnel. Ce temps n'est pas payé à ce dernier comme temps de travail et ne doit pas non plus être rémunéré comme heures de délégation[63].

220. Outre les heures de délégation, l'employeur est tenu de mettre à la disposition des délégués un local nécessaire pour leur permettre de se réunir. Selon la chambre criminelle de la Cour de cassation, le local peut être commun au comité d'entreprise mais il ne peut en aucun cas l'être avec celui de la section syndicale.

2) Les réunions avec l'employeur

221. Deux types de réunions sont prévus entre l'employeur et les délégués du personnel.

a) Réunions à l'initiative de l'employeur

222. Tout d'abord, la loi (art. L. 2315-8 du Code du travail) prévoit que les délégués du personnel sont reçus collectivement par le chef d'établissement ou son représentant au moins une fois par mois. Selon la jurisprudence, l'organisation de cette réunion relève de l'initiative de l'employeur ou de son représentant.

Les réunions mensuelles sont impératives ; si l'employeur ne s'y soumet pas, le délit d'entrave est constitué. Aucune exception au principe de la réunion mensuelle n'est instituée par la loi lorsque l'entreprise ne comporte qu'un seul délégué du personnel[64]. La réunion ne peut être commune à celle du comité d'entreprise, sauf exception en cas de DUP (deux réunions successives). La date de la réunion est fixée par le chef d'entreprise, qui convoque individuellement tous les délégués (aucune forme n'est exigée par les textes).

b) Réunions à la demande des délégués du personnel

223. En dehors des réunions mensuelles, les délégués du personnel peuvent être reçus par le chef d'entreprise à leur demande dans deux cas principalement : soit collectivement en cas d'urgence, soit individuellement ou encore par catégorie (délégués d'atelier, de service) selon les questions à traiter. Le refus de les recevoir est dans tous les cas constitutif du délit d'entrave. Toutefois, les délégués du personnel doivent remettre au chef d'établissement, deux jours ouvrables avant la date où ils doivent être reçus, une note écrite exposant l'objet de leur demande. L'employeur doit y répondre par écrit et de manière motivée au plus tard dans les six jours qui suivent la réunion. Demandes et réponses sont inscrites dans un registre spécial que les salariés de l'entreprise peuvent consulter.

224. Dans toutes les réunions, les délégués suppléants peuvent assister les titulaires. Le temps passé en réunion n'est pas déduit du crédit d'heures mais du temps de travail (art. L. 2315-11 du Code du travail), payé comme tel, tant pour les titulaires que pour les suppléants. Les délégués du personnel peuvent se faire assister d'un représentant d'une organisation syndicale (art. L. 2315-10 du

63. Cass. soc. 12 mars 1987, Liaisons sociales, Jurisprudence Actua., n° 5943, du 16 avril 1987.
64. Cass. soc. 25 septembre 2007, n° 06-84-599.

Code du travail) : il peut s'agir d'un délégué syndical ou d'une personne extérieure à l'entreprise. Ce représentant a un rôle d'assistance et de conseil.

c) Objet des réunions

225. L'objet des réunions est de présenter à l'employeur les réclamations individuelles et collectives des salariés de l'établissement où les délégués exercent leur mandat. Il s'agit en général de questions relatives aux salaires, à la durée du travail, à la sécurité dans l'établissement. Les délégués du personnel ne peuvent toutefois pas présenter des revendications visant à la modification du statut des salariés dans l'entreprise car cette prérogative appartient aux délégués syndicaux[65].

3) Les contacts avec les salariés et avec l'extérieur

226. Les délégués du personnel peuvent organiser des permanences dans leur local ou installer des boîtes aux lettres dans les ateliers. Ils peuvent, à la différence des délégués syndicaux, prendre des contacts avec les salariés à leur poste de travail et se déplacer librement à l'intérieur ou à l'extérieur de l'entreprise.

227. L'information des salariés se fait par voie d'affichage, soit sur des panneaux distincts de ceux des délégués syndicaux, et les communications ne doivent concerner que la mission des délégués du personnel, soit à l'aide de tracts, aux portes d'entrée des lieux de travail notamment, à condition que leur distribution n'apporte ni trouble dans l'entreprise ni perturbation dans le travail. Dans la pratique, les modalités suivant lesquelles les délégués peuvent rendre compte de leur mandat devraient faire l'objet d'un accord.

Les réclamations des salariés peuvent être communiquées aux délégués du personnel par différents moyens : la boîte aux lettres placée dans l'établissement, le cahier de réclamations, l'organisation de permanences dans le local affecté aux délégués du personnel.

228. Le délégué du personnel peut aussi se déplacer hors de l'entreprise pendant ses heures de délégation, à condition que le déplacement soit motivé par l'exercice de son mandat. Sauf accord ou usage dérogatoire, l'employeur n'est pas tenu de rembourser les frais de déplacement des délégués. Les juges ont considéré certains déplacements comme légitimes ; ainsi en est-il par exemple d'une visite à l'inspection du travail ou encore d'une démarche auprès d'une caisse primaire de Sécurité sociale.

Mais un délégué du personnel ne saurait assister un salarié devant la juridiction prud'homale car cette faculté n'entre pas dans ses attributions – sauf usage ou accord en sens contraire –, mais dans celles des délégués syndicaux.

De même, il convient de bien séparer les fonctions du délégué du personnel et les fonctions syndicales : le délégué du personnel ne saurait participer à des réunions syndicales pendant ses heures de délégation. La jurisprudence de la

65. Cass. crim. 24 mai 1973, D. 1973, p. 599, note Savatier.

Cour de cassation est mitigée : alors que la chambre sociale refuse toute participation syndicale des délégués du personnel, la chambre criminelle semble l'admettre dans certains cas de figure, comme en cas de discussion sur l'application à l'ensemble des entreprises d'un accord salarial collectif.

III. Le comité d'entreprise

229. Le comité d'entreprise existe depuis 1945. Il s'agissait à l'époque de créer une institution qui puisse permettre la participation des salariés à la gestion de l'entreprise (dans une moindre mesure que la cogestion à l'allemande cependant).

230. Le comité d'entreprise est une institution dont l'objet est, tout comme celui des délégués du personnel, d'assurer l'expression collective des salariés (art. L. 2323-1 du Code du travail). Toutefois, les délégués du personnel agissent individuellement auprès de l'employeur ; ils ne sont pas organisés en structure, à la différence du comité d'entreprise.

En résumé, ce qui différencie les délégués du personnel du comité d'entreprise n'est pas la mission des institutions mais l'organisation : seuls les comités d'entreprise ont la personnalité juridique et l'organisation adéquate qui leur permettent d'exercer leur mission.

231. Tous les salariés connaissent l'existence du comité d'entreprise. Pourtant, ils ne voient parfois qu'un aspect des compétences du comité d'entreprise, celui de la gestion des œuvres sociales et culturelles (*infra*, n° 262) qui leur assure des billets de concert à titre préférentiel ou encore le « sapin de Noël » de l'entreprise. Le comité d'entreprise ne peut être réduit à cette forme de gestion car son action est tout aussi importante dans le domaine économique puisqu'il doit notamment être consulté en cas de procédure de licenciement collectif et qu'il a un droit de regard sur tous les documents comptables et financiers.

A. L'organisation du comité d'entreprise

232. La mise en place d'un comité d'entreprise est une obligation pour certaines entreprises et cette création assure à l'institution des droits et prérogatives qui découlent de sa personnalité juridique.

1) La mise en place du comité d'entreprise

233. Les entreprises occupant au moins 50 salariés doivent mettre en place un comité d'entreprise (art L. 2322-3 du Code du travail).

a) La condition d'effectif

234. L'effectif s'apprécie de manière classique : l'effectif à prendre en compte se compose des salariés « occupés » par l'entreprise, c'est-à-dire les salariés liés par un contrat de travail ainsi que tous les travailleurs placés dans un état de subordination juridique[66]. L'effectif requis pour la mise en place de l'institution

66. Par exemple, les salariés mis à la disposition d'une association régie par la loi de 1901.

doit être atteint pendant douze mois consécutifs ou non, au cours des trois années précédentes.

Toutefois, même si l'entreprise n'atteint pas le seuil légal requis, il peut être décidé de la mise en place conventionnelle d'un comité d'entreprise (art. L. 2322-3 du Code du travail). Les entreprises peuvent en effet se regrouper sur les plans local, départemental, dans un cadre professionnel ou interprofessionnel pour signer des accords ou conventions collectives ayant un tel objet, à condition que les syndicats présents soient habilités à conclure de telles normes, c'est-à-dire qu'ils soient représentatifs (*supra*, n^{os}147 et s.).

b) La présence du comité d'entreprise

235. Le comité d'entreprise peut exister aux différents degrés où se prennent les décisions dans une société : aux niveaux de l'établissement, de l'entreprise, du groupe d'entreprises ou même du groupe d'entreprises de dimension communautaire (*supra*, n° 122) : il peut alors s'agir d'une organisation fédérale.

Dans les entreprises comportant des établissements distincts, il est créé des comités d'établissement et un comité central d'entreprise.

De même, lorsqu'il s'agit d'un groupe d'entreprises juridiquement distinctes, un comité de groupe sera créé (loi de 1982) à condition qu'il existe une entreprise dominante et qu'elle soit située sur le territoire français ; s'il s'agit d'un groupe ou d'une entreprise de dimension communautaire, un comité d'entreprise européen devra être mis en place (loi de 1996). Notons que la loi du 4 mai 2004 relative à la négociation collective reconnaît la possibilité de négocier des accords au niveau du groupe qui devient un niveau de négociation à part entière.

Par ailleurs, un comité d'entreprise commun à plusieurs entreprises est obligatoirement mis en place lorsque celles-ci constituent une unité économique et sociale regroupant au moins 50 salariés (art. L. 2322-4 du Code du travail).

Enfin, dans les entreprises occupant moins de 200 salariés, le chef d'entreprise peut décider que les délégués du personnel constitueront la délégation du personnel au comité d'entreprise (délégation unique du personnel, art. L. 2313-12 du Code du travail).

2) La personnalité juridique du comité d'entreprise

236. Les comités d'entreprise bénéficient donc de la personnalité juridique qui leur permet d'agir en justice, et ce aux différents niveaux décisionnels : cette personnalité juridique accordée par le législateur aux comités d'entreprise (« *Le comité d'entreprise est doté de la personnalité juridique* », art. L. 2325-1 du Code du travail) a été étendue par la jurisprudence aux comités d'établissement[67] mais aussi aux comités de groupe[68].

67. Civ. 28 janvier 1954, JCP 1954 II.7978, Dr. soc. 1954, p. 161.

68. M. Cohen, « La personnalité civile du comité de groupe », Dr. soc. 1983, p. 670.

En conséquence de quoi, le comité d'entreprise, personne morale, dispose de plusieurs droits et prérogatives :

– Il dispose d'un patrimoine qu'il gère librement aussi bien dans le domaine des activités économiques que sociales et culturelles. Ce patrimoine est saisissable et le comité d'entreprise peut donc être mis en règlement judiciaire.

– Le comité peut acquérir, posséder, s'obliger, accepter les dons ainsi que les subventions.

– De même, il peut agir en justice pour défendre ses intérêts propres ou ceux des salariés dont il a la charge : ainsi, par exemple, le comité d'entreprise peut agir en référé dans le cadre de la procédure de licenciement économique, pour obtenir la suspension d'une mesure ou la désignation d'un expert[69] ou encore pour faire respecter son droit à consultation ; il peut aussi intervenir dans les procédures collectives devant le tribunal de commerce où il sera alors représenté par l'un de ses membres, en général le secrétaire du comité[70].

– Le comité d'entreprise a son propre personnel, qui s'occupe principalement de la gestion des œuvres sociales.

– Le comité peut engager sa responsabilité pour les fautes commises par ses préposés ou par ses membres.

3) La composition du comité d'entreprise

237. Depuis un arrêt de la chambre criminelle de la Cour de cassation de 1958[71], la composition des comités d'entreprise doit être tripartite, c'est-à-dire composée de l'employeur ou de son représentant (président de droit), de membres élus par les salariés et de représentants syndicaux (les représentants syndicaux au comité d'entreprise). La composition est identique pour les comités d'entreprise et d'établissement. Elle varie toutefois pour le comité de groupe où, dans ce cas, les représentants du personnel des sociétés du groupe ne sont pas élus mais désignés par les organisations syndicales représentatives parmi leurs élus aux comités d'entreprise (art. L. 2333-2 du Code du travail). La désignation est identique pour le comité d'entreprise européen.

a) Les membres du comité d'entreprise

1. La représentation patronale

238. Le chef d'entreprise ou son représentant préside le comité d'entreprise (P-DG, gérant ou cadre, etc.). Depuis la loi quinquennale de 1993, il est possible pour le chef d'entreprise de se faire assister par deux collaborateurs, nécessairement, selon l'administration, des salariés de l'entreprise. Cette mesure a pu être critiquée car, dans les petites entreprises, les représentants de la direction peuvent être aussi nombreux que ceux du personnel. Si le chef d'entreprise se fait

69. Cass. soc. 11 mars 1992, Bull. V, n° 175.

70. Cass. soc. 19 novembre 1986, Dr. soc. 1987, p. 10.

71. Cass. crim. 9 octobre 1958, D. 1959, p. 68.

représenter, il doit fournir à son représentant une procuration expresse et spéciale. En cas de carence de président (si par exemple aucun des délégataires prévus ne peut assister à la séance) et à la demande de la moitié au moins des membres du comité, l'employeur ou son représentant peut être convoqué par l'inspecteur du travail et siéger sous sa présidence (art. L. 2325-14 du Code du travail).

2. La représentation élue

239. Les représentants élus du personnel constituent la délégation du personnel au comité d'entreprise ; elle est composée des membres titulaires ou suppléants (les suppléants sont convoqués et ont voix consultative et non délibérative si le titulaire est présent). Son importance varie en fonction de l'effectif de l'entreprise (art. R. 2324-1 : de 3 titulaires et 3 suppléants dans les entreprises occupant de 50 à 74 salariés à 15 titulaires et autant de suppléants pour les entreprises de plus de 10 000 salariés), mais elle peut être augmentée par voie conventionnelle.

Dans les entreprises de moins de 200 salariés, la délégation au comité d'entreprise peut être composée par les délégués du personnel (délégation unique du personnel), ce qui peut contribuer à réduire le coût des institutions représentatives du personnel dans les PME.

3. La représentation désignée

240. Chaque organisation syndicale représentative dans l'entreprise peut (il s'agit d'une simple faculté à laquelle le syndicat peut renoncer) désigner un seul représentant syndical (sauf disposition conventionnelle plus favorable). Il doit être choisi parmi le personnel de l'entreprise et remplir les conditions d'éligibilité au comité d'entreprise. L'organisation syndicale concernée notifie alors la désignation au chef d'entreprise dans les mêmes conditions que pour les délégués syndicaux ; les litiges relatifs à la désignation relèvent du tribunal d'instance du lieu où la désignation a été effectuée : il statue en dernier ressort (art. L. 2324-23 du Code du travail).

Dans les entreprises de moins de 300 salariés, le délégué syndical est de droit représentant syndical (art. L. 2143-22 du Code du travail). Un salarié ne peut cumuler les fonctions de représentant syndical et de membre élu du comité d'entreprise ; toutefois, un représentant syndical peut être délégué du personnel ou délégué syndical. Depuis la réforme du 20 août 2008, pour pouvoir désigner un représentant syndical au comité d'entreprise il faudra que l'organisation syndicale ait des élus dans l'entreprise. Il est possible de noter qu'à la différence des autres désignations syndicales, la loi n'exige pas que ce représentant soit choisi parmi les candidats ayant recueilli au moins 10 % des suffrages.

Le représentant syndical a les mêmes prérogatives que les membres élus du comité : il doit être convoqué par le chef d'entreprise sous peine de délit d'entrave, il doit pouvoir se faire rembourser ses frais de transport sous peine de discrimination[72]. Cependant, lors des séances, il n'a qu'une voix consultative.

72. Cass. crim. 24 janvier 1974, D. 1975, p. 446.

4. Les autres personnes

241. Indépendamment des personnes prévues par la loi, d'autres personnes peuvent assister aux séances du comité d'entreprise quand leur présence est dictée par le contenu de l'ordre du jour. Ainsi en est-il par exemple du médecin du travail, des experts du comité d'entreprise (*infra*, n° 294), du commissaire aux comptes.

b) Le statut des membres du comité d'entreprise

242. Les représentants au comité d'entreprise sont des salariés protégés.

Les membres élus du comité d'entreprise le sont pour quatre ans ; leur mandat est renouvelable. Les membres titulaires du comité (et les représentants syndicaux mais uniquement dans les entreprises occupant au moins 500 salariés) disposent d'un crédit d'heures, payé comme temps de travail, qui varie en fonction de la taille de l'entreprise et qui ne peut excéder vingt heures par mois. Ces heures de délégation servent notamment à la préparation des séances mais ne comprennent pas les réunions elles-mêmes.

Les membres titulaires élus pour la première fois peuvent recevoir une formation économique d'une durée de cinq jours : le temps consacré à la formation est pris sur le temps de travail et payé comme tel par l'employeur, il n'est donc pas déduit du crédit d'heures.

De manière générale, les membres du comité d'entreprise sont tenus au secret professionnel (pour les questions relatives aux secrets de fabrication notamment) ainsi qu'à une obligation de discrétion à l'égard des informations présentant un caractère confidentiel et présentées comme telles par l'employeur. À défaut de respecter ces obligations, les membres du comité ne peuvent être sanctionnés pénalement, mais l'employeur peut exiger des dommages-intérêts ou appliquer une sanction professionnelle.

4) Les réunions

243. Les réunions du comité d'entreprise sont mensuelles dans les entreprises occupant au moins 150 salariés, tous les deux mois dans les autres ; le comité central d'entreprise se réunit une fois par semestre et le comité de groupe une fois par an. Les réunions sont à l'initiative de l'employeur et il est tenu de convoquer tous les membres, titulaires et suppléants, sous peine de délit d'entrave.

a) La rémunération des réunions et des déplacements pour se rendre aux réunions

244. Le temps passé aux réunions du comité d'entreprise par les représentants du personnel titulaires ou suppléants et par les représentants syndicaux au comité d'entreprise est payé comme temps de travail et n'est pas déduit du crédit d'heures.

245. Pour les déplacements des membres du comité d'entreprise désireux de se rendre aux réunions, il faut distinguer la rémunération du temps de trajet des frais engendrés par le trajet.

La rémunération du temps nécessaire aux déplacements pour se rendre à une réunion du comité d'entreprise n'est pas envisagée par le législateur ; en pratique, ce temps est rémunéré par l'employeur, quand les déplacements se situent à l'intérieur de l'horaire de travail. Quand il s'agit de déplacements en dehors de l'horaire de travail, l'employeur n'a pas à rémunérer le temps de trajet, sauf disposition conventionnelle ou usage en sens contraire. Toutefois, les juges ont décidé, en ce qui concerne le déplacement à une réunion du comité central d'entreprise, que le temps de trajet devait être rémunéré lorsqu'il dépasse en durée le temps normal de déplacement entre le domicile du salarié et son lieu de travail[73].

Quant aux dépenses nécessaires aux trajets, elles sont en principe à la charge de l'employeur quand les réunions du comité sont à son initiative[74]. Ces frais ne doivent pas être imputés au budget de fonctionnement. Si le règlement intérieur prévoit le remboursement des frais occasionnés par les déplacements de tous les membres du comité, le représentant syndical ne peut en être exclu car il dispose des mêmes prérogatives que les membres du comité.

b) L'établissement du calendrier des réunions et de l'ordre du jour

246. Le calendrier des réunions et l'ordre du jour doivent être fixés par le président en accord avec le secrétaire, personnage élu par les membres du comité (en cas de partage de voix, le président n'a aucune voix prépondérante). Il faut noter que le comité peut aussi élire un bureau (trésorier, secrétaire et président) et qu'il doit élaborer son règlement intérieur (art. L. 2325-2 du Code du travail) qui a pour but de fixer les modalités pratiques de son fonctionnement (règles de vote, etc.).

247. En cas de litige sur l'ordre du jour, le président ou le secrétaire peuvent saisir le juge des référés ; la fixation unilatérale de l'ordre du jour par le chef d'entreprise est constitutive du délit d'entrave. Aucune partie ne peut fixer unilatéralement l'ordre du jour ni imposer à l'autre de le ratifier et de le signer[75]. La communication de l'ordre du jour aux membres du comité d'entreprise doit avoir lieu trois jours à l'avance, cas d'urgence excepté, sinon le délit d'entrave est là aussi constitué[76].

Tous les membres du comité d'entreprise peuvent prendre part aux discussions pour exprimer leur avis, à l'exception des collaborateurs de l'employeur qui ne sont présents qu'aux fins de lui apporter une aide technique qui lui est nécessaire pour assurer son rôle d'information ou de consultation.

---

73. Cass. soc. 30 septembre 1997, Dr. soc. 1997, p. 1109.

74. Cass. soc. 28 mai 1996, Dr. soc. 1996, p. 744.

75. Cass. crim. 4 novembre 1997, Guerrier, Liaisons sociales, n° 7882, du 22 juin 1998.

76. Ph. Antonmattéi, « Brefs propos sur la fixation de l'ordre du jour des réunions du comité d'entreprise », RJS 11/97, p. 738, Cass. soc. 8 juillet 1997, SA Plasco, Dr. soc. nov. 1997, p. 982, fixation unilatérale de l'ordre du jour par l'employeur, délibération non valable.

c) Le vote

248. Le vote proprement dit est réservé au président et aux membres élus titulaires uniquement.

La plus grande partie du contentieux concerne la participation du chef d'entreprise au vote, dans la mesure où le législateur l'a exclue lorsque le chef d'entreprise consulte les membres du comité d'entreprise *« en tant que délégation du personnel »* (art. L. 2325-18 du Code du travail).

Le chef d'entreprise ne peut donc voter que lors des réunions plénières du comité et non lorsque les débats concernent uniquement les représentants du personnel et que le comité est consulté aux fins de donner un avis ou lorsqu'il a un pouvoir de décision propre. Il en est ainsi notamment en cas de consultation sur un licenciement économique ou sur le licenciement d'un salarié protégé. Si le chef d'entreprise prend part au vote, la délibération est nulle[77]. En revanche, le chef d'entreprise peut participer au vote s'il s'agit de déterminer les règles de fonctionnement interne du comité[78], comme pour la désignation du secrétaire, même si le domaine est sujet à controverses[79], ou encore pour la désignation du trésorier.

En ce qui concerne la gestion des activités sociales et culturelles, la chambre criminelle de la Cour de cassation accorde le droit de vote au chef d'entreprise[80] alors que la chambre sociale le lui refuse[81]. La position de la chambre criminelle paraît laxiste, car le législateur a toujours entendu confier la gestion des œuvres sociales et culturelles aux salariés et non au dirigeant, dans la mesure où ces attributions dévolues au comité ont pour but le mieux-être desdits salariés.

249. Les votes ont lieu à la majorité des membres présents (art. L. 2325-18 du Code du travail), le président n'ayant aucune voix prépondérante ; le chef d'entreprise commet un abus d'autorité s'il s'attribue d'office une voix prépondérante. La majorité des présents doit être calculée en tenant compte de l'ensemble des votes, y compris les votes blancs ou nuls et les abstentions. En cas de partage de voix, c'est généralement le règlement intérieur ou un accord conventionnel qui prévoit la règle applicable. Le secret du vote n'est prévu par la loi que lorsqu'il s'agit pour le comité de se prononcer sur le projet de licenciement d'un salarié protégé ou du médecin du travail ; la participation au vote du chef d'entreprise est alors exclue.

d) Les résolutions

250. Les résolutions adoptées par le comité d'entreprise sont consignées dans des procès-verbaux de séances établis par le secrétaire. Ce dernier doit communiquer le document au chef d'entreprise et aux membres du comité. Le chef d'entreprise doit faire connaître à la réunion suivante sa décision motivée sur les propositions

77. Cass. soc. 22 novembre 1988, Dr. soc. 1989, p. 211.
78. Cass. soc. 10 juillet 1991, Bull. V, n° 355.
79. Cass. soc. 10 juillet 1991, Dr. soc. 1991, p. 741.
80. Cass. crim. 4 novembre 1988, Dr. soc. 1989, p. 212.
81. Cass. soc. 25 janvier 1995, Dr. soc. 1995, p. 263.

qui lui ont été soumises et les déclarations sont aussi consignées dans le procès-verbal.

L'article L. 2325-21 du Code du travail prévoit que le procès-verbal peut être affiché ou diffusé au bénéfice des salariés de l'entreprise suivant les modalités prévues au règlement intérieur du comité. Il peut aussi être transmis à l'administration du travail.

Aux fins d'exercer sa mission qui a pour objet d'assurer l'expression collective des salariés, le comité d'entreprise dispose de nombreux moyens.

B. Les moyens du comité d'entreprise

251. Les moyens dont dispose le comité d'entreprise sont de deux sortes : des moyens matériels et financiers, mais aussi des moyens en personnel.

1) Les moyens matériels et financiers

252. Si les moyens en matériel sont loin d'être négligeables, les moyens financiers permettent au comité d'entreprise de réellement fonctionner[82].

a) Les moyens en matériel

253. Les moyens matériels proprement dit doivent être mis à la disposition du comité par le chef d'entreprise.

Il s'agit en premier lieu d'un local aménagé et en second lieu du matériel nécessaire à l'exercice de ses fonctions (art. L. 2325-12 du Code du travail).

Le local sert aux réunions internes du comité d'entreprise, à sa gestion quotidienne. Il peut être commun aux délégués du personnel mais en aucun cas à celui de la section syndicale. Le comité peut utiliser librement le local mais il ne peut l'affecter, même temporairement, à des activités qui n'entrent pas dans ses attributions.

Le comité peut organiser dans le local, en dehors des heures du travail, des réunions d'informations internes au personnel portant notamment sur des questions d'actualité. Ces réunions peuvent concerner l'environnement économique et social de l'entreprise, les aides des collectivités publiques, l'information et la consultation du personnel sur des projets en cours d'examen au comité. Elles doivent s'inscrire dans le cadre des attributions économiques et socio-économiques du comité d'entreprise et correspondre aux missions de ce dernier. À cette occasion, le comité d'entreprise peut inviter des personnalités extérieures, syndicales ou autres (art. L. 2325-13 du Code du travail) pour des réunions d'information portant sur des débats d'actualité. Les conditions posées pour la venue de ces personnalités sont identiques à celles existant pour la section syndicale (art. L. 2142-10 du Code du travail).

Quant au matériel, il est à la charge de l'employeur : chaises, téléphone, matériel de dactylographie et de reprographie moderne, etc. En revanche, les

---

82. M. Cohen, « Ressources des comités d'entreprise : les retombées de l'arrêt Bar Laforge », Dr. soc. 1996, p. 690.

frais courants de fonctionnement comme la documentation, les frais de téléphone ou d'abonnement doivent être pris en charge par le comité sur son budget de fonctionnement.

b) Les moyens financiers

254. Le comité d'entreprise dispose de deux budgets :

– le budget destiné au financement des activités sociales et culturelles dont le versement dépend de ce que donnait l'employeur en matière d'œuvres sociales avant la création du comité d'entreprise (*infra*, n° 270) ;

– le budget de fonctionnement destiné à assurer les moyens de fonctionnement administratif du comité (personnel, frais de déplacement, abonnement, frais téléphoniques, papeterie, etc.). L'objet de ce budget est de permettre au comité de gérer ses activités de fonctionnement avec des ressources totalement distinctes de celles qui sont destinées aux activités sociales et culturelles. Il existe donc bien deux budgets, et le budget de fonctionnement ne doit pas empiéter sur le budget social et vice versa.

255. Le montant légal annuel (montant minimal) du budget de fonctionnement est fixé à 0,2 % de la masse salariale de l'année en cours. L'employeur ne peut s'en exonérer que s'il fait déjà bénéficier le comité d'entreprise d'une somme ou de moyens en personnel équivalents à 0,2 % de la masse salariale brute (art. L. 2325-43 du Code du travail).

Le calcul de la masse salariale brute s'effectue sur la base de la rémunération proprement dite du personnel, primes comprises, à l'exclusion de toutes les charges sociales patronales et des remboursements de frais ; la masse salariale brute doit inclure les indemnités de congés payés. Pour les entreprises comportant des établissements distincts, la subvention est fonction de la masse salariale brute calculée au niveau de l'entreprise, puis elle est répartie entre les différents comités d'établissement et le comité central d'entreprise par accord unanime entre les instances. Cela implique donc que ni le comité central d'entreprise, ni le comité de groupe n'ont de subvention distincte ; leurs dépenses doivent être couvertes par les comités d'établissement.

La subvention de fonctionnement peut être fixée en plusieurs fois si cela n'empêche pas le bon fonctionnement du comité d'entreprise.

256. Le budget de fonctionnement est libre mais la loi impose son affectation dans deux cas : pour les frais d'expertise propres du comité (art. L. 2325-41 du Code du travail) ainsi que pour le financement de la formation économique des membres du comité (art. L. 2325-44 du Code du travail), même si le temps passé en formation est payé comme temps de travail pour les salariés concernés.

257. Toutes les dépenses du comité d'entreprise ne sont pas payées sur le budget de fonctionnement. La loi prévoit quelques cas de frais occasionnés par le fonctionnement du comité d'entreprise et qui sont à la charge de l'employeur, comme la rémunération de l'expert-comptable ou de l'expert en nouvelles technologies (mais les experts que le comité d'entreprise convoque pour la préparation de ses travaux sont rémunérés sur le budget de fonctionnement, *infra*,

n° 294). De même en est-il selon la jurisprudence des frais de déplacement aux réunions du comité d'entreprise lorsqu'elles sont sur l'initiative de l'employeur.

2) Les moyens en personnel

258. Le comité d'entreprise peut embaucher son propre personnel mais il peut aussi faire appel à des personnalités extérieures promptes à l'aider dans l'exercice de sa mission.

a) Le personnel propre du comité

259. Le comité d'entreprise peut embaucher son propre personnel pour assurer son fonctionnement administratif et la gestion de ses œuvres sociales. Mais une partie du personnel utilisé par le comité pour son fonctionnement peut être mis à disposition du comité d'entreprise par l'entreprise et rémunéré par elle, par exemple une sténodactylo pour la frappe des procès-verbaux si le secrétaire du comité ne le fait pas lui-même.

b) Le recours aux experts

260. Pour l'exercice de leurs attributions économiques, les comités d'entreprise peuvent se faire assister par trois types d'experts : l'expert-comptable, l'expert en nouvelles technologies (nouvellement nommé « expert technique ») et les experts libres auxquels recourt le comité.

Ces experts peuvent être présents aux réunions du comité consacrées aux questions relevant de leurs missions. Les deux premiers sont rémunérés par l'employeur quand leur présence est conforme aux prescriptions légales, les troisièmes sont payés sur le budget de fonctionnement du comité d'entreprise.

Leurs attributions sont étroitement liées aux activités économiques du comité d'entreprise (*infra*, n°s 242 et s.).

C. Les attributions du comité d'entreprise

261. L'objet du comité d'entreprise étant d'assurer une expression collective des salariés, le législateur a prévu deux attributions principales au comité : des attributions dans le domaine social et des attributions dans le domaine économique.

1) Les attributions sociales et culturelles du comité d'entreprise

262. Selon l'article L. 2323-83 du Code du travail, « *le comité d'entreprise assure ou contrôle la gestion de toutes les activités sociales et culturelles établies dans l'entreprise au bénéfice des salariés ou de leurs familles ou participe à cette gestion, quel qu'en soit le mode de financement, dans les conditions fixées par décret en Conseil d'État* ».

Ces attributions sociales dévolues au comité d'entreprise sont un héritage des œuvres sociales qui étaient gérées avant 1945 par l'employeur ; elles n'entrent donc plus dans son pouvoir unilatéral de gestion de l'entreprise.

La loi s'efforce de donner une liste énumérative et non limitative de ce qui peut entrer dans la notion d'activité sociale et culturelle (art. R. 2323-20 du Code du travail). Il s'agit notamment :

– des institutions sociales de prévoyance et d'entraide (en matière de retraite ou encore dans le domaine des sociétés de secours mutuel) ;

– des activités qui tendent à l'amélioration des conditions de bien-être des travailleurs et de leur famille (cantine, crèches, colonies de vacances, etc.) ;

– des institutions d'ordre professionnel ou éducatif attachées à l'entreprise (centres d'apprentissage ou de formation professionnelle, bibliothèques, cours d'enseignement, etc.) ;

– des services sociaux de l'entreprise ;

– du service médical institué dans l'entreprise ;

– des activités sociales et culturelles ayant pour objet l'organisation des loisirs et des sports.

Toutefois, il n'est donné aucune définition légale des activités sociales et culturelles. La jurisprudence a progressivement élaboré des critères permettant de déterminer si telle ou telle activité entre dans la notion litigieuse. L'enjeu financier est important car de la définition des œuvres sociales et culturelles dépend en partie le financement de ces dernières.

a) Les critères des activités sociales et culturelles

263. *« Doit être considérée comme une œuvre sociale toute activité non obligatoire légalement, quels que soient sa dénomination, la date de sa création et son mode de financement, exercée principalement au bénéfice du personnel de l'entreprise, sans discrimination, en vue d'améliorer les conditions collectives d'emploi, de travail et de vie du personnel au sein de l'entreprise. »* Cette définition jurisprudentielle des œuvres sociales[83] vaut bien entendu pour les activités sociales et culturelles (nouveau terme légal depuis 1982) et permet de dégager les principaux critères de la notion : l'activité est facultative et elle a pour finalité de bénéficier à tout le personnel de l'entreprise pour améliorer ses conditions de travail.

1. Le caractère facultatif de l'œuvre sociale

264. Tout d'abord, l'activité sociale doit être facultative. Il ne peut s'agir d'une obligation à la charge de l'employeur : échappent ainsi aux activités sociales les régimes complémentaires de retraite et de prévoyance qui relèvent de la négociation collective. Cela veut dire que l'employeur ne peut se décharger de ses obligations légales sur les activités sociales et culturelles du comité. Pourtant, le service médical obligatoire fait partie des œuvres sociales citées par l'article R. 2323-20 du Code du travail ; on peut dès lors s'interroger sur sa gestion : relève-t-elle de l'employeur ou du comité ?

2. La finalité de l'œuvre sociale

265. Ensuite, l'activité sociale doit avoir pour finalité l'amélioration des conditions de vie et de travail des salariés et des membres de leur famille.

83. Cass. soc. 13 novembre 1975, Bull. V., n° 533.

Les activités sociales peuvent revêtir différentes formes : elles peuvent consister en un service (service médical), une prestation (consultation d'un service juridique), un avantage en nature (cadeaux de Noël aux enfants) ou en espèces (aide financière).

Le critère de finalité exclut les activités syndicales ou politiques du comité d'entreprise. Mais la loi prévoit que le comité d'entreprise peut organiser dans son local des réunions d'information portant sur des problèmes d'actualité. La frontière entre le licite et l'illicite est alors ténue : le comité peut certes tenir ces réunions à la condition qu'elles se rapportent à de l'information objective, même de l'information politique, mais elles ne peuvent se transformer en réunions de propagande politique. Quoi qu'il en soit, le comité ne peut soutenir un syndicat dans une action en justice liée à une activité syndicale.

266. La question s'est posée de savoir si un don exceptionnel accordé par le comité d'entreprise à des salariés licenciés pour motif économique entre ou non dans le champ d'application des œuvres sociales et culturelles du comité d'entreprise[84]. Il s'agissait en l'espèce de salariés qui intentaient une action en justice contre leur employeur au motif que ce dernier n'avait pas respecté ses engagements pris dans le cadre d'un plan de sauvegarde de l'emploi. À l'occasion de ce contentieux, les salariés obtiennent une aide financière exceptionnelle du comité d'établissement. La cour d'appel refuse de faire entrer cette aide dans le cadre des activités sociales et culturelles du comité car le don est contraire au principe de finalité : il n'a pas directement et nécessairement pour objet d'améliorer les conditions de vie et de travail des salariés. À l'inverse, la chambre sociale adopte une conception large de l'utilisation régulière des fonds destinés aux activités sociales et culturelles du comité : « *L'aide exceptionnelle accordée à d'anciens salariés licenciés dans le cadre d'un licenciement collectif pour motif économique, à l'effet d'agir en justice pour le respect des engagements pris par l'employeur dans le plan de sauvegarde de l'emploi, dont le comité d'entreprise avait examiné les dispositions, relève des activités sociales au sens des articles L. 2323-83 et R. 2323-20 du Code du travail.* »

Il convient pour finir de distinguer les aides financières du comité d'entreprise en cas de licenciement collectif et les secours de grève versés aux salariés grévistes. Dans le cas de l'arrêt Alsthom précité, l'aide exceptionnelle s'apparentait à un secours de grève même si ce dernier doit remplir certains critères posés par la jurisprudence[85] et qui ne semblent pas totalement remplis en l'espèce : les secours doivent être attribués aux salariés nécessiteux pris individuellement, et aucune distinction ne doit être faite entre salariés grévistes et non grévistes. L'état de nécessité n'est pas vraiment démontré, si ce n'est à considérer que chaque salarié licencié pour motif économique est un salarié nécessiteux. Par ailleurs, l'aide est versée aux salariés qui intentent une action en justice dans le cadre du non-respect du plan de sauvegarde de l'emploi, ce

84. Cass. soc. 26 janvier 1999, Liaisons sociales, Jurisprudence hebdo, n° 617, du 8 février 1999.
85. Cass. soc. 8 juin 1977, Bull. V, n° 380.

qui ne couvre pas la totalité du contentieux des licenciements économiques collectifs.

3. Le principe de non-discrimination dans l'allocation de l'œuvre sociale

267. L'activité sociale et culturelle doit bénéficier à tous les salariés concernés sans discrimination. Les salariés sont entendus dans un sens large puisqu'il s'agit aussi des membres de leur famille, des anciens salariés (retraités ou licenciés pour motif économique[86]), des travailleurs temporaires de l'entreprise utilisatrice dans le cas de l'intérim, etc. Il se peut que le bénéfice de l'activité concerne une catégorie de salariés et non tous les salariés. C'est pourquoi le principe de non-discrimination permet au comité d'entreprise de moduler le montant d'une aide en tenant compte des ressources de chacun. Il peut même créer des œuvres nouvelles non prévues par les textes comme attribuer des bourses à des salariés bénéficiaires de congés-éducation syndicale dès l'instant où aucune discrimination n'est faite selon l'appartenance syndicale[87].

b) La nature juridique des avantages alloués par le comité d'entreprise

268. La question de l'assujettissement aux cotisations sociales de Sécurité sociale des avantages alloués par le comité est d'importance mais elle n'est pas traitée de manière identique par l'administration et par les juges de la Cour de cassation. Il s'agit en théorie de savoir si les avantages alloués relèvent bien des activités sociales, auquel cas elles échappent aux cotisations, ou bien si elles sont versées « pour le compte de l'employeur » et s'apparentent réellement à des rémunérations.

L'administration, sous la pression des partenaires sociaux, a tendance à exclure de l'assiette des cotisations sociales les prestations en nature ou en espèces servies par le comité d'entreprise lorsque ces sommes se rattachent directement aux activités sociales et culturelles dont il a la gestion, à condition que ces prestations n'aient pas en réalité la nature d'un complément de salaire et en l'absence de tout texte exprès en sens contraire.

En revanche, la Cour de cassation a commencé par inclure dans l'assiette des cotisations les sommes versées par les comités pour le compte de l'employeur[88], puis elle a étendu cette inclusion à tous les avantages en espèces, parfois en nature, attribués selon des normes générales : tels sont les cas des primes attachées à des événements généraux comme la naissance, le mariage, ou encore des bons d'achat pour Noël[89] ou la participation aux frais de vacances. Seuls demeu-

86. Arrêt Alsthom précité.
87. Cass. soc. 4 janvier 1962, Dr. soc. 1962, p. 164.
88. As. pl. 28 janvier 1972, Dr. soc. 1972, p. 582, Cass. soc. 6 et 13 mai 1993, RJS 5/93, n° 652.
89. Cass. soc. 27 juin 1996, Juris. soc. 1996, p. 347.

rent exclus de l'assiette et donc non soumis à cotisations les avantages présentant le caractère de secours liés à des situations individuelles particulièrement dignes d'intérêt[90].

En définitive, le problème principal est que l'employeur est débiteur envers l'URSSAF des cotisations assises sur les avantages du comité d'entreprise. Il peut toutefois se retourner contre ce dernier et lui en demander remboursement, ce qui incite le comité à utiliser sa dotation en interventions à caractère réellement social ; l'initiative du comité ne peut avoir pour conséquence d'augmenter la contribution patronale destinée à couvrir les activités sociales.

c) La gestion des activités sociales et culturelles

269. Le comité d'entreprise assure ou contrôle lui-même la gestion de ses activités sociales et culturelles ; le chef d'entreprise ne peut se substituer à lui sous peine d'entrave, il peut seulement intenter une action judiciaire tendant à imposer au comité l'exercice des missions qui lui sont confiées.

Toutefois, la gestion du comité d'entreprise varie en fonction des activités et de leur nature : sa gestion peut être directe dans certains cas, dans d'autres il se contente de participer à la gestion ou d'en contrôler la mise en œuvre.

Le comité gère directement les activités sociales de toute nature qui n'ont pas la personnalité civile, c'est-à-dire celles qui tendent à améliorer les conditions de vie du personnel (les crèches, colonies, cantines, etc.). Dans ces domaines, il peut donc engager sa responsabilité civile à l'égard des bénéficiaires.

En ce qui concerne les activités qui ont la personnalité civile (un club sportif par exemple), le comité ne peut que participer à leur gestion en désignant dans leurs conseils d'administration ou organes de direction au moins la moitié des membres choisis au sein du comité ou parmi les adhérents et bénéficiaires des activités en question.

Le comité d'entreprise contrôle la gestion des œuvres qui fonctionnent à l'aide de cotisations du personnel comme les sociétés mutualistes, ou encore les centres d'apprentissage ou de formation professionnelle. Le comité se fait alors représenter par des délégués auprès des conseils d'administration et peut exercer un droit de regard sur la gestion de l'œuvre sociale. Il en va de même pour la gestion des services sociaux comme le service médical du travail qui vise à assurer la protection médicale des travailleurs et pour lequel un comité interentreprises peut être créé, ou le service social du travail dont la mission est de veiller au bien-être des salariés et de leur famille (crèches, colonies, etc.).

d) Le financement des activités sociales et culturelles

270. Le financement des activités sociales et culturelles du comité est assuré par une contribution patronale (le second budget du comité d'entreprise avec le budget de fonctionnement, *supra*, n° 254).

Le principe est simple : l'employeur n'y est tenu par la loi qu'à partir du moment où il contribuait au financement des œuvres sociales dans l'entreprise

90. Cass. soc. 17 avril 1996, RJS 6/96, p. 717.

avant la création du comité d'entreprise (contribution légale patronale). Les entreprises où aucune activité sociale n'existait avant la création du comité d'entreprise (comme les sociétés nouvellement créées) ne sont pas tenues de par la loi de contribuer au financement des activités sociales[91]. La loi est donc assez inégalitaire en ce qui concerne le budget des activités sociales.

Dans les autres cas de figure, la contribution patronale peut être conventionnelle ou encore résulter d'un usage ou d'un engagement unilatéral.

271. Le comité d'entreprise est libre d'utiliser les fonds qu'il reçoit. Leur versement peut être annuel ou fractionné.

Dans les entreprises à établissements distincts, le montant de la contribution doit être déterminé globalement au niveau de l'entreprise et non pas au niveau des établissements. Chaque comité d'établissement reçoit ensuite sa propre subvention. La répartition se fait par accord entre les différents comités, le comité central d'entreprise n'ayant pas de pouvoir pour effectuer cette répartition.

2) Les attributions économiques du comité d'entreprise

272. Aux termes de l'article L. 2323-1 *al.* 1er du Code du travail, *« le comité d'entreprise a pour objet d'assurer une expression collective des salariés, permettant la prise en compte permanente de leurs intérêts dans les décisions relatives à la gestion et à l'évolution économique et financière de l'entreprise, à l'organisation du travail, à la formation professionnelle et aux techniques de production »*. Le comité d'entreprise doit pouvoir formuler à son initiative et examiner à la demande du chef d'entreprise toute proposition de nature à améliorer les conditions de travail dans l'entreprise (*al.* 2).

a) Les manifestions des attributions économiques

273. Pour assurer correctement sa mission, le comité d'entreprise est doté de différents instruments juridiques qui doivent lui permettre d'avoir une connaissance pleine et entière de la situation économique et sociale de l'entreprise. Il ne s'agit cependant pas à proprement parler de « cogestion » à l'allemande, car les décisions économiques sont prises uniquement par la direction générale de l'entreprise.

Dès lors, quel est le rôle du comité d'entreprise dans ce processus décisionnel ?

Dans l'ordre de ses attributions économiques, le comité d'entreprise a avant tout un rôle consultatif lorsqu'il est question de l'organisation, de la gestion et de la marche générale de l'entreprise, des conditions de travail (art. L. 2323-6, art. L. 2323-27 du Code du travail). Il ne lui est pas possible de négocier les conventions collectives de travail car cette attribution est celle des délégués syndicaux (à l'exception des accords de participation et d'intéressement qui

91. Cass. soc. 9 juillet 1997, Dr. soc. 1997, p. 991 : l'article L. 2323-86 ne s'applique pas lorsqu'il est établi que des sommes étaient affectées aux dépenses sociales de l'entreprise avant la création des comités d'entreprise.

peuvent être négociés notamment au sein du comité). Toutefois, le développement d'accords dits « atypiques », c'est-à-dire négociés entre l'employeur et le comité d'entreprise ou les délégués du personnel, permet au premier d'avoir un certain pouvoir de négociation même si ces accords n'ont que la valeur d'un engagement unilatéral de l'employeur et en aucun cas la valeur d'un accord collectif au sens du Code du travail.

Notons que même si le comité d'entreprise ne peut dénoncer un accord, l'employeur a l'obligation non seulement de consulter le comité d'entreprise avant la négociation d'un accord d'entreprise depuis un arrêt EDF-GDF de 1998[92], mais il doit désormais dix ans après consulter le comité d'entreprise avant de dénoncer un accord d'entreprise[93] : *« le comité d'entreprise doit être consulté sur la dénonciation par le chef d'entreprise d'un accord d'entreprise qui intéresse l'organisation, la gestion ou la marche de l'entreprise »*. La consultation du comité d'entreprise est essentielle car sans elle la dénonciation est sans effet et les accords demeurent alors en vigueur, ce qui était d'importance dans l'affaire car l'accord en question concernait la dénonciation des 35 heures.

Le comité d'entreprise a aussi le droit d'être informé à l'aide de certains documents qui vont parfois nécessiter l'intervention de personnes extérieures aux fins de compréhension de ces documents (les experts). Parfois, mais c'est beaucoup plus rare, le chef d'entreprise a besoin de son avis conforme. Enfin, des réformes relativement récentes permettent au comité d'entreprise d'avoir un rôle actif en participant directement aux instances dirigeantes des sociétés ou encore en alertant certaines institutions lorsqu'il a connaissance des difficultés économiques de l'entreprise.

1. Le comité d'entreprise est informé

274. Le comité d'entreprise est informé sur des dispositions générales ainsi que sur des dispositions comptables et sociales. L'information du comité est plus directe quand il participe au conseil d'administration ou de surveillance d'une société.

➢ *Les informations générales délivrées au comité d'entreprise (art. L. 2323-6 du Code du travail)*

275. Le comité d'entreprise a le droit d'être informé dans trois cas de figure :

• Les informations après l'élection du comité d'entreprise

Un mois après chaque élection du comité d'entreprise, le chef d'entreprise doit lui communiquer une documentation économique et financière portant notamment sur trois points :

– la forme juridique de l'entreprise et son organisation ;

– les perspectives économiques de l'entreprise telles qu'elles peuvent être envisagées ;

92. Cass. soc. 5 mai 1998, nº 96-13.498, Bull. nº 219.

93. Cass. soc. 5 mars 2008, nº 07-40.273.

– si l'entreprise appartient à un groupe, sa position au sein de ce dernier.

En outre, dans les sociétés par actions, des renseignements sur la répartition du capital entre les actionnaires détenant plus de 10 % de ce capital, ainsi que la position de l'entreprise dans la branche d'activité à laquelle elle appartient, doivent également être transmis.

• L'information trimestrielle ou semestrielle

Au cours de chaque trimestre, le chef d'entreprise doit communiquer au comité des informations sur l'évolution générale des commandes et de la situation financière ainsi que sur l'exécution des programmes de production.

Il doit en outre, trimestriellement dans les entreprises occupant au moins 300 salariés et chaque semestre dans les autres, informer les élus au comité d'entreprise des mesures envisagées en ce qui concerne l'amélioration, le renouvellement ou la transformation de l'équipement ou des méthodes de production et d'exploitation et de leurs incidences sur les conditions de travail et d'emploi.

Par ailleurs, le chef d'entreprise doit fournir périodiquement et en fonction du nombre de salariés occupés des éléments sur la situation de l'emploi dans l'entreprise. La situation de l'emploi doit faire apparaître différents paramètres comme, mois par mois, l'évolution des effectifs et de la qualification des salariés par sexe, avec notamment :

– le nombre de salariés sous contrat de travail à durée déterminée ;

– le nombre de salariés sous contrat de travail temporaire ;

– le nombre de salariés sous contrat de travail à temps partiel ;

– le nombre de salariés appartenant à une entreprise extérieure (salariés détachés ou mis à disposition) ;

– le nombre de salariés sous contrat d'insertion en alternance.

Le chef d'entreprise ne peut se contenter de donner des listes de noms et de contrats. Il doit indiquer les motifs qui l'ont amené à recourir aux différentes situations.

• L'information annuelle

Cette information prend la forme de différents rapports que le chef d'entreprise (entreprises occupant au moins 300 salariés) est tenu de communiquer annuellement au comité : un rapport d'ensemble sur l'activité de l'entreprise, le chiffre d'affaires, les bénéfices et les pertes, les perspectives économiques pour l'année à venir, etc. ; un rapport sur la situation respective des femmes et des hommes et les mesures prises en matière d'égalité professionnelle (art. L. 2323-57 du Code du travail). Ce rapport n'est pas dénué de tout intérêt car il doit être soumis pour avis au comité, puis est transmis à l'inspection du travail et enfin est tenu à la disposition de tout salarié. Chaque année, le comité est informé (et consulté) sur l'évolution de l'emploi et des qualifications dans l'entreprise au cours de l'année passée et sur les prévisions annuelles ou pluriannuelles, notamment en matière de formation et de prévention.

276. Afin de simplifier ces différentes informations et les réunions des représentants, dans les entreprises occupant moins de 300 salariés, la loi quinquennale du 20 décembre 1993 a prévu la possibilité pour le chef d'entreprise de faire un *« rapport annuel simplifié »* portant sur cinq thèmes : la situation financière de l'entreprise, le travail à temps partiel, l'évolution de l'emploi, des qualifications, de la formation et des salaires, la situation comparée des femmes et des hommes, les travailleurs handicapés. Cette réforme ne doit en aucun cas amoindrir le droit pour le comité d'être informé sur la situation de l'entreprise.

➢ *Les informations comptables et sociales*

277. Si les informations comptables sont classiques, l'information sociale est regroupée dans un document dénommé « bilan social ».

• Les informations comptables (art. L. 2323-8 du Code du travail)

278. Les informations comptables sont de trois sortes :

Suivant le Code du travail, le comité doit recevoir des informations comptables dans les entreprises qui ne revêtent pas la forme de sociétés commerciales.

Dans les sociétés commerciales, le comité d'entreprise est informé sur les documents comptables avant leur présentation aux assemblées d'actionnaires ou d'associés ; le comité peut émettre des observations qui seront aussi transmises aux assemblées. Ces documents sont : l'inventaire, le bilan et les comptes de résultats. À cette occasion, le comité peut convoquer le commissaire aux comptes et éventuellement exercer son droit d'alerte (voir *infra*).

Dans les sociétés par actions, les membres du comité ont droit aux mêmes informations que les actionnaires (dont notamment un exposé de la situation de la société, etc.).

• Le bilan social (art. L. 2323-68 du Code du travail)

279. Dans les entreprises occupant au moins 300 salariés, le chef d'entreprise soumet au comité un bilan social, document chiffré qui permet d'apprécier la situation de l'entreprise dans le domaine social (emploi, rémunérations, formation, etc.). Le bilan social est l'un des outils qui permettent de relier les obligations au titre de la législation sociale et les techniques de gestion des ressources humaines. La difficulté réside toutefois dans la véracité de ses termes qui émanent exclusivement de la direction sans réel contrôle d'une instance extérieure.

Le comité peut émettre un avis sur le projet de bilan ; ce dernier doit aussi être soumis aux délégués syndicaux et communiqué à l'inspection du travail.

➢ *La représentation du comité d'entreprise au conseil d'administration ou de surveillance*

280. Selon l'article L. 2323-62 du Code du travail, *« dans les sociétés, deux membres du comité d'entreprise, délégués par le comité et appartenant l'un à la catégorie des cadres techniciens et agents de maîtrise, l'autre à la catégorie des employés et ouvriers, assistent avec*

voix consultative à toutes les séances du conseil d'information ou du conseil de surveillance ». Les membres du comité ont ainsi le droit d'être convoqués pour assister aux séances, ils ont le droit de recevoir les mêmes documents que les actionnaires, mais ils n'ont qu'une voix consultative, ce qui les exclut du vote.

Notons pour finir que, dans les entreprises ou groupes d'entreprises de dimension communautaire, le comité d'entreprise européen doit également être informé de la situation économique et sociale dans le groupe.

2. Le comité est consulté

281. Le comité d'entreprise est obligatoirement consulté dans certains domaines.

➢ *La portée de l'obligation de consultation*

282. La consultation du comité implique que ce dernier puisse émettre un avis consultatif. Pour cela, il faut qu'il soit informé préalablement à la consultation.

Le Code du travail prévoit de manière générale que la décision du chef d'entreprise doit être précédée par la consultation du comité d'entreprise. Pour lui permettre de formuler un avis motivé, le comité d'entreprise doit disposer « d'informations précises et écrites transmises par le chef d'entreprise, d'un délai d'examen suffisant et de la réponse motivée du chef d'entreprise à ses propres observations ».

Ainsi, même en l'absence de précision ponctuelle dans les différents textes de lois qui traitent des attributions économiques du comité, il faut considérer que le comité doit toujours être informé avant d'être consulté et qu'un délai suffisant doit séparer les deux procédures. Les délais sont parfois prévus par la loi (en cas de d'introduction de nouvelles technologies, un mois avant la réunion du comité d'entreprise, en cas de bilan social, quinze jours au moins avant la réunion, etc.). Si ce n'est pas le cas, le juge devra apprécier au regard de la mesure entreprise si le comité a disposé d'un délai suffisant notamment pour faire appel à un expert qui puisse l'aider à analyser les documents que l'employeur lui aura remis aux fins de la consultation.

283. Logiquement, la consultation du comité d'entreprise doit lui permettre d'émettre un avis qui implique un vote au sein de ce dernier. Cette analyse résulte notamment de l'article L. 2325-18 du Code du travail, qui précise que lorsque l'employeur (président du comité) consulte les membres élus du comité en tant que délégation du personnel *« il ne participe pas au vote »*.

L'avis du comité d'entreprise ne lie pas l'employeur, qui peut ou non en tenir compte. Toutefois, cet avis prend de l'importance lorsque la loi prévoit qu'il est transmis à l'administration du travail (en cas de projet de compression d'effectifs par exemple). L'avis conforme (l'employeur ne pouvant passer outre) du comité d'entreprise est même requis dans certaines hypothèses, comme en matière d'horaires individualisés.

➢ *Les domaines de la consultation*

284. Les domaines de la consultation sont multiples et démontrent l'importance du rôle joué par le comité dans les décisions intéressant l'entreprise.

• Consultation relative à la marche générale de l'entreprise

285. Selon l'article L. 2323-6 du Code du travail, dans l'ordre économique, « *le comité d'entreprise est obligatoirement informé et consulté sur les questions intéressant l'organisation, la gestion et la marche générale de l'entreprise* ».

Au titre de cet article, il s'agit de consultations relatives à l'organisation interne de l'entreprise (par exemple en cas de restructuration interne), à des projets de compression des effectifs (le comité d'entreprise doit émettre un avis transmis à l'autorité administrative compétente), en cas de fusion ou de cession, avant toute déclaration de cessation de paiements et lorsque l'entreprise fait l'objet d'une procédure de redressement judiciaire ou de liquidation judiciaire, enfin relatives à la politique de recherche et de développement technologique de l'entreprise. L'article L. 2323-6 est également utilisé en cas de consultation du comité lors de grands licenciements économiques (*infra*, n°s 746 et s.).

Depuis peu, entre également dans cette obligation de consultation le domaine de la dénonciation des accords collectifs. Car même si le comité d'entreprise ne peut dénoncer un accord, l'employeur a l'obligation non seulement de consulter le comité d'entreprise avant la négociation d'un accord d'entreprise depuis un arrêt EDF-GDF de 1998[94], mais il doit désormais, dix ans après, consulter le comité d'entreprise avant de dénoncer un accord d'entreprise[95] : « *Le comité d'entreprise doit être consulté sur la dénonciation par le chef d'entreprise d'un accord d'entreprise qui intéresse l'organisation, la gestion ou la marche de l'entreprise.* » La consultation du comité d'entreprise est essentielle car sans elle la dénonciation est sans effet et les accords demeurent alors en vigueur, ce qui était d'importance dans l'affaire car l'accord en question concernait la dénonciation des 35 heures.

• Consultation sur l'évolution de l'emploi

286. Le comité d'entreprise est aussi informé et consulté sur l'évolution de l'emploi et des qualifications de l'entreprise au cours de l'année passée ainsi que sur les prévisions relatives à la prévention et à l'emploi (art. L. 2323-27 et s. du Code du travail). Il s'agit d'un domaine qui relève de la gestion prévisionnelle de l'emploi. Il est informé et consulté sur les problèmes généraux concernant les conditions d'emploi et peut se faire assister dans ce domaine par le CHSCT. Par exemple, tout ce qui concerne la durée et l'aménagement du temps de travail est soumis pour consultation au comité d'entreprise.

• Consultation en cas d'introduction de nouvelles technologies

287. Il en va de même en cas d'introduction de nouvelles technologies dans l'entreprise lorsque ces dernières peuvent avoir des répercussions sur l'emploi et les conditions de travail de manière générale. Le comité d'entreprise peut alors se faire assister par un expert en nouvelles technologies (*infra*, n° 254).

Rappelons que le comité d'entreprise doit être informé des nouvelles méthodes de recrutement.

---

94. Cass. soc. 5 mai 1998, précité.
95. Cass. soc. 5 mars 2008, précité.

De nombreux autres domaines prévus par la loi relèvent de l'obligation de consultation. L'un d'eux a posé des problèmes particuliers en cas de licenciements collectifs.

➢ *La consultation en cas de licenciement collectif*

288. Selon le Code du travail, le comité d'entreprise, qui a pour objet d'assurer une expression collective des salariés, peut formuler à son initiative ou examiner à la demande de l'employeur toute proposition de nature à améliorer les conditions de travail et d'emploi. Pour cela, la décision du chef d'entreprise doit être précédée par la consultation du comité. La loi précise que le comité doit, pour pouvoir émettre un avis motivé, disposer d'*« un délai d'examen suffisant »*.

Par ailleurs, rappelons que, dans l'ordre économique et pour tout ce qui touche à la marche générale de l'entreprise, le comité d'entreprise doit aussi être consulté.

• Une double consultation concomitante

289. Le problème se pose si la mesure relative à l'emploi concerne précisément des licenciements collectifs, c'est-à-dire à la fois les deux thèmes de consultation. En cas de licenciement collectif de plus de dix personnes sur une même période de trente jours, l'employeur doit informer l'autorité administrative et consulter les représentants du personnel. Plus particulièrement, dans les entreprises employant au moins 50 salariés, l'employeur doit établir et mettre en œuvre un plan de sauvegarde de l'emploi qui implique donc la consultation du comité d'entreprise.

En toute logique, le comité d'entreprise doit être consulté deux fois : une fois au titre de l'emploi et de la marche générale de l'entreprise, et une fois au titre de la procédure de licenciement. Comment articuler ces deux consultations et quels délais l'employeur doit-il respecter entre les réunions du comité d'entreprise ? La chambre sociale va se prononcer pour l'autonomie des deux procédures de consultation des anciens livres III et IV mais également pour leur complémentarité (*infra*, n^os^748 et s.).

290. Les juges ont décidé que, dans le cadre d'une entreprise qui envisage de fermer un établissement, ce qui a des conséquences en termes d'emploi, l'employeur a l'obligation d'une double consultation du comité d'entreprise, mais les consultations peuvent être menées de manière concomitante[96].

• Des consultations autonomes

291. Cependant, si les procédures peuvent être menées de manière concomitante, ce n'est pas une obligation : le caractère concomitant n'est pas obligatoire[97]. Ce qui compte, c'est l'autonomie des deux procédures.

96. Pour l'obligation de double consultation, Cass. soc. 16 avril 1996, Siétam, Dr. soc. 1996, p. 484 et pour la concomitance, Cass. soc. 17 juin 1997, Sté des Grands Magasins de l'Ouest, RJS 8-9/97, n° 990, *infra* le licenciement pour motif économique.

97. Cass. soc. 2 mars 1999, Liaisons sociales, jurisprudence n° 625 du 1er avril 1999.

En résumé, les deux procédures doivent être respectées. Un autre problème concerne alors les délais que l'employeur doit respecter puisque les textes ne prévoient pas des délais de consultation du comité identiques.

• Quels délais respecter ?

292. En ce qui concerne les délais, lequel faut-il respecter : celui prévu par la loi pour les licenciements collectifs[98] ou faut-il accorder un délai plus long au comité d'entreprise pour apprécier pleinement la mesure ? Si ces consultations peuvent être menées de manière concomitante, les juges ont toutefois précisé que le délai à respecter est le délai de réflexion *« suffisant »* prévu pour les questions relatives à la marche générale de l'entreprise afin de permettre au comité d'entreprise d'émettre un avis éclairé sur le projet de fermeture lui-même[99].

Les juges ont par la suite précisé que le délai à respecter par l'employeur entre les deux réunions du comité est le *« délai le plus favorable »* aux représentants du personnel[100].

• Quelle sanction en cas de défaut de consultation ou d'irrégularité de la procédure de consultation ?

293. L'irrégularité de la procédure de licenciement ne peut entraîner sa nullité. Seule l'absence d'un plan de sauvegarde de l'emploi ou la nullité de celui-ci entraîne la nullité de la procédure de licenciement. Par conséquent, l'irrégularité de la procédure consultative du comité d'entreprise permet seulement d'obtenir la suspension de la procédure de licenciement si celle-ci n'est pas terminée, ou, à défaut, la réparation du préjudice subi[101].

b) Les aides en personnel pour l'analyse des attributions économiques : les experts

294. Le comité d'entreprise peut faire appel à trois sortes d'experts : l'expert-comptable, l'expert en nouvelles technologies ainsi que des experts dits « libres ».

1. L'expert-comptable

295. Le comité d'entreprise peut se faire assister d'un expert-comptable de son choix, notamment en vue de l'examen des comptes de l'entreprise.

L'article L. 2325-35 du Code du travail dispose que *« le comité d'entreprise peut se faire assister d'un expert-comptable de son choix »*. Le comité a donc toute

---

98. C. trav. art., L. 1233-30 : quatorze jours entre les deux réunions du comité d'entreprise dans les entreprises occupant moins de 50 salariés ; dans les entreprises occupant au moins 50 salariés, le comité d'entreprise tient deux réunions qui doivent être séparées par un délai qui ne peut être inférieur à quatorze jours lorsque le nombre des licenciements est inférieur à 100, à vingt jours entre 100 et 250 licenciements, et à vingt-huit jours lorsque le nombre des licenciements est supérieur à 250.

99. Cass. soc. 16 avril 1996, Sté Siétam, précité.

100. Cass. soc. 17 juin 1997, précité.

101. Cass. soc. 18 novembre 1998, Liaisons sociales, jurisprudence n° 611 du 29 décembre 1998.

liberté en la matière, et ce même si l'expert ne réside pas dans la région où est situé le siège de l'entreprise.

➢ *La mission de l'expert*

296. Depuis 1982, le Code du travail précise que la mission légale de l'expert porte sur *« les éléments d'ordre économique, financier ou social, nécessaires à l'intelligence des comptes et à l'appréciation de la situation de l'entreprise »* (art. L. 2325-36 du Code du travail).

L'expert-comptable n'est pas tenu à l'environnement strict de l'entreprise. Il peut s'interroger sur le sort des autres entreprises de la même branche par exemple. Les tribunaux ont admis, dans un contexte de licenciement économique, que l'expert-comptable puisse prendre connaissance et utiliser des études faites par d'autres cabinets, et a précisé à cette occasion qu'*« il importe de confier à l'expert {...} la recherche de l'environnement sectoriel de l'entreprise, en lui enjoignant de prendre connaissance du résultat des travaux confiés par le ministre de l'Industrie au cabinet X {...} qui a reçu une mission d'étude de l'ensemble de la profession de la faïence, gravement touchée par la crise économique »*[102]. Les missions portant sur les licenciements économiques, auxquelles on peut ajouter l'exercice du droit d'alerte, voire l'examen des documents prévisionnels de gestion, supposent la prise en compte de l'environnement économique de l'entreprise.

➢ *Les hypothèses d'intervention de l'expert*

297. Les comités d'entreprise peuvent avoir recours à l'expert-comptable dans le cadre de certaines attributions énumérées limitativement par la loi (missions légales rémunérées par l'employeur).

Il s'agit en premier lieu de l'examen annuel des comptes (art. L. 2323-8 du Code du travail). Les juges ont considéré que la participation à une réunion préparatoire entrait dans la mission d'assistance de l'expert-comptable[103]. En revanche, lorsque la désignation de l'expert-comptable intervient après l'approbation des comptes, celle-ci doit être considérée comme tardive et la rémunération n'a donc pas à être supportée par l'employeur. La mission de l'expert ne peut plus se dérouler dans le cadre légal mais se situera dans le cadre des missions diligentées par le comité d'entreprise et entièrement supportées par lui.

Notons que, en ce qui concerne l'examen des comptes, un établissement distinct doté d'un comité d'établissement peut se faire assister d'un expert-comptable pour l'examen des comptes annuels de cet établissement[104] car, à l'exception des matières relevant des activités sociales et culturelles, les comités d'établissement ont les mêmes attributions que les comités d'entreprise dans la limite des pouvoirs confiés aux chefs d'établissement. En deuxième lieu, l'expert peut procéder à l'examen des documents de gestion prévisionnelle. En troisième lieu, il peut intervenir dans le cadre de l'exercice du droit d'alerte, de la

---

102. TGI Dijon, 21 octobre 1983, Comité d'établissement c/ Sté Les faïences de Longchamp, Dr. soc. 1985, p. 6.

103. Cass. soc., 8 novembre 1994, n° 92-11.443.

104. Cass. soc. 14 décembre 1999, Dr. soc. 2000, p. 225, obs. M. Cohen.

procédure de licenciement économique collectif et en cas de liquidation : la Cour de cassation a en effet admis que le comité d'une entreprise en redressement judiciaire puisse recourir à l'expert-comptable.

➢ *L'accès libre à l'entreprise*

298. L'expert-comptable a un libre accès dans l'entreprise. Ce libre accès, qui lui permet de prendre connaissance de certains documents, ne s'apparente cependant pas à un droit de visite quasi absolu, impliquant à tout moment la liberté de circuler dans les bureaux et ateliers.

Il peut aussi, avec l'accord du chef d'entreprise, avoir avec les membres du personnel tous entretiens nécessaires à l'exercice de sa mission. En revanche, en l'état actuel des textes et de la volonté du législateur, la mission de l'expert ne saurait comporter des pouvoirs d'audition ou d'interrogation du personnel.

2. L'expert en nouvelles technologies (expert technique)

299. Il s'agit d'un expert auquel le comité d'entreprise peut, en accord avec l'employeur, faire appel pour l'étude des projets portant sur l'introduction de nouvelles technologies (art. L. 2325-38 du Code du travail), mais seulement dans les entreprises d'au moins 300 salariés. La condition d'effectif s'apprécie au niveau de l'entreprise et non au niveau de l'établissement concerné : quand une entreprise compte plusieurs établissements, un comité d'entreprise peut demander la désignation de l'expert dès lors que le projet dans son ensemble relève des pouvoirs du chef d'établissement.

Notons que, dans les entreprises à établissements multiples, lorsqu'un comité central d'entreprise est saisi d'un projet d'introduction de nouvelles technologies concernant l'ensemble de l'entreprise, un comité d'établissement ne peut demander l'expertise de l'ensemble du projet, mais il a tout de même droit à une information spécifique sur les conséquences de l'introduction de nouvelles technologies pour les salariés de l'entreprise.

➢ *Le recours à l'expert*

300. Le recours à l'expertise technologique n'est pas de droit (à la différence de l'expertise comptable). Le recours en lui-même (choix de l'expert, définition de sa mission) implique une délibération de la délégation salariale (vote majoritaire) ainsi que l'accord de l'employeur.

La rémunération de l'expert appartient à l'employeur. Toutefois, le comité d'entreprise peut toujours renoncer à l'expert en nouvelles technologies et faire appel à un expert de son choix rémunéré sur son propre budget.

L'expert bénéficie d'un libre accès dans l'entreprise mais il n'a pas de pouvoirs d'investigation particuliers : il ne peut pas interroger le personnel sauf accord de l'employeur.

S'il y a désaccord ou s'il existe un litige relatif à la rémunération de l'expert, la décision appartient au président du TGI en la forme des référés, c'est-à-dire qu'il s'agit d'une décision au fond qui n'a pas de caractère provisoire et qui relève des voies de recours du droit commun.

➢ *Conditions pour pouvoir faire appel à l'expert*

301. Pour que le comité puisse valablement avoir recours à l'expert, il faut que l'introduction de nouvelles technologies implique que les procédés dont la mise en œuvre est envisagée présentent un degré de nouveauté susceptible d'entraîner des effets notables sur le fonctionnement de l'entreprise. Une interprétation trop extensive du texte pour les conditions de recours à l'expert serait contraire à l'économie du texte.

Le recours à l'expertise a été jugé justifié en cas de changement de matériel informatique modifiant les méthodes de gestion de l'entreprise, mais non en cas de simple étude préalable à l'introduction de nouvelles technologies.

Plus récemment, les juges ont décidé qu'une société qui avait décidé d'étendre à l'ensemble de son réseau bancaire un plan de restructuration de ses activités qui entraînait l'utilisation d'un nouveau système informatique caractérisait l'introduction d'une nouvelle technologie. En effet, ce nouveau système informatique allait entraîner des modifications des conditions de travail, de qualification, en sorte qu'il entrait bien dans le champ d'application du nouvel article L. 2325-38 du Code du travail.

Le fait que l'employeur ait omis de consulter les représentants du personnel sur cette question ne saurait les priver de recourir à un expert[105].

➢ *Appréciation de la nouveauté et du temps nécessaire à la consultation*

302. La nouveauté ne doit pas s'apprécier en soi mais par référence aux techniques, outils, machines ou matériaux jusqu'à présent utilisés dans l'entreprise.

Quant à la notion de temps, le comité d'entreprise doit être consulté au préalable, ce qui signifie que le recours à l'expert a lieu au temps du projet, mais il ne peut intervenir que lorsque le comité a été saisi d'un projet élaboré répondant aux conditions de l'article L. 2325-38 du Code du travail. Pour que l'expertise intervienne en temps utile, il faut qu'elle soit contemporaine de la consultation du comité d'entreprise[106] : c'est au moment où le comité d'entreprise est consulté sur le projet qu'il peut avoir recours à l'expertise pour qu'elle soit utile. En l'espèce, la demande d'expertise du comité d'entreprise n'était pas tardive, même si le choix du logiciel avait été arrêté en 1991, qu'il avait été effectivement acheté en 1992 alors que sa mise en œuvre était toujours à l'état de projet : il n'y avait donc pas eu d'introduction de nouvelles technologies effective lors de la demande d'expertise.

➢ *La réglementation de l'expertise en nouvelles technologies*

303. Il n'existe pas de réglementation de cette profession, ce n'est pas un milieu homogène, ce qui entraîne l'absence de tout Code de déontologie. La multiplicité de nouvelles technologies amène une multiplicité d'experts qui peut générer de la part de l'employeur une résistance à l'expertise. Toutefois, il vaut mieux que l'employeur accepte un expert plutôt qu'il soit amené à gérer

105. Cass. soc. 9 juillet 1997, RJS 11/97, n° 1252.
106. Cass. soc. 28 octobre 1996, Dr. soc. 1996, p. 1105, obs. G. Couturier.

le droit d'alerte du comité d'entreprise (*infra*, n° 308) ; les institutions représentatives du personnel y ont en effet souvent recours en cas d'introduction de nouvelles technologies.

3. Les experts libres du comité d'entreprise

304. Le comité peut faire appel à tout expert que l'on appelle communément « expert libre », pour la préparation de ses travaux, ce dernier étant rémunéré par ses soins. Le recours à cet expert donne lieu à délibération du comité d'entreprise. L'expert choisi par le comité dispose des documents détenus par le comité d'entreprise. Il a accès au local du comité et, dans des conditions définies par accord entre l'employeur et la majorité des membres élus du comité, aux autres locaux de l'entreprise. Ainsi, le comité d'entreprise pourra faire appel à un avocat pour lui demander une consultation sur un problème juridique. De même, le comité d'entreprise pourra solliciter, par exemple, l'aide d'un consultant en droit social pour l'assister dans sa réflexion sur l'application des 35 heures dans l'entreprise. Cette notion d'expert recouvre un grand nombre de professionnels qui peuvent être sollicités par le comité d'entreprise.

305. Ces experts libres peuvent être désignés à tout moment sur simple délibération du comité d'entreprise ; le chef d'entreprise ne prend pas part au vote. Tout comité (comité d'entreprise, comité d'établissement, comité central d'entreprise) peut faire appel à un expert libre dès lors qu'il a les moyens de le rémunérer, l'employeur ne pouvant s'y opposer.

306. Les experts libres sont rémunérés sur la subvention de fonctionnement de 0,2 % du comité ou sur son budget d'activités sociales et culturelles selon la nature des travaux qui leur sont demandés. La rémunération des experts libres est fixée contractuellement entre le comité et l'expert.

L'expert libre, par opposition à tout autre expert rémunéré par le chef d'entreprise (expert-comptable, expert en technologie), peut assister le comité d'entreprise sur tout problème ou dans toute situation qui pourrait embarrasser les représentants du personnel. Il peut donc s'agir de préparer des réunions plénières importantes, de proposer au personnel des mesures ou des prestations sociales dans le cadre d'une politique sociale cohérente, de proposer un audit avant la mise en place ou la négociation d'un accord d'intéressement, de prévoyance, etc.

c) La protection des attributions économiques et le contentieux du comité d'entreprise

307. Le comité d'entreprise dispose du droit d'alerte en cas de difficulté d'entreprise (art. L. 2323-78 du Code du travail), procédure qu'il convient de différencier des actions en justice propres de cette institution. Des actions peuvent à l'inverse être intentées en annulation des décisions du comité d'entreprise.

1. Le droit d'alerte

308. Pour prévenir les difficultés de l'entreprise, il a paru normal au législateur de compter le comité parmi ceux qui peuvent déclencher la procédure d'alerte

tels que les associés et actionnaires, commissaires aux comptes, groupements de prévention agréés et président du tribunal de commerce. La loi sur la prévention des difficultés des entreprises[107] et son décret d'application[108] permettent au comité de demander des explications à l'employeur, sur un ou des faits que le texte précité qualifie de « préoccupants ». Il ne faut bien entendu pas confondre cette action avec le droit d'alerte des délégués du personnel en cas d'atteinte à une liberté fondamentale individuelle dans l'entreprise (*supra*, n° 216).

Il y a droit d'alerte lorsque le comité estime qu'une situation dont il a connaissance peut influer de façon négative sur la marche générale et la poursuite de l'entreprise (art. L. 2323-78 du Code du travail). Cette démarche s'inscrit dans une procédure globale qui peut comporter, pour le comité d'entreprise, plusieurs réunions. Aux termes de l'article L. 2323-78 du Code du travail, en cas d'alerte interne, le comité d'entreprise peut se faire assister de l'expert-comptable payé par l'employeur une fois par exercice. Toutefois, les juges ont précisé que le comité conserve la faculté de préciser la mission de l'expert et de la compléter lorsque des faits en relation avec ceux ayant motivé l'exercice du droit sont portés à sa connaissance pendant le cours de sa mission. Il y a donc possibilité de procéder à l'extension de la mission de l'expert[109].

2. Les actions en justice du comité d'entreprise, des actions distinctes et moins étendues que celles des syndicats

309. Le comité d'entreprise peut défendre les intérêts des salariés à l'occasion d'une action en justice, mais l'objet de l'action diffère selon que cette dernière est engagée au nom du comité ou au nom des salariés.

Selon l'article R. 2323-26 du Code du travail, le comité d'entreprise est valablement représenté par l'un de ses membres délégué à cet effet (secrétaire du comité d'entreprise ou trésorier, par exemple, mais pas le président car il n'est pas le représentant légal du comité s'il n'a pas été mandaté à cet effet). L'exigence d'un mandat exprès pour agir suppose une délibération préalable du comité d'entreprise. Le représentant doit être muni d'une délégation régulière, générale ou spéciale.

➢ *Actions engagées au nom du comité d'entreprise*

310. Tout d'abord, certaines actions du comité d'entreprise peuvent être engagées en son nom propre car il dispose de la personnalité civile (art. L. 2325-1 du Code du travail). Il peut défendre ses propres attributions et dispose ainsi d'un intérêt à agir.

311. Il peut s'agir aussi d'actions relatives au contenu d'une convention collective ou d'un accord.

Cette action n'est pas à confondre avec celle que peuvent engager les syndicats, action en dommages-intérêts contre l'employeur pour violation d'une convention ou d'un accord collectif en invoquant le préjudice causé à

107. L. n° 84-148, 1er mars 1984, *JO* 2 mars.

108. D. n° 85.295, 1er mars 1985, *JO* 5 mars.

109. Cass. soc. 28 octobre 1996, Dr. soc. 1996, p. 1104, obs. M. Cohen.

l'intérêt collectif de la profession qu'il représente. Le syndicat dont les membres sont liés par une convention collective peut aussi intervenir dans une instance engagée dans le cadre d'une action née de la convention ou de l'accord, à raison de l'intérêt collectif que la solution du litige peut présenter pour ses membres. Le syndicat peut enfin, à condition d'être cette fois-ci signataire de l'accord, agir à l'encontre de l'employeur lié par ce texte pour en obtenir l'exécution.

De même, à l'inverse du syndicat, le comité d'entreprise n'a pas qualité pour agir ni pour représenter les intérêts des salariés pour demander l'exécution en justice d'un engagement unilatéral de l'employeur, même si cet engagement a été annoncé par ce dernier devant le comité d'entreprise[110].

312. Par ailleurs, le comité d'entreprise peut se porter partie civile dans une instance pénale pour délit d'entrave à son fonctionnement[111]. Il n'est toutefois pas recevable à exercer une action civile à raison d'une infraction à la sécurité du travail en matière d'hygiène et de sécurité.

313. En ce qui concerne le licenciement, les articles L. 1233-8 et suivants du Code du travail ont prévu la consultation du comité d'entreprise sur le contenu du plan de sauvegarde de l'emploi. Ce droit qui lui est propre justifie son intérêt à agir pour que ce droit soit respecté. Rappelons que l'employeur est tenu d'une double consultation du comité d'entreprise, au titre de la marche générale de l'entreprise ainsi qu'au titre des licenciements collectifs, même si cette consultation peut être concomitante, à condition que l'employeur respecte le délai le plus favorable pour l'institution, notamment pour pouvoir faire appel à un expert[112].

➢ *Actions au nom des salariés ?*

314. Le comité d'entreprise peut-il intenter une action au nom des salariés ? Dans l'arrêt « Sté Allianz » de 1997[113], les juges rappellent que le comité d'entreprise ne tient d'aucune disposition légale le pouvoir d'exercer une action en justice au nom des salariés, à l'inverse des syndicats. Les salariés peuvent tout de même lui donner mandat pour agir en leur nom ; à défaut, si le mandat n'existe pas, l'arrêt rendu suite à l'action intentée par le comité d'entreprise pour obtenir l'application d'un protocole signé avec lui par l'employeur est dépourvu de l'autorité de la chose jugée à l'égard des salariés qui ont engagé une action dans le même dessein.

3. Les actions en annulation des décisions du comité d'entreprise

315. L'employeur, en sa qualité de président du comité, a un intérêt légitime à engager une action en annulation de la décision d'un comité d'entreprise, par exemple en cas de décision du comité d'attribuer un secours exceptionnel à des salariés grévistes. Il n'a à justifier d'aucun mandat préalable[114]. Il en va de

110. Cass. soc. 23 octobre 1985, B. V., n° 486.
111. Cass. crim. 29 mars 1973, B. V., n° 226.
112. *Supra*, n° 281, la consultation du comité d'entreprise.
113. Précité.
114. Cass. soc. 18 mai 1983, B. V., n° 266.

même pour le mandataire du chef d'entreprise qui préside le comité d'établissement.

En revanche, les juges n'ont jamais accordé à des salariés membres du comité le droit d'intenter des actions contre les décisions prises en son sein.

Section 3
LA PROTECTION DES REPRÉSENTANTS DU PERSONNEL

316. Bénéficiant d'une position particulière dans l'entreprise, les représentants du personnel doivent être à l'abri d'éventuelles représailles de l'employeur, comme par exemple des mesures indirectement discriminatoires (refus d'augmentation non motivé par des faits objectifs alors que le reste du personnel en bénéficie) ou encore des sanctions disciplinaires pouvant aller jusqu'au licenciement.

Le législateur leur confère une protection particulière et crée à l'égard de l'employeur des obligations liées au bon fonctionnement des institutions (I et II). Par ailleurs, les personnes ayant un mandat ou une appartenance syndicale sont aussi protégées contre la discrimination (III).

I. Le statut protecteur

317. Les représentants du personnel bénéficient d'un statut protecteur exorbitant du droit commun.

À l'inverse d'autres travailleurs de l'entreprise, ils sont des salariés protégés. Leurs missions de représentation du personnel les distinguent des autres salariés. En effet, ils ne peuvent être sanctionnés sans que l'employeur ait demandé à l'inspecteur du travail une autorisation préalable : toute forme de rupture du contrat de travail de ces salariés est entourée de mesures protectrices depuis les célèbres arrêts « Perrier »[115]. Lorsqu'il s'agit d'un membre élu, il faut en outre consulter le comité d'entreprise.

115. Ch. mixte 21 juin 1974, Les grands arrêts du droit du travail, Sirey, 1978 : « *Les dispositions législatives soumettant à l'assentiment préalable du comité d'entreprise ou à la décision conforme de l'inspecteur du travail le licenciement des salariés légalement investis de fonctions représentatives ont institué, au profit de tels salariés, une protection exceptionnelle et exorbitante du droit commun, qui interdit par suite à l'employeur de poursuivre par d'autres moyens la résiliation du contrat de travail* » en l'espèce en demandant la résiliation judiciaire des contrats de travail. Voir, pour la position de l'administration sur le licenciement des salariés protégés, circulaire DDRT n° 03 du 1er mars 2000 relative aux décisions administratives en matière de licenciement des salariés protégés et au traitement des recours hiérarchiques formés contre ces décisions, Liaisons sociales, n° 8076 du 11 avril 2000.

Notons qu'il serait possible de dire que les salariés non protégés sont victimes d'une sorte de discrimination à rebours vis-à-vis des représentants du personnel ; mais, en fait, la discrimination n'est pas avérée dans la mesure où ces salariés ne sont pas sur un pied d'égalité.

A. Le champ d'application de la protection dans le temps

318. Le champ d'application des personnes couvertes par le statut spécial couvre diverses périodes. En effet, pour les salariés élus et représentés, la protection s'étend avant et après les élections ou la désignation.

En amont du mandat, sont ainsi protégés : les salariés demandant la mise en place des élections, les candidats aux fonctions électives[116], ceux dont la désignation ou l'élection est imminente et bien sûr les représentants en fonction.

En aval, afin d'éviter toute mesure discriminatoire ou de rétorsion après le mandat, les anciens représentants du personnel élus restent couverts pendant six mois à dater de l'expiration de leur mandat ou de la disparition de l'institution et les délégués syndicaux pendant douze mois à condition qu'ils aient exercé leur fonction pendant au moins un an.

319. Quand est-il en cas de prorogation de mandat ? La protection joue-t-elle toujours ?

La loi ne permet pas la prorogation tacite du mandat des élus pour ne pas donner de prime « *à la mauvaise volonté ou même à la simple négligence* »[117], à l'exception de deux cas : en cas de transfert d'entreprise (art. L. 1224-1 du Code du travail) ou à titre transitoire pour faire coïncider l'élection des délégués du personnel avec celle du comité d'entreprise après la loi quinquennale.

Les juges ont quant à eux admis la prorogation par accord d'entreprise[118], à la condition que cet accord soit exprès[119], non équivoque[120] et unanime c'est-à-dire signé par toutes les organisations syndicales représentatives dans l'entreprise[121]. Ils ont une appréciation assez souple de ces notions.[122]

---

116. Même aux candidats aux élections dans le cas d'un transfert d'entreprise, Cass. soc. 8 juin 1999, Liaisons sociales, jurisprudence, n° 636, du 21 juin 1999.

117. M. Cohen, *Le Droit des comités d'entreprise*, 5 éd., p. 804.

118. Cass. soc. 8 mars 1995, B. V n° 80.

119. Cass. soc. 26 juin 1990, B. V n° 544.

120. Cass. soc. 6 juin 1974, B. V n° 94.

121. Cass. soc. 13 juin 1989, B. V n° 435.

122. On peut mentionner une affaire où il s'agissait d'un élu au comité d'entreprise dont le mandat courait du 1er février 1990 au 1er février 1992. Il avait été licencié sans autorisation préalable le 10 novembre 1992 pour faute lourde à la suite d'une grève avec occupation des locaux. Logiquement, le salarié n'était plus protégé car 6 mois s'étaient écoulés depuis la fin de son mandat. Toutefois, il résultait des faits de l'espèce qu'un accord avait été écrit et négocié avec le comité d'entreprise le 20 mars 1992, soit deux mois après l'expiration normale du mandat, qu'il portait la signature de l'intéressé et que cet accord avait disparu du fait de l'employeur. Cet écrit portait sur le

B. Le champ d'application personnel de la protection

320. Outre une extension de la protection dans le temps, les juges ont, depuis les arrêts « Perrier » et la loi du 20 octobre 1982, étendu les bénéficiaires de ce dispositif.

C'est surtout en ce qui concerne les modes de rupture du contrat de travail des salariés protégés que l'évolution de la jurisprudence a été significative ; elle n'a cessé d'assimiler à un licenciement nécessitant l'autorisation spéciale divers modes de rupture comme le départ négocié, la modification du contrat de travail, la mise à la retraite, la démission (déguisée), etc. Rappelons *in fine* que bénéficient aussi de cette protection les représentants syndicaux au comité d'entreprise, les membres du CHSCT, le médecin du travail.

C. Le sort du mandat en cas de suspension du contrat de travail

321. Les salariés protégés, tout comme les autres, sont soumis au pouvoir disciplinaire sous réserve du respect du statut protecteur et du principe de non-discrimination. Une question se pose néanmoins.

Le salarié protégé qui voit son contrat de travail suspendu pour un motif disciplinaire (mise à pied) conserve-t-il, durant cette suspension, son mandat ? Dans le milieu des années 1980, les juges décidaient que le mandat était lié au contrat de travail : le salarié mis à pied voyait à la fois son mandat et son contrat suspendus[123]. Par un arrêt « Debout »[124], la chambre sociale a opéré un revirement de jurisprudence en faveur du statut protecteur : la mise à pied disciplinaire suspend le contrat de travail mais non le mandat. En conséquence de quoi le salarié peut, pendant la période de suspension, prétendre utiliser ses heures de délégation et tous les attributs liés à son mandat, comme assister par exemple aux réunions du comité d'entreprise s'il en est un membre élu, ou participer à la négociation d'un accord d'entreprise s'il est délégué syndical. Si l'employeur lui oppose un refus, le délit d'entrave serait certainement constitué.

Cet arrêt précise également les obligations de l'employeur face à un salarié protégé qu'il décide de mettre à pied.

---

transfert de l'entreprise et il prolongeait l'existence du comité d'entreprise jusqu'à la reprise par le nouvel employeur. Il y avait donc eu une prolongation conventionnelle du mandat de 5 mois (du 30 janvier 1992 au 30 juin 1992, date du transfert d'activité). La Cour de cassation a suivi les conclusions de l'avocat général Pierre Lyon-Caen (Cass. soc. 30 novembre 1999, Liaisons sociales, jurisprudence, n° 658 du 20 janvier 2000) : la prorogation des mandats des membres du comité d'entreprise résultait d'un accord détruit par l'employeur. La preuve de cet accord signé par l'ensemble des syndicats représentatifs résultait tant de son exécution, révélée par les procès-verbaux, que des témoignages de parties intéressées, ce dont il résultait que le mandat de l'intéressé avait été prorogé et que ce salarié était encore protégé quand il avait été licencié.

123. Cass. soc. 27 nov. 1985, B. V., n° 562.

124. Cass. soc. 23 juin 1999, Debout, Liaisons sociales, jurisprudence hebdo du 5 juillet 1999, n° 639.

Si le salarié accepte la sanction, l'employeur n'a pas à solliciter l'autorisation administrative préalable.

La question est plus délicate quand le salarié conteste la sanction sans pour autant la refuser : « *En l'absence de refus par le salarié d'une mise à pied disciplinaire, laquelle n'a pas pour effet de suspendre l'exécution du mandat de représentant du personnel, l'employeur n'est pas tenu de mettre en œuvre la procédure* (de l'article L. 2421-3 du Code du travail) ». Le salarié peut très bien se borner à demander au juge d'annuler la sanction comme non justifiée après l'avoir acceptée : il conteste alors la sanction et la juridiction prud'homale est alors compétente pour apprécier la procédure disciplinaire et vérifier que la sanction n'est pas discriminatoire. L'employeur n'a pas à demander l'autorisation préalable. L'arrêt « Debout » marque ici un recul des droits du salarié protégé.

Enfin, lorsque le salarié protégé refuse la mise à pied, l'employeur doit appliquer la procédure disciplinaire. Seule cette dernière attitude mérite, aux yeux des juges, une protection renforcée.

En résumé, seul le refus de la sanction par le salarié protégé nécessite la protection exorbitante du droit commun. Cette mesure est logique car, dans l'hypothèse du refus, on peut imaginer que soit la sanction est illégitime (et c'est pourquoi le salarié la refuse), soit elle est légitime, ce qui entraîne l'application du pouvoir disciplinaire, et dans les deux cas le salarié mérite une protection particulière.

II. Le contrôle de la protection des salariés protégés et du bon fonctionnement des institutions représentatives du personnel

322. Le juge vérifie que l'employeur n'a pas, par un moyen direct ou indirect, empêché le fonctionnement des institutions. Mais il doit avant tout s'assurer, lors de la survenance d'une sanction disciplinaire ou du licenciement d'un salarié protégé, que les règles légales ont été appliquées.

A. Les sanctions prévues par la loi en cas de non-respect de la procédure légale

323. Les juges ont la charge de contrôler que l'employeur a respecté la procédure statutaire. Un licenciement qui serait prononcé sans l'application des règles exorbitantes du droit commun serait nul et entraînerait la réintégration du salarié dans son emploi et sa fonction ou, à défaut, des dommages-intérêts dont le montant peut correspondre à tous les avantages directs et indirects qu'il aurait perçus jusqu'à la fin de la période de protection.

324. En cas de licenciement intervenu sans autorisation préalable, le salarié peut demander sa réintégration ou solliciter de la part du juge une indemnité égale au montant des salaires qu'il aurait perçus jusqu'à la fin de la période de protection

liée à son mandat[125]. Cette indemnisation n'est pas à confondre avec les indemnités que le salarié pourrait percevoir en cas de licenciement dépourvu de cause réelle et sérieuse : les deux indemnités sont cumulables.

Des précisions ont été récemment données en ce qui concerne l'assiette de l'indemnité due en cas de licenciement sans autorisation préalable.

Tout d'abord, la Cour de cassation a rappelé, à propos d'un conseiller prud'homal, que le salarié protégé n'est jamais tenu de demander sa réintégration.

Surtout, elle a précisé que, au cas où le salarié ne demanderait pas sa réintégration mais sollicite une réparation pécuniaire, cette dernière est calculée par rapport *« au montant de la rémunération qu'il aurait dû percevoir entre son éviction et l'expiration de la période de protection dans la limite de la durée de la protection accordée aux représentants du personnel »*[126]. Jusqu'alors, l'étendue initiale de l'indemnisation du conseiller prud'homal correspondait à la rémunération qu'il aurait perçue jusqu'à l'expiration de son mandat, sans restriction. Désormais, cette indemnisation est limitée et calquée sur celle des représentants du personnel (délégués du personnel et membres élus du comité d'entreprise), c'est-à-dire deux ans, alors que le mandat des conseillers est de cinq ans.

Afin de pérenniser une uniformisation de l'indemnisation, il aurait fallu rendre une décision identique pour les délégués syndicaux dont la situation est particulière puisque leur mandat n'est pas limité mais dépend de la volonté du syndicat. Pourtant, les juges ont décidé[127] à propos des délégués syndicaux que l'indemnisation est plafonnée à douze mois de salaire. En effet, l'éviction du salarié en raison de son licenciement fait obstacle à l'exercice de son mandat. Dans ce cas, il faut appliquer ici la même période que celle retenue en matière de protection jouant après l'expiration du mandat d'un délégué syndical, soit douze mois.

B. Le délit d'entrave au fonctionnement des institutions représentatives du personnel

325. L'employeur qui empêche le bon fonctionnement des institutions représentatives du personnel, par exemple en refusant de communiquer au comité d'entreprise les documents auxquels ce dernier peut prétendre, se rend coupable du délit d'entrave sanctionné devant les juridictions répressives. L'élément matériel du délit est constitué par les obstacles concrets opposés aux institutions représentatives du personnel[128] tandis que l'élément intentionnel réside dans l'attitude de

125. Cass. soc. 27 mai 1970, Dr. soc. 1971, p. 130.

126. Cass. soc. 28 mars 2000, Dr. soc. 2000, p. 658, obs. J. Mouly.

127. Cass. soc. 6 juin 2000, Liaisons sociales, jurisprudence hebdo du 19 juin 2000, n° 679.

128. Par exemple le refus de mettre à la disposition du comité d'entreprise un local adapté : Cass. soc. 15 mai 2007, Juris-Data n° 2007-039198.

l'employeur, qu'il ait commis un acte volontaire, ou que le délit ait été constitué à la suite d'une méconnaissance de la loi.

L'employeur n'est pas le seul à pouvoir être accusé du délit d'entrave. Non seulement la loi prévoit un champ matériel assez large du délit[129], mais les juges ont fait une application extensive identique pour l'entrave à l'exercice du droit syndical. En résumé, toute personne qui porte atteinte aux fonctions des salariés mandatés peut se rendre coupable du délit d'entrave ; cela concerne aussi bien les salariés que les représentants du personnel eux-mêmes.

L'entrave à la désignation des délégués syndicaux (art. L. 2146-1 du Code du travail) ou à l'élection des membres élus (L. 2316-1 pour les délégués du personnel et L. 2328-1 et s. pour les comités d'entreprise) constitue une infraction punie d'une peine d'emprisonnement d'un an et d'une amende de 3 750 euros ou de l'une des deux peines. En cas de récidive, l'emprisonnement peut être de deux ans.

La répression pénale concerne tous les domaines de l'action des représentants du personnel : l'exercice des fonctions (refuser au représentant d'utiliser des heures de délégation), les élections professionnelles (refus de les organiser, non-convocation de toutes les organisations syndicales représentatives), les syndicats (refuser la présence du représentant syndical aux réunions du comité d'entreprise), etc.

326. Qui peut saisir le juge en cas de délit d'entrave ? La poursuite peut être déclenchée à la suite d'une constatation de l'inspecteur du travail d'un dysfonctionnement des institutions ou d'une constitution de partie civile. Les syndicats peuvent par exemple se constituer partie civile tout comme le comité d'entreprise, et non ses membres pris isolément car il faut un organisme doté de la personnalité civile.

III. L'interdiction de toute forme de discrimination

327. Si les salariés protégés sont prémunis dans leur ensemble par une protection exorbitante du droit commun, ils n'ont pas tous le bénéfice d'une protection contre la discrimination. En effet, seuls sont protégés contre la discrimination les salariés qui exercent des « activités syndicales ou mutualistes » ou qui exercent légalement le droit de grève (art. L. 1132-1 du Code du travail).

Ce qui implique que, parmi les salariés protégés, peuvent revendiquer l'application dudit article les représentants syndicaux au comité d'entreprise et les délégués syndicaux tout comme les salariés qui n'exercent aucun mandat mais qui ont une appartenance syndicale.

129. C. trav. art. L. 2146-1. L'article L. 2316-1 pour la délégation élue du personnel prévoit que *« quiconque aura porté atteinte ou tenté de porter atteinte […] sera puni d'un emprisonnement d'un an et d'une amende de 3 750 euros »*.

Les deux séries de mesures ne doivent pas être confondues. Le statut protecteur vise à assurer une procédure renforcée alors que l'article L. 1132-1 a pour objet de vérifier que la sanction prise à l'encontre d'un salarié protégé n'est pas discriminatoire.

A. Quelle sanction encourt l'employeur s'il licencie un salarié pour un motif discriminatoire ?

328. Le licenciement d'un salarié en raison de ses activités syndicales est nul de plein droit : le juge doit donc ordonner, si l'intéressé le demande, la poursuite de l'exécution du contrat de travail qui n'a pas été valablement rompu. La nullité implique la réintégration ; à défaut, l'article L. 1132-1 du Code du travail serait vidé de tout intérêt pour le salarié[130].

B. Quelles sont les conséquences directes de l'interdiction de la discrimination ?

329. Le principe d'égalité de traitement implique l'égalité de rémunération entre les travailleurs salariés quelle que soit leur appartenance syndicale. Il faut appliquer la règle jurisprudentielle « à travail égal salaire égal » inspirée de l'arrêt « Ponsolle »[131], et depuis repris par la loi. En conséquence, un salarié qui exerce depuis 1975 une activité de monteur couleurs dans une imprimerie et qui est titulaire d'un mandat de délégué syndical est victime d'un traitement discriminatoire s'il perçoit un salaire inférieur à celui de 8 des 10 salariés composant l'atelier où il travaille, sans aucune explication de l'employeur, alors qu'il accomplissait ce travail avec un même coefficient, une qualification identique et une ancienneté comparable[132].

C. Comment prouver la discrimination ?

330. La loi (art. L.1134-1 du Code du travail) mais également la chambre sociale ont établi une répartition de la charge de la preuve en matière de discrimination syndicale, sur le modèle de la directive du 15 décembre 1997 relative à la charge de la preuve en cas de discrimination fondée sur le sexe[133] : il appartient désormais au salarié syndicaliste qui se prétend lésé par une mesure discrimi-

130. Cass. soc. 17 mars 1999, Dr. soc. 1999, p. 535, obs. M. Grévy.

131. Cass. soc. 29 oct. 1996, Sté Delzongle c/ Ponsolle, Liaisons sociales, jurisprudence n° 7548 du 7 novembre 1996.

132. Cass. soc. 16 déc. 1998, SA Aubin c/ Chatet, Liaisons sociales, jurisprudence n° 616 du 1er février 1999.

133. Cass. soc. 28 mars 2000, Fluchère et autres c/ SNCF, Liaisons sociales, jurisprudence hebdo n° 670 du 17 avril 2000, puis Cass. soc. 4 juillet 2000, Liaisons sociales, jurisprudence n° 686 du 2 octobre 2000, Dr. soc. 2000, p. 919. Pour une position de la chambre criminelle en la matière, Cass. crim. 14 juin 2000, Dr. soc. 2000, p. 1035, obs. J. Mouly. Voir les apports de la loi du 27 mai 2008, notamment sur la définition de la discrimination.

natoire de soumettre au juge les éléments de fait susceptibles de caractériser une atteinte au principe d'égalité de traitement. Il incombe à l'employeur, de son côté, s'il conteste le caractère discriminatoire du traitement réservé au salarié, d'établir que la disparité de situation constatée est justifiée par des faits objectifs étrangers à toute discrimination fondée sur l'appartenance syndicale.

Cette nouvelle répartition de la charge de la preuve permet au salarié de ne plus avoir à prouver la discrimination, mais il doit tout de même fournir au juge des éléments de fait, des indices tendant à démontrer la différence de traitement. Il peut donner des éléments de comparaison avec d'autres salariés ayant la même ancienneté et appartenant à la même catégorie.

331. Pour dénoncer la discrimination dont il s'estime victime, le salarié peut exercer son droit d'alerte en tant que délégué du personnel. Tel est le cas lorsqu'un salarié élu délégué du personnel est victime d'une discrimination de salaire (non-versement d'une prime de salissure alors que tous les autres salariés de l'atelier en bénéficient) en raison du fait qu'il a une appartenance syndicale[134]. Le salarié est ainsi détenteur et bénéficiaire du droit d'alerte et il peut imputer sur ses heures de délégation le temps passé devant le conseil de prud'hommes pour dénoncer la discrimination.

Rappelons le rôle essentiel que joue la HALDE en matière de discriminations même si certaines de ses interventions peuvent susciter l'interrogation[135]. La Cour de cassation a décidé, à propos d'une discrimination syndicale (mais cela s'applique à tout type de discrimination), que la HALDE, qui n'est pas « partie » au procès, peut tout de même intervenir en qualité de « personne auditionnée » et présenter ainsi ses observations devant les juridictions lors d'un contentieux en discrimination[136].

332. Tous les traitements différenciés constituent-ils des discriminations ? La discrimination n'est établie que si les salariés sont dans des situations objectivement identiques. Ainsi, la négociation collective au sein d'un établissement distinct permet d'établir des différences de traitement entre les salariés de la même entreprise. Ceux qui n'entrent pas dans le champ d'application d'un accord d'établissement ne peuvent faire état d'une discrimination au motif qu'ils ne bénéficient pas des dispositions de cet accord[137].

134. Cass. soc. 26 mai 1999, Liaisons sociales, jurisprudence n° 635 du 14 juin 1999, précité.

135. P. Rozec et V. Manigot, La place de la HALDE dans le paysage judiciaire, JCP S 2010, 1294.

136. Cass. soc. 2 juin 2010, n° 08-40.628.

137. Cass. soc. 27 octobre 1999, G. Couturier, « Négociation d'établissement et discriminations entre salariés », Dr. soc. 2000, p. 185.

Chapitre 3

La négociation collective

333. Il n'existe pas une source unique et omniprésente du droit du travail (*supra*, chapitre préliminaire). La loi régit les relations du travail mais une grande part de la réglementation est issue de l'action normative des partenaires sociaux, c'est-à-dire des syndicats de salariés et des groupements patronaux. Aujourd'hui, une place de plus en plus importante est laissée à la négociation collective, qui revêt d'ailleurs des formes diverses et parfois atypiques. Le dialogue social doit ainsi permettre une participation plus active des représentants des salariés dans l'entreprise.

334. La négociation collective se traduit en général par l'élaboration de conventions collectives de travail qui ont pour objet de régir les conditions de travail.

Le droit à la négociation collective a été affirmé dès 1919 : le mouvement syndical acquiert à cette époque le droit de conclure des conventions collectives de travail, mais ces dernières ont peu d'autonomie vis-à-vis des règles conventionnelles issues du droit civil.

C'est surtout l'avènement du Front populaire qui va entraîner un essor des relations sociales *via* la négociation collective. En effet, le législateur accorde à la norme négociée un statut approprié et autonome. De ce fait, les conventions collectives de travail peuvent être plus facilement conclues et étendues. La possibilité de conclure des conventions est réservée aux syndicats et leur permet de dialoguer plus efficacement avec les représentants du patronat.

En 1982, les choix ont évolué, *« le droit français n'est plus seulement celui des conventions collectives ; il est devenu aussi (...) celui de la négociation collective »*[1], ce qui veut dire que la convention collective de travail classique n'est plus le seul instrument du dialogue social. L'accord d'entreprise prend de l'importance : l'employeur est obligé de négocier à deux niveaux et de compléter dans l'accord d'entreprise les droits accordés aux salariés dans la convention collective nationale ou régionale de branche dans le respect de l'ordre public social.

335. Depuis, la tendance s'inverse. Un accord national interprofessionnel du 31 octobre 1995 (repris par la loi expérimentale du 12 novembre 1996) a été

1. G. Lyon-Caen, J. Pélissier, A. Supiot, Précis Dalloz, *op. cit.*, 17ᵉ éd., p. 752. Voir aussi P.-H. Antonmattei, *Les Conventions et accords collectifs de travail*, Dalloz, Connaissances du droit, 1996.

conclu pour développer la pratique contractuelle, de façon articulée et à tous les niveaux (national interprofessionnel, professionnel et entreprise). L'objectif était de préciser le rôle de chaque niveau de négociation et d'en articuler le mécanisme. À cet effet, la négociation de branche est à nouveau mise en valeur pour son rôle normatif et ses fonctions d'encadrement des accords ou conventions d'entreprises. Cette tendance s'est confirmée avec les lois Aubry (*infra*, n°s 477 et s.).

Surtout, une importante réforme du 4 mai 2004 donne de nouvelles bases à la négociation collective et c'est ce nouveau système qu'il faut aborder. D'autant qu'une autre loi importante du 31 janvier 2007 donne toute son importance au dialogue social. Mais les choses se compliquent un peu puisque la réforme du 20 août 2008, qui concerne la représentativité syndicale, contient des dispositions qui affectent le droit de la négociation collective. Ce sont ces trois textes législatifs qui seront successivement abordés dans leurs grandes lignes, après avoir étudié quelles sont les normes en question qui sont négociées.

Section 1
LES NORMES DU STATUT COLLECTIF

336. Les normes du statut collectif obéissent à un régime juridique différent suivant qu'elles relèvent de la négociation ou de la volonté unilatérale. Dans le premier cas, elles se verront reconnaître le statut légal de convention ou d'accord collectif alors que, dans le second, elles n'auront valeur que d'un engagement unilatéral.

I. Les normes négociées du statut collectif

337. L'employeur a l'obligation de négocier dans certains domaines et le rôle des syndicats est de participer à cette négociation. Même s'il n'existe pas d'obligation de résultat quant à l'aboutissement d'un accord, les parties à la négociation normative ont intérêt à ce que les discussions se concrétisent.

Les normes qui résultent de la négociation collective ont la qualité d'accord au sens commun du terme. Les conventions ou accords collectifs sont le fruit d'un accord de volonté (A), ce qui n'empêche que la plupart des contentieux portent sur le champ d'application de la convention et des accords (B).

A. Nature juridique de la convention et des accords collectifs

338. La convention collective a une définition assez claire qui met en avant son caractère conventionnel dans le but particulier de déterminer les conditions de travail : « *La convention collective de travail est un accord conclu entre un employeur ou un groupement d'employeurs et une ou plusieurs organisations syndicales représentatives de*

salariés en vue de fixer en commun les conditions d'emploi et de travail ainsi que les garanties sociales. Son trait essentiel est de substituer des groupements aux individus dans la détermination des conditions d'emploi, de travail, de salaire. »[2]

La convention collective remplace en quelque sorte les centaines de contrats qui devraient s'établir entre chaque salarié et chaque employeur sur les conditions générales d'emploi. Pourtant, il est difficile de dire que chaque salarié adhère individuellement à la convention collective ; bien au contraire, ce sont les syndicats qui adhèrent, qui négocient, même s'ils sont en désaccord avec les salariés.

En réalité, la convention collective est un mécanisme de la vie sociale utile mais imparfait. En témoigne une certaine immixtion du gouvernement dans la négociation des partenaires sociaux, notamment à propos du mécanisme d'assurance chômage, ce qui pousse les syndicats patronaux à parler d'une nécessaire « refondation sociale[3] ».

339. La question s'est longtemps posée de savoir si la nature juridique de la convention collective l'assimile à un contrat (ou à une convention) ou à un règlement ou bien aux deux.

Il semble que, lors de sa conclusion, la convention collective s'assimile à une convention à condition qu'elle soit valablement signée et négociée entre les parties contractantes ; en revanche, la convention collective produit des effets semblables à ceux que produit un règlement, car elle crée des normes conventionnelles qui s'appliquent impérativement et qui s'imposent aux contrats de travail. Pourtant, la convention collective ne s'incorpore pas à ces derniers ; la Cour de cassation se réserve d'ailleurs la possibilité d'interpréter les conventions collectives tout comme elle le ferait pour des règlements (cassation pour dénaturation et violation des conventions).

B. Modalités de mise en œuvre

340. Les conventions et accords collectifs sont différents dans leur champ d'application mais ils obéissent tous deux au principe d'ordre public social et aux mêmes conditions de forme.

1) Le principe de faveur

341. Les conventions et accords collectifs de travail sont régis par un principe du droit du travail : l'ordre public social.

Cela résulte des termes de la loi (art. L. 2251-1 du Code du travail) : les conventions ou accords peuvent comporter des dispositions plus favorables aux salariés que celles des lois et règlements en vigueur. Ce n'est donc qu'une possibilité offerte aux partenaires sociaux. Ils peuvent négocier dans le sens du minimum légal ou dans un sens plus favorable. Quoi qu'il en soit, ils doivent

2. G. Lyon-Caen, J. Pélissier, A. Supiot, Précis Dalloz, *op. cit.*

3. G. Adam, « La refondation sociale aux prises avec le réel », Dr. soc. 2001, p. 3.

respecter les dispositions générales d'ordre public des lois et règlements du travail.

Il existe souvent des difficultés pour déterminer quelle norme collective est la plus favorable si aucune disposition légale ne règle la question : dans ce cas, la Cour de cassation fait application du principe fondamental en droit du travail selon lequel, en cas de conflit de normes, c'est la plus favorable aux salariés qui doit recevoir application[4]. La chose est plus aisée lorsque la loi résout le conflit : tel est le cas de l'article L. 2252-1 du Code du travail selon lequel *« une convention de branche ou un accord professionnel ou interprofessionnel peut comporter des dispositions moins favorables aux salariés que celles qui leur sont applicables en vertu d'une convention ou d'un accord couvrant un champ territorial ou professionnel plus large (...) »*[5]. En effet, le principe de faveur peut désormais être remis en cause depuis l'adoption de la loi du 4 mai 2004 (n° 341).

2) Conditions de forme

342. Les conventions collectives et accords collectifs doivent être écrits à peine de nullité[6], et ils doivent être rédigés en français (art. L. 2231-3 et L.2231-4 du Code du travail).

Ils doivent être déposés ainsi que leurs avenants en cinq exemplaires signés auprès de la direction départementale du travail et de l'emploi du lieu où ils ont été conclus aux fins de publicité. Le retard ou l'omission du dépôt retardent l'application du texte. Un exemplaire de ces textes doit également être déposé auprès du secrétariat-greffe du conseil de prud'hommes. Ils doivent enfin être donnés pour copie aux institutions représentatives du personnel dans l'entreprise et être tenus à la disposition du personnel.

Les conventions collectives contiennent obligatoirement certaines clauses concernant leur champ d'application territorial et professionnel (*infra*, n° 345), leurs conditions de dénonciation en cas de convention à durée indéterminée, etc.

343. Quelle différence existe-t-il entre la convention et l'accord ?

La convention collective a vocation à traiter de l'ensemble des matières visées dans le champ d'application de la négociation collective alors que l'accord a un champ d'application plus restreint : il tend à traiter un ou des sujets déterminés comme les salaires ou le temps de travail par exemple.

---

4. Cass. soc. 17 juillet 1996, Dr. soc. 1996, JCP 97, II, 22798 ; voir également : A. Jeammaud, « Le principe de faveur, enquête sur une règle émergente », Dr. soc. 1999, p. 115 ; Y. Chalaron, « L'application de la disposition la plus favorable », Mélanges Lyon-Caen, p. 247 ; A. Chevillard, « La notion de disposition plus favorable », Dr. soc. 1993, p. 363.

5. Pour un exemple sur la durée de la période d'essai, Cass. soc. 8 juin 1999, Dr. soc. 1999, p. 852, obs. J. Savatier.

6. C. trav. art. L. 2231-3, Cass. soc. 21 mars 1996, Dr. soc. 1996, p. 641.

C. Application de la convention et des accords collectifs

344. Le champ d'application des conventions collectives est très réglementé car de la détermination de l'application d'une convention à telle ou telle entreprise vont dépendre les conditions de travail des salariés qui y sont employés. Une grande part de liberté est toutefois laissée aux parties suivant le principe de droit commun de l'autonomie de la volonté.

1) Champ d'application *(art. L. 2232-1 du Code du travail)*

a) Champ d'application territorial

345. Les parties fixent librement le champ d'application territorial de la convention ou de l'accord collectif : national, départemental, etc. Ce champ d'application pourra par la suite être restreint ou agrandi en application de la volonté des parties.

Une convention collective ne s'applique qu'aux groupements de salariés ou d'employeurs inclus dans le secteur géographique défini lors de sa conclusion.

Le champ d'application territorial dépend de la nature juridique et du niveau de négociation de la convention en cause. Ainsi, le champ d'application territorial des conventions de branche et des accords professionnels et interprofessionnels peut être national, régional ou local (art. L. 2232-1 du Code du travail). Les conventions et accords collectifs d'entreprise peuvent, eux, être conclus dans l'entreprise, dans l'établissement ou dans un groupe d'établissements (art. L. 2232-16 du Code du travail), leur champ d'application territorial est donc limité au cadre de leur conclusion.

b) Champ d'application professionnel

346. Il dépend de l'activité économique des entreprises telle que définie par la nomenclature établie par l'INSEE. Cette nomenclature n'a toutefois qu'une valeur indicative et ne lie pas le juge qui doit rechercher l'activité réelle et principale de l'entreprise.

347. Lorsque les salariés d'une entreprise relèvent apparemment de deux conventions collectives, les critères que doit rechercher le juge pour connaître le champ d'application professionnel d'une entreprise sont les suivants :

– la convention collective applicable aux salariés d'une entreprise est celle dont relève l'activité principale exercée par l'employeur, peu importe les fonctions assumées par les salariés ;

– il n'en va autrement que dans l'hypothèse où les salariés exercent une activité nettement différenciée dans un centre d'activité autonome[7].

Dans l'affaire précitée concernant une fusion-absorption de deux sociétés, il s'agissait de savoir si la convention collective nationale des imprimeries de labeur

7. Par exemple, Cass. soc. 5 octobre 1999, SA Carnaud Métalbox alimentaire France, Liaisons sociales, jurisprudence n° 646 du 25 octobre 1999 ; Cass. soc. 18 juillet 2000, Liaisons sociales, jurisprudence hebdo n° 685 du 2 octobre 2000.

et arts graphiques s'appliquait aux personnels du secteur imprimerie d'un établissement appartenant à une société relevant par son activité principale de la métallurgie. Le critère principal à prendre en compte est celui de l'activité principale de l'employeur et les salariés doivent logiquement être soumis à la convention de la métallurgie sauf à prouver qu'ils relèvent, de par leurs activités nettement différenciées, d'une autre convention collective, en l'espèce celle de l'imprimerie. Les juges du fond devaient rechercher l'activité différenciée exercée dans un centre d'activité autonome. Les indices ne sont pas, pour la chambre sociale, concluants. Les contrats de travail des salariés ne faisaient pas mention de la convention collective de l'imprimerie, la direction n'avait pas le souci de prendre en compte les problèmes particuliers de l'atelier d'imprimerie, etc. Ainsi, du fait de la fusion opérée entre les deux sociétés, les salariés de l'établissement étaient soumis à la convention collective de la métallurgie, celle de l'imprimerie ayant été mise en cause en raison de la fusion, elle ne pouvait plus s'appliquer.

Les juges semblent avoir une conception restrictive du centre d'activité autonome[8]. Cela révèle la volonté de promouvoir une unité du statut collectif pour tout le personnel d'une même entreprise quelles que soient les fonctions exercées par les salariés.

c) Champ d'application personnel

348. La convention collective et l'accord collectif lient l'employeur et la totalité des salariés de l'entreprise, qu'ils appartiennent ou non aux syndicats de salariés signataires.

Une convention collective peut lier des salariés en activité mais aussi des retraités. En effet, les personnes qui ont cessé d'exercer leur profession peuvent adhérer à un syndicat professionnel, la convention collective a vocation à traiter de l'ensemble des conditions d'emploi et de travail des salariés et de leurs garanties sociales, ce qui inclut les retraites. Dès lors, un avenant à un accord qui prévoit une contribution de solidarité à la charge de tous les cadres retraités a vocation à s'appliquer[9].

2) Application obligatoire et application volontaire

349. Entendue comme un véritable contrat dans les effets qu'elle produit, l'application de la convention collective est obligatoire entre les parties signataires.

Mais elle s'applique aussi aux parties qui y ont par la suite adhéré. Une organisation syndicale représentative de salariés ou d'employeurs peut adhérer volontairement aux clauses d'une convention collective de branche ou d'un accord professionnel ou interprofessionnel. Notons que, dans le cadre de la convention ou de l'accord d'entreprise, lorsque l'entreprise n'entre pas dans le champ d'application territorial ou professionnel d'une convention de branche,

---

8. Voir également Cass. soc. 6 décembre 1995, Liaisons sociales, jurisprudence n° 7382 du 15 janvier 1996.

9. Cass. soc. 23 novembre 1999, CGT e.a.c/ AGIRC e.a. arrêt n° 4298 P + B.

d'un accord professionnel ou interprofessionnel applicables dans l'entreprise, l'adhésion de l'employeur est subordonnée à un agrément des organisations syndicales représentatives.

L'hypothèse la plus fréquente est celle d'un employeur qui n'est assujetti à aucune convention collective (il n'est pas membre du groupement patronal signataire ou il l'est mais il ne relève pas de la convention collective parce que son entreprise n'est pas située dans le champ d'application géographique ou professionnel du texte) mais qui décide d'en appliquer une de sa propre volonté. L'adhésion volontaire est en fait un acte unilatéral de l'employeur (sur cette notion) qui va produire les effets d'un accord.

Acte volontaire et unilatéral, il n'en demeure pas moins soumis à la volonté constante de l'employeur, volonté qui doit être claire et non équivoque et qui ne perdure pas forcément dans le temps. Les juges ont ainsi rappelé que l'application dans une entreprise des clauses d'une convention collective non obligatoire n'implique pas nécessairement l'engagement d'appliquer également à l'avenir les dispositions de ses avenants éventuels ou d'un accord de substitution.

350. Ce mécanisme d'adhésion volontaire peut poser problème lorsque l'organisation syndicale en cause, en général un employeur ou un groupement d'employeurs, n'a pas adhéré de manière claire et non équivoque à une convention et que les salariés en réclament l'application. La question se pose alors de la preuve de la volonté de l'employeur d'appliquer ou non la convention.

Par un arrêt du 18 novembre 1998[10], la chambre sociale, faisant référence à la directive du 14 octobre 1991 relative à la preuve écrite de la relation de travail, a décidé que la mention sur le bulletin de paie d'une convention collective vaut reconnaissance de l'application de ladite convention. En effet, l'employeur est tenu de porter à la connaissance du salarié la convention collective applicable, notamment lors de l'embauche, obligation prescrite par la directive de 1991. Déjà, les juges avaient reconnu dans plusieurs arrêts que le bulletin de paie constitue une manifestation de l'employeur d'appliquer une convention collective. Désormais, la mention de la convention collective sur ce bulletin démontre la preuve de l'application volontaire de cette norme par l'employeur, dont le salarié réclame le bénéfice.

Toutefois, la mention obligatoire sur le bulletin de paie de la convention collective applicable ne vaut reconnaissance de l'application de la convention à l'entreprise que dans les relations individuelles de travail et non dans les relations collectives[11]. Cela implique que, si une seule convention collective est applicable dans les relations collectives, un salarié peut néanmoins se prévaloir individuellement d'une autre convention si elle est inscrite sur son bulletin de paie. Mais il ne peut s'en prévaloir qu'en ce qui concerne les dispositions individuelles et non pas, comme dans l'affaire présentée, en ce qui concerne la possibilité de désigner un délégué syndical puisque ces dispositions relèvent des relations collectives.

10. Cass. soc. 18 novembre 1998, Liaisons sociales, jurisprudence n° 608 du 7 décembre 1998.
11. Cass. soc. 18 juillet 2000, Liaisons sociales, jurisprudence hebdo n° 685 du 2 octobre 2000.

D. Modification et disparition de la convention ou de l'accord

351. Le législateur et les partenaires sociaux œuvrent dans le sens d'une application la plus étendue possible du statut collectif. Il existe donc des procédures qui permettent à des entreprises de relever « artificiellement » d'une convention collective (1). Ce souci se révèle aussi lorsqu'il est question d'appliquer un texte conventionnel dans le temps (2).

Des règles concernant la modification des accords collectifs existent également : tel est le cas de la révision des textes par les parties signataires (avenants portant révision, art. L. 2261-7 du Code du travail).

Notons que la convention peut également être « mise en cause » (art. L. 2261-14 du Code du travail) dans une entreprise déterminée, en cas de fusion, scission, cession ou changement d'employeur. Dans ces hypothèses, l'accord continuera de produire ses effets jusqu'à l'entrée en vigueur d'un accord de substitution ou, à défaut, pendant un an. Passé ce délai, si aucun accord n'est négocié, les salariés conserveront leurs avantages individuellement acquis. Une nouvelle négociation doit s'engager dans l'entreprise dans les trois mois suivant la mise en cause, soit pour l'adaptation aux dispositions conventionnelles nouvellement applicables, soit pour l'élaboration de nouvelles stipulations.

1) Extension et élargissement au niveau de la branche ou de la profession (art. L. 2261-15 du Code du travail)

352. Les conventions collectives de branche et les accords professionnels et interprofessionnels peuvent être étendus (a) ou élargis (b) et s'appliquer ainsi de manière obligatoire à des tiers par définition non signataires. Ils deviennent ainsi de véritables chartes professionnelles ayant vocation à régir l'intégralité des questions relatives au droit du travail.

a) L'extension

353. Une extension d'un acte collectif permet d'appliquer un régime conventionnel unique à l'ensemble d'une branche d'activité par exemple. Le texte devient alors obligatoire pour tous les employeurs et salariés compris dans son champ d'application territorial et professionnel. Les avenants et annexes au texte initial ne sont pas pour autant étendus d'une manière concomitante ; la procédure d'extension doit être respectée pour qu'ils soient également étendus. Outre la procédure générale d'extension existent une procédure accélérée et une procédure particulière lorsque certaines des conditions requises ne sont pas remplies. Les textes concernés par l'extension doivent avoir été négociés de manière valable, c'est-à-dire au sein d'une commission mixte composée de représentants des syndicats de salariés et des groupements patronaux. Ils doivent de même contenir des dispositions précises comme le droit syndical, les éléments du salaire, etc.

354. La procédure d'extension appartient au ministre chargé du Travail.

Il peut ainsi étendre par arrêté (un arrêté d'extension est un acte administratif unilatéral pouvant faire l'objet d'un recours pour excès de pouvoir devant le tribunal administratif) une convention ou un accord collectif, soit à la demande d'une organisation syndicale représentative, soit de sa propre initiative. Il doit auparavant recueillir l'avis de la commission nationale de la négociation collective et faire publier au *Journal officiel* un avis concernant l'extension. Le ministre peut exclure, après avis motivé de la commission nationale de la convention collective, les clauses qui seraient en contradiction avec les lois et règlements.

b) L'élargissement (d'un texte déjà étendu)

355. Si un accord ou une convention collective ne peuvent être conclus par suite d'une carence des organisations syndicales et pour éviter tout vide conventionnel, le ministre du Travail peut décider de rendre obligatoire un texte déjà étendu à un secteur d'activité ou à une profession à d'autres secteurs d'activité ou à d'autres professions en procédant à son élargissement.

2) Application dans le temps

356. Les conventions et accords collectifs peuvent être conclus à durée déterminée ou indéterminée (art. L. 2222-4 du Code du travail). Mais, comme tout contrat, ils peuvent, au cours de leur existence, subir certaines modifications visant à les adapter aux réalités sociales.

Lorsque le texte est conclu pour une durée déterminée, à défaut de stipulation contraire, il continue de produire des effets, après l'expiration, comme s'il avait été conclu pour une durée indéterminée. Cela résulte d'une volonté du législateur de pérenniser l'application du statut collectif lorsque les parties ne se sont pas clairement manifestées sur le terme.

Si les parties ont opté pour un terme, il ne peut excéder cinq ans.

3) La fin des accords et conventions collectives

357. Trois types de situations sont envisageables.

a) Arrivée du terme

358. Les conventions collectives à durée déterminée devraient expirer à l'arrivée de leur terme (la règle est de cinq ans). Mais si les parties n'ont pas prévu des modalités de reconduction ou de négociation, le texte continue de produire des effets, il devient ainsi à durée indéterminée (art. L. 2222-4 du Code du travail) et est applicable jusqu'à sa dénonciation.

b) Dénonciation

359. Les conventions et accords à durée indéterminée peuvent être dénoncés par les parties signataires (art. L. 2261-9 du Code du travail) suivant des modalités qui relèvent de la liberté contractuelle mais sous réserve de respecter un préavis qui, s'il n'est pas fixé conventionnellement, est de trois mois.

Sauf si les parties en ont décidé autrement, la convention collective ne peut être dénoncée que dans son entier et non partiellement. Elle peut en revanche être dénoncée par une ou plusieurs parties ; la dénonciation n'a donc d'effet que vis-à-vis de ceux qui ont valablement dénoncé le texte conventionnel.

➢ *Le régime de la dénonciation*

Le régime de la dénonciation est articulé en deux temps : un délai de préavis de trois mois s'ouvre dès la dénonciation. Une fois ce délai passé, débute un délai de douze mois supplémentaires pendant lequel des négociations doivent s'engager. Si les partenaires sociaux se mettent d'accord et qu'un nouvel accord est conclu, il s'applique immédiatement aux salariés qui ne peuvent garder le bénéfice de leurs avantages individuellement acquis. Ces avantages sont ceux qui ont effectivement bénéficié aux salariés dans le passé (dont une procédure disciplinaire par exemple), et dont les salariés ne se sont jamais prévalus avant leur remplacement par la nouvelle convention collective[12]. Il faut préciser que l'avantage individuel que conserve le salarié à l'issue du délai de négociation est celui dont l'objet est individuel, quelle que soit sa source. L'objet est individuel quand il bénéficie personnellement au salarié (comme une prime d'ancienneté). Il est collectif quand il bénéficie à l'ensemble des salariés sans pouvoir individualiser le bénéfice de cet avantage (par exemple un système collectif de répartition des pourboires).

Si les négociations n'aboutissent pas et qu'aucun accord n'est négocié au bout de quinze mois, la totalité de l'ancienne convention collective disparaît à l'exception des avantages individuellement acquis.

➢ *Le respect de l'ordre public social : la survie de l'ancien accord pendant la période de dénonciation*

Puisque l'ancienne convention collective subsiste, dans l'attente de nouvelles négociations, pendant un délai total de quinze mois, l'employeur ne peut contourner son application en faisant signer aux salariés un avenant au contrat de travail moins favorable que l'accord collectif. Cela implique que les clauses d'un contrat de travail ne peuvent être valablement modifiées dans un sens moins favorable que celles de l'accord d'entreprise tant que ce dernier reste en vigueur. Tant que leur contrat de travail reste en cours, les salariés ne peuvent renoncer aux avantages qu'ils tirent d'un accord collectif[13].

La négociation doit donc s'engager sur l'initiative de l'une ou l'autre des parties. L'employeur est obligé de négocier, à défaut il peut engager sa responsabilité civile et pénale[14].

---

12. Cass. soc. 31 mars 1998, Dr. 1998, p. 732, obs. A. Jeammaud.

13. À propos de la rémunération, Cass. soc. 26 mai 1998, Liaisons sociales, n° 7882 du 22 juin 1998.

14. Cass. soc. 19 octobre 1999, Dr. soc. 2000, p. 228, obs. G. Bélier.

c) Démission de l'employeur

360. Selon l'article L. 2262-3 dernier alinéa du Code du travail, un employeur ne peut démissionner postérieurement à la signature d'une convention ou d'un accord collectif. Il demeure lié par ces textes ainsi que par les accords antérieurs à sa démission lorsqu'ils ne sont que l'application de la convention ou de l'accord initial[15]. Cela permet concrètement aux salariés de se prévaloir des dispositions conventionnelles toujours valables dont les compléments de salaires. Cette règle législative et jurisprudentielle a pour but de promouvoir la force obligatoire des conventions et accords de travail.

La démission de l'employeur n'emporte donc pas la dénonciation, seul mode de rupture unilatéral valable d'un texte conventionnel.

II. Les normes unilatérales du statut collectif

361. Bien que les organisations syndicales représentatives aient en principe le monopole de la négociation collective (notamment par l'action des délégués syndicaux), il est de plus en plus fréquent que l'employeur négocie avec des représentants du personnel qui n'ont pas cette qualité, par exemple avec le comité d'entreprise.

Outre le fait que l'on s'interroge sur la nature et la valeur de ces accords qui dérogent au droit commun des conventions collectives et accords collectifs, il est également possible de se demander si la négociation collective de demain ne sera pas de plus en plus souvent construite sur ces modèles. En effet, la *loi du 12 novembre 1996* permettait aux entreprises dépourvues de délégués syndicaux de conclure des accords collectifs avec des salariés élus par les autres salariés ou encore mandatés par les syndicats représentatifs, ce qui ouvrait le champ de la négociation atypique. La négociation avec les représentants élus ou directement avec les salariés est aussi très présente dans le dispositif de négociation de la réduction du temps de travail (*infra*, n°s 477 et s.).

Les normes unilatérales du statut collectif sont donc celles qui ne sont pas négociées (comme l'usage) ou qui sont négociées mais qui n'ont pas la valeur d'accords collectifs.

362. Quelle est leur place dans la hiérarchie des normes et plus spécialement face aux conventions collectives ?

La convention ou l'accord collectifs s'imposent aux sources inférieures que sont l'usage ou le contrat de travail, ainsi qu'en témoigne l'article L. 2254-1 du Code du travail : *« Lorsqu'un employeur est lié par les clauses d'une convention ou d'un accord collectif de travail, ces clauses s'appliquent aux contrats de travail conclus avec lui, sauf dispositions plus favorables. »* Le salarié ne peut renoncer à l'application des droits qu'il tient automatiquement de la convention collective.

Les textes conventionnels s'imposent donc au contrat de travail, à l'usage et aux normes atypiques, sauf si ces derniers contiennent des dispositions plus

15. Cass. soc. 10 février 1999, Liaisons sociales, jurisprudence n° 619 du 22 février 1999.

favorables, en application du principe d'ordre public social. En revanche, si le contrat de travail postérieur à l'acte conventionnel contient des clauses moins favorables, ces dernières seront nulles.

Toutefois, le fait que l'acte collectif s'impose au contrat de travail n'implique pas l'incorporation du contrat de travail à la convention ou à l'accord collectifs. L'autonomie de ces sources du droit du travail a pour conséquence d'éviter que les salariés invoquent le dispositif conventionnel après sa disparition au titre des avantages individuellement acquis. De même, l'usage ne s'incorpore pas au contrat de travail. L'employeur est donc libre de le dénoncer, en respectant des règles précises, sans que le salarié puisse invoquer une modification de son contrat de travail.

L'usage et l'engagement unilatéral sont les sources unilatérales du statut collectif.

A. L'usage : une source unilatérale formelle du statut collectif

363. La notion d'usage n'est pas définie dans le Code du travail. Il s'agit d'un avantage accordé par l'employeur à la collectivité des salariés sur une longue période, en respectant certains critères : une prime de Noël accordée tous les ans et dont le montant ne varie pas constitue bien un usage. De même pour l'octroi de jours travaillés entre des jours fériés (« les ponts »), ou encore le droit pour les syndicats de distribuer des tracts dans l'entreprise alors que la loi le leur interdit.

L'usage est toujours plus avantageux que la loi, il participe à la création de normes favorables entant dans le champ d'application de l'ordre public social. Les salariés peuvent alors s'en prévaloir et l'employeur ne peut y renoncer unilatéralement.

1) Les critères de l'usage

364. Pour qu'un avantage octroyé par l'employeur soit qualifié d'usage et devienne source d'obligations pour l'employeur, il faut qu'il remplisse trois conditions fixées par la jurisprudence.

L'usage doit être fixe (dans son montant ou dans son mode de calcul), il doit être général (c'est-à-dire accordé objectivement à tous les salariés d'une même catégorie professionnelle ou travaillant sur un même site sans discrimination directe ou indirecte) et répétitif. Ces caractéristiques de l'usage sont souvent volontairement méconnues par les employeurs, qui s'obligent à varier le montant d'une prime d'une année sur l'autre ou à ne pas accorder régulièrement les mêmes périodes de congés.

Toutefois, si les trois conditions sont réunies, l'usage est caractérisé au sens du droit du travail, encore faut-il préciser son régime juridique.

2) Le régime juridique de l'usage

365. Si l'usage ne s'incorpore pas au contrat de travail, il n'en demeure pas moins qu'il occupe une place non négligeable dans la hiérarchie des normes, car il crée des droits au bénéfice des salariés. En effet, l'usage perdure tant qu'une convention collective ne vient pas le remplacer. Cette dernière hypothèse est néanmoins fréquente dans la négociation des accords « donnant-donnant » : en échange d'un accord de réduction du temps de travail, l'employeur peut être tenté de négocier « à la baisse » le régime des primes qui existait jusqu'alors par voie d'usage.

a) La non-incorporation de l'usage au contrat de travail

366. Bien que plus favorable aux salariés que la loi ou la convention collective, l'usage ne s'incorpore pas au contrat de travail : il s'agit d'une affirmation de principe qui n'a jamais été remise en cause depuis[16].

Qu'est-ce que cela signifie concrètement ? Si l'usage ne s'incorpore pas au contrat de travail, il n'en devient pas un élément. L'employeur peut donc à loisir dénoncer l'usage (sur les conditions de cette dénonciation, *infra*, n° 370) sans que cette dénonciation entraîne une modification des contrats des salariés concernés.

Le régime juridique de l'usage est volontairement flexible : engagement unilatéral formalisé par la jurisprudence, il ne doit pas lier l'employeur de manière trop rigide. Il n'a pas la valeur juridique ni les effets d'un accord collectif au sens de la loi.

b) La place de l'usage dans la hiérarchie des normes

1. Usage et convention ou accord collectif

367. L'usage se situe en dessous des conventions et accords collectifs de travail ; il ne peut s'appliquer uniquement s'il est plus favorable.

Ayant une valeur juridique inférieure à l'accord, il doit pourtant s'effacer derrière lui : ainsi, un accord collectif qui a le même objet qu'un usage prime sur ce dernier même s'il est moins avantageux pour les salariés. L'ordre public social ne joue qu'envers les normes inférieures : l'accord d'entreprise postérieur à l'usage et portant sur le même objet fait disparaître l'usage[17] sans qu'il soit besoin de respecter les règles de dénonciation de l'usage.

Pour résumer, si la convention collective est antérieure à l'usage, celui-ci ne peut exister que s'il est plus favorable pour les salariés. En revanche, lorsque la convention collective est postérieure à l'usage, elle le remplace si elle porte sur le même objet, peu importe qu'elle soit moins favorable pour les salariés. Si la convention n'a pas le même objet, elle ne peut remettre en cause l'existence de l'usage et les salariés peuvent toujours s'en prévaloir[18].

---

16. Cass. soc. 25 février 1988, Deschamps et autres, B. V., n° 139, précité.
17. Cass. soc. 9 juillet 1996, Dr. soc. 1996, p. 983, obs. J. Savatier.
18. Cass. soc. 9 juillet 1996, *ibidem*.

2. Usage et contrat de travail

368. L'usage ne s'incorpore pas au contrat, ce qui permet à l'employeur de ne pas avoir à recueillir l'assentiment des salariés lors de sa dénonciation : c'est le principe de l'arrêt « Deschamps »[19].

Toutefois, si l'employeur sollicite par écrit l'accord des salariés à la remise en cause de l'avantage créé par l'usage, cette sollicitation a pour effet de contractualiser l'usage. Il devient un élément du contrat de travail puisque les salariés peuvent refuser sa remise en cause. Si les salariés refusent la remise en cause de l'avantage, l'employeur est toujours lié par cet avantage qu'il transmet au nouvel employeur en cas de cession de l'entreprise[20].

L'employeur a donc tout intérêt à dénoncer l'usage dans les règles plutôt que de demander l'accord des salariés.

3) La disparition de l'usage

369. L'employeur ne peut résilier unilatéralement un usage, ce qui peut être tentant pour lui dans un contexte de négociation collective : en échange de la réduction du temps de travail, il peut au préalable vouloir s'affranchir de certains usages trop coûteux, notamment s'il s'agit de primes.

370. La disparition de l'usage ne peut résulter que d'une dénonciation effectuée dans les règles posées par la jurisprudence : l'employeur ne peut ainsi décider de supprimer une prime contenue dans un usage en faisant une annonce lors d'une réunion du comité d'entreprise[21]. En revanche, si la prime est contractuelle, sa suppression peut résulter d'un refus du salarié d'une modification de son contrat de travail[22].

Pour dénoncer l'usage, l'employeur doit remplir deux obligations qui sont assez différentes des règles légales posées par l'article L. 2261-9 du Code du travail en matière de dénonciation des conventions et accords de travail :

• une obligation d'information à la fois individuelle pour chaque salarié concerné par la suppression de l'usage et une information collective aux représentants du personnel élus. Cette dernière obligation démontre bien que l'usage n'obéit pas au même régime juridique que les accords collectifs, dont la dénonciation ne peut s'effectuer qu'avec la représentation désignée du personnel ;

• l'obligation de respecter un délai suffisant pour permettre aux syndicats d'engager éventuellement des négociations afin de pérenniser l'usage dans un accord collectif. Ce délai n'est pas précisé, mais les juges ont pris le soin d'affirmer qu'il n'est pas à assimiler au délai de préavis de trois mois prévu par l'article L. 2261-9 du Code du travail en matière de dénonciation de

---

19. Précité.

20. Au sujet de primes de travail de nuit, Cass. soc. 5 octobre 1999, Liaisons sociales, jurisprudence n° 645 du 18 octobre 1999.

21. Cass. soc. 7 avril 1998, Liaisons sociales, jurisprudence n° 7854 du 27 avril 1998.

22. Cass. soc. 28 janvier 1998, SA Systia informatique : sur la modification du contrat de travail, *infra*, n°s 661 et s.

convention collective. Abandonnant toute référence à l'article 1134 du Code civil, les juges ont même précisé que l'obligation de respecter un délai suffisant constitue une règle prétorienne que l'employeur ne saurait violer[23].

En revanche, l'employeur n'a pas forcément l'obligation de motiver la dénonciation, pour autant que la suppression de l'usage ait un but licite[24]. De même, il n'a pas l'obligation de négocier mais simplement de respecter un délai suffisant pour permettre aux organisations syndicales représentatives d'engager des négociations.

371. Une fois l'usage régulièrement dénoncé, les salariés ne peuvent plus s'en prévaloir puisqu'il ne s'est pas incorporé au contrat de travail.

Un problème particulier peut se poser si la rémunération d'un salarié est exclusivement prévue par un usage et que l'employeur le dénonce. Comment la rémunération de ce salarié va-t-elle être désormais fixée ? La Cour de cassation s'est prononcée dans un sens favorable au salarié : l'employeur ne peut fixer unilatéralement le salaire. Après la dénonciation, et à défaut d'accord entre les parties, la rémunération sera déterminée par le juge, qui se référera certainement à l'usage disparu[25]...

B. L'engagement unilatéral : une source unilatérale informelle du statut collectif

372. Les accords passés entre l'employeur et d'autres personnes que les représentants des organisations syndicales représentatives n'ont pas, sauf disposition expresse de la loi (voir le mandatement syndical par exemple), valeur d'accords collectifs. La doctrine les a longtemps qualifiés d'« actes atypiques », par opposition à la norme typique négociée qu'est la convention[26].

Depuis, certaines décisions de jurisprudence ont précisé le sort de ces actes en s'attachant non pas à leur qualification mais à leur nature juridique : tous ces accords informels ont valeur d'engagement unilatéral de la part de l'employeur. Par ailleurs, ils obéissent à un régime juridique proche de celui des usages, notamment en matière de transfert d'entreprise[27].

23. Cass. soc. 12 février 1997, APEI Centre les hirondelles c/ Attanasio, Liaisons sociales, jurisprudence hebdo n° 7616 du 24 février 1997, Dr. soc. 1997, p. 430, obs. J. Savatier.

24. Ce qui n'est pas le cas lorsque l'employeur supprime une prime en réaction à une grève, Cass. soc. 13 février 1996, Liaisons sociales, jurisprudence n° 7424 du 29 février 1996.

25. Cass. soc. 20 octobre 1998, lire Ph. Langlois, « Le sort des avantages résultant d'un usage dénoncé », Dr. soc. 1999, p. 125.

26. Voir sur ce point notamment : J. Deprez, « Le régime juridique des avantages collectifs de source informelle à travers la jurisprudence », RJS 10/95, Chr. P. 639, E. Dockès, « L'engagement unilatéral de l'employeur », Dr. soc. 1994, p. 227.

27. Les engagements unilatéraux se transmettent au nouvel employeur, Cass. soc. 4 février 1997, Dr. soc. 1997, p. 416, obs. G. Couturier, RJS, 3/97, n° 256.

1) Le régime juridique des normes unilatérales informelles

373. Bien que se situant tout en bas de l'échelle des sources du droit du travail juste avant le contrat de travail, l'engagement unilatéral connaît à l'heure actuelle un succès croissant, notamment de par les obligations qu'il crée à l'égard de celui qui le forme : l'employeur.

a) La valeur de l'engagement unilatéral

374. Qu'un accord soit conclu avec les représentants du personnel[28] ou qu'une décision soit prise devant le comité d'entreprise[29], *ces actes n'ont que la valeur d'engagements unilatéraux* de l'employeur.

De ce fait, en vertu de l'ordre public social, ils ne peuvent s'appliquer que s'ils sont plus favorables pour les salariés que les dispositions conventionnelles, et un accord collectif postérieur portant sur le même objet y met fin (tout comme en matière d'usage, *supra*, n° 363). L'engagement unilatéral s'efface derrière les normes supérieures : si un salarié est lié à la fois par une disposition conventionnelle et par un engagement unilatéral, ce dernier ne lui est pas opposable et la mesure conventionnelle reste applicable au salarié[30].

b) Les obligations de l'employeur face à ses engagements unilatéraux

375. L'engagement unilatéral, bien qu'ayant une valeur juridique moindre que l'accord collectif, lie tout de même l'employeur jusqu'à sa dénonciation régulière (*supra*, n° 359).

Une prime de fin d'année, quand elle est payée en exécution d'un engagement unilatéral, constitue un élément de salaire. Elle est obligatoire pour l'employeur dans les conditions fixées par cet engagement, peu important son caractère variable[31]. De même, l'employeur qui ne verse pas la rémunération due à ses salariés à leur échéance, que cette rémunération résulte du contrat de travail, de la convention collective, d'un usage ou d'un engagement unilatéral, provoque la rupture du contrat qui doit s'analyser en un licenciement[32].

Le contentieux concerne souvent les engagements unilatéraux de l'employeur pris dans le cadre du plan de sauvegarde de l'emploi. Ces engagements, souvent appelés « pour l'emploi », peuvent être négociés, auquel cas ils relèvent du régime des accords collectifs (*supra*, n°s 337 et s.), ou bien être pris unilatéralement par l'employeur. Créant des droits envers les salariés, il paraît logique

28. Cass. soc. 19 novembre 1997, Dr. soc. 1998, p. 89, obs. G. Couturier.

29. Cass. soc. 19 novembre 1997, *ibidem.*

30. Pour une clause de non-concurrence prévue à la fois dans un accord collectif et dans un engagement unilatéral, Cass. soc. 15 juillet 1998, Liaisons sociales, jurisprudence n° 601 du 29 octobre 1998.

31. Cass. soc. 28 octobre 1997, Dr. soc. 1998, p. 77, obs. G. Couturier. L'employeur ne saurait non plus conditionner le versement d'une prime prévue par un engagement unilatéral à une situation économique florissante dans l'entreprise (engagement unilatéral soumis à condition) : Cass. soc. 27 juin 2000, Liaisons sociales, jurisprudence hebdo n° 682 du 10 juillet 2000.

32. Cass. soc. 18 novembre 1998, Dr. soc. 1999, p. 97.

que l'employeur soit lié par les engagements qu'il souscrit en matière de plan de sauvegarde de l'emploi : antenne emploi, reclassement, préretraite sont autant d'espoirs pour les salariés confrontés à un licenciement collectif économique. Par ailleurs, décider le contraire équivaudrait à dénier tout intérêt au plan de sauvegarde de l'emploi, ce qui est contraire à la jurisprudence de la chambre sociale en cette matière[33].

376. Les obligations de l'employeur relèvent de la notion de loyauté, de son obligation de bonne foi. En effet, ce n'est pas parce que le plan de sauvegarde de l'emploi est un acte unilatéral (créant des effets collectifs) que l'employeur ne saurait l'exécuter de bonne foi. L'employeur qui s'engage à faire bénéficier les salariés licenciés, pendant trois ans à compter de la date de leur départ, d'*« une priorité d'embauche en cas de candidature à une offre d'emploi à condition de présenter les aptitudes nécessaires »*, doit respecter cet engagement sous peine de se voir condamné par les juges à réparer le préjudice subi par les salariés lésés[34]. Les licenciements des salariés ne seront tout de même pas dépourvus de cause réelle et sérieuse, sauf si l'engagement de l'employeur, dans le cadre du plan de sauvegarde de l'emploi, concerne le plan de reclassement. Dans ce dernier cas de figure, les juges considèrent que l'employeur qui méconnaît un engagement pris dans un plan de reclassement viole nécessairement l'obligation de reclassement de telle sorte que le licenciement est dépourvu de cause[35].

Une négociation dérogatoire est désormais consacrée (*infra*, n° 407).

2) La disparition des normes unilatérales informelles

377. L'employeur ne peut se délier des engagements unilatéraux qu'en les dénonçant régulièrement suivant les mêmes modalités que celles développées pour l'usage : information des salariés, respect d'un délai suffisant[36].

Section 2
LES MODALITÉS DE LA NÉGOCIATION COLLECTIVE

378. Trois réformes majeures sont intervenues ces dernières années pour préciser les modalités de négociation des accords et conventions collectifs de travail. Le point commun est l'essor du dialogue social entre les partenaires sociaux au détriment d'une intervention trop poussée du législateur.

33. En matière de plan de sauvegarde de l'emploi, *infra*, n°s 748 et s.
34. Cass. soc. 28 juin 2000, Liaisons sociales, jurisprudence hebdo n° 682 du 10 juillet 2000.
35. Cass. soc. 6 juin 2000, Liaisons sociales, jurisprudence hebdo n° 680 du 22 juin 2000.
36. Cass. soc. 7 mai 1998, Dr. soc. 1998, p. 730, obs. G. Couturier.

I. La réforme du 4 mai 2004[37]

A. Avant-propos

379. L'objet de la loi du 4 mai 2004 est de réformer en profondeur les règles régissant la négociation et la conclusion de la négociation collective afin de développer le dialogue social.

En effet, notre droit reposait, depuis la loi du 19 mars 1919 et la loi du 11 février 1950, sur quatre principes essentiels :

– le caractère contractuel des accords et conventions et son corollaire la liberté de négociation ;

– le principe de faveur qui assure au salarié la couverture conventionnelle la plus favorable ;

– la portée quasi réglementaire conférée aux accords interprofessionnels et de branche par le mécanisme de l'extension ;

– la prise en compte de la pluralité syndicale à travers le droit pour tout syndicat représentatif, même minoritaire, de contracter au nom des salariés.

Même si la loi du 13 novembre 1982 avait tenté de développer la négociation d'entreprise, une réforme était nécessaire en raison de l'emprise trop forte du législateur sur le droit du travail et d'une hiérarchisation trop forte entre les différents accords collectifs.

Les partenaires sociaux ayant adopté une position commune le 16 juillet 2001, cette dernière a inspiré la loi du 4 mai 2004.

De nombreux points sont importants dans cette loi, dont la reconnaissance des accords de groupe. Ne seront ici examinés que le problème de la validité des conventions et accords (conditions de validité et mise en œuvre) et celui de la hiérarchie des normes.

B. La réforme de la négociation et de la validité des conventions et accords

1) Quel était le principe de base en matière de négociation collective avant la réforme ?

380. Tout syndicat représentatif pouvait conclure un accord ou une convention collective applicable à l'ensemble de ceux qui relèvent de leur champ d'application. Mais ce principe ne valait que si représentativité et légitimité de conclure des accords coïncidaient. Or, à une représentativité présumée au profit des cinq organisations syndicales représentatives (arrêté du 31 mars 1966) ne correspondait pas toujours une présence réelle, ce qui pouvait conduire dans les entreprises à la conclusion d'accords atypiques avec les élus du personnel. C'est pourquoi la

37. Ces passages sont inspirés des deux notes suivantes : B. Teyssié, « La négociation des conventions et accords collectifs après la loi de 2004 », Recueil Dalloz, Chr. n° 391, 2004, p. 2060 du 4 mai 2004 ; V. Calais, « La réforme du dialogue social en tableaux », Les Cahiers du DRH, n° 98, 9 avril 2004.

réforme du 20 août 2008 prend toute son ampleur dans le droit de la négociation collective (*infra*, III).

2) Quel est l'apport principal de la réforme de 2004 ?

381. La nouvelle loi du 4 mai 2004 a donc voulu renforcer la légitimité des contrats collectifs sans pour autant remettre en cause à l'époque le principe de représentativité présumée des cinq organisations syndicales représentatives et sans augmenter leur nombre.

Pour cela il a été décidé de :

– renforcer la légitimité mais de l'appliquer de manière différenciée en fonction du niveau de conclusion de l'accord : pour organiser efficacement la légitimité des partenaires sociaux le législateur a décidé d'un traitement différencié de cette question de la légitimité selon le niveau de négociation des accords ou conventions collectives, comme cela avait été suggéré par la « Position commune » du 16 juillet 2001 ;

– soumettre la validité des accords au principe du majoritaire, qu'elle soit entendue de manière négative (majorité d'opposition) ou de manière positive (majorité d'adhésion).

382. La référence majoritaire devient la règle au détriment de la référence à la représentativité traditionnelle. Pour être valable désormais, un accord doit être majoritaire, c'est-à-dire négocié selon les nouvelles modalités de ce principe :

• Soit la majorité découle de l'absence d'opposition des non-signataires (majorité d'opposition ou encore droit d'opposition) : l'accord n'est valable qu'en cas d'absence d'exercice du droit d'opposition des non-signataires de l'accord. C'est la possibilité pour les accords signés au niveau interprofessionnel. Cela veut concrètement dire, pour prendre un exemple, que parmi les cinq centrales représentatives, si deux d'entre elles ont signé l'accord, elles s'exposent à la majorité d'opposition des trois autres. Si trois d'entres elles signent d'emblée l'accord, il n'y a pas de risque d'opposition et l'accord est valable.

• Soit la majorité s'entend de manière positive : le signataire (ou les signataires) doit avoir reçu l'accord de la majorité des salariés. Cela peut se faire soit avec l'organisation d'une consultation spécifique des salariés (référendum), soit par l'observation des résultats des syndicats signataires lors des dernières élections professionnelles. Cette possibilité s'applique uniquement dans les accords conclus au niveau de la branche ou de l'entreprise à la condition que les signataires aient envisagé cette possibilité.

Cette majorité positive met en avant le critère de l'audience (critère également prioritaire en matière de représentativité syndicale) : ce seront les syndicats qui auront obtenu des résultats lors des dernières élections professionnelles qui pourront signer l'accord.

Les modalités de validité des accords permettent de préciser la règle du majoritaire.

C. Les modalités de validité des accords collectifs d'après la loi du 4 mai 2004

383. La validité des accords est soumise au principe du majoritaire, mais les conditions de la légitimité dépendent du niveau de négociation des conventions ou accords. Les dispositions prévues par la loi de 2004 ont été partiellement remises en cause par la loi du 20 août 2008 (*infra*, III).

1) Conventions et accords conclus à un niveau interprofessionnel

384. Le principe est celui de la majorité d'opposition. Pour être valable, un accord interprofessionnel est subordonné à l'absence d'une opposition exercée par la majorité des organisations syndicales représentatives non signataires dans le champ d'application de l'accord : pour être valable, par exemple, le texte doit avoir été signé par trois sur cinq des organisations syndicales représentatives, comme nous l'avons déjà vu.

Si un seul syndicat signe, l'accord est valable tant que les autres n'exercent pas leur droit d'opposition. Peu importe que l'accord interprofessionnel ait été signé au niveau ou à un champ d'application plus réduit, peu importe son objet.

a) L'exercice du droit d'opposition

385. Selon la loi de 2004, le droit d'opposition peut être exercé par les « organisations syndicales de salariés représentatives dans le champ d'application de l'accord ».

386. Lorsque le dernier syndicat non signataire reçoit l'accord signé, le point de départ du délai d'opposition commence et il s'agit d'un délai de quinze jours. Pendant ce laps de temps, l'accord ne peut être déposé ni auprès de l'administration ni auprès du secrétariat-greffe du conseil de prud'hommes.

L'opposition doit être écrite et motivée non pas au sens classique en contestant le fond du texte, mais en invoquant des questions d'opportunité économiques et sociales par exemple.

b) Effet de l'exercice du droit d'opposition

387. L'accord régulièrement frappé d'opposition (la moitié des syndicats + 1) est réputé non écrit, il est anéanti et ne peut produire aucun effet juridique.

2) Convention et accord de branche

388. La position commune du 16 juillet 2001 avait soumis la validité des conventions et accords de branche au même régime que les accords interprofessionnels. Mais, tout en gardant la technique de la majorité d'opposition qui demeure le principe, le législateur a ouvert l'option de la majorité d'adhésion mais seulement dans des cas précis : seul une convention ou un accord de branche étendu ou un accord professionnel étendu (valant « accord-cadre » appelé dans la loi accord de méthode) peut soumettre les conventions et accords ultérieurement signés à ce niveau aux contraintes de la majorité positive. Mais cette option a peu

de chance d'être fréquente car les syndicats ne vont pas prendre le risque de remettre en cause leur légitimité.

a) Majorité d'opposition (ou majorité négative)

389. À défaut d'accord-cadre, une convention de branche ou un accord de branche étendu peut être conclu par toute organisation syndicale représentative (représentativité présumée ou prouvée) dans le champ d'application de la branche, quel que soit son champ d'application géographique. Mais, comme dans le cas des accords interprofessionnels, la convention ou l'accord de branche est soumis au même droit d'opposition (la majorité des syndicats + 1), si ce n'est qu'ici il ne s'agit pas uniquement des cinq centrales mais aussi des syndicats qui auront prouvé leur représentativité dans la branche.

b) Majorité d'adhésion (ou majorité positive)

390. La validité des conventions de branche et des accords professionnels peut être conventionnellement subordonnée à leur signature par une ou plusieurs organisations syndicales représentant une majorité de salariés de la branche.

391. Il faut que cette majorité positive émane d'un accord-cadre (accord de méthode) conclu pour le secteur considéré car c'est une faculté offerte aux partenaires sociaux de la branche de prévoir cette nouvelle forme d'application du principe du majoritaire. Pour l'appréciation de la validité de l'accord-cadre, il s'agit des mêmes conditions que celles posées pour l'accord interprofessionnel : validité sauf droit d'opposition d'une ou de plusieurs organisations syndicales représentatives dans le secteur considéré (majorité +1). Si cet accord est valablement signé, il doit de plus faire l'objet d'un arrêté d'extension.

392. Quelles sont les alternatives prévues pour l'appréciation de cette majorité d'adhésion ?

• 1re formule : mesure de la majorité par une consultation spécifique des salariés (référendum).

L'accord-cadre peut opter pour une consultation des salariés, organisée périodiquement (la périodicité prévue par l'accord, tous les cinq ans, paraîtrait raisonnable), en vue de mesurer la représentativité des organisations syndicales de salariés de la branche. Cette technique, qui s'avère lourde et coûteuse, risque d'être peu utilisée. Mais cela peut être intéressant car cela correspond au souhait du législateur de favoriser l'émergence de nouveaux acteurs représentatifs au niveau de la branche.

• 2e formule : la référence aux dernières élections professionnelles (comité d'entreprise ou à défaut délégués du personnel). Il s'agit de tenir compte du mode de décompte des résultats de ces élections (majorité des suffrages obtenus), mais les partenaires sociaux peuvent choisir de retenir les résultats du premier tour (ce qui ouvre moins la porte à la compétition entre les organisations syndicales) ou du deuxième. Cette solution est intéressante mais ne permet pas de prendre en compte l'avis des salariés travaillant dans des entreprises dépourvues de représentants du personnel.

3) Conventions et accords d'entreprises (ou d'établissements)

393. Les conditions de validité de ces accords doivent être fixées par voie conventionnelle (secteur par secteur, par voie de convention de branche ou d'accord professionnel étendu). Encore faut-il qu'il en existe.

La convention de branche ou l'accord professionnel ne peut opter que pour l'une des deux techniques prévues : la majorité d'opposition ou la majorité d'adhésion. Mais dans l'un ou l'autre cas de figure des conditions particulières sont rajoutées.

a) Choix effectué par voie conventionnelle

1. Majorité positive

394. Le texte est valable s'il est signé par les organisations syndicales qui représentent la majorité des salariés, mais le dispositif diffère selon que le contrat collectif intéresse ou non toutes les catégories professionnelles.

– Si le texte intéresse toutes les catégories professionnelles, tout dépend du point de savoir si l'entreprise est ou non dotée de représentants du personnel :

- si l'entreprise a des représentants du personnel, la validité de l'accord peut être subordonnée à leur signature par une ou plusieurs organisations syndicales de salariés ayant recueilli au moins la moitié des suffrages exprimées au premier tour des dernières élections du comité d'entreprise ou à défaut des délégués du personnel. Peu importe le pourcentage d'électeurs inscrits que représente ladite moitié. Mais si aucune majorité ne se dégage au premier tour, le texte sera soumis à l'approbation à la majorité des suffrages exprimés des salariés de l'entreprise, à l'initiative des syndicats signataires auxquels peuvent s'associer les non-signataires (ce qui paraît fort peu probable). Faute d'approbation par les salariés, la convention est réputée non écrite ;
- si l'entreprise ne dispose pas de représentants du personnel, en cas par exemple de carence d'élections professionnelles, et qu'il existe un délégué syndical, la validité d'un accord signé par ce dernier sera soumise à l'approbation de la majorité des salariés (référendum).

– Si le texte n'intéresse pas toutes les catégories professionnelles

Dans l'hypothèse où le texte n'intéresse qu'un collège électoral comme les ingénieurs et cadres, la validité de l'accord est subordonnée aux dernières élections du comité d'entreprise ou à défaut des délégués du personnel.

2. Majorité d'opposition

395. La convention ou l'accord collectif étendu applicable à un secteur d'activité peut subordonner la validité des conventions et accords d'entreprise à l'absence d'opposition d'une ou de plusieurs organisations syndicales représentatives ayant recueilli au moins la moitié des suffrages exprimés au premier tour des dernières élections du comité d'entreprise ou à défaut des délégués du personnel. En cas de carence d'élections, un délégué syndical peut signer l'accord sous réserve de l'approbation de la majorité des salariés.

Le droit d'opposition peut alors s'exercer dans un délai de huit jours une fois la notification de la signature de l'accord opérée. Là aussi, l'opposition doit être écrite et motivée. Si ce droit d'opposition est régulièrement exercé par des syndicats reconnus comme majoritaires, l'accord est réputé non écrit.

b) Choix non effectué par voie conventionnelle

396. En l'absence de convention de branche ou d'accord professionnel applicable à une entreprise, la validité des accords d'entreprise est subordonnée à la règle de la majorité d'opposition : l'absence d'opposition des organisations syndicales non signataires, à caractère représentatif, ayant recueilli au moins la moitié des suffrages exprimés lors des dernières élections du comité d'entreprise ou à défaut des délégués du personnel.

D. La hiérarchie des normes conventionnelles

397. Le principe de faveur ou ordre public social (application de la norme [en général] inférieure la plus favorable au salarié) qui gouvernait avant la hiérarchie des normes en droit du travail a été remis partiellement en cause par la loi du 4 mai 2004. En effet, il a été rappelé à cette occasion que ce principe n'a pas de valeur constitutionnelle. Il a la valeur d'un principe fondamental du droit du travail et il appartient alors au législateur d'en déterminer le contenu et la portée[38].

Désormais, la loi prévoit que les accords de niveau inférieur ont la faculté de déroger à des accords de niveau supérieur sous réserve que les signataires de ce dernier n'aient pas exclu cette possibilité. Les normes conventionnelles inférieures peuvent comporter des dispositions moins favorables pour les salariés que les normes conventionnelles supérieures (dérogation *in payus*).

Mais cette nouvelle articulation des normes ne concerne que les normes conventionnelles et ne change rien aux rapports régissant les normes législatives et les normes conventionnelles d'une part, ni les rapports entre accords collectifs et contrat de travail. D'autre part, ces dispositions ne sont pas rétroactives.

1) Articulation accords interprofessionnels / accords de branche

398. La convention de branche conclue selon les nouvelles modalités du principe du majoritaire ou l'accord professionnel peut comporter des dispositions moins favorables aux salariés que celles qui leur sont applicables en vertu d'une convention ou d'un accord plus large, à condition que cette convention ou que cet accord ne stipule pas expressément le contraire, c'est-à-dire qu'il ne peut y être dérogé en tout ou en partie.

Exemple : un accord de branche peut être moins favorable qu'un accord interprofessionnel si ce dernier ne l'interdit pas. Si l'accord interprofessionnel entend conserver son caractère impératif à l'égard de la convention de branche, il doit le stipuler expressément car la possibilité de dérogation est de droit.

---

38. Cons. const., 29 avril 2004, à propos de la loi du 4 mai 2004.

2) Articulation accords d'entreprise / accords de branche ou interprofessionnels

399. L'accord d'entreprise ou l'accord d'établissement peut lui aussi comporter des dispositions dérogatoires à des dispositions conventionnelles plus larges dès lors que ces dernières ne l'interdisent pas. Le principe de faveur ne disparaît pas : il est aménagé puisque, auparavant, l'accord d'entreprise ne pouvait déroger que dans un sens plus favorable à la convention de branche. Désormais, il peut toujours déroger dans un sens plus favorable mais aussi dans un sens moins favorable.

Pour que ce nouveau principe s'applique, des conditions sont posées.

Les accords d'entreprises « dérogatoires » aux accords de branche doivent être majoritaires, c'est-à-dire ne pas avoir fait l'objet de l'opposition d'une majorité d'organisations syndicales, ou avoir été signés par une majorité de syndicats représentatifs. L'accord de branche peut interdire ou limiter les facultés de dérogation. L'impérativité de la convention de branche doit être prévue expressément. Mais on peut aussi prévoir la supplétivité. Il peut par exemple être prévu que l'accord de branche est tout ou partie impératif et que les accords de rang inférieur ne peuvent déroger que dans un sens plus favorable, ou encore décider que la convention de branche est tout ou partie supplétive et ne s'applique donc qu'en l'absence d'accord de niveau inférieur.

Les dérogations sont exclues dans quatre domaines : salaires minima, classifications, garanties collectives en matière de protection sociale complémentaire et mutualisation des fonds destinés à la formation professionnelle.

3) Conditions dans lesquelles les accords d'entreprises peuvent déroger aux dispositions législatives

400. Auparavant, seules les conventions de branche pouvaient mettre en œuvre certaines dispositions du Code ou y déroger. Afin de renforcer l'autonomie de l'accord d'entreprise, ces facultés lui sont désormais ouvertes.

Les dispositions législatives concernées sont exclusivement énumérées et concernent essentiellement les contrats de travail à durée déterminée et les contrats de travail temporaire ainsi que la durée du travail.

II. La loi du 31 janvier 2007 de modernisation du dialogue social[39]

401. La loi du 31 janvier 2007 introduit dans le Code du travail un titre préliminaire prévoyant que toute réforme gouvernementale en droit social doit être précédée d'une procédure d'information, de consultation et de concertation des partenaires sociaux. Ces derniers avaient en effet l'impression d'être écartés des textes les plus

39. J.-F. Cesaro, Commentaire de la loi du 31 janvier 2007 de modernisation du dialogue social, JCP S n° 1117, 20 février 2007.

essentiels. La loi nouvelle leur permet d'être présents en vue de l'ouverture éventuelle d'une négociation nationale et interprofessionnelle.

Les nouvelles dispositions du Code du travail définissent le champ d'application de la procédure de concertation :

• Est concerné tout projet de réforme envisagé par le gouvernement. La notion de projet de réforme impose que la concertation intervienne en amont de la procédure législative. *A priori*, les propositions de lois envisagées par les parlementaires et non par le gouvernement ne sont pas concernées par la procédure de concertation, disposition qui peut facilement être contournée cependant en faisant supporter la modification par un parlementaire pour échapper à la procédure de concertation. En revanche il n'y a pas de raison pour exclure de la procédure les décrets.

• Le projet doit porter sur les relations individuelles et collectives du travail, de l'emploi ou de la formation professionnelle. Cela voudrait dire, *a contrario*, que les réformes portant sur la protection sociale ou sur la politique fiscale sont exclues.

• Le projet de réforme doit relever du champ de la négociation nationale et interprofessionnelle. Cela exclut donc les réformes présentant un caractère sectoriel.

402. La procédure d'information, de consultation et de concertation

Tout projet de réforme entrant dans le champ susvisé doit faire l'objet d'une concertation préalable avec les organisations syndicales de salariés et d'employeurs représentatives au niveau national et interprofessionnel en vue de l'ouverture éventuelle d'une négociation. Il est évident que la notion de représentativité employée par le texte va être appréciée de manière différente suite à l'adoption de la loi du 20 août 2008 (*infra*, III).

Concrètement, le gouvernement doit communiquer aux organisations un document d'orientation présentant des éléments de diagnostic, les objectifs poursuivis et les principales options. Ensuite, les organisations font connaître leur intention d'engager la négociation ainsi que le délai qu'elles estiment nécessaire pour la conduire. Puis le gouvernement soumet les projets de textes aux instances habituelles de concertation, soit la Commission nationale de la négociation collective (CNNC), le Comité supérieur de l'emploi (CSE) ou le Conseil national de la formation professionnelle tout au long de la vie (CNFPTLV). La loi nouvelle prévoit que les pouvoirs de la Commission nationale de la négociation collective seront étendus en ce qu'elle sera chargée d'émettre un avis sur les projets de lois, d'ordonnances et de décrets.

403. Exception à la concertation : l'urgence

Le gouvernement peut décider de se soustraire à la procédure prévue s'il déclare l'urgence, mais il est tout de même obligé d'en informer les partenaires sociaux et de leur transmettre un document avant de prendre toute mesure nécessitant l'urgence. Selon le gouvernement, l'urgence s'entend uniquement de situations exceptionnelles pour des raisons d'ordre public, de santé publique, ou encore des phénomènes climatiques par exemple.

III. Les incidences de la réforme du 20 août 2008 sur la négociation collective

404. Les cinq syndicats représentatifs au plan national avaient auparavant la capacité permanente de négocier des accords ou conventions collectives de travail.

L'entrée en vigueur de la loi du 20 août 2008 portant rénovation de la démocratie sociale change les termes de la négociation collective.

A. Qui négocie ?

405. Aux termes de la loi nouvelle, les conventions ou accords collectifs seront conclus entre (art. L. 2231-1 du Code du travail) :

– une ou plusieurs organisations syndicales de salariés représentatives dans le champ d'application de la convention ou de l'accord (et non plus « une ou plusieurs organisations syndicales de salariés reconnues représentatives au niveau national, ou affiliées à ces organisations, ou ayant fait la preuve de leur représentativité dans le champ d'application de la convention ou de l'accord ») ;

– une ou plusieurs organisations syndicales d'employeurs, ou de toute autre association d'employeurs, ou un ou plusieurs employeurs pris individuellement.

B. Quels sont les niveaux de négociation et les nouvelles règles de validité des accords et conventions collectives ?

1) Au niveau interprofessionnel et des branches

406. La validité d'un accord interprofessionnel ou de branche est inchangée : elle reste subordonnée à l'absence d'opposition de la majorité des organisations syndicales de salariés représentatives dans le champ d'application de l'accord.

Cette règle est valable jusqu'à la détermination des organisations syndicales représentatives au niveau interprofessionnel et de branche.

Passé cette date et à compter de la détermination des nouvelles organisations syndicales représentatives dans les branches et au niveau interprofessionnel, la validité d'un accord ou d'une convention collective sera subordonnée à de nouvelles règles qui font référence à l'audience électorale (art. L. 2232-2 et L. 2232-6 du Code du travail) et qui nécessitent pour l'accord :

– sa signature par une ou plusieurs organisations syndicales de salariés représentatives, ayant recueilli au moins 30 % des suffrages exprimés en faveur d'organisations syndicales reconnues représentatives à ce niveau, au premier tour des dernières élections des titulaires, conformément aux mesures d'audience de la représentativité au niveau considéré ;

– et l'absence d'opposition d'une ou de plusieurs organisations syndicales de salariés représentatives ayant recueilli la majorité des suffrages exprimés en faveur des mêmes organisations. L'opposition doit être exprimée dans un délai de quinze jours à compter de la date de notification de cet accord.

2) Au niveau du groupe

La validité d'un accord conclu au sein d'un groupe est soumise à :

– sa signature par une ou plusieurs organisations syndicales représentatives ayant recueilli dans les entreprises comprises dans le périmètre de cet accord au moins 30 % des suffrages exprimés au premier tour des dernières élections des titulaires des comités d'entreprise, ou de la DUP, ou à défaut des délégués du personnel ;

– l'absence d'opposition, exprimée dans un délai de huit jours à compter de la date de notification de l'accord, d'une ou de plusieurs organisations syndicales représentatives ayant recueilli dans le même périmètre la majorité des suffrages exprimés à ces mêmes élections, quel que soit le nombre de votants.

3) Au niveau de l'entreprise

Si l'on s'attache essentiellement aux accords conclus par des délégués syndicaux, les règles sont les suivantes : à partir du 1er janvier 2009, la validité d'un accord ou d'une convention sera subordonnée à :

– sa signature par une ou plusieurs organisations syndicales représentatives ayant recueilli dans les entreprises comprises dans le périmètre de cet accord au moins 30 % des suffrages exprimés au premier tour des dernières élections des titulaires, conformément aux mesures d'audience de la représentativité au sein de l'entreprise ;

– l'absence d'opposition d'une ou de plusieurs organisations syndicales représentatives ayant recueilli la majorité des suffrages exprimés, opposition exprimée dans un délai de huit jours à compter de la date de notification de l'accord.

Il faut également envisager le cas d'un accord conclu avec un représentant de la section syndicale. En cas de carence au premier tour des élections professionnelles, la validité de l'accord négocié et conclu avec le représentant de la section syndicale sera subordonnée à son approbation par les salariés à la majorité des suffrages exprimés dans des conditions déterminées par décret et dans le respect des principes généraux du droit électoral. Faute d'approbation, l'accord sera réputé non écrit.

4) La négociation dérogatoire

407. La loi ouvre, au 31 décembre 2009, la possibilité pour les entreprises de négocier de manière dérogatoire (art. L. 2232-21 et s. du Code du travail). Elles peuvent ainsi négocier avec les élus du personnel (comité d'entreprise, DUP ou délégué du personnel, pour les entreprises occupant moins de 200 salariés). De même, avec des salariés mandatés par un syndicat (art. L. 2232-24 du Code du travail, entreprises occupant au moins 11 salariés et n'ayant pas d'élu du personnel). Il est enfin possible de négocier avec un représentant de la section syndicale, dans les entreprises dépourvues de délégués syndicaux (art. L. 2143-23 du Code du travail).

Cette règle est valable même en l'absence d'accord de branche étendu (si toutefois un accord de branche a été signé avant l'entrée en vigueur de la nouvelle règle, les entreprises couvertes par de tels accords ne peuvent pas se prévaloir des dispositions légales).

La négociation ne peut porter que sur des matières pour lesquelles la loi impose qu'elles soient mises en œuvre par un accord collectif (par exemple la fixation d'un contingent d'heures supplémentaires), à l'exception des accords de méthode prévus à l'article L. 1233-1 du Code du travail.

Chaque élu ou salarié mandaté bénéficiera d'un crédit d'heures mensuel de dix heures (supplémentaire pour les délégués du personnel ou les membres élus du comité d'entreprise) pour l'exercice de cette fonction.

La validité des accords sera subordonnée (art. L. 2232-22, *al.*1 du Code du travail) :

– à leur conclusion par des membres titulaires élus au comité d'entreprise ou, à défaut, des délégués du personnel représentant la majorité des suffrages exprimés lors des dernières élections professionnelles ;

– à leur approbation par une commission paritaire de branche (art. L. 2232-22, *al.*3 du Code du travail).

Si l'une des deux conditions n'est pas remplie, l'accord sera réputé non écrit. Ces accords ne pourront enfin entrer en application qu'après leur dépôt auprès de l'autorité administrative.

Chapitre 4

La manifestation et les effets des conflits collectifs du travail : la grève

408. Le préambule de la Constitution de 1946 (auquel renvoie celui de 1958) proclame le droit de grève dans le respect des lois qui la réglementent (et non des conventions ou accords collectifs qui l'encadrent).

Véritable droit constitutionnel[1], la grève a cessé d'être un délit pénal et même d'être une faute civile. Si le droit de grève existe, il se heurte pourtant au droit de propriété du chef d'entreprise : là réside toute la difficulté. Le problème n'est pas tant d'accorder le droit de grève que d'en cerner les limites pour les deux parties.

L'exercice normal du droit de grève ne peut être sanctionné. C'est pourquoi il paraît peu intéressant de distinguer les mouvements licites des mouvements illicites autrement que dans leurs effets. la « grève illicite » n'existe pas car le droit de grève est protégé. Soit le salarié fait grève, soit il cesse d'exercer son travail, dans ce dernier cas il est fautif et doit être sanctionné.

La grève n'est pas réellement réglementée en France, sauf en ce qui concerne le cas particulier des services publics.

Section préliminaire
LA GRÈVE DANS LES SERVICES PUBLICS

409. La seule réglementation complète relative à la grève est celle des services publics (loi du 31 juillet 1963). Elle est désormais accompagnée d'une nouvelle loi du 21 août 2007 relative au service minimum (*infra*, n° 412). Hormis le service public, les articles L. 2511-1 et suivants du Code du travail ne traitent que de certains effets de la grève sur le contrat de travail.

1. Cass. soc. 13 novembre 1996 (*infra*, n° 564) : le droit de grève est *« un droit constitutionnellement reconnu »*.

La réglementation du droit de grève dans le secteur public obéit à un traitement particulier en raison de l'exigence du service minimal. Les syndicats ont ainsi l'obligation de se soumettre à un délai de préavis.

410. Pour être valable, le préavis doit mentionner l'heure du début et de la fin de l'arrêt de travail. Il doit de surcroît être déposé par un syndicat représentatif et respecter un délai de cinq jours avant le début de la grève. Ce délai est destiné à permettre l'ouverture de négociations avec la direction.

Pour contourner cette restriction au droit de grève, les syndicats avaient pris l'habitude, notamment dans les entreprises à statut comme la SNCF, de déposer tous les jours des préavis successifs de manière à pouvoir faire grève à tout moment. Le TGI de Paris a décidé que cette pratique était illégale car elle aboutissait à un « préavis permanent » correspondant à « une grève surprise prohibée par les textes[2] ». Cette pratique est condamnée avec la loi du 21 août 2007 (voir *infra*) qui prévoit qu'un syndicat ne peut plus déposer des préavis successifs pendant la durée de validité des préavis qui courent.

411. La grève dans les services publics peut prendre, pour les entreprises concernées par la grève, les caractéristiques de la force majeure[3]. C'est ce que revendiquait la SNCF à l'encontre de certaines entreprises privées comme Peugeot et Citroën, suite à la grève de la SNCF de novembre à décembre 1995[4]. Ces entreprises se plaignaient de l'immobilisation de leurs véhicules sur les trains de la SNCF ou dans leurs centres de production ; elles ont alors assigné la SNCF pour obtenir l'indemnisation du préjudice subi. La SNCF a alors invoqué la force majeure.

Les juges du fond non censurés par la Cour de cassation ont rejeté les prétentions des sociétés pénalisées par la grève. L'arrêt de cassation énonce en effet que *« la grève avait été déclenchée, non pas pour soutenir des revendications concernant directement la SNCF, mais pour contester les projets gouvernementaux concernant le régime de la Sécurité sociale et ses répercussions sur le régime spécial de retraite des cheminots »*.

En conséquence, la maîtrise de ces projets échappait à la SNCF, qui n'avait pas la possibilité de négocier avec les grévistes ni de satisfaire leurs revendications ; la Cour d'appel a pu retenir l'*« existence d'un fait extérieur à la SNCF susceptible de caractériser la force majeure »*. La Cour de cassation consacre ici le « fait du prince » : les revendications étaient totalement étrangères à la SNCF et elle ne pouvait donc les satisfaire. Nul ne pouvait savoir, au moment où le préavis a été déposé, que le mouvement durerait plus d'un mois et paralyserait l'entreprise et la vie économique du pays. Ainsi, même au moment où des prises en charge avaient été effectuées postérieurement au déclenchement de la grève, l'ampleur et la durée de celle-ci présentaient un caractère imprévisible. Enfin, la réquisition

2. TGI Paris 17 juin 1997, Dr. soc. 1998, p. 295, obs. J.-E. Ray.
3. La force majeure est irrésistible, imprévisible, extérieure, voir Cass. soc. 4 février 1983, Dr. soc. 1983, p. 627, note G. Viney.
4. Cass. soc. 11 janvier 2000, Liaisons sociales, jurisprudence hebdo n° 665 du 9 mars 2000.

était impossible en raison des menaces qu'elle aurait fait peser sur la cohésion sociale, le recours à une procédure d'expulsion judiciaire était purement illusoire, le recours à un personnel de remplacement était techniquement interdit en raison de la spécificité du matériel ferroviaire, l'organisation d'un transport routier de substitution n'aurait pas permis de pallier les effets de la grève. Tous ces faits concrétisent le caractère irrésistible de la grève.

412. La loi du 21 août 2007[5]

Cette loi importante instaure des dispositifs de prévention des conflits collectifs et de mise en œuvre d'un service garanti. Les partenaires sociaux ont un rôle essentiel de négociation dans le cadre de cette réforme.

En ce qui concerne le service garanti, il est limité aux transports terrestres de voyageurs[6], mais il est vrai que la SNCF et la RATP avaient déjà mis en œuvre des mesures conventionnelles d'« alarme sociale ». Dans les faits, il risque de se concrétiser par le remboursement des frais ou des titres de transport, ou encore de la prolongation des cartes d'abonnement, notamment si l'employeur n'a pu assurer le service minimum promis.

D'ailleurs, pour éviter les conflits, la notion de dialogue social est essentielle et passe par des dispositifs de prévention des conflits qui sont eux-mêmes mis en place conventionnellement, soit au niveau de l'entreprise, soit au niveau de la branche. À défaut d'accord, un décret en Conseil d'État peut lui seul mettre en place le dispositif de prévention. Cette obligation de négocier doit se faire avant tout dépôt de préavis.

413. Bien qu'il existe différentes manifestations des conflits collectifs, la seule manifestation légale de ces conflits est la grève.

Une autre forme de conflit collectif existe hormis la grève : il s'agit du *lock-out*, réaction patronale à la grève qui sera analysée dans les effets de la grève.

Section 1
L'EXERCICE DU DROIT DE GRÈVE

414. L'exercice du droit de grève est lié à sa reconnaissance en tant qu'arrêt licite du travail. Ce n'est qu'à cette condition que la grève produit des effets, notamment sur les contrats de travail des salariés grévistes.

5. R. Vatinet, « Sur la dialogue social et la continuité du service public dans les transports terrestres de voyageurs », JCP S, n° 1692, 18 septembre 2007.

6. Il existait déjà pour les organismes publics de radiodiffusion et de télévision, pour le contrôle aérien, les services publics hospitaliers et les centrales nucléaires.

I. La définition de la grève

415. Si les sources du droit de grève sont diverses, bien qu'il fasse partie du socle constitutionnel, la définition de la grève relève de la seule intervention des juges.

A. Les fondements du droit de grève

416. Les fondements du droit de grève sont multiples : droit constitutionnellement reconnu, certains de ses effets sont régis par la loi (articles L. 2511-1 et s. du Code du travail), mais c'est la jurisprudence qui a le mieux précisé les modalités de son exercice.

En effet, le législateur n'a pas souhaité donner de définition légale de la grève hormis pour le service public (*supra*, n° 409). C'est à travers la jurisprudence que nous en trouvons les principaux éléments. En outre, les juges se fondent de plus en plus sur la Constitution (au visa de l'alinéa 7 du préambule de la Constitution) pour valider des arrêts de travail qui ne sont pas caractéristiques, de prime abord, du droit de grève.

Il semble de même que la grève fasse partie intégrante de l'ordre public social puisque la Cour de cassation a affirmé qu'une convention collective ne peut avoir pour effet de limiter ou de réglementer le droit de grève, droit constitutionnellement reconnu ; seule la loi peut créer un délai de préavis de grève s'imposant aux salariés[7].

B. Les éléments constitutifs du droit de grève

417. D'après la jurisprudence, la grève est un droit individuel, exercé collectivement, qui consiste en une cessation volontaire du travail en vue de satisfaire des revendications d'ordre professionnel[8].

1) Un droit individuel exercé collectivement

418. Chaque salarié dispose du droit de faire grève, mais il ne peut l'exercer seul sauf s'il répond à un mot d'ordre national ou si l'entreprise ne compte qu'un seul salarié. D'après un arrêt de la chambre sociale[9], si la grève est la cessation collective et concertée du travail en vue d'appuyer des revendications professionnelles et ne peut, en principe, être le fait d'un salarié agissant isolément, dans les entreprises ne comportant qu'un seul salarié, celui-ci, qui est le seul à même de

7. Cass. soc. 12 mars 1996, Liaisons sociales, juris. hebdo, n° 7436 du 26 mars 1996, Cass. soc. 17 juillet 1996, RJS 1996, n° 1079, réaffirmation d'un arrêt de principe du 7 juin 1995 SA Transports Séroul c/ Beillevaire : les clauses conventionnelles d'attente avant grève ne lient que les signataires des conventions et sont inopposables aux salariés car elles limitent l'exercice du droit de grève.

8. Cass. soc. 4 novembre 1992, Cherki, Bull. V. n° 529.

9. Cass. soc. 13 novembre 1996, Dr. soc. 1996, p. 1108, voir Ch. Radé, « La solitude du gréviste », Dr. soc. 1997, p. 368.

présenter et de défendre ses revendications professionnelles, peut exercer ce droit constitutionnellement reconnu.[10]

2) Une cessation volontaire du travail

419. La grève suppose un arrêt de travail conscient qui n'est pas dû à un événement extérieur comme la force majeure, ou le chômage technique. En effet, ces deux cas de figure permettent une fermeture de l'entreprise pendant la grève (force majeure) et avant ou après la grève (chômage technique) mais ne sont pas directement liés à elle.

La difficulté est de distinguer une grève d'un arrêt de travail illicite :

– Le fait de ralentir la cadence n'est pas la grève et constitue donc un fait fautif ; la grève perlée est illicite et constitutive d'une faute[11].

– La « grève de la pince » que peuvent effectuer des contrôleurs de la SNCF ne constitue pas non plus l'exercice du droit de grève mais s'analyse comme un mouvement d'exercice défectueux du travail[12]. L'employeur ne peut donc pas retenir sur leurs salaires les heures non effectuées car cela s'analyse en une sanction pécuniaire interdite.

– Une grève dite « tournante » (par rotation entre les différents ateliers) a pour effet de déstabiliser la production. Ce n'est pas un mouvement illicite car toute grève a pour but et pour effet de déstabiliser la production. En revanche, si le mouvement a pour effet de désorganiser l'entreprise elle-même, il outrepasse le droit de grève : la grève devient donc abusive (*infra*, n° 435). La règle est différente dans le service public. Par un arrêt du 3 février 1998[13], la Cour de cassation, faisant une application stricte de la loi du 31 juillet 1963, a décidé que les grèves « tournantes » ou « par roulement » selon les catégories de personnel sont illégales dans les services publics. Elle ajoute que « *le droit de grève dans les services publics n'est exercé normalement que si le préavis de grève détermine l'heure précise, commune à tous les membres du personnel, de l'arrêt de travail, peu important que certains salariés ne travaillent pas à cette heure* ».

– Enfin, la Cour de cassation a précisé en 2006 que des salariés ne peuvent pas faire la grève des astreintes, acceptant les horaires de service et refusant les horaires d'astreintes. La grève ne peut donc être limitée à une obligation particulière du contrat.

---

10. Cass. soc. 2 février 2006, Liaisons sociales, jurisprudence n° 944, 20 février 2006.
11. Cass. soc. 5 mars 1953, Pneumatiques Dunlop, Bull. V. n° 185. Cass. soc. 16 mai 1989, D. 1989, IR, p. 176, à propos de salariés d'un atelier d'émaillage ayant refusé de respecter les horaires de travail, modifié leur activité par refus de doubler les pièces simples et d'émailler toutes les pièces provoquant un engorgement de la production.
12. Cass. soc. 16 mars 1994, SNCF c/ Daniel *et a.*, JCP éd. E 1994, II, 22340 ; voir aussi Ph. Waquet, « La grève, les mouvements illicites et l'abus du droit de grève », RJS 3/95, p. 139.
13. Commentaire Yves Saint Jours, D. 1998, n° 13, avril 1998, p. 168.

3) L'obtention de satisfactions professionnelles

420. De nombreuses décisions jurisprudentielles analysent la teneur et l'amplitude des revendications des travailleurs de manière à voir si elles entrent dans le champ d'application de la grève.

Les salariés ne doivent pouvoir faire grève que si leurs revendications ne sont pas excessives et peuvent donc être tout au moins partiellement satisfaites par l'employeur. L'Assemblée plénière avait décidé en 1986 que des revendications manifestement déraisonnables (en l'espèce de pilotes d'avions) constituaient un trouble manifestement illicite qu'il appartenait de faire cesser.

En aucun cas le salarié gréviste ne peut être contraint de révéler son intention de faire grève avant le déclenchement du conflit collectif[14].

De même, l'employeur doit pouvoir connaître les revendications de ses salariés. La jurisprudence n'exige tout de même plus que l'employeur ait rejeté des revendications avant que la grève puisse vraiment débuter car cela aboutissait à créer un préavis de fait laissant aux employeurs le temps de se préparer.

Les revendications salariales ne peuvent avoir un objet politique : la « grève politique » est un mouvement illicite[15].

La grève suppose un arrêt du travail pour satisfaire des revendications professionnelles et non pour assister à une audience de référé intéressant les salariés[16].

En revanche, une cour d'appel ayant relevé que l'arrêt de travail de plusieurs salariés, dont trois ont été licenciés, était concomitant à l'annonce d'un licenciement individuel pour motif économique, la menace sur l'emploi que faisait peser ce licenciement caractérisait une revendication professionnelle de défense et de maintien de l'emploi intéressant l'ensemble du personnel[17].

Les revendications doivent concerner l'employeur : les arrêts de travail de solidarité externe avec des salariés d'autres entreprises sont illicites car l'employeur ne saurait y apporter une solution.

Enfin, les salariés qui cessent de travailler pour « autosatisfaire leurs revendications » sont fautifs (ainsi en est-il, par exemple, des salariés qui refusent de continuer de travailler le samedi matin et qui, pour faire connaître leur mécontentement, s'arrêtent de travailler trois samedis de suite) : le droit de grève n'autorise pas les salariés à exécuter leur travail dans des conditions autres que celles prévues par leur contrat[18].

Une fois le droit de grève caractérisé, il produit des effets tant sur le contrat de travail que sur la rémunération des salariés grévistes.

14. As. Pl. 23 juin 2006, JCP S 2006, n° 1843, note R.Vatinet.
15. Cass. soc. 23 mars 1953, D. 1954, 89, note Levasseur.
16. Cass. soc. 7 juin 1995, RJS 10/95, n° 1042.
17. Cass. soc. 22 novembre 1995, RJS 1/96, n° 61.
18. Cass. soc. 23 novembre 1978, Bardot, D. 1979, 304, note J.-C. Javillier.

II. Les effets de la grève

421. L'exercice normal du droit de grève a deux conséquences principales : la suspension du contrat de travail et l'absence de rémunération pour les salariés concernés.

A. La suspension du contrat de travail des salariés grévistes

422. L'exercice normal du droit de grève est protégé : seul le gréviste ayant commis une faute lourde peut être licencié sans aucune indemnité (même l'indemnité compensatrice de congés payés). Dans tous les autres cas, il n'est pas question d'invoquer une faute du salarié car la grève entraînera une simple suspension, et non une rupture, de ses obligations contractuelles.

Seules sont visées, comme dans tous les cas de suspension, les obligations principales du contrat de travail : l'exécution du travail et son corollaire, le versement de la rémunération. Les obligations secondaires, comme l'obligation de loyauté, sont maintenues.

La suspension du contrat de travail a donc pour conséquence directe la suspension de l'exercice du pouvoir disciplinaire de l'employeur : il ne peut prendre à l'égard des grévistes non fautifs aucune sanction disciplinaire sauf à se voir condamné pour discrimination (en application de l'article L. 1132-1 du Code du travail).

Les autres effets de la relation de travail sont en principe maintenus : ainsi en est-il de l'application des délais préfix qui ne sont pas allongés en cas de grève (sauf pour le préavis), des mandats des institutions représentatives du personnel, etc.

En cas de concours de suspension, il convient d'appliquer le premier motif de suspension : un salarié gréviste qui tombe malade pendant la grève ne sera pas en principe indemnisé par son employeur au titre de la maladie pour la période de grève. De même, pas de salaire pour les grévistes du 1er mai, car les grévistes le sont pour toute la durée du mouvement[19].

B. La suspension de la rémunération des salariés grévistes

423. Le salarié en grève ne travaillant pas, il est normal que sa rémunération soit suspendue[20]. La suspension de la rémunération ne constitue pas une sanction pécuniaire illicite : le fondement de l'absence de rémunération doit être recherché sur le terrain contractuel et non sur le terrain disciplinaire.

19. Cass. soc. 5 février 2002, arrêt n° 507, Dalloz actualité, 8 mars 2002.

20. Cass. soc. 26 janvier 2000, Liaisons sociales, jurisprudence hebdo n° 665 du 9 mars 2000.

L'abattement est effectué sur le salaire de base du gréviste : toute retenue supérieure pourrait être qualifiée de sanction pécuniaire interdite. De même, l'abattement ne peut apparaître tel quel sur le bulletin de salaire car cela aurait un caractère discriminatoire.

Mais ce principe ne vaut vraiment qu'en ce qui concerne le salaire de base car de nombreux éléments peuvent s'y ajouter (primes non liées à l'exercice effectif du travail) et être versés au salarié.

Quoi qu'il en soit, le salarié gréviste ne peut prétendre au paiement de sa rémunération pendant cette période, peu important qu'elle comprenne un jour férié chômé et payé aux salariés qui continuent l'exécution du contrat de travail (les jours fériés ne sont pas rémunérés car la grève prime la suspension du jour férié[21]), et peu important que certains jours il n'ait eu, normalement, aucun service à observer[22].

L'absence de rémunération peut n'être que temporaire : ainsi en est-il lorsque les grévistes obtiennent, à l'issue du conflit, le versement total ou partiel des heures de grève ou encore lorsqu'ils perçoivent un soutien financier (souvent illicite) de certaines institutions, dans le cadre des activités sociales du comité d'entreprise par exemple ; des sommes peuvent également être irrégulièrement versées par des collectivités locales ou, le plus souvent, par des syndicats (les caisses de secours de grève).

424. Que se passe-t-il lorsque les salariés font grève par suite d'un manquement grave et délibéré de l'employeur ? Dans ce cas, si les salariés se trouvent dans une situation contraignante qui conditionne l'arrêt de travail et que la grève est destinée à faire respecter leurs droits essentiels, ils doivent être indemnisés par l'employeur[23]. Tel n'est pourtant pas le cas lorsque les salariés se mettent en grève pour obtenir le paiement de leurs salaires mais que l'entreprise connaît des difficultés financières qui l'ont conduite à être placée en redressement judiciaire : dans ce cas, en effet, le manquement de l'employeur n'est pas délibéré[24].

425. L'employeur peut-il profiter de la grève pour ne pas rémunérer les non-grévistes ? Cela est bien entendu impossible : sauf situation contraignante[25] (qui le conduira à la mise au chômage partiel), l'employeur doit verser aux salariés non grévistes la rémunération contractuellement convenue. Il ne peut la diminuer en raison de la nature des tâches accomplies (salariés affectés à des tâches différentes du fait de la grève). Ainsi, l'employeur ne saurait réduire la rémunération des non-grévistes en invoquant une désorganisation de la production du fait du mouvement de grève d'une partie du personnel[26].

21. Cass. soc. 14 avril 1999, RJS 1999, n° 848.

22. Cass. soc. 24 juin 1998, Liaisons sociales, jurisprudence hebdo n° 7892 du 6 juillet 1998, ccl. p. Lyon-Caen.

23. Cass. soc. 20 février 1991, Dr. soc. 1991, p. 315, note J. Savatier.

24. Cass. soc. 26 janvier 2000, précité.

25. Cass. soc. 27 mai 1998, B.V. n° 280. Voir aussi Cass. soc. 4 juillet 2000, Liaisons sociales, jurisprudence n° 683 du 20 juillet 2000.

26. Cass. soc. 4 octobre 2000, Liaisons sociales, jurisprudence n° 686 du 16 octobre 2000.

Section 2
LES LIMITES AU DROIT DE GRÈVE

426. Le droit de grève ne peut s'exercer que dans les limites des pouvoirs de l'employeur sous le contrôle du juge.

I. La réplique patronale

427. Lorsque l'arrêt de travail est licite, il s'agit alors de l'exercice normal du droit de grève et l'employeur ne peut en principe s'y opposer, sauf à s'engager dans une procédure que certains considèrent comme illicite : le *lock-out*.

Mais cela n'empêche pas l'employeur de réagir face à une grève qui, bien que licite, peut lui paraître illégitime surtout lorsqu'il doit continuer à faire face à l'ensemble de ses obligations contractuelles (fournisseurs, clients, etc.). Il peut ainsi exercer son pouvoir disciplinaire et son pouvoir de gestion et de direction.

A. Le pouvoir disciplinaire

428. Dans les entreprises privées, le droit du travail et les règles du pouvoir disciplinaire s'appliquent malgré quelques particularités spécifiques à la grève.

Selon la loi : *« La grève ne rompt pas le contrat de travail, sauf faute lourde imputable au salarié. Son exercice ne saurait donner lieu de la part de l'employeur à des mesures discriminatoires en matière de rémunérations et d'avantages sociaux. Tout licenciement prononcé en violation (...) est nul de plein droit »* (article L. 2511-1 du Code du travail).

La grève ne rompt pas le contrat de travail. Le contrat de travail d'un salarié gréviste est suspendu. Il ne peut être rompu, par opposition au droit disciplinaire commun et en raison de l'exercice d'un droit constitutionnellement reconnu, que si le gréviste entend nuire à l'entreprise.

Le contrat de travail ne peut être rompu qu'en cas de faute lourde. L'exercice normal du droit de grève suspend l'exercice du pouvoir disciplinaire de l'employeur, qui n'en retrouve la plénitude qu'en cas de faute lourde.

Le gréviste qui se rend coupable d'une faute lourde perd le bénéfice de toute immunité liée à la grève. La faute lourde est individuelle ; elle est constituée par les faits dommageables qui n'ont rien à voir avec l'exercice du droit de grève : violences, vols, voies de fait, atteinte à la liberté du travail des non-grévistes, etc. La seule participation à un mouvement illicite peut être constitutive d'une faute lourde. Elle suppose par exemple une participation active à une entrave à la circulation des trains[27], de même la participation à un piquet de grève bloquant l'accès à l'entreprise.

27. Cass. soc. 18 septembre 2007, JCP S n° 1863, note R. Vatinet.

La procédure de licenciement disciplinaire doit alors être respectée (*a fortiori* s'il s'agit d'un salarié protégé). Le salarié sera licencié sans indemnité de rupture et ne pourra non plus, en principe, percevoir son droit à congés payés. L'employeur pourra, de même, sur le terrain de la responsabilité civile, lui réclamer des dommages-intérêts à condition de pouvoir prouver l'intention de nuire.

L'employeur conserve son pouvoir d'individualisation des sanctions : il peut décider que certains grévistes se sont rendus coupables de fautes lourdes et d'autres pas, à condition que ces sanctions n'aient aucun caractère discriminatoire. Le fait de sanctionner différemment des salariés ne constitue pas une discrimination au sens de la loi[28].

Le salarié gréviste (non coupable d'une faute lourde) ne peut en principe être licencié. L'employeur ne peut licencier un salarié qui exerce normalement son droit de grève : tout licenciement (ou toute autre sanction disciplinaire, telle une mise à pied) intervenu en violation de ce principe est nul, ce qui implique que le salarié concerné peut être réintégré dans l'entreprise (cette mesure illicite peut toutefois impressionner les autres grévistes, qui seront amenés à reprendre plus vite le travail). Les arrêts de travail qui interviennent en dehors de l'exercice du droit de grève sont illicites et peuvent être sanctionnés disciplinairement (pour un motif autre que la faute lourde).

429. Le salarié illégalement sanctionné peut saisir le juge des référés prud'homal pour faire cesser ce trouble manifestement illicite et obtenir une ordonnance de réintégration, si besoin est sous astreinte journalière. Si le salarié, pour des raisons évidentes, ne désire pas reprendre son travail, il peut obtenir des dommages-intérêts devant le juge du fond. La charge de la preuve de l'accomplissement d'une faute lourde repose sur l'employeur.

B. Le pouvoir de direction

430. La grève est très rarement un cas de force majeure pour l'employeur (pour les services publics, *supra*, n° 409), qui doit faire face à l'ensemble de ses obligations contractuelles et peut donc chercher à réagir pour contrer le mouvement de grève.

1) La poursuite de l'activité

431. L'employeur peut décider de poursuivre son activité avec les salariés non grévistes (si besoin est en leur faisant accomplir des heures supplémentaires), mais il ne peut en aucun cas embaucher des salariés précaires (CDD et autres sauf à recourir, dans la limite de la légalité, aux remplacements en cascade) pour remplacer les grévistes puisque cela serait constitutif d'une limitation interdite au droit de grève. Il peut également décider de sous-traiter une partie de sa production.

---

28. Cass. soc. 1er février 1995, Dr. soc. mars 1995, p. 276, note J.-E. Ray.

432. L'employeur peut aussi embaucher des salariés sous contrat de travail à durée indéterminée, mais il peut être tenté de le faire pour pallier l'impossibilité de recourir au travail précaire et rompre unilatéralement les contrats pendant la période d'essai, ce qui constitue un détournement de la loi contre lequel les juges ne peuvent pas faire grand-chose sauf à démontrer la rupture abusive de la période d'essai[29].

433. La question s'est récemment posée de savoir si l'employeur peut faire appel à des bénévoles. Les juges y sont favorables[30], à condition qu'il n'y ait pas de fraude à l'interdiction de recourir au travail précaire et que l'employeur ait besoin de réorganiser l'entreprise en raison de la grève, pour assurer la continuité de son activité.

2) L'arrêt de l'activité

434. La grève suspend les contrats de travail mais peut-elle suspendre également la production de l'entreprise ? Autrement dit, l'employeur peut-il, en réponse à l'arrêt de travail, fermer provisoirement son entreprise ?

Deux techniques (qui correspondent à deux interprétations) sont possibles : le chômage partiel ou technique (licite) et le *lock-out* (en principe illicite). Le chômage partiel permet à l'employeur de fermer son entreprise quelques heures ou quelques jours ; les non-grévistes temporairement au chômage seront indemnisés selon des conditions particulières.

Le *lock-out* est considéré pour certains comme une faute contractuelle de la part de l'employeur. Mais cela lui permet de contourner la grève en fermant son entreprise (après consultation préalable du comité d'entreprise), ce qui le dispense de payer les salariés non grévistes, tout en espérant faire pression sur les grévistes. L'employeur ne pourra s'exonérer de sa responsabilité qu'en prouvant la force majeure (ce qui est pratiquement impossible) ou en apportant la preuve de la situation contraignante qui l'oblige à ne pas fournir de travail ou encore en démontrant qu'il a le devoir de le faire pour éviter tout danger pesant sur les personnes ou sur les biens. Ces faits se révèlent difficiles à prouver et les juges se montrent en général très sévères avec les employeurs, allant jusqu'à déclarer que la fermeture de l'entreprise prive les salariés d'un droit constitutionnellement reconnu : celui de faire grève.

C. L'abus du droit de grève

435. Lorsque les salariés abusent du droit de grève, ils exercent bien ce droit qui est caractérisé, mais ils l'outrepassent (à la différence des arrêts de travail illicites). Il est fait ici application du principe de proportionnalité[31].

---

29. Voir sur ce point J. Deprez, « L'appel à des salariés de remplacement en cas de grève » BS F. Lefebvre. 2/86, p. 63 et J.-E. Ray, « Les pouvoirs de l'employeur face à la grève », Dr. soc. 1991, p. 773.
30. À propos du ramassage de lait, Cass. soc. 11 janvier 2000, Trouboul et autres c/ Sté Entremont, Liaisons sociales, jurisprudence hebdo n° 660 du 7 février 2000.
31. Voir l'article de Ph. Waquet précité, RJS 3/95.

L'abus permet à l'employeur de retrouver son pouvoir disciplinaire normal, c'est-à-dire que les coupables pourront être licenciés pour faute grave, sans que la faute lourde ait besoin d'être retenue. Ainsi en est-il lorsque les salariés demandent la satisfaction de revendications professionnelles contraires à l'ordre public (le dépassement du contingent d'heures supplémentaires par exemple). Pour que l'abus soit caractérisé, il faut que l'entreprise soit désorganisée (par la perte de la clientèle notamment) et non que la production seule le soit, car c'est le but de toute grève. De ce fait, des débrayages successifs qui provoquent une désorganisation de la production ne sont pas abusifs[32].

II. Le contrôle du juge

436. L'appel au juge (surtout pénal) peut se révéler une arme redoutable pendant la grève.

Pourtant, il existe également des techniques de règlements « amiables » des conflits qui permettent aux grévistes (surtout aux syndicats) et à l'employeur de négocier avec l'aide de tiers. Ces techniques diverses, la conciliation (art. L. 2522-1 du Code du travail), l'arbitrage (art. L. 2523-5 du Code du travail), la médiation (art. L. 2523-1 et s. du Code du travail, très médiatisée par les pouvoirs publics à l'occasion de grands conflits) et la médiation judiciaire (loi du 8 février 1995) sont souvent empruntés à la pratique de pays étrangers.

Pour autant, il n'en demeure pas moins que la pratique française démontre un recours fréquent au juge, bien que de nombreux conflits se résolvent grâce à une négociation interne à l'entreprise, concrétisée par un protocole de fin de grève. Ces actes âprement négociés ont pour but de résoudre tous les aspects pratiques de la grève, comme le paiement éventuel de certaines heures, ou encore le sort des grévistes qui se sont rendus coupables d'actions illicites. Si ces accords n'aboutissent pas, le recours au juge est l'arme ultime. Encore faut-il savoir de quel juge il s'agit.

A. L'intervention du juge des référés

437. Les grévistes qui occupent illégalement les locaux d'une entreprise *(lock-in)* empêchent la poursuite du travail des non-grévistes et portent atteinte au droit de propriété du chef d'entreprise. Ce dernier peut donc demander au juge de l'urgence de rendre une ordonnance d'expulsion à condition de pouvoir prouver l'existence d'un « trouble manifestement illicite », condition posée par le Code de procédure civile pour que le juge des référés soit compétent. Le trouble existe si l'occupation porte atteinte au droit de propriété, à la liberté d'entreprendre, à la liberté du travail des non-grévistes.

Le juge de l'urgence valablement saisi a trois possibilités :

32. Cass. soc. 7 avril 1993, Dr. soc. 1993, p. 607.

– ordonner l'expulsion sous astreinte individuelle (ce qui implique l'intervention des forces de l'ordre et rend ce type de décision de plus en plus rare) ;

– la refuser (ce qui est encore plus rare car cela équivaut à désavouer publiquement l'employeur) ;

– nommer un expert judiciaire ou un médiateur. C'est la décision la plus confortable pour tout le monde, et c'est certainement la raison qui la rend la plus populaire aux yeux des juges. Dans le meilleur des cas, le médiateur aboutira à un accord de fin de conflit. Une loi du 8 février 1995 relative à la médiation et à la conciliation permet de renforcer le rôle des intervenants extérieurs en cas de grève.

438. Lorsque le juge rend une ordonnance d'expulsion, elle doit être notifiée aux occupants. Si les grévistes s'opposent à cette décision, ils se rendent alors coupables d'une faute lourde justifiant leur licenciement sans indemnités.

Le préfet a quant à lui l'obligation de faire droit à la décision du juge tout en disposant d'un délai suffisant pour mettre en place les conditions de l'expulsion. Si la force publique n'exécute pas l'ordonnance, l'employeur peut demander réparation devant le juge administratif en invoquant la faute lourde du préfet ou la rupture de l'égalité des citoyens devant les charges publiques.

B. L'intervention du juge du fond

439. Le juge du fond va rechercher les responsabilités des différents intervenants sur le terrain de l'article 1382 du Code civil.

Ainsi, le gréviste ayant commis une faute lourde ou le travailleur ayant participé à un mouvement illicite pourra être condamné par le conseil de prud'hommes à verser des dommages-intérêts. Si les protagonistes ont agi collectivement, il peut être retenu contre eux une responsabilité *in solidum*.

440. Toutefois, il est financièrement plus intéressant de rechercher la responsabilité des meneurs de la grève, c'est-à-dire le plus souvent des syndicats, plus solvables que les grévistes pris individuellement. Depuis l'entrée en vigueur du Nouveau Code pénal, il est possible de retenir la responsabilité pénale des syndicats personnes morales en raison des infractions.

Normalement, la responsabilité des syndicats est recherchée à l'occasion d'un arrêt de travail illicite et non de l'exercice normal du droit de grève. Lorsqu'il s'agit d'une grève, la responsabilité du syndicat est engagée dès lors qu'il participe effectivement aux agissements illicites. En revanche, face à un mouvement illicite, les syndicats peuvent être reconnus comme les principaux instigateurs de ce mouvement. Il en va ainsi lorsque les syndicats organisent le blocage de l'accès au site et du système informatique d'une entreprise, qu'il y a détournement de matériel, dégradation des locaux, coupures de courant et blocage du système de tarification heures pleines / heures creuses[33].

33. Cass. soc. 26 janvier 2000, précité.

Titre 3. Les principaux aspects de la réglementation du travail

441. L'exécution de la relation de travail ne peut se faire sans le respect de règles générales qui concernent l'ensemble des salariés.

Tous les salariés doivent se conformer à la discipline de l'employeur (chapitre 1). Des règles communes sont édictées concernant la durée du travail (chapitre 2), les conditions de protection du travail (chapitre 3) et la rémunération du travail dans l'entreprise (chapitre 4). Ces trois derniers domaines seront brièvement abordés.

Chapitre 1

Le pouvoir patronal

442. En vertu du critère de subordination juridique qui caractérise le contrat de travail, le salarié doit être soumis au pouvoir de son employeur. Les pouvoirs du chef d'entreprise ont heureusement évolué depuis l'Ancien Régime. La *loi du 4 août 1982* « relative aux libertés des travailleurs dans l'entreprise » a réorganisé la répartition des pouvoirs dans l'entreprise : d'un côté sont affirmées les libertés des travailleurs mais, de l'autre, il n'est pas question de remettre en cause le pouvoir de direction de l'employeur.

Le pouvoir de direction de l'employeur est double : il dispose tant du pouvoir de gérer librement son entreprise que de décider de la discipline dans cette dernière. Mais ce pouvoir de direction est de plus en plus limité et controversé. Il est entouré par des normes légales et impératives, par des conventions et accords, par un contrôle de l'inspection du travail, par l'obligation de consulter le comité d'entreprise sur les mesures importantes concernant l'organisation et le fonctionnement de l'entreprise.

La loi du 4 août 1982 limite les pouvoirs de l'employeur de deux manières :

– l'aspect normatif de son pouvoir est restreint : il ne peut plus comme par le passé imposer par le règlement intérieur, les notes de service ou les circulaires toutes les règles qu'il estime utiles ou nécessaires au bon fonctionnement de l'entreprise. Le pouvoir de l'employeur est limité à trois domaines particuliers ;

– de même, son pouvoir disciplinaire est conservé mais il est assorti de nombreuses garanties accordées au salarié. C'est pourquoi les salariés disposent désormais d'un droit d'expression dans l'entreprise qui leur donne un statut de citoyens.

Il convient donc d'examiner deux points : les manifestations des prérogatives patronales et le cantonnement de ces prérogatives, tout en se demandant si la réglementation actuelle suffit à contrôler efficacement les pouvoirs de l'employeur[1].

1. J.-M. Béraud, « Les interactions entre le pouvoir unilatéral du chef d'entreprise et le contrat de travail », Dr. ouvr. 1997, p. 529. M. Véricel, « L'employeur dispose-t-il d'un pouvoir normatif en dehors du domaine du règlement intérieur ? », Dr. soc. 2000, p. 1059.

Section 1
LES MANIFESTATIONS DES PREROGATIVES PATRONALES

443. Les prérogatives patronales se manifestent notamment par un pouvoir de direction et par un pouvoir disciplinaire de l'employeur. Le pouvoir de direction symbolise la possibilité pour l'employeur de gérer son entreprise à travers un acte unilatéral appelé règlement intérieur (I). Son corollaire est le pouvoir de sanctionner les salariés qui manquent à la discipline établie dans l'entreprise (II).

Quelles sont les grandes règles de forme gouvernant la validité du règlement intérieur ?

L'établissement d'un règlement intérieur est obligatoire dans tous les organismes de droit privé occupant habituellement au moins vingt salariés[2] ; cette obligation existe aussi dans les établissements publics industriels et commerciaux. Si l'entreprise est composée de plusieurs établissements, l'obligation vaut pour chaque établissement occupant au moins vingt salariés à condition que les établissements présentent entre eux des différences dans les domaines prévus du règlement intérieur. Le règlement intérieur doit être préalablement soumis pour avis au comité d'entreprise (ou au comité d'établissement) ou, s'il n'en existe pas, aux délégués du personnel. Est également obligatoire l'avis du comité d'hygiène, de sécurité et des conditions de travail (CHSCT).

Le règlement intérieur doit ensuite :

– être affiché dans l'entreprise[3] ;

– être déposé au secrétariat-greffe du conseil de prud'hommes ;

– être communiqué à l'inspecteur du travail pour que celui-ci effectue un contrôle de sa légalité (*cf.* II.). La carence de l'employeur dans l'accomplissement de la formalité de communication du règlement intérieur à l'inspecteur du travail ne prive cependant pas le salarié de la possibilité de se prévaloir de ce document[4].

Quelle est la nature du règlement intérieur ?

Acte unilatéral, le règlement intérieur est un document écrit qui constitue une source non négligeable du droit du travail dans l'entreprise. Sa nature est mixte :

– c'est un acte réglementaire, car il concerne l'ensemble du personnel, même les non-salariés, travaillant dans une même entreprise ou dans un même établissement ;

– c'est un acte de droit privé, malgré le contrôle de l'inspecteur du travail qui aurait pu faire croire à son caractère public.

---

2. C. trav. art. L. 1311-2.

3. *« A une place convenable aisément accessible dans les lieux où le travail est effectué, ainsi que dans les locaux et à la porte des locaux où se fait l'embauchage »*, C. trav. art. R. 1242-12.

4. Cass. soc. 28 mars 2000, Dr. soc. 2000, p. 653, obs. J. Savatier.

I. Les domaines du règlement intérieur

444. Face à celui que l'on nommait « l'employeur seul juge »[5] (la seule limite au pouvoir patronal était celle que l'employeur s'était fixée), il a été décidé en 1982 de limiter le pouvoir normatif de l'employeur en précisant son objet (art. L. 1321-1 du Code du travail), en fixant les conditions d'élaboration des normes et en organisant un double contrôle étatique.

A. L'hygiène et la sécurité, la discipline

445. Le règlement intérieur prévoit trois catégories de règles créatrices de droit qui constituent les trois domaines exclusifs de ce document. Par ailleurs, il contient des règles énonciatives des droits des salariés.

Le règlement intérieur édicte des règles créatrices de droits exclusivement dans les domaines suivants :

– les mesures d'application de la réglementation en matière d'hygiène et de sécurité ;

– les règles générales et permanentes relatives à la discipline et notamment la nature et l'échelle des sanctions que peut prendre l'employeur. Les règles de discipline sont les règles de conduite communes à l'ensemble des travailleurs comme le respect des horaires, les conditions d'absence ou de retard, le droit de s'absenter de l'entreprise. En revanche, ne relèvent pas de la discipline les clauses concernant la durée des essais, l'obligation de non-concurrence, l'obligation de mobilité, la mise à la retraite, etc. Ces clauses peuvent trouver leur place dans le contrat de travail ou faire l'objet d'une négociation ;

– les conditions dans lesquelles les salariés peuvent être appelés à participer, à la demande de l'employeur, au rétablissement des conditions de travail protectrices de la santé et de la sécurité des salariés dès lors qu'elles apparaîtraient compromises.

Le règlement intérieur édicte en outre des règles énonciatives de droit dans les domaines suivants :

B. Le harcèlement

446. Le harcèlement sexuel

Depuis une loi de 1992, le harcèlement sexuel est condamné dans le Code du travail (art. L. 1153-1 du Code du travail) : « *Les agissements de harcèlement de toute personne dans le but d'obtenir des faveurs de nature sexuelle à son profit ou au profit d'un tiers sont interdits* ». Il s'agit également d'un délit pénal (art L. 1155-2 du Code du travail).

---

5. Cass. civ. 31 mai 1956, Établissements Brinon : « *L'employeur est seul juge des circonstances qui le déterminent à cesser son exploitation {...}. Aucune disposition légale ne lui fait obligation de maintenir son activité à seule fin d'assurer à son personnel la stabilité de son emploi.* »

Aucun salarié (entre autres personnes) ne peut être sanctionné ou licencié notamment pour avoir subi ou refusé de subir des agissements de cette nature (L. 1153-2 du Code du travail). Les témoins des agissements de harcèlement sexuel sont également protégés (art L. 1153-3 du Code du travail). Quant à celui qui a commis de tels agissements, il est passible d'une sanction disciplinaire et la Cour de cassation considère que les faits sont nécessairement constitutifs d'une faute grave[6]. Les organisations syndicales représentatives peuvent agir en justice en faveur d'un salarié (art L. 1154-2 du Code du travail). Notons *in fine* que la notion d'abus d'autorité qui figurait dans la loi de 1992 a été retirée en 2002. Le harcèlement sexuel (ou moral) peut ainsi être le fait de collègues (harcèlement horizontal).

447. Le harcèlement moral

En 2002, le législateur a également inséré de nouvelles dispositions concernant le harcèlement moral (art. L. 1152-1 du Code du travail) : *« Aucun salarié ne doit subir les agissements répétés de harcèlement moral qui ont pour objet ou pour effet une dégradation de ses conditions de travail susceptible de porter atteinte à ses droits et à sa dignité, d'altérer sa santé physique ou mental ou de compromettre son avenir professionnel. »*[7] Il y a donc trois conditions pour que le harcèlement moral ne puisse être confondu avec d'autres situations comme le stress au travail par exemple. Pour lutter contre le harcèlement moral, des actions de prévention (art. L. 1152-4 du Code du travail) ont été mises en place, comme la procédure d'alerte dont disposent les délégués du personnel. Une procédure de médiation peut également être prévue (art. 1152-6 du Code du travail).

Depuis des arrêts de septembre 2008[8], la chambre sociale de la Cour de cassation, opérant un revirement de jurisprudence et s'alignant sur la jurisprudence de la chambre criminelle, a décidé de contrôler les conséquences que les juges du fond tirent de leurs constatations dans le cadre du harcèlement moral. Cela permet d'harmoniser la pratique des différentes cours d'appel et d'obtenir un réel contrôle de la qualification des faits.

Le contentieux en matière de harcèlement moral ne cesse de croître (inversement à celui du harcèlement sexuel, tout au moins devant les juridictions suprêmes). Il a ainsi été décidé que l'intention de nuire (ou intention malveillante) de la part de l'auteur du harcèlement n'est pas une condition du harcèlement moral[9] (à la différence du droit pénal[10] où l'élément intentionnel est l'un des éléments caractéristiques de l'infraction pénale). De même, la Cour de cassation a décidé que des méthodes de gestion (ou managériales) peuvent être

6. Cass. soc. 5 mars 2002, Bull. V, n° 83, RJS 2002, n° 528.

7. Cass. soc. 27 octobre 2004, Sté Mât de Misaine, Dalloz actualité, 8 novembre 2004.

8. Cass. soc. 24 septembre 2008 (3 arrêts), Liaisons sociales, jurisprudence hebdo n° 220/2008 du 13 octobre 2008.

9. Cass. soc. 10 juillet 2009, n° 08-41.497.

10. C. pénal, art. 222-33-2.

constitutives de harcèlement moral[11]. Plus généralement, la question du harcèlement trouve sa place dans le débat de la santé au travail, dans la notion de souffrance pouvant entraîner des risques psycho-sociaux. Cela explique la raison pour laquelle il a pu être jugé que lorsque l'employeur ne met pas en œuvre toutes les mesures nécessaires pour faire cesser le harcèlement (et ce même s'il a de bonne foi essayé de prendre des mesures), il manque à son obligation de sécurité de résultat, ce qui le conduit à devoir indemniser la victime pour le préjudice subi[12]. Le harcèlement ne peut toutefois avoir qu'un caractère individuel : il doit concerner un salarié déterminé même s'il s'intègre dans un harcèlement manegerial. Tel n'est pas le cas d'un salarié qui n'a pas été personnellement victime d'une dégration de ses conditions de travail à la suite des agissements d'un chef de bureau subis par un autre salarié[13]

448. Harcèlement, discrimination, preuve et peines encourues

Une loi du 27 mai 2008 inclut dans la notion de discrimination la notion de harcèlement, en application de directives communautaires. Cette assimilation est pour le moins curieuse puisque le régime des deux notions n'est pas semblable et que si des faits de harcèlement peuvent éventuellement conduire, par la suite, à une discrimination, ce n'est pas systématiquement le cas. Il en va de même dans l'hypothèse inverse où une discrimination (fondée sur le sexe par exemple) pourrait *in fine* conduire à du harcèlement...

En matière de harcèlement, la charge de la preuve est « partagée » (C. trav. art. 1154-2) : le salarié doit établir des faits[14] qui permettent de présumer l'existence d'un harcèlement et l'employeur doit prouver que ces agissements ne sont pas constitutifs d'un tel harcèlement et que sa décision est justifiée par des éléments objectifs étrangers à tout harcèlement. Le juge formera par la suite son intime conviction.

Notons pour finir qu'une loi du 29 juin 2010 relative aux violences faites aux femmes a été définitivement adoptée et permet un alignement (ce qui n'était pas le cas jusque-là) des peines prévues par le Code du travail en matière de harcèlement sexuel et de harcèlement moral sur celles retenues par le Code pénal : 15 000 _ d'amende et un an d'emprisonnement.

C. Les droits de la défense du salarié

449. Le règlement intérieur doit également rappeler les droits de la défense des salariés dans le contexte de la procédure disciplinaire tels qu'ils résultent des articles L. 1332-1 et suivants du Code du travail ou de la convention collective

11. Cass. soc. 10 novembre 2009, n° 07-45.321 et cass. soc. 3 février 2010, n° 08-44.107.
12. Cass. soc. 3 février 2010, n° 08-40.144, n° 08-44.019.
13. Cass. soc. 10 novembre 2009, n° 07-45.321.
14. Et non plus des *« éléments de faits »* comme il avait été prévu par la loi de 1992. Le législateur a procédé à cette modification en 2003 (loi Fillon) pour « durcir » la charge de la preuve pour le salarié afin d'éviter un encombrement des tribunaux avec des affaires de harcèlement.

applicable. Cela concerne essentiellement le conseiller du salarié, comme nous le verrons dans la procédure disciplinaire.

450. Notons *in fine* que les notes de service (ou tout autre document) qui portent prescriptions générales et permanentes dans les matières ici concernées sont assimilées au règlement intérieur[15].

L'interdiction faite par note de service aux membres du personnel d'un hôtel d'utiliser les emplacements de stationnement appartenant au domaine public voisin de l'hôtel constitue une restriction injustifiée aux libertés individuelles et collectives. En conséquence, l'avertissement qui avait été infligé au salarié ayant contrevenu à cette interdiction doit être annulé[16].

II. Les pouvoirs de l'employeur dans la limite des domaines du règlement intérieur

451. L'employeur n'est pas libre, au sein des domaines prévus par le règlement intérieur, d'insérer toutes les dispositions qui lui semblent nécessaires à la bonne marche de l'entreprise. Sont prescrites les clauses illégales (non prévues par la loi) ou illicites ainsi que les clauses abusives (qui ne sont pas proportionnelles au but recherché)[17]. L'article L. 1321-3 du Code du travail est directement inspiré d'une décision du Conseil d'État[18].

A. Les clauses illégales ou illicites

452. L'employeur ne peut pas insérer des clauses contraires aux « lois et règlements ainsi qu'aux dispositions de convention collective applicables dans l'entreprise ou l'établissement »[19].

Est illicite comme contraire à la prohibition des amendes pécuniaires et à l'interdiction des mesures discriminatoires liées à l'exercice du droit de grève la clause prévoyant qu'une prime exceptionnelle et révocable pouvait être réduite notamment en cas d'absence pour grève. Est en revanche licite la clause indiquant que les employés d'une banque sont soumis au secret professionnel[20].

---

15. C. trav. art. L. 1321-5.

16. Cass. soc. 1er juin 1994, RJS 7/94 n° 860. Voir en matière d'astreintes imposées, par une note incluse dans le règlement intérieur, dans le domaine du traitement de produits nucléaires, CE 29 décembre 1995, Eurodif-Production, Dr. soc. 1996, p. 393, conclusion Ch. Maugüé.

17. Les juges ne se prononcent pas sur le caractère abusif d'une clause ; ils se contentent de la déclarer illicite car dans la plupart des cas les clauses, tout en étant abusives, n'entrent pas dans le domaine du règlement intérieur.

18. CE Ministre du Travail c/ Sté Corona, 1er février 1980, Dr. soc. 1980, p. 310, conclusion A. Bacquet.

19. C. trav. art. L. 1321-3.

20. CE 3 juin 1989, Crédit Lyonnais, Rec. CE, p. 208.

B. Les clauses abusives : le contrôle de proportionnalité et de finalité pour protéger les libertés des salariés

453. L'employeur ne peut apporter aux droits des personnes et aux libertés individuelles et collectives des restrictions qui ne seraient pas justifiées par la nature de la tâche à accomplir ni proportionnées au but recherché[21].

Cela pose tout le problème de l'alcootest, mesure pouvant être prévue dans certains cas en fonction de l'objet et de la nature du travail à accomplir mais qui peut également empiéter sur la vie personnelle des salariés.

1) La limitation de l'usage du domicile par le règlement intérieur

454. Normalement, le domicile est protégé par la vie privée du salarié et l'employeur ne saurait y imposer de restrictions. Toutefois, un cas particulier concerne les établissements recevant des mineurs en difficulté. Un règlement intérieur interdisait aux mineurs de pénétrer dans les appartements du personnel encadrant, disposition qu'un animateur n'avait pas respectée. Les faits ont donné lieu à sanction disciplinaire et le salarié a demandé l'annulation de la sanction. La Cour de cassation rappelle que des restrictions à l'usage du domicile peuvent être autorisées à condition d'être justifiées et proportionnées. En l'espèce et compte tenu de la spécificité de l'établissement, la restriction a été jugée valable[22].

2) Les fouilles des effets personnels des salariés

455. Les fouilles corporelles ou des effets personnels ne sont autorisées que dans la mesure où le but recherché par l'employeur est proportionnel à la mesure employée c'est-à-dire, éviter des vols ou autres dans l'entreprise.

Parfois, les fouilles, même si elles ne sont pas prévues dans le règlement intérieur et à partir du moment où elles ont un caractère exceptionnel, peuvent être justifiées : la société M6 avait, suite aux attentats de 1995, organisé une fouille des sacs à l'entrée de ses locaux. Un délégué syndical, ayant forcé le passage et refusé d'ouvrir sa sacoche, avait fait l'objet d'une mise à pied qu'il contestait. Invoquant l'ancien article L.120-2 du Code du travail, les juges ont accueilli la mesure décidée par l'entreprise car cette dernière avait averti les représentants du personnel, la mesure était temporaire et exceptionnelle et était justifiée par des raisons de sécurité. Le salarié avait donc bien commis une faute qui pouvait être sanctionnée par une mise à pied[23].

La Cour de cassation a précisé de manière plus générale que l'employeur ne peut vérifier le contenu des sacs de ses salariés qu'avec leur accord et à la condition de les avoir avertis de leur droit de s'y opposer et d'exiger la présence d'un témoin. Il s'agissait d'un salarié ayant dérobé 300 emballages en plastique

21. C. trav. art. L. 1321-3.
22. Cass. soc. 13 janvier 2009, n° 07-43.282.
23. Cass. soc. 3 avril 2001, Dalloz Actualité du 26 avril 2001.

et qui avait été licencié pour faute grave. En l'espèce, le licenciement a été reconnu comme dépourvu de cause réelle et sérieuse en l'absence d'information de l'employeur sur le droit du salarié de s'opposer à la fouille de son sac[24]. Que faire alors s'il refuse (puisqu'il s'agit bien d'un droit au refus) ? Nul doute qu'il faille appeler les représentants de l'ordre en espérant que le salarié accepte de bien vouloir les attendre...

Quant aux fouilles des casiers, les juges ont rappelé, en visant l'article L. 120-2 ancien du Code du travail, que l'employeur ne peut procéder à l'ouverture de l'armoire individuelle d'un salarié que dans les cas et conditions prévus par le règlement intérieur et présence de l'intéressé ou celui-ci prévenu[25]. L'employeur reprochait au salarié la détention de canettes de bière dans son armoire et il en avait effectivement trouvé trois, ce qui avait entraîné le licenciement du salarié pour faute grave. La chambre sociale reprend en fait des solutions qui avaient été données par le conseil d'État dans une affaire Gantois de 1987 (information du salarié sur l'ouverture de son casier) et dans une autre affaire de 1987, l'affaire Centre Renault agriculture (sur l'exigence de la présence de l'intéressé).

Dans un arrêt du 15 avril 2008, l'ouverture est licite, déclarent les juges, dès lors que le salarié a été personnellement prévenu et ce même s'il était absent au moment de l'ouverture. Il s'agissait d'une affaire où l'employeur avait trouvé dans le casier du salarié des objets appartenant à l'entreprise à l'occasion d'une opération d'ouverture de tous les casiers non identifiés. Le salarié ayant été prévenu trois semaines à l'avance par affichage sur son propre casier de la date d'ouverture de tout vestiaire non identifié, la fouille était possible[26].

3) La liberté de se vêtir

456. L'employeur peut exiger le port d'une blouse blanche ou d'un uniforme si cela est nécessaire à la bonne exécution du travail, mais bien sûr toujours dans le respect du principe de proportionnalité.

– Droit de refuser de porter des blouses blanches : le refus du salarié de porter une blouse blanche pendant le travail ne peut être constitutif d'une faute qu'autant que l'obligation du port de ce vêtement était justifiée par la nature de la tâche à accomplir et proportionnée au but recherché[27].

– Droit de porter un survêtement ?

De même, les juges ont admis le licenciement d'une salariée travaillant dans une agence immobilière, en contact avec la clientèle, et qui venait travailler en survêtement[28].

---

24. Cass. soc. 11 février 2009, n° 07-42.068.

25. Cass. soc. 11 décembre 2001, Liaisons sociales, jurisprudence hebdo n° 747 du 24 décembre 2001.

26. Cass. soc. 15 avril 2008, n° 06-45.902.

27. Cass. soc. 18 février 1998, Liaisons sociales, n° 7852 du 23 avril 1998 et Dr. soc. 1998, p. 506.

28. Cass. soc. 6 novembre 2001, Dalloz actualité du 16 novembre 2001 ; même solution pour une salariée qui n'avait pas de sous-vêtement sous un chemisier transparent.

– Droit de porter un bermuda ?

Dans une affaire très médiatisée, la cour d'appel de Rouen avait, le 13 novembre 2001, suivi le jugement du conseil des prud'hommes de Rouen du 30 août 2001 qui avait admis qu'un employeur puisse interdire à un de ses salariés de se présenter au travail en bermuda alors que l'exigence de porter une tenue appropriée était prévue dans le règlement intérieur. La Cour de cassation a saisi l'occasion de cette affaire pour proclamer un principe fondamental : la liberté de se vêtir n'est pas une liberté fondamentale. Elle peut être aménagée en fonction du pouvoir de direction de l'employeur et des nécessités de l'entreprise[29]. Mais les juges précisent aussi que s'il ne s'agit pas d'une liberté fondamentale, l'employeur ne peut tout de même pas exiger ce qu'il veut. Il doit, s'il impose le port d'un vêtement, respecter les principes énoncés à l'article L.1121-1 du Code du travail. L'affaire a fait l'objet d'un nouvel arrêt le 12 novembre 2008 : la Cour suprême (un peu excédée) relève que la tenue vestimentaire du salarié était incompatible avec ses fonctions qui pouvaient le mettre en contact avec la clientèle (jambes nues dépassant de la blouse). De plus, il avait fait évoluer un incident mineur en contestation de principe en lui donnant une publicité de nature à décrédibiliser la hiérarchie et porter atteinte à l'image de l'entreprise[30].

– Droit de ne pas porter un uniforme ?

Peut-on forcer tous les gardiens et agents de sécurité à porter l'uniforme imposé par l'entreprise ? Selon la jurisprudence, il faut observer une distinction : l'obligation de porter un uniforme au travail ne peut être imposée aux salariés affectés à des postes de vidéosurveillance sans contact avec la clientèle[31]. *A contrario*, le port d'un uniforme peut être exigé pour ceux qui sont en contact avec la clientèle pour des questions de visibilité bien compréhensibles. En tout état de cause, le port d'une tenue de travail impérative ne peut être lié qu'à des conditions d'hygiène et de sécurité ou à l'intérêt de la clientèle.

En conclusion, la liberté de se vêtir, même si elle relève de la sphère personnelle du salarié, n'est pas une liberté entière, immuable car elle doit être compatible avec les exigences du travail. Sur le problème spécifique du port du voile à mi-chemin entre la liberté de se vêtir et la liberté de religion, *infra* vie privée du salarié, n° 678.

4) Le droit de se soumettre à l'alcootest ?

457. Le règlement intérieur peut prévoir que l'accès à toute personne de l'entreprise en état d'ébriété sera refusé et que toute personne suspectée de « boire » sur les lieux de travail sera sanctionnée. Toutefois, pour avoir le droit de soumettre des salariés à l'alcootest, l'employeur doit respecter deux conditions : il faut mettre en place la possibilité pour le salarié de faire une contre-expertise et

29. Cass. soc. 28 mai 2003, Ph.Waquet, « Le bermuda ou l'emploi », Dr. soc. 2003, p. 812.
30. Cass. soc. 12 novembre 2008, n° 07-42.220, B. Bossu, Le retour de l'affaire du « bermuda », JCP S, 1200, 5 mai 2009.
31. Cass. soc. 3 juin 2009, n° 08-40.346.

la mesure prise doit être fonction du travail effectué si l'employeur estime qu'un état d'ébriété est de nature à exposer les personnes ou les biens à un danger[32].

5) Le droit de fumer ou au contraire d'interdire de fumer ?

458. La chambre sociale a affirmé qu'en matière de tabagisme, l'employeur a une obligation de sécurité de résultat vis-à-vis de ses salariés. Cela pourrait peut-être permettre à un non-fumeur atteint d'une maladie liée au tabagisme passif d'obtenir que le manquement de l'employeur soit qualifié de faute inexcusable au sens de l'article L. 452-1 du Code de la Sécurité sociale. Qui plus est, cette décision confère au salarié non fumeur le droit de prendre acte de la rupture de son contrat de travail en raison du manquement de l'employeur à son obligation de sécurité de résultat[33].

Section 2
LA DISCIPLINE DANS L'ENTREPRISE

459. L'article L. 1321-1 du Code du travail énonce que le règlement intérieur comprend *« les règles générales et permanentes relatives à la discipline, et notamment la nature et l'échelle des sanctions que peut prendre l'employeur »*.

I. L'agissement fautif du salarié

A. La nature de la faute

460. Il n'existe pas dans la loi une définition de la faute ni une liste des fautes susceptibles de sanctions disciplinaires. La faute disciplinaire peut être entendue comme tout manquement aux règles en vigueur dans l'entreprise, y compris les règles non écrites qui imposent à tous un comportement convenable. Cela suppose la violation injustifiée d'une obligation professionnelle. Ne sont donc pas des fautes disciplinaires l'insuffisance ou l'inaptitude professionnelle, sauf si l'insuffisance du salarié est essentiellement liée à la mise en cause de sa bonne foi[34].

Il existe différentes sortes de fautes disciplinaires : la faute légère, la faute équivalant à une cause réelle et sérieuse, la faute grave et la faute lourde[35]. Dans le cadre de la procédure disciplinaire, on parlera de faute légère. Les autres fautes sont du domaine du licenciement et engendrent des conséquences sur les droits

32. Cass. soc. 22 mai 2002, nº 99-45878 et Cass. soc. 24 février 2004, nº 01-47000.
33. Cass. soc. 29 juin 2005, S. Béal, « Le tabac dans l'entreprise », JCP S nº 3, 7 janvier 2006.
34. Cass. soc. 26 février 1992, RJS 1992, nº 413.
35. Ces différentes fautes seront analysées lors de l'étude du licenciement (*infra*, nº 675).

du salaire lors de la rupture (perte des indemnités de licenciement, de préavis, de congés payés en fonction de la gravité de la faute).

B. Le lien entre la faute et l'exercice de la fonction

461. Les comportements fautifs d'un salarié ne peuvent être sanctionnés s'ils ne sont pas relatifs à l'exécution de la prestation de travail. Ainsi, l'ouvrier qui insulte son chef pendant une pause commet une faute qui n'a pas le caractère disciplinaire et qui n'est pas susceptible d'être punie par une sanction disciplinaire.

De plus, la violation d'une obligation licitement imposée n'est fautive que si elle n'est pas justifiée par l'exercice d'un droit. Par exemple, une femme qui refuse une fouille corporelle effectuée par un homme ne fait que s'opposer à une obligation illicitement imposée. Ou bien encore n'est pas fautive la critique d'un cadre supérieur au cours d'une réunion dans le cadre du droit d'expression prévu par la loi.

C. La disparition de la faute et de la sanction

462. Aux fins d'exercer son pouvoir disciplinaire, l'employeur est soumis au respect de deux délais qui sont autant de garanties pour le salarié.

En premier lieu, aucun fait fautif ne peut donner lieu à lui seul à l'engagement de poursuites disciplinaires au-delà d'un délai de deux mois[36]. Le délai court du jour où l'employeur a eu la connaissance exacte et complète des faits reprochés et il concerne le déclenchement des poursuites disciplinaires et non le prononcé de la sanction. La prescription ne concerne que le fait fautif isolé et non ceux commis ultérieurement à une faute qui n'aurait donné lieu à aucune sanction. Ni la maladie du salarié, ni l'accident du travail[37] (ou la maladie professionnelle) n'entraînent la suspension ou l'interruption de ce délai.

En résumé, si les faits sont antérieurs de plus de deux mois à l'initiative disciplinaire de l'employeur, il incombe à celui-ci de prouver qu'il n'en a pas eu connaissance avant ces deux derniers mois. En revanche, l'employeur peut prendre en compte des faits remontant à plus de deux mois avant l'engagement des poursuites si le comportement fautif du salarié s'est poursuivi ou si de nouveaux faits fautifs sont survenus dans le délai de deux mois.

Rappelons, pour finir, que le déclenchement de poursuites pénales contre le salarié interrompt la prescription de deux mois (art. L. 1332-4 du Code du travail).

En second lieu, en vertu de la prescription triennale, aucune sanction antérieure de plus de trois ans à l'engagement des poursuites disciplinaires ne peut être invoquée à l'appui de nouvelles sanctions[38].

36. C. trav. art. L. 1332-4.
37. Cass. soc. 17 janvier 1996, RJS 3/96, n° 285.
38. C. trav. art. L. 1332-4.

II. La sanction choisie par l'employeur

463. L'employeur qui veut infliger une sanction doit respecter une procédure légale[39]. En vertu de son pouvoir réglementaire et disciplinaire, la sanction peut être moins contraignante que ne le prévoit la convention ou l'accord collectif applicable et même que ne l'indique le règlement intérieur.

A. La définition de la sanction

464. L'article L. 1331-1 du Code du travail énonce la définition de la sanction. Est considérée comme une sanction *« toute mesure, autre que des observations verbales, prise par l'employeur à la suite d'un agissement du salarié considéré par lui comme fautif, que cette mesure soit de nature à affecter immédiatement ou non la présence du salarié dans l'entreprise, sa fonction, sa carrière ou sa rémunération »*.

La validité de la sanction prise par l'employeur dépend donc de sa qualification. La mesure prise ne constituera une sanction disciplinaire que si elle résulte de la faute (action ou omission) du salarié. Ainsi, le refus d'accorder un avancement fondé sur un critère de choix parmi différents salariés n'est pas une sanction disciplinaire.

Les sanctions habituellement prévues dans les règlements intérieurs connaissent souvent une progression ascendante : blâme, avertissement, mise à pied disciplinaire, mutation disciplinaire, rétrogradation, licenciement (sanction ultime pour laquelle il faut applique la procédure de licenciement, *infra* n° 726).

B. La procédure disciplinaire

465. Cette procédure doit être engagée dès que la sanction envisagée est une sanction disciplinaire sauf si cette dernière est un licenciement, auquel cas il faut appliquer la procédure de licenciement.

Il existe deux types de procédures :

• Une procédure allégée si la mesure décidée n'a pas d'incidence sur la situation du salarié, par exemple un avertissement : l'employeur peut alors informer le salarié par écrit des griefs formulés contre lui au moment où il lui inflige la sanction.

• Une procédure normale, qui comprend trois étapes, dans les autres cas[40] (mise à pied, mutation, rétrogradation) :

– la convocation du salarié par écrit : elle doit préciser la nature de la sanction envisagée, la date, l'heure et le lieu de l'entretien ainsi que la faculté d'être assisté par une personne de son choix appartenant au personnel de l'en-

---

39. Certaines conventions collectives prévoient des procédures disciplinaires conventionnelles : voir par exemple Cass. soc. 31 octobre 2000, Dr. soc. 2001, p. 89 ; Cass. soc. 16 janvier 2001, Dalloz Actualités du 13 février 2001.

40. C. trav. art. L. 1332-1.

treprise (conseiller du salarié). La lettre est remise en mains propres contre décharge ou lettre recommandée. S'il manque l'une de ces mentions, la procédure est irrégulière[41] ;

– l'entretien : l'employeur doit indiquer le motif de la sanction et recueillir les explications du salarié ;

– l'application de la sanction : l'employeur peut choisir une sanction moins sévère que celle qui était envisagée au départ, mais jamais plus sévère. Il doit notifier sa décision au salarié après l'écoulement d'un jour franc après l'entretien et la notification doit intervenir dans un délai maximum d'un mois après le jour fixé pour l'entretien[42].

C. Le choix de la sanction

466. Il convient de distinguer selon que la mesure envisagée a ou non une incidence sur la situation du salarié.

Si la mesure envisagée a une incidence directe sur la situation du salarié dans l'entreprise, il s'agit, par exemple, d'une mise à pied disciplinaire. La mise à pied disciplinaire est une sanction disciplinaire. En cela, elle s'oppose à la mise à pied conservatoire : cette dernière consiste à exclure temporairement le salarié, à condition que les agissements qui lui sont reprochés soient suffisamment graves, dans l'attente de la sanction disciplinaire choisie, le plus souvent le licenciement. La mise à pied conservatoire entraîne donc une suspension temporaire du contrat de travail avec éventuellement privation de la rémunération dans le cas où la sanction prononcée sera un licenciement pour faute grave. Mais le maintien de la rémunération pendant la période de mise à pied n'empêche pas l'employeur de prononcer par la suite un licenciement pour faute grave.

Si la sanction n'a pas d'incidence sur la situation du salarié, l'employeur doit seulement la notifier par écrit. Il peut s'agir d'un avertissement, considéré comme une sanction mineure.

Notons qu'une rétrogradation dans l'emploi, qui est une sanction disciplinaire (par exemple un déclassement professionnel), peut entraîner un alignement de la rémunération sur l'emploi (à la différence d'une baisse de salaire – rétrogradation dans la rémunération – qui est une sanction pécuniaire interdite).

Si par la suite le salarié refuse de se soumettre à une sanction disciplinaire entraînant une modification de ses conditions de travail (par exemple en cas de mutation ou de rétrogradation) et sauf volonté non équivoque de celui-ci de démissionner, l'employeur ne peut se contenter de prendre acte de la rupture du

41. Voir sur ce point J. Savatier, « La régularisation d'une sanction disciplinaire irrégulière en la forme est-elle possible ? », Dr. soc. 1995, p. 349, à propos de soc. 17 janvier 1995, et Cass. soc. 18 janvier 1995. La chambre sociale semble s'opposer à la régularisation de la procédure disciplinaire, notamment lorsqu'elle intervient hors délai, sans statuer sur la légitimité de la sanction au fond.
42. C. trav., art. L. 1232-2.

contrat à l'initiative du salarié ; il devra mettre en œuvre la procédure de licenciement[43].

Lorsqu'une sanction de rétrogradation n'est ni injustifiée ni disproportionnée à la faute commise, le refus du salarié de se soumettre à cette sanction rend impossible la poursuite du contrat de travail pendant la durée du préavis et justifie le licenciement pour faute grave. Ainsi en est-il d'un contremaître ayant fait l'objet d'une sanction de rétrogradation au poste d'ouvrier conducteur et qui, ayant refusé cette sanction, avait été licencié pour faute grave. Le salarié n'avait pas été sanctionné deux fois pour les mêmes faits, mais le licenciement était motivé par son refus de se soumettre à une sanction disciplinaire justifiée et proportionnée[44].

Section 3
LE CONTRÔLE LÉGAL ET JURISPRUDENTIEL

I. Le contrôle légal

467. La loi impose un cadre réglementé et contrôle le respect de cette réglementation par l'employeur.

A. L'encadrement légal

468. Le règlement intérieur ne peut contenir des clauses illégales (*supra*, n° 452). Il ne peut de même contenir ou prévoir des sanctions discriminatoires[45]. Cela n'empêche toutefois pas l'employeur, dans l'intérêt de son entreprise et dans l'exercice de son pouvoir d'individualisation des mesures disciplinaires, de sanctionner différemment des salariés qui ont participé à une même faute[46].

1) L'individualisation du pouvoir disciplinaire

469. L'employeur dispose en réalité d'une appréciation personnelle de son pouvoir de sanction : non seulement il peut sanctionner différemment des salariés qui ont participé à une même faute en tenant compte de la situation de chaque protagoniste (âge, ancienneté, statut protecteur, antécédents disciplinaires, etc.), mais il peut aussi ne pas faire usage de son pouvoir disciplinaire. Un éducateur qui avait participé à un arrêt de travail avait été licencié pour faute lourde alors que d'autres n'avaient pas du tout été sanctionnés. Il s'estimait victime d'une

43. Cass. soc. 9 octobre 1991, Bull. civ. V, n° 400.
44. Cass. soc. 30 avril 1997, Liaisons sociales, n° 7676 du 29 mai 1997, p. 15.
45. C. trav., art. L. 1132-1
46. Cass. soc. 15 mai 1991, Bull. civ. V. n° 236, Dr. soc. 1991, p. 619, rapp. Waquet, conclusion Franck.

discrimination. À tort selon les juges, car les seules discriminations qui peuvent être incriminées sont celles prévues à l'article L. 1132-1 du Code du travail.

De ce fait, l'employeur peut décider de sanctionner certains salariés et non les autres, sauf s'il s'agit d'une véritable discrimination déguisée (le seul salarié licencié est délégué syndical) ou encore s'il y a détournement de pouvoir de la part de l'employeur qui n'a pas agi dans l'intérêt de son entreprise mais pour assouvir une intention malveillante[47].

2) L'interdiction des sanctions pécuniaires

470. En dehors de ces interdictions générales, la loi prévoit une interdiction spéciale concernant les sanctions pécuniaires. L'article L. 1331-2 du Code du travail dispose en effet que : « *Les amendes ou autres sanctions pécuniaires sont interdites. Toute disposition ou stipulation contraire est réputée non écrite* ». Cette interdiction s'explique par le caractère alimentaire du salaire.

Il faut distinguer entre deux sortes de mesures qui ont des incidences pécuniaires :

– les réductions de salaires liées à un fait fautif du salarié (sanctions pécuniaires directes) qui sont interdites, comme la suppression d'une prime en raison de la faute commise par un salarié ou encore la retenue opérée sur le salaire des contrôleurs qui n'avaient pas vérifié les titres de transport des voyageurs[48] ;

– les réductions de salaires qui ne sont pas directement liées à une faute du salarié (mais qui sont la conséquence directe d'une sanction disciplinaire justifiée, mesures pécuniaires indirectes) qui sont elles licites ; ainsi, par exemple, une mise à pied disciplinaire entraînant la suspension du contrat de travail et de la rémunération ou bien le refus de l'employeur d'accorder une augmentation de salaire en raison de l'insuffisance professionnelle du salarié, cette dernière mesure relevant du pouvoir de direction de l'employeur et non de son pouvoir disciplinaire.

Pour finir, l'interdiction des sanctions pécuniaires n'empêche pas d'assortir le versement d'un élément de la rémunération de conditions. Ainsi, le versement d'une prime subordonnée à une condition de présence n'est pas une sanction pécuniaire car il n'y a pas de fait fautif à la base du non-versement[49]. Toutefois, la condition instituée par l'employeur ne doit pas porter atteinte aux libertés et droits fondamentaux du salarié. Tel est le cas du non-versement d'une prime en cas de démission du salarié, car cela porte atteinte justement à la liberté de démissionner[50].

---

47. Cass. soc. 17 décembre 1996, Giordano c/ Association au service de l'enfance Batipaume, JCP 1997, éd. E, n° 17, II, p. 945, rapport Ph. Waquet.

48. Cass. soc. 16 mars 1994, SNCF c/ Daniel et autres. B. V, n° 577. Notons que des sanctions pécuniaires interdites peuvent aussi concerner des avantages en nature comme la fourniture d'un véhicule de société, Cass. soc. 12 décembre 2000, Dr. soc. 2001, p. 195, obs. A. Mazeaud.

49. Cass. soc. 10 juin 1992, B. V n° 376.

50. Cass. soc. 18 avril 2000, SA Rehau Industrie c/ Klein, Liaisons sociales, jurisprudence n° 677 du 13 juin 2000.

471. Le contrôle de la conformité du règlement intérieur à la loi est à la fois interne à l'entreprise et extérieur à elle.

En premier lieu, il convient de le soumettre pour avis au comité d'entreprise ou à défaut aux délégués du personnel ainsi que, pour les matières relevant de sa compétence, au CHSCT[51].

En deuxième lieu, le contrôle peut avoir un caractère administratif puisque l'inspecteur du travail est en droit d'exiger la modification ou le retrait de certaines clauses du règlement intérieur[52]. L'inspecteur du travail devra transmettre sa décision motivée à l'employeur ; elle sera communiquée pour information aux représentants du personnel. La procédure s'arrête souvent là et l'employeur se contente alors de modifier ou de retirer les clauses litigieuses. Dans le cas contraire, le conseil de prud'hommes saisi par un salarié de l'entreprise peut être conduit à écarter l'application des clauses.

La décision de l'inspecteur peut faire l'objet d'un recours hiérarchique auprès du directeur régional du travail et auprès du ministre ou encore l'objet d'un recours contentieux devant le tribunal administratif. Mais l'autorité administrative n'est compétente que pour les clauses du règlement qui ont fait l'objet d'une décision de l'inspection du travail ; les autres clauses relèvent de la compétence de la juridiction judiciaire[53].

II. Le contrôle judiciaire

472. Le conseil de prud'hommes a trois missions.

1) Le contrôle de la régularité de la procédure disciplinaire

473. Le conseil de prud'hommes doit rechercher :

– si la mesure est bien une sanction disciplinaire, condition d'application de la procédure disciplinaire ;

– s'il fallait appliquer la procédure simplifiée ou normale ;

– si toutes les modalités de la procédure ont été respectées.

2) Le contrôle de l'existence de la faute

474. Le juge doit procéder à la vérification de l'existence des faits reprochés et de la faute. Il n'est pas tenu par l'échelle des fautes prévues par le règlement intérieur, il peut même décider qu'une clause est illicite et que la violation de celle-ci ne constitue pas une faute. Ainsi, les dispositions disciplinaires d'un règlement intérieur ne lient pas le juge qui doit apprécier si le refus du salarié caractérise une faute rendant impossible son maintien dans l'entreprise[54]. Le juge

51. C. trav. art. L. 1321-4.
52. C. trav. art. L. 1322-1.
53. Cass. soc. 16 décembre 1992, Bull. civ. V, n° 602, D. 1993, p. 334, note X. Prétot.
54. Cass. soc. 2 mai 2000, Dr. soc. 2000, p. 787, obs. F. Favennec-Héry.

a donc un pouvoir d'appréciation et de requalification : il doit rechercher si l'attitude du salarié est ou non constitutive d'une faute.

3) Le contrôle de la régularité de la sanction

475. Le juge prud'homal doit apprécier la régularité de la sanction en la confrontant aux interdictions légales (clauses illicites ou interdites comme les sanctions pécuniaires, cumul des sanctions) ainsi qu'au principe de proportionnalité. Le juge prud'homal ne peut pas retirer une clause illégale du règlement intérieur[55] mais il peut en écarter l'application à l'occasion d'un litige précis, dans le cadre de l'appréciation d'une sanction disciplinaire prise conformément à une clause illicite. Il statuera en fonction de la personne du salarié : une même faute peut ne pas engendrer une sanction identique selon que le coupable a toujours eu une bonne attitude, qu'il a de l'ancienneté dans l'entreprise : le juge prud'homal doit aussi être juge de l'équité.

Les juges vont également vérifier qu'une même faute n'a pas fait l'objet de deux sanctions : c'est l'application du principe jurisprudentiel d'interdiction du cumul de sanctions pour une même faute, sauf dans le cas où la mesure décidée est une mise à pied conservatoire car ce n'est pas une sanction disciplinaire.

476. Les conséquences du contrôle

Le conseil de prud'hommes peut annuler la sanction décidée par l'employeur (seul le TGI peut annuler une clause), que l'irrégularité commise soit de forme ou de fond, que la sanction soit injustifiée ou disproportionnée à la faute commise. Seuls les licenciements ne peuvent être annulés sauf s'ils sont discriminatoires[56]. L'annulation de la sanction entraîne le rétablissement du salarié dans ses droits. Si la sanction était une rétrogradation et que le poste a déjà été attribué à un autre salarié, l'employeur doit proposer au salarié intéressé un poste équivalent à ses anciennes fonctions. Mais si la première sanction a été annulée pour disproportion, l'employeur peut toujours en proposer une autre moins sévère ; l'annulation d'une sanction pour disproportion laisse en principe subsister la procédure antérieure.

Si les juges décident de ne pas annuler la sanction, ils peuvent alors accorder au salarié des indemnités en réparation du préjudice subi dont ils apprécient souverainement le montant. Rappelons pour finir que seul le TGI peut annuler une clause du règlement intérieur.

55. C'est le rôle du TGI.
56. C. trav. art. L. 1232-4.

Chapitre 2

La durée du travail

477. La réglementation de la durée du travail a fait l'objet de la première loi du travail en France *(loi du 22 mars 1841)* et de la première convention de l'OIT (Convention n° 1, 1919) ; aujourd'hui et compte tenu des difficultés rencontrées pour résorber le chômage, elle est à nouveau une préoccupation majeure des gouvernements. La durée du travail reste l'une des premières revendications des salariés et les partenaires sociaux œuvrent dans le sens de l'aménagement et du partage du temps de travail.

Il existe différentes manières de calculer le temps de travail : à la journée, à la semaine, au mois et, de plus en plus, à l'année.

Section préliminaire LES TEXTES FONDATEURS

478. Le texte fondamental en la matière était jusqu'alors l'*ordonnance du 16 janvier 1982* qui avait modifié la législation sur la semaine de 40 heures. Le principe, tout au moins jusqu'au 1er janvier 2000, était que la durée légale du travail était fixée à 39 heures par semaine civile. Rapportée au mois, la durée légale hebdomadaire correspondait à une moyenne mensualisée sur l'année de 169 heures (39 × 52/12). Par ailleurs, en droit communautaire, une directive CE du 23 novembre 1993 prévoyait d'harmoniser dans les différents États membres de l'Union les modalités d'aménagement du temps de travail. Cette directive a pour partie été intégrée en droit français par les lois Aubry[1].

Les choses ont changé depuis l'adoption de mesures destinées à aménager et à réduire le temps de travail.

479. La première loi Aubry n° 98-461 du 13 juin 1998 (*« loi d'orientation et d'incitation relative à la réduction du temps de travail »*[2]) avait fixé comme objectif de réduire la durée légale hebdomadaire du travail à 35 heures au 1er janvier 2000 pour les entreprises de plus de vingt salariés, et au 1er janvier 2002 pour les autres. La particularité de ce texte était la suivante : « loi-cadre », elle annonçait

1. Dir. n° 93/104 du 23 novembre 1993, JOCE n° L. 307 du 23 décembre 1993.

2. *JO* du 25 juin 1998 ; décrets d'application du 22 juin 1998, *JO* du 23 juin.

une seconde loi de mise en application des principes généraux énoncés dans la première réglementation, en incitant toutefois les branches et les entreprises à anticiper les échéances légales par la négociation d'accords collectifs, grâce à des aides publiques prenant la forme d'un abattement des cotisations patronales de Sécurité sociale.

La seconde loi Aubry sur les 35 heures *« relative à la réduction négociée du temps de travail »* a pour date le 19 janvier 2000 et est entrée en vigueur le 1er février 2000[3]. Elle aborde effectivement dans les moindres détails les conséquences et les répercussions pratiques du passage programmé à la nouvelle durée légale hebdomadaire de 35 heures. L'objectif premier de la loi est de favoriser la flexibilité, donc la négociation et la conclusion d'accords collectifs. Elle favorise ainsi l'action normative des partenaires sociaux.

480. Ce cadre a été modifié à plusieurs reprises par la loi 2003-47 du 17 janvier 2003, par les lois 2004-391 du 4 mai 2004, par la loi 2005-296 du 31 mars 2005 et par la loi 2005-882 du 2 août 2005. L'une des dernières réformes concerne le forfait annuel jour ; il s'agit de la loi 2008-789 du 20 août 2008.

Section 1
LE CHAMP D'APPLICATION DE LA LOI ET LES DURÉES LÉGALES DU TEMPS DE TRAVAIL

481. Le Code du travail en son article L. 3121-10 fixe la durée légale hebdomadaire à 35 heures au lieu de 39 auparavant.

Par conséquent, les durées maximales du travail sont modifiées par les lois Aubry :

– la durée maximale hebdomadaire calculée sur une période de douze semaines est abaissée de 46 à 44 heures (sauf dérogation administrative en cas de calcul sur 12 semaines consécutives) ;

– pour ce qui est du repos quotidien, la loi Aubry I a intégré la directive de novembre 1993 dans le Code du travail (article L. 3131-1 du Code du travail) : tout salarié a droit à un repos quotidien de 11 heures consécutives qui s'ajoute au repos hebdomadaire de 24 heures consécutives (sauf travaux urgents en raison d'un accident ou d'une menace d'accident ou en cas de surcroît exceptionnel d'activité) ;

– le repos hebdomadaire est donc de 24 heures consécutives, à l'exception des jeunes de moins de 18 ans pour lesquels il est porté à deux jours consécutifs en application de la directive européenne du 22 juin 1994 relative à la protection des jeunes au travail.

---

3. Loi n° 2000-37 du 19 janvier 2000 relative à la réduction négociée du temps de travail et décision n° 99-423 DC du 13 janvier 2000 (*JO* du 20 janvier 2000).

La modulation est toujours possible mais elle est simplifiée en un seul régime par la loi Aubry II : quel que soit le type de répartition, la durée hebdomadaire ne peut excéder sur l'année une durée moyenne de 35 heures par semaine travaillée, afin de compenser les périodes de haute et de basse activité. Le texte reprend par ailleurs le champ d'application de la durée légale définie par la loi Aubry I et qui comprend les entreprises visées à l'article L. 3111-1 du Code du travail auxquelles s'ajoutent les établissements artisanaux et coopératifs et leurs dépendances.

Sont exclus les entreprises à statut de la loi du 3 octobre 1940 (SNCF, RATP, transports urbains), les établissements publics hospitaliers, les professions visées au livre VII du Code du travail (VRP, employés de maison, etc.).

Pour les entreprises et unités économiques et sociales occupant au moins vingt salariés, la durée légale est de 35 heures depuis le 1er février 2000 et l'est depuis le 1er janvier 2002 dans les autres (le calcul des règles d'effectifs est le même que celui retenu pour les institutions représentatives du personnel).

I. Les différentes manifestations des périodes dites de « travail »

482. Afin de pouvoir réduire la durée du travail, il fallait tout d'abord s'entendre sur les notions employées. En effet, dans une journée de 8 heures passées au travail, il se peut qu'il n'y ait que 7 heures de travail effectif (donc rémunéré, même s'il ne correspond pas à du travail productif), 3/4 d'heure de pause déjeuner et 15 minutes nécessaires à l'habillage.

Les deux lois Aubry ont ainsi posé des définitions inspirées pour certaines de la jurisprudence de la Cour de cassation.

A. Le temps de travail effectif

483. L'article L. 3121-1 du Code du travail précise que le temps de travail effectif est *« le temps pendant lequel le salarié est à la disposition de l'employeur et doit se conformer à ses directives sans pouvoir vaquer à des occupations personnelles »*. Cette définition avait déjà été dégagée par la jurisprudence antérieure et pose le délicat problème de la distinction entre la vie privée et la vie professionnelle du salarié puisqu'il faut tenir compte de la notion nouvelle « d'occupations personnelles »[4].

A priori, seules les périodes de travail effectif sont rémunérées et entrent dans le champ d'application de la réduction du temps de travail.

Travail de nuit :

Une loi du 9 mai 2001 relative à l'égalité professionnelle organise une réglementation du travail de nuit. Après avoir levé l'interdiction du travail de nuit des femmes, le texte pose en principe que le travail de nuit doit rester

4. Ph. Waquet, « En marge de la loi Aubry : travail effectif et vie personnelle du salarié », Dr. soc. 1998, p. 963. Cass. soc. 6 février 2001, Liaisons sociales, jurisprudence n° 708 du 9 mars 2001 pour une application du temps de travail effectif aux activités de gardiennage.

exceptionnel pour les hommes et pour les femmes. L'employeur ne peut recourir à cette forme de travail qu'après la conclusion d'un accord et uniquement si elle est justifiée par la continuité de l'activité économique ou des services d'utilité sociale. Le travail de nuit est celui effectué entre 21 heures et 6 heures ; un accord collectif peut aménager une autre plage horaire. Le travailleur de nuit est celui dont l'horaire de travail habituel le conduit au moins deux fois par semaine à travailler au moins trois heures de son temps de travail quotidien dans la plage de l'horaire de nuit ; il doit bénéficier d'un repos compensateur ou d'une compensation salariale.

Notons également que cette loi instaure une négociation obligatoire en matière d'égalité professionnelle, au niveau de l'entreprise et de la branche.

B. Les temps de pause et de restauration

484. L'article L. 3121-2 du Code du travail excluait du temps de travail effectif le *« temps nécessaire à l'habillage et au casse-croûte ainsi que (les) périodes d'inaction dans les industries et commerces déterminées {...} »*, sauf usage ou convention plus favorables. Afin de tenir compte de la jurisprudence de la chambre sociale, la loi Aubry II modifie l'article L. 3121-2 du Code du travail et précise que lorsque les critères définis au premier alinéa de l'article sont réunis, les temps nécessaires à la restauration ou consacrés au temps de pause sont considérés comme du travail effectif.

Il faut pour cela que le salarié reste sous la subordination de son employeur sans pouvoir vaquer à ses occupations personnelles. Tel est le cas de celui qui a l'obligation de prendre ses repas sur place et qui ne dispose en raison de son emploi d'aucune liberté pendant ce temps[5].

En ce qui concerne les temps d'habillage et de déshabillage, ces périodes doivent faire l'objet de contreparties, soit sous forme de repos, soit financières, lorsque deux conditions posées par l'article L.3121-2 du Code du travail sont remplies (sauf si un usage ou un accord collectif les assimile à du travail effectif) :

– le port d'une tenue de travail doit être imposé par des dispositions législatives ou réglementaires, par des clauses conventionnelles, le règlement intérieur ou le contrat de travail ;

– les opérations d'habillage et de déshabillage doivent être réalisées dans l'entreprise ou sur le lieu de travail – qui peut être distinct de l'entreprise, comme par exemple dans le cas d'un chantier.

---

5. Cass. soc. 4 janvier 2000, Liaisons sociales, jurisprudence n° 665 du 9 mars 2000. Confirmation de jurisprudence : soc. 28 octobre 1997, Liaisons sociales, jurisprudence n° 563 du 24 novembre 1997 et soc. 3 juin 1998, Liaisons sociales, jurisprudence n° 588 du 2 juin 1998. Cass. soc. 13 mars 2001, deux arrêts, Liaisons sociales, jurisprudence n° 715 du 24 avril 2001.

C. Les heures d'équivalences

485. Ce sont des périodes de décompte spécifiques des périodes de travail effectif qui peuvent comprendre des périodes d'inaction (par exemple dans la restauration). Ces heures sont comptabilisées en travail effectif mais dans le cadre du régime des équivalences : par exemple, alors que dans le commerce de détail de poissons une durée hebdomadaire de travail est de 42 h 30, pour le personnel affecté à la vente, cette dernière est équivalente aux anciennes 39 heures[6]. Cette durée équivalente à la durée légale a le même effet que la durée légale.

D. Les astreintes

486. La loi crée une mesure suivant laquelle l'astreinte est une période qui n'est pas considérée comme du temps de travail effectif mais au cours de laquelle le salarié a l'obligation de demeurer à son domicile ou à proximité (activités de gardiennage, etc.), afin d'être en mesure d'intervenir pour effectuer un travail au service de l'entreprise. Cette définition est d'origine prétorienne.

Seul le temps d'intervention est considéré comme du travail effectif. Une compensation à l'astreinte est obligatoire, soit sous une forme financière, soit sous la forme d'un repos. Le régime est en principe conventionnel ; à défaut, il peut être organisé unilatéralement par le chef d'entreprise après consultation des représentants du personnel et information à l'inspection du travail.

E. Les heures supplémentaires

487. Les heures supplémentaires se calculent sur la semaine civile, c'est-à-dire selon la loi de 2000, du lundi à 0 heure au dimanche à 24 h (avec possibilité de négocier un accord pour que la semaine s'achève samedi à 24 h). Les heures supplémentaires sont celles travaillées au-delà de 35 heures et peuvent ouvrir droit à une majoration de salaire ou à un repos compensateur. La majoration est de 25 % du salaire pour les huit premières heures et de 50 % à partir de la 44e heure. Le contingent est fixé à 220 heures par an et par salarié.

L'un des problèmes les plus épineux sur les heures supplémentaires concerne leur preuve. En cette matière, les règles relatives à la charge de la preuve sont assouplies. L'article L. 3171-4 du Code du travail dispose en effet que, en cas de litige relatif à l'existence ou au nombre d'heures effectuées, l'employeur doit fournir au juge les éléments de nature à justifier les horaires effectivement réalisés par le salarié. Le juge forge alors sa conviction au vu de ces éléments et de ceux fournis par le salarié. La charge de la preuve est donc partagée et le salarié ne saurait avoir à prouver seul les heures effectuées, par exemple en devant fournir un décompte précis[7].

---

6. Pour une remise en cause du texte de la loi Aubry II sur les équivalences, Cass. soc. 24 avril 2001, *Bref social* du 3 mai 2001.

7. Cass. soc. 10 mai 2001, Dalloz Actualités du 31 mai 2001. Voir également un arrêt de la CJCE du 8 février 2001, C-350/99, Wolfgang Lange et Georg Schünemann GMBH : le fait pour un

En vue de réduire le coût du travail d'une heure supplémentaire ou complémentaire par rapport à celui d'une heure normale, la loi en faveur du travail, de l'emploi et du pouvoir d'achat (loi dite « Tepa ») crée, pour les heures effectuées depuis le 1er octobre 2007, un nouvel allégement de cotisations sociales ainsi qu'une exonération d'impôt sur le revenu. Pour le salarié, la rémunération d'heures supplémentaires ou complémentaires ouvre droit, sous certaines conditions, à une réduction de cotisations salariales ainsi qu'à une exonération d'impôt sur le revenu. Pour l'employeur, les heures supplémentaires ouvrent droit, sous certaines conditions, à une déduction forfaitaire de cotisations patronales.

II. La réduction du temps de travail des cadres et leur rémunération

488. La loi Aubry II a apporté une innovation importante en droit du travail en définissant des catégories de cadres pour lesquels les modalités de réduction du temps de travail sont précisées en fonction de leurs responsabilités au sein de l'entreprise.

La notion de cadre fait appel à deux critères (art. L. 3111-2 du Code du travail) :

– soit la loi définit directement les cadres concernés en recourant à l'énumération de critères cumulatifs (cadres dirigeants) ;

– soit elle renvoie à une définition conventionnelle (cadres occupés selon un horaire collectif ou cadres employés selon un forfait hebdomadaire, mensuel ou annuel). La définition conventionnelle peut venir de trois catégories de textes (au niveau de la branche ou au niveau national) : une convention collective de branche applicable au secteur concerné, une convention collective de branche connexe ou comparable si le secteur concerné n'est pas couvert par une convention collective propre, ou enfin une convention ou un accord conclu sur le plan national en l'absence de disposition au niveau de la branche.

Les accords d'entreprise ne peuvent étendre ces définitions au-delà des périmètres fixés par la branche, mais il leur appartient de préciser les catégories de salariés répondant aux critères.

Il existe donc trois catégories de cadres.

A. Les cadres dirigeants

489. L'article L. 3111-2 du Code du travail, s'inspirant de la jurisprudence de la Cour de cassation et de la directive de 1993, retient trois critères cumulatifs :

---

employeur de demander au salarié d'effectuer des heures supplémentaires est un élément essentiel de la relation de travail (directive du 14 octobre 1991) dont le salarié doit être informé par écrit. À défaut d'écrit, le juge national doit appliquer les règles nationales relatives à la preuve.

– l'exercice de responsabilités dont l'importance implique une grande indépendance dans l'organisation de son emploi du temps ;

– l'existence d'une habilitation à prendre des décisions de façon largement autonome ;

– le versement d'une rémunération se situant dans les niveaux les plus élevés des systèmes de rémunération pratiqués dans l'entreprise ou l'établissement.

Les dispositions sur la durée du travail de manière générale ne leur sont pas applicables (durée du travail, travail de nuit, repos quotidiens, hebdomadaires et jours fériés), à l'exception des congés annuels.

B. Les cadres occupés selon un horaire collectif

490. Les cadres mentionnés à l'article L. 3121-39 ont la qualité requise mais suivent l'horaire collectif tout en pouvant fréquemment effectuer des heures supplémentaires en nombre limité.

Pour ceux-là, il est possible de mettre en place un forfait hebdomadaire incluant les majorations pour heures supplémentaires.

C. Les autres cadres

491. La loi prévoit pour cette dernière catégorie de salariés plusieurs types de forfaits dont deux dispositifs que des accords de branche signés en application de la loi Aubry I ont mis en place. Il s'agit de cadres qui, sans exercer des fonctions directoriales (comme la première catégorie) et dont la durée de travail ne peut être prédéterminée, doivent quand même bénéficier de la réduction du temps de travail[8].

Section 2
LES MODALITÉS PARTICULIÈRES D'ORGANISATION DU TEMPS DE TRAVAIL

492. Les salariés ont la possibilité de travailler de manière personnalisée, que ce soit par choix individuel ou en fonction de modalités d'organisation du temps de travail spécifiques à leur secteur ou à leur fonction. Le législateur a précisé le fonctionnement de trois modalités particulières d'organisation du temps de travail.

8. Le Conseil d'État a annulé un décret n° 200.82 du 31 janvier 2000 qui excluait les cadres intermédiaires du contingent d'heures supplémentaires prévues par la loi Aubry II : CE 28 mars 2001, CFDT *et al.*, Dr. soc. 2001, p. 670, obs. X. Prétot.

I. Les principales modalités

1) Les horaires individualisés

493. Dérogeant au principe de l'horaire collectif de travail, les horaires individualisés (art. L. 3122-23 du Code du travail) permettent aux salariés, au-delà d'une plage fixe pendant laquelle tous doivent être présents (par exemple 10 h-16 h), d'arriver ou de partir au sein de plages mobiles (8 h-10 h et 16 h-18 heures). Cette technique connaît un grand succès, bien que les réglementations relatives aux durées maximales journalières et hebdomadaires doivent être respectées. Les représentants du personnel (le comité d'entreprise doit émettre un avis conforme) peuvent toutefois s'opposer à la mise en place des horaires individualisés ; en leur absence, la pratique est permise si elle est autorisée par l'inspecteur du travail après constatation de l'accord du personnel, c'est-à-dire l'adhésion individuelle de chaque salarié.

2) Le travail à temps partiel

494. Auparavant, la loi définissait les horaires à temps partiel par référence à la durée légale du travail : le temps partiel concernait tous les horaires inférieurs d'au moins un cinquième à la durée légale ou conventionnelle.

Grâce à la participation des partenaires sociaux européens, une directive relative au temps partiel a été adoptée[9]. Cette directive ne faisant aucune référence à une référence précise proportionnelle au temps de travail, la loi, pour assurer l'intégration de la directive européenne, a supprimé toute référence à un seuil. L'article L. 3123-2 précise désormais que les salariés à temps partiel sont ceux dont la durée de travail est inférieure :

– à la durée légale du travail, ou à la durée fixée conventionnellement lorsque cette durée est inférieure à la durée légale ;

– à la durée mensuelle équivalente à la durée légale calculée sur un mois, ou à la durée conventionnelle si elle lui est inférieure ;

– à la durée annuelle équivalente à la durée légale calculée sur l'année ou à la durée conventionnelle si elle lui est inférieure.

Pour résumer, le travailleur à temps partiel est celui dont l'horaire de travail est inférieur à un temps plein.

Tout comme avant, le temps partiel peut être mis en place :

– soit par accord de branche étendu ou par accord d'entreprise ;

– soit en l'absence d'accord, après avis du comité d'entreprise ou des délégués du personnel ;

– soit, en l'absence d'institutions représentatives du personnel, à la demande de l'employeur ou des salariés.

9. Dir. 97/81/CE du 15 décembre 1999 reprenant l'accord-cadre du 6 juin 1997.

3) Le travail intermittent

495. Supprimé par la loi quinquennale, le travail intermittent est rétabli depuis (art. L. 3123-33 du Code du travail). Ce dispositif sert à tenir compte des secteurs d'activité qui subissent des variations importantes selon les saisons, les rythmes scolaires, etc. (restauration, tourisme, spectacle, etc.), en assurant aux intermittents une stabilité de la relation de travail et le bénéfice d'un certain nombre de garanties. La mise en place de ce dispositif est subordonnée à un accord d'une part (accord collectif étendu, accord d'entreprise ou d'établissement) et à un contrat de travail écrit d'autre part.

II. Le repos hebdomadaire et dominical

496. La *loi du 3 juillet 1906* a institué le principe du repos hebdomadaire et dominical. Si le repos hebdomadaire n'est pas discuté, le fait de le placer le dimanche l'est beaucoup plus. C'est pourquoi les pouvoirs publics ont apporté de plus en plus d'exceptions à la règle du repos dominical.

Les modalités du repos hebdomadaire sont les suivantes :

– le principe du repos hebdomadaire en vertu duquel il est interdit d'occuper plus de six jours par semaine un même salarié. La directive CE du 23 novembre 1993 prévoit que, au cours de chaque période de sept jours, tout travailleur doit bénéficier d'une période minimale de repos de 33 heures ;

– le repos dominical en vertu duquel le repos hebdomadaire doit être donné le dimanche.

Le principe du repos dominical fait l'objet de discussions de plus en plus vives : une théorie repose sur la confusion entre loisir et consommation tandis que l'autre met en valeur la possibilité de se retrouver au moins un jour par semaine avec ses proches. Malgré la pression du secteur du commerce qui doublerait son chiffre d'affaires le dimanche, le principe du repos dominical est maintenu : c'est une norme d'ordre public dont la violation est pénalement sanctionnée.

Depuis peu, le principe du repos dominical connaît de plus en plus de dérogations qui peuvent, selon le cas, être permanentes ou temporaires, soumises ou non à autorisation, applicables à l'ensemble du territoire ou à certaines zones précisément délimitées, etc. Le Code du travail prévoit, dans certaines situations, des compensations obligatoires pour les salariés appelés à travailler le dimanche ; de telles compensations peuvent également résulter des conventions ou accords collectifs applicables dans l'entreprise, auxquelles il conviendra donc de se reporter, ou être prévues par le contrat de travail.

Les dispositions applicables ont été modifiées en dernier lieu par la loi du 10 août 2009 *« réaffirmant le principe du repos dominical et visant à adapter les dérogations à ce principe dans les communes et zones touristiques et thermales ainsi que dans certaines grandes agglomérations pour les salariés volontaires »*. Cette loi fait l'objet de vives critiques de la part des défenseurs du repos dominical car, même si le principe n'est apparemment pas remis en cause, la multiplication des dérogations admises pourrait un jour y conduire.

1) Les dérogations permanentes de droit au repos dominical

Il existe des dérogations liées aux contraintes de la production ou des dérogations concernant spécifiquement le commerce de détail alimentaire.

En premier lieu, pour les dérogations liées aux contraintes de production ou aux besoins du public, il peut être dérogé, de droit (c'est-à-dire sans qu'il soit besoin d'une autorisation administrative) à la règle du repos dominical ; le repos hebdomadaire est alors attribué par roulement (certains salariés seront donc amenés à travailler le dimanche). Sont par exemple concernés les établissements appartenant aux catégories suivantes : fabrication de produits alimentaires destinés à la consommation immédiate ; hôtels, restaurants et débits de boissons ; débits de tabac ; entreprises de spectacles, etc. En second lieu, dans les commerces de détail alimentaires, le repos hebdomadaire peut être donné le dimanche à partir de 13 heures. Les dérogations de droit dans les communes d'intérêt touristique ou thermales ou dans les zones touristiques (voir ci-après) ainsi que les dérogations dans les zones dites « Puce » (voir ci-après) ne sont pas applicables aux commerces de détail alimentaires qui bénéficient des dérogations leur permettant d'ouvrir le dimanche jusqu'à 13 heures.

2) Les dérogations conventionnelles au repos dominical

Les dérogations conventionnelles concernent le travail en continu et les équipes de suppléance.

Dans le premier cas, dans les industries ou les entreprises industrielles, une convention ou un accord collectif étendu ou une convention ou un accord d'entreprise ou d'établissement peut prévoir la possibilité d'organiser le travail de façon continue pour des raisons économiques et d'attribuer le repos hebdomadaire par roulement. Certains salariés seront donc amenés à travailler le dimanche. À défaut de convention ou d'accord collectif de travail, une dérogation au repos dominical peut être accordée par l'inspecteur du travail après consultation des délégués syndicaux et avis du comité d'entreprise ou des délégués du personnel. La demande tendant à obtenir cette dérogation est adressée par l'employeur à l'inspecteur du travail. Ce dernier fait connaître sa décision à l'employeur ainsi qu'aux représentants du personnel dans le délai de trente jours à compter de la date de la réception de la demande.

Dans le deuxième cas, toujours dans les industries ou les entreprises industrielles, une convention ou un accord collectif de travail étendu ou une convention ou un accord d'entreprise ou d'établissement peut prévoir que le personnel d'exécution fonctionne en deux groupes dont l'un, dénommé « équipe de suppléance », a pour seule fonction de remplacer l'autre pendant le ou les jour(s) de repos accordé(s) au premier groupe. Le repos hebdomadaire des salariés de l'équipe de suppléance est attribué un autre jour que le dimanche. Cette dérogation s'applique également au personnel nécessaire à l'encadrement de cette équipe. À défaut de convention ou d'accord, le recours aux équipes de suppléance est aussi subordonné à l'autorisation de l'inspecteur du travail donnée après consultation des délégués syndicaux et avis du comité d'entreprise ou des délégués du personnel. La rémunération des salariés de l'équipe de suppléance est majorée d'au moins 50 % par rapport à celle qui serait due pour une durée équivalente effectuée suivant l'horaire normal de l'entreprise.

3) Les dérogations obligatoirement soumises à intervention administrative

Un certain nombre de dérogations au principe du repos dominical peuvent être accordées par le préfet ou par le maire, ou s'appliquer à certaines zones du territoire délimitées par le préfet. Selon le cas, ces dérogations peuvent être temporaires ou permanentes, s'appliquer toute l'année ou à certaines périodes de l'année seulement.

Des dérogations préfectorales peuvent être accordées afin d'éviter un préjudice au public ou un mauvais fonctionnement de l'établissement. Le repos peut être autorisé par le préfet, soit toute l'année, soit à certaines époques de l'année en donnant un autre jour que le dimanche à tous les salariés de l'établissement[10]. Seuls les salariés volontaires ayant donné leur accord par écrit à leur employeur peuvent travailler le dimanche sur le fondement d'une autorisation donnée en application de l'article L. 3132-20 du Code du travail. Cet accord doit faire l'objet d'un écrit explicite. Des contreparties peuvent être prévues par accord collectif (repos compensateur, majoration de salaire, etc.). En conséquence, le salarié d'une entreprise bénéficiaire d'une telle autorisation qui refuse de travailler le dimanche ne peut faire l'objet d'une mesure discriminatoire dans le cadre de l'exécution de son contrat de travail. De même, le refus de travailler le dimanche pour un salarié d'une entreprise bénéficiaire d'une telle autorisation ne constitue pas une faute ou un motif de licenciement. En l'absence d'accord collectif, le salarié privé de repos dominical conserve la faculté de refuser de travailler trois dimanches de son choix par année civile. Il doit en informer préalablement son employeur en respectant un délai d'un mois.

D'autres dérogations peuvent être données dans des zones dites de « périmètre d'usage de consommation exceptionnel » (Puce). Dans les unités urbaines de plus de 1 000 000 d'habitants (c'est-à-dire dans ce cas dans les régions parisienne, marseillaise et lilloise), sans préjudice des dispositions de l'article L. 3132-20 du Code du travail, le repos hebdomadaire peut être donné, après autorisation administrative, par roulement pour tout ou partie du personnel, dans les établissements de vente au détail qui mettent à disposition des biens et des services dans un périmètre d'usage de consommation exceptionnel (Puce) caractérisé par : des habitudes de consommation dominicale, l'importance de la clientèle concernée et l'éloignement de celle-ci de ce périmètre. Dans les « Puce », l'autorisation donnée aux établissements de vente au détail mentionnés

10. C. trav. art. L. 3132-20.

ci-dessus de déroger au repos dominical est accordée au vu d'un accord collectif ou, à défaut, d'une décision unilatérale de l'employeur prise après référendum. Les règles applicables (principe du volontariat, absence de discrimination, garanties et contreparties accordées aux salariés acceptant de travailler le dimanche, etc.) sont les mêmes que celles prévues en cas de dérogations destinées à éviter un préjudice au public ou au fonctionnement normal de l'établissement.

Des dérogations concernent aussi les communes d'intérêt touristique ou thermales et certaines zones touristiques. Les établissements de vente au détail situés dans les communes d'intérêt touristique ou thermales et dans les zones touristiques d'affluence exceptionnelle ou d'animation culturelle permanente peuvent donner le repos hebdomadaire par roulement pour tout ou partie du personnel. Ces dérogations, de droit, au repos dominical sont accordées à titre permanent et non pour une durée limitée ; elles ne nécessitent pas, pour l'établissement concerné, l'obtention préalable d'une autorisation préfectorale. Pour les salariés appelés à travailler le dimanche dans ces communes ou ces zones, la loi ne fixe pas de contreparties obligatoires ; ces contreparties peuvent être prévues par les conventions.

Enfin, des dérogations peuvent être accordées par le maire dans les commerces de détail cinq fois l'an, dans les commerces de détail non alimentaires, où le repos hebdomadaire a lieu normalement le dimanche, ce repos pouvant être supprimé les dimanches désignés, pour chaque commerce de détail, par décision du maire. À Paris, la décision est prise par le préfet de Paris. Chaque salarié ainsi privé de repos dominical perçoit une rémunération au moins égale au double de la rémunération normalement due pour une durée équivalente et bénéficie d'un repos compensateur équivalent en temps.

4) Que se passe-t-il en cas d'infraction ?

L'inspecteur du travail peut saisir en référé le juge judiciaire pour voir ordonner toutes mesures propres à faire cesser dans les établissements de vente au détail et de prestations de services au consommateur l'emploi illicite de salariés en infraction aux dispositions visées ci-dessus. Le juge judiciaire peut notamment ordonner la fermeture le dimanche de l'établissement (ou des établissements) concerné(s). Il peut assortir sa décision d'une astreinte liquidée au profit du Trésor.

III. Les autres modalités

1) Les jours fériés

497. Il n'existe pas d'interdiction légale de travailler les jours fériés : l'employeur est maître de son calendrier, sauf pour le 1er mai qui est obligatoirement un jour chômé (loi du 30 avril 1947). Mais cette règle est tempérée par les pratiques, usages et conventions.

Le problème est celui de la rémunération des jours fériés chômés. Quand le jour férié est effectivement chômé dans l'entreprise, le personnel payé au mois ne peut subir aucune réduction de salaire. Si le salarié travaille un jour férié, il n'a droit à aucune majoration spéciale, sauf si une convention prévoit une majoration du taux horaire.

2) Les congés payés

498. Seuls en profitaient avant 1936 les fonctionnaires, cheminots et journalistes. Depuis 1936 tous les salariés en bénéficient ; leur droit a été porté à quatre semaines en 1969 et à cinq semaines depuis la *loi du 16 janvier 1982*.

Tout salarié a droit aux congés payés à condition d'avoir été occupé dans l'entreprise au cours de l'année de référence (du 1er juin de l'année précédente au 31 mai de l'année en cours) pendant au moins un mois de travail effectif. La durée légale du congé (sous réserve d'accord collectif plus favorable) est de deux jours et demi ouvrables par mois de travail sans que la durée totale puisse excéder 30 jours ouvrables. Il convient en effet de distinguer les jours ouvrés (du lundi au vendredi sauf les jours fériés) des jours ouvrables (du lundi au samedi sauf les jours fériés).

Les congés peuvent être accordés au personnel soit par roulement pour assurer la continuité du fonctionnement de l'entreprise, soit par une fermeture totale de l'entreprise (en période creuse comme le mois d'août par exemple).

Les salariés bénéficient d'une indemnité de congés payés qui est un substitut de salaire. Le salarié licencié qui n'a pas pris tous les congés payés auxquels il avait droit percevra, sauf en cas de faute lourde de sa part, une indemnité de congés payés.

Notons qu'à côté des congés payés il existe des congés spéciaux : pour naissance, pour événements familiaux, de formation économique, sociale et syndicale, congé pour création d'entreprise, congé sabbatique, congé de conversion, etc.

Chapitre 3

La prévention et la réglementation des risques du travail

Section 1 LES NORMES RELATIVES À L'HYGIÈNE ET À LA SÉCURITÉ

499. En raison des risques liés à l'activité industrielle, le législateur français a, depuis les premières lois sociales du milieu du XIXe siècle, multiplié les normes relatives à l'hygiène et à la sécurité auxquelles il faut ajouter la très prolifique réglementation communautaire. Le droit de l'hygiène et de la sécurité est une matière assez complexe, très technique, qui fait appel à la quasi-totalité des sources du droit social. Les règles relatives à ces domaines sont d'ordre public, les partenaires sociaux ne peuvent donc y déroger ; elles sont contenues dans le règlement intérieur de l'entreprise (*supra*, n°s 444 et s.).

I. Principes généraux et responsabilité de l'employeur[1]

500. Une *loi du 31 décembre 1991*, transposant la *directive CEE du 12 juin 1989* (directive cadre), a introduit dans le Code du travail des principes généraux de prévention associant employeurs et salariés. Les salariés doivent prendre soin de leur sécurité et de leur santé conformément aux directives de l'employeur. Ce dernier doit quant à lui prendre toute mesure nécessaire à la prévention, à l'information et à la formation.

Cela ne remet toutefois pas en cause le principe de responsabilité pénale de l'employeur (ou celle de son préposé délégataire) en cas d'infraction aux règles d'hygiène et de sécurité prescrites par le Code du travail ; pour que la responsa-

1. C. trav. art. L. 4221-1 et s.

bilité soit retenue, il est exigé une faute personnelle qui peut être une simple imprudence ou une négligence de l'employeur.

A. La délégation de pouvoirs

501. Le chef d'entreprise peut éviter les condamnations pénales en déléguant ses pouvoirs à un salarié. Pour que la délégation l'exonère de ses responsabilités, il faut qu'elle soit :

– expresse (elle ne saurait résulter de la nature même des travaux, mais elle n'a pas besoin d'être écrite) ;

– précise (cela exclut les délégations générales de surveillance) ;

– effective (le chef d'entreprise doit avoir pris toutes les mesures permettant au délégataire d'exercer ses attributions) ;

– acceptée par le salarié.

La délégation n'est valable que si le délégataire est doté de la compétence, de l'autorité et des moyens nécessaires à l'exercice de ces responsabilités. Le critère de l'autonomie d'initiative dont bénéficie le délégataire est déterminant. De ce fait, si l'un des supérieurs hiérarchiques de l'intéressé s'immisce dans le déroulement des tâches en rapport avec la mission faisant l'objet de la délégation, l'autonomie d'initiative disparaît et la délégation de pouvoirs est alors ineffective[2].

L'entreprise personne morale peut être tenue également responsable en cas d'infractions au Code pénal. L'entreprise peut être condamnée, lorsque la responsabilité du chef d'entreprise ou de son préposé n'a pas été retenue, à présenter un plan d'amélioration de la sécurité. Mais depuis le 1er mars 1994 elle peut aussi, sous certaines conditions, engager sa responsabilité pénale en cas d'accidents du travail pour les délits d'atteinte involontaire à la vie ou à l'intégrité physique des personnes ; l'entreprise est alors passible d'une peine d'amende et d'une ou de plusieurs des peines privatives ou restrictives de droits prévues par le texte d'incrimination.

Les établissements doivent être tenus dans un état constant de propreté, salubrité et sécurité ; ils doivent être aménagés de manière à garantir la sécurité des travailleurs. Il existe en outre une multitude de normes relatives à l'hygiène et des textes précis quant à la sécurité de certains secteurs réputés dangereux comme le BTP.

L'obligation de respecter les règles d'hygiène et de sécurité pèse directement sur le chef d'entreprise. Il ne peut donc *a priori* invoquer la négligence de ses collaborateurs ou de la victime. Il peut en revanche invoquer les délégations de pouvoir et subdélégations auxquelles il a procédé pour le bon fonctionnement de son entreprise. Mais ces délégations ne sont valables que si le délégataire est doté de la compétence, de l'autorité et des moyens nécessaires à l'exercice de ces responsabilités.

---

2. Cass. soc., 21 novembre 2000, Liaisons sociales, jurisprudence n° 697.

B. L'obligation de sécurité de résultat

502. Le chef d'entreprise a de plus une obligation générale de sécurité qui est une obligation de résultat. Cette obligation est pénalement sanctionnée : l'employeur qui ne respecte pas les règles d'hygiène et de sécurité est passible de poursuites correctionnelles même s'il n'y a pas eu d'accident.

La Cour de cassation a appliqué cette obligation de sécurité en matière d'accidents du travail (*infra*, n°s 506 et s.).

Notons l'existence d'un concept important en ce qui concerne le domaine de l'hygiène et de la sécurité : il s'agit du concept de sécurité intégrée qui consiste à tenir compte des problèmes de sécurité dès la conception des locaux, machines, produits et procédés de fabrication. Les responsabilités qui traditionnellement ne concernaient que les chefs d'entreprise utilisateurs se sont élargies, grâce à ce concept, à d'autres intervenants (maîtres d'ouvrage, fabricants et importateurs).

II. Contrôle

A. Contrôle externe à l'entreprise

503. Le contrôle du respect des règles relatives à l'hygiène et à la sécurité incombe à l'administration du travail. L'inspecteur du travail peut ainsi exercer son droit de visite dans les entreprises pour y prélever des substances dangereuses et/ou pour vérifier la sécurité des installations. Mais il ne faut pas négliger le contrôle moins connu des contrôleurs et ingénieurs conseils des caisses de Sécurité sociale. Comme elles sont les principales concernées par le coût des accidents du travail, les caisses peuvent charger leur personnel compétent de vérifier la sécurité dans les entreprises. Alors que les inspecteurs du travail peuvent dresser des procès-verbaux transmissibles au parquet (après mise en demeure à l'employeur de régulariser sa situation, sauf danger grave et imminent), les caisses de Sécurité sociale peuvent, lorsqu'elles constatent des manquements au respect de la législation, augmenter les cotisations accidents du travail des entreprises concernées, ce qui est souvent le plus efficace.

L'inspecteur du travail peut, dans le cas de risques sérieux d'atteinte à l'intégrité physique des travailleurs, saisir le juge des référés pour faire cesser ce risque. Il peut même demander l'arrêt temporaire d'un chantier en cas de risques imminents et d'impossibilité pour les salariés d'exercer leur droit de retrait[3].

B. Contrôle interne à l'entreprise

504. Le contrôle relève du médecin du travail et du CHSCT.

Tout employeur doit assurer à ses salariés le bénéfice de la médecine du travail soit en créant un service médical interne, soit en adhérant à un service

3. C. trav. art. L. 4731-1.

interentreprises en fonction de l'effectif du personnel qu'il occupe. Le médecin du travail est un salarié protégé, lié par un contrat de travail avec l'employeur. Sa mission est purement préventive et exclut, sauf urgence, toute activité de soins.

Outre le médecin du travail, le CHSCT (comité d'hygiène, de sécurité et des conditions de travail) a un rôle non négligeable en ce domaine. La *loi du 23 décembre 1982* en a fait une institution représentative à part entière.

Un CHSCT doit être mis en place dans tous les établissements occupant au moins cinquante salariés. Il a pour mission d'associer le personnel de l'entreprise aux actions de prévention des risques professionnels et d'améliorer les conditions de travail. Les entreprises de moins de cinquante salariés peuvent se voir imposer la création d'un tel comité par l'inspecteur du travail lorsque la mesure apparaît nécessaire en raison de la nature, de l'agencement ou de l'équipement des locaux. En dehors de cette mesure exceptionnelle, les entreprises de moins de cinquante salariés peuvent se regrouper sur le plan professionnel ou interprofessionnel en créant des comités interentreprises.

Les personnes siégeant au CHSCT sont : le chef d'établissement ou son représentant, les représentants du personnel désignés par les représentants élus, et à titre consultatif le médecin du travail. L'inspecteur du travail et les agents des caisses de Sécurité sociale doivent être informés des réunions ; ils peuvent y assister. Les membres du CHSCT sont des salariés protégés désignés pour une durée de deux ans renouvelable ; rien n'interdit le cumul de leur mandat avec celui de membre du comité d'entreprise ou de délégué du personnel ou encore avec un mandat de délégué syndical ou de représentant syndical auprès du comité d'entreprise. Ils bénéficient d'un crédit d'heures et d'une formation appropriée. Le fait de porter atteinte (ou de tenter de le faire) aux prérogatives du CHSCT constitue un délit d'entrave pénalement sanctionné (emprisonnement d'un an et / ou amende de 3 750 euros).

Le CHSCT est doté de la personnalité civile. Il se réunit au moins une fois trimestriellement à l'initiative du chef d'établissement, à la suite de tout accident ayant eu des conséquences graves ou à la demande motivée de deux membres du comité. Le comité peut recourir à un expert agréé en cas de projet important modifiant les conditions d'hygiène et de sécurité, aux frais de l'employeur. Il a un rôle consultatif non seulement auprès du chef d'entreprise mais aussi auprès des représentants du personnel. L'employeur doit fournir une fois par an un rapport écrit et un programme de prévention.

Si l'un de ses membres constate une situation de danger grave et imminent, il doit déclencher une procédure d'alerte : c'est notamment le rôle du délégué du personnel (droit d'alerte, voir *supra*) qui avise l'employeur qui fait une enquête avec lui. En cas de divergence sur la réalité du danger, le CHSCT doit être réuni dans les 24 heures. Si le désaccord perdure à la fin de la réunion, l'inspecteur du travail peut être saisi pour prendre les mesures nécessaires : mise en demeure, saisine du juge des référés, etc.

III. Droits du salarié en matière d'hygiène et de sécurité

505. Le salarié dispose de trois droits :

– un droit à la formation (salariés nouvellement embauchés, changeant de postes, intérimaires, salariés précaires) ;

– un droit d'expression directe et collective sur ses conditions de travail (*loi du 4 août 1982*, *supra*, n° 260) ;

– un droit d'alerte et de retrait en cas de danger grave ou imminent[4]. Ce droit s'exerce librement sans que le salarié puisse subir une sanction ou un retrait de salaire. La charge de la preuve sur la réalité et le danger pèse sur l'employeur car le salarié doit avant tout respecter strictement les consignes de sécurité ; dans le cas contraire, il peut se rendre coupable d'une faute grave. En aucun cas le salarié ne peut être sanctionné pour s'être retiré d'une situation de travail s'il avait un motif raisonnable de penser qu'elle présentait un danger grave et imminent pour sa vie ou sa santé[5]. Le droit de retrait est une immunité au bénéfice du salarié.

Si un accident survient alors que l'employeur a été avisé par un salarié ou par le CHSCT qui aura constaté le danger, l'employeur se rend coupable d'une faute inexcusable.

Section 2
L'ACCIDENT DU TRAVAIL ET LES MALADIES PROFESSIONNELLES

I. Notions

506. La réglementation protectrice des accidents du travail (AT) existe depuis une loi du 9 avril 1898 mais elle a considérablement évolué : le régime applicable déroge, dans un sens plus favorable aux travailleurs, au droit commun de la responsabilité civile en instaurant un régime de responsabilité sans faute à la charge de l'employeur qui doit automatiquement indemniser les victimes (car il tire profit de l'activité industrielle générée par les travailleurs). Le salarié est également protégé, depuis une loi du 25 octobre 1919, contre les maladies professionnelles qu'il pourrait contracter sur le lieu de l'entreprise ou du fait de son activité. Il s'agit d'un système d'assurance géré par la branche de la Sécurité sociale spécifique aux accidents du travail et aux maladies professionnelles. La gestion en est paritaire.

4. C. trav. art. L. 4131-1.

5. Cass. soc. 9 mai 2000, Dr. soc. 2000, p. 778, obs. G. Couturier.

A. La réparation des accidents du travail et des maladies professionnelles

507. – L'accident du travail

Est considéré comme accident du travail, quelle qu'en soit la cause, l'accident survenu par le fait ou à l'occasion du travail (caractère professionnel) à toute personne salariée ou travaillant à quelque titre ou en quelque lieu que ce soit, pour un ou plusieurs employeurs ou chefs d'entreprise[6]. Cette définition pose ainsi une présomption d'imputabilité de l'accident au travail qui peut être détruite à condition que l'employeur ou la caisse de Sécurité sociale démontre que la lésion a une cause totalement étrangère au travail ou qu'au moment de l'accident le salarié s'est soustrait à l'autorité de l'employeur. Les critères prépondérants sont donc le lieu et le temps de travail. Est un accident du travail l'accident survenu dans les dépendances de l'entreprise (cantine, parking) à condition que le salarié soit toujours sous l'autorité de son employeur. La victime doit uniquement rapporter la preuve de la matérialité de l'accident et de l'existence de la lésion. Longtemps exclus de ce système, les salariés en mission (ceux qui font une halte à l'hôtel avant de reprendre leur travail le lendemain, par exemple) en bénéficient depuis 2001. L'accident survenu en mission est présumé imputable à l'accomplissement de celle-ci, sauf si l'employeur réussit à prouver que le salarié a interrompu sa mission pour un motif personnel[7].

Le caractère violent de l'événement n'est pas retenu ; c'est celui de la soudaineté qui permet d'appliquer la qualification d'accident du travail (choc, chute, intoxication, etc.). Ce critère de soudaineté permet en outre de distinguer l'AT de celui de la maladie. L'accident ne peut être retenu, de plus, qu'à la condition qu'ait été causée une lésion corporelle, c'est-à-dire qu'il en résulte une atteinte à l'intégrité physique du salarié (lésions internes ou externes).

Une extension de la notion d'accident du travail a été retenue en jurisprudence ces dernières années afin de tenir compte de risques nouveaux liés au travail. C'est ainsi qu'ont été reconnus comme accidents du travail des suicides, même réalisés en dehors de l'entreprise, des tentatives de suicide au domicile ; les notions de harcèlement moral et de stress ne sont pas étrangères à ces risques liés à la souffrance et à la santé mentale (*infra*, n° 510).

– Les maladies professionnelles

Le problème est posé pour les maladies dont souffrent les salariés : comment savoir si un infarctus dont est victime un salarié est ou non dû au travail ? Un suicide peut-il être dû au stress accumulé par des conditions de travail particulièrement pénibles, par un harcèlement ? Peut-on assimiler les travailleurs exposés à l'amiante à des accidentés du travail ? La réponse est positive. C'est pourquoi sont indemnisées de la même manière que les accidents du travail les

6. C. Séc. soc. art. L. 411-1. Numéro spécial de Droit social sur le centenaire de la loi du 9 avril 1898, n° 7/8, juillet-août 1998.

7. Cass. soc. 19 juillet 2001, Sté Framatome, Dr. soc. 2001, p. 1022, obs. X. Prétot.

maladies qui ont une origine professionnelle et qui se trouvent dans des tableaux annexés au Code de la Sécurité sociale (il existe plus d'une centaine de tableaux qui se rapportent aux agents pathogènes comme les poussières, les rayonnements, etc., et qui sont régulièrement modifiés).

Les pouvoirs publics ont voulu intervenir de manière très ferme dans les affaires dites de l'amiante (même si l'État a une part de responsabilité en ce domaine). La Cour de cassation a considéré que dans le domaine de la sécurité, l'employeur est tenu envers le salarié à une obligation contractuelle de sécurité de résultat ; tout manquement à cette obligation, révélé notamment par l'accident ou la maladie, a le caractère d'une faute inexcusable (*infra*, n° 510), si l'employeur a ou aurait dû avoir conscience du danger auquel étaient exposés les salariés et s'il n'a pas pris les mesures nécessaires pour les en préserver[8]. Quant à l'indemnisation de ces victimes, les autorités ont institué le FIVA (Fonds d'indemnisation des victimes de l'amiante) par une loi du 23 décembre 2000. La réparation prévue est en principe intégrale.

Par ailleurs, l'obligation de sécurité de résultat n'est plus aujourd'hui cantonnée au problème des maladies professionnelles et de l'amiante. Les juges entendent protéger tous les aspects de la santé physique et de la santé morale des salariés. Cette obligation a successivement été étendue aux accidents du travail[9], à l'inaptitude[10] ainsi qu'au tabagisme[11] (l'employeur n'ayant pas prescrit une interdiction générale et absolue de fumer dans un bureau à usage collectif). La jurisprudence a de même précisé que l'obligation de sécurité de résultat en matière de protection de la santé et de la sécurité des travailleurs s'applique en matière de harcèlement moral ; l'absence de faute de la part de l'employeur ne peut l'exonérer de sa responsabilité (peu importe s'il a pris des mesures pour éloigner le harceleur...)[12]. Plus récemment, l'obligation a été étendue au harcèlement managérial[13]. Enfin, est désormais pris en compte le suicide consécutif au harcèlement moral[14] avec l'émergence en droit français de la notion de stress de travail (accord national interprofessionnel du 2 juillet 2008).

Notons que le salarié est lui aussi titulaire d'une obligation de sécurité de prévention prévue par la loi[15] et qui peut conduire à retenir la faute grave de ce dernier dans l'exercice de ses fonctions. Il n'est plus aujourd'hui nécessaire qu'il y ait eu une délégation de pouvoir de la part de l'employeur[16].

8. Cass. soc. 28 février 2002, RJS 5/02, n° 618 ; Cass. civ. 2e, RJS 6/04 n° 755, Ass. Pl. 24 juin 2005, RJS 10/05, n° 1037.

9. Cass. soc. 11 avril 2002, B.V. n° 127.

10. Cass. soc. 28 février 2006, Dr. soc. 2006, p. 653.

11. Cass. soc. 29 juin 2005, D. 2005, Jur., p. 2565.

12. Cass. soc. 21 juin 2006, JCP S 2006, 1566 ; cass. soc. 3 février 2010, nos 08-44.019 et 08-40.144.

13. Cass. soc. 10 novembre 2009, Bull. V n° 247.

14. Cass. 2e civ. 10 mai 2007, JCP S 2007, 1547.

15. C. trav. art. L. 4122-1, loi du 31 décembre 1991.

16. Cass. soc. 28 février 2002, Deschler c/ SA Textar France, n° 00-41 220.

– L'indemnisation

Le travailleur victime d'un accident ou d'une maladie sera indemnisé par la Sécurité sociale. Il pourra bénéficier de prestations en nature (soins requis et frais de réadaptation fonctionnelle et de rééducation professionnelle). En outre, la victime peut prétendre à l'octroi de prestations en espèces de deux sortes : des indemnités journalières en cas d'arrêt de travail (60 % du salaire, puis 80 % à compter du 29e jour d'arrêt), et une rente d'accident du travail si la personne n'est pas guérie aux termes du traitement et qu'elle conserve une incapacité permanente partielle ou totale. Le décès de la victime ouvre droit au bénéfice de certains de ses proches à des rentes d'ayant droit.

Le financement de la branche accidents du travail et maladies professionnelles est exclusivement patronal. La tarification que les entreprises se voient appliquer dépend de leurs efforts de prévention et de leur taille (la tarification peut être individuelle, mixte ou collective). Afin de se prémunir contre le risque de manière plus efficace, les employeurs peuvent aussi faire appel à des assurances privées.

B. L'accident de trajet[17]

508. Est un accident de trajet (assimilé par la Sécurité sociale, aux fins d'indemnisation, à un AT) l'accident survenu à un salarié pendant le trajet d'aller et retour :

– entre sa résidence principale, une résidence secondaire présentant un caractère de stabilité ou tout autre lieu où le travailleur se rend de façon habituelle pour des motifs d'ordre familial, et le lieu de travail ;

– entre le lieu de travail et le restaurant, la cantine ou d'une manière plus générale le lieu où le travailleur prend ses repas.

Le parcours ne doit pas avoir été détourné ou interrompu pour un motif dicté par l'intérêt personnel et étranger aux nécessités essentielles de la vie courante, ou indépendant de l'emploi[18].

Le trajet protégé commence à la sortie du domicile ; l'accident survenu dans les dépendances du domicile n'est pas un AT. En ce qui concerne l'entreprise, il commence dès que le salarié a quitté l'aire d'autorité de son employeur. L'itinéraire protégé est l'itinéraire « normal » (le plus habituel et le plus court) et

17. C. Séc. soc., art. L. 411-2.

18. La Cour de cassation a donné la définition suivante de l'accident de trajet : « constitue un tel accident tout accident dont est victime le travailleur à l'aller ou au retour, entre le lieu où s'accomplit le travail et sa résidence dans des conditions où il n'est pas encore ou n'est plus soumis aux instructions de l'employeur », Ass. pl. 5 novembre 1992, n° 89-86340. Elle a de même précisé la notion d'accident de mission. *« Si l'accident survenu à un salarié qui se rend chez un client de son employeur (ou qui en revient) est bien un accident du travail, car le salarié se trouve dans la sphère d'autorité du chef d'entreprise, tel n'est pas le cas lorsque le salarié retrouve sa pleine indépendance (en décidant de rentrer chez lui directement après la mission) : il s'agira d'un accident de trajet permettant un recours de la victime ou de ses ayants droit contre l'employeur ou le préposé coupable de l'accident »*, (Ass. pl. 5 novembre 1992, précité).

l'accident doit survenir dans un temps compatible avec les horaires de l'entreprise.

L'interruption du parcours, par exemple pour acheter des denrées, ne commence qu'à l'entrée du commerce et non lors de la traversée de la chaussée ; une fois la chaussée traversée, l'accident est considéré comme un accident de droit commun car survenu lors de l'interruption du trajet. Si le trajet est interrompu (boulangerie, café, etc.), la protection légale ne joue plus. Par exemple, une femme qui se rend à son travail et s'arrête, comme chaque jour, pour conduire son fils à l'école située sur le trajet de son domicile à son travail, tombe dans les escaliers de cette école. L'accident est un accident de droit commun, et non un accident de trajet car, au moment de sa chute, la personne avait quitté la chaussée pour monter l'escalier ; l'accident est donc survenu au cours d'une interruption du trajet et ne peut être indemnisé au titre de la législation sur le risque professionnel.

En revanche, l'accident survenu au cours d'une interruption du trajet imposée par une nécessité de la vie courante sera qualifié d'accident du trajet : ainsi, dans l'exemple précédent, si la personne avait eu un accident sans être sortie de sa voiture en conduisant son fils à l'école, elle aurait été couverte par la législation du travail[19].

C. L'accident de droit commun

509. L'accident qui ne bénéficie ni de la qualification d'accident du travail, ni de la qualification d'accident de trajet est un accident de droit commun couvert par les règles de droit commun de la responsabilité civile, et donc moins bien indemnisé.

D. Faute inexcusable et faute intentionnelle

510. La faute inexcusable et l'obligation de sécurité de résultat

La faute inexcusable de l'employeur modifie les règles classiques d'indemnisations des accidents du travail et des maladies professionnelles. Définie par la Cour de cassation en 1941 dans un arrêt *Dame Veuve Villa*[20] la faute inexcusable reposait essentiellement sur l'exceptionnelle gravité de la faute.

Le contentieux de l'amiante (*supra*, n° 507) a conduit à une nouvelle définition de la faute inexcusable, définition étendue à tous les accidents du travail par un arrêt d'Assemblée plénière de 2005[21]. L'employeur est tenu en vertu du contrat de travail qui le lie au salarié à une obligation de sécurité de

19. Il convient de distinguer l'accident survenu lors d'un détour justifié par une nécessité de la vie courante, qualifié d'accident de trajet, d'un accident survenu pendant une interruption du trajet, quand bien même l'interruption serait justifiée ; dans ce dernier cas, la victime ne bénéficiera pas de la protection sociale.

20. Ch. réun. 15 juillet 1941, Bull. civ. n° 83.

21. As. Pl. 24 juin 2005, Bull. civ. n° 7.

résultat. Tout manquement à cette obligation revêt le caractère d'une faute inexcusable lorsque l'employeur avait ou aurait dû avoir conscience du danger auquel était exposé le salarié, et qu'il n'a pas pris les mesures nécessaires pour l'en préserver. La reconnaissance de la faute inexcusable de l'employeur conduit à ouvrir à la victime un complément de réparation s'ajoutant aux prestations sociales classiques (majoration de la rente accident du travail et réparation de certains préjudices comme le préjudice d'esthétique ou d'agrément, perte de chance, etc.).

La faute inexcusable du salarié peut aussi être retenue et entraîner une réduction de sa rente. Les juges ont donc opté pour une notion très restrictive de la cette faute : il s'agit d'une faute volontaire du salarié, d'une exceptionnelle gravité, exposant sans raison valable son auteur à un danger dont il aurait dû avoir conscience.

511. La faute intentionnelle

C'est une faute d'une gravité exceptionnelle caractérisée par l'intention de nuire et qui entraîne des poursuites pénales. Rarement retenue par les tribunaux, elle peut être le fait de l'employeur mais aussi de la victime qui procède par exemple à des mutilations volontaires, à une aggravation de son état de santé pour obtenir une meilleure indemnisation.

II. Intérêts des distinctions entre les différents accidents

512. Le premier intérêt est celui de l'indemnisation : le salarié victime d'un accident du travail ou d'un accident de trajet sera indemnisé de la même manière. Si la qualification de son accident lui importe peu, en dehors bien entendu de l'accident de droit commun, la distinction est d'importance en ce qui concerne les recours de la victime ou de ses ayants droit : en cas d'accident du travail, l'intéressé n'a pas de recours contre son employeur, sauf faute intentionnelle ou inexcusable de celui-ci[22] ou de ses préposés. En cas d'accident de trajet, en revanche, le salarié victime peut intenter un recours contre le responsable et obtenir des dommages-intérêts : le responsable peut être l'employeur ou l'une des personnes appartenant à l'entreprise, par exemple la personne qui conduit le véhicule lors d'un accident de mission.

La distinction est également d'importance pour l'employeur (*supra*, n° 507) : les cotisations d'accidents du travail sont à la charge exclusive des employeurs et sont fixées en fonction du nombre d'accidents survenus les années précédentes (dans les grandes entreprises) : l'employeur a donc intérêt à ce que l'accident soit qualifié d'accident de trajet car celui-ci est couvert par une indemnisation forfaitaire.

---

22. L'employeur peut alors être condamné à rembourser aux organismes concernés les sommes déboursées pour indemniser le salarié.

III. Formalités

513. Le salarié victime d'un accident du travail doit en informer son employeur dans les 24 heures, sauf cas de force majeure. L'employeur devra déclarer l'accident à la caisse primaire d'assurance maladie dont relève la victime dans un délai de 48 heures ; à défaut, il s'expose à des sanctions pécuniaires et / ou pénales. Pendant l'arrêt de travail, le contrat de travail est suspendu.

À l'issue de la suspension (d'au moins huit jours), le salarié doit passer une visite médicale auprès du médecin du travail afin que soit appréciée son aptitude à reprendre son emploi. Le salarié déclaré apte retrouve son emploi ou un emploi similaire assorti d'une rémunération équivalente. Si le salarié est inapte à retrouver son emploi, un autre emploi doit lui être proposé après consultation des représentants du personnel, approprié à ses capacités ; cette recherche doit s'effectuer au sein du groupe de sociétés. Si le salarié refuse l'emploi proposé, l'employeur peut le licencier en lui versant, outre l'indemnité de préavis, l'indemnité spéciale de licenciement (égale au double de l'indemnité légale).

Chapitre 4

La rémunération du travail

514. La politique de rémunération joue un rôle majeur dans la politique sociale de l'entreprise. Par ailleurs, il ne faut pas négliger que la rémunération est un élément du contrat que l'employeur ne peut modifier sans l'accord du salarié (*infra*, n° 650).

Section 1
LA RÉGLEMENTATION DU SALAIRE

I. La fixation du salaire

515. Elle relève de contrats librement passés entre les employeurs et les salariés, l'employeur devant tout de même respecter certaines contraintes. Dans les entreprises où il existe une section syndicale, les salaires effectifs doivent faire l'objet d'une négociation annuelle[1].

1) Le principe de non-discrimination

516. Le principe général qui gouverne la fixation du salaire est celui de la non-discrimination. Conséquence du principe d'égalité de traitement entre les travailleurs[2] exprimé par la maxime « *À travail égal, salaire égal* ». De nombreuses décisions de justice ont trait au principe de non-discrimination selon le sexe tant au bénéfice des travailleurs masculins[3] que des travailleurs féminins[4]. Une directive communautaire n° 97/80 du 15 décembre 1997[5] établit, en matière

1. C. trav. art. L. 2242-8.
2. Cass. soc. 29 octobre 1996, Sté Delzongle c/ Ponsolle, RJS 12/96 n° 1272, Dr. soc. 1996, p. 1013, obs. A. Lyon-Caen.
3. Cass. soc. 8 octobre 1996, RJS 11/96, n° 1178, à propos d'une allocation de naissance et de garde d'enfants.
4. Cass. soc. 16 juillet 1998, Liaisons sociales, jurisprudence actualité n° 601 du 29 octobre 1998 concernant la privation d'une chance de promotion ; Cass. soc. 21 mars 2000, Dr. soc. 2000, p. 645, obs. C. Radé.
5. M.-T. Lanquetin, « Discrimination à raison du sexe, sur la directive 97/80 du 15 décembre 1997 relative à la charge de la preuve », Dr. soc. 1998, p. 696.

de discrimination sexuelle, un régime de preuve reposant partiellement sur l'employeur : le salarié doit apporter au juge des éléments de fait pouvant aider à prouver la discrimination (bulletin de paie, etc.). L'employeur doit quant à lui prouver que la différence de traitement entre les hommes et les femmes repose sur des éléments objectifs (pénibilité du travail, ancienneté, etc.) étrangers à toute discrimination selon le sexe[6].

2) Les éléments du salaire

517. Le salaire de base est la rémunération stable que l'employeur doit verser au salarié en contrepartie de son travail. Cela peut être une somme d'argent ou des avantages en nature (logement, nourriture, etc.). Il s'entend normalement du salaire brut, c'est-à-dire avant déduction des cotisations salariales[7]. Dans certaines professions (hôtellerie, restauration, etc.), les pourboires peuvent constituer tout ou partie du salaire. Peuvent s'ajouter au salaire de base, outre des avantages en nature et des pourboires, des gratifications comme le treizième mois, les primes de bilan. Il est d'usage de distinguer les gratifications bénévoles (dont le versement dépend en toute liberté de la volonté de l'employeur) des gratifications contractuelles (prévues par le contrat de travail ou les accords collectifs). Une gratification peut devenir un élément normal et permanent du salaire si son usage est constant, fixe et général.

3) Les limites à la libre fixation du salaire

518. Depuis 1950, les salaires sont fixés librement. L'employeur doit toutefois respecter les minima fixés par les conventions et accords collectifs de travail ainsi que la réglementation relative au SMIC (salaire minimum de croissance) qui est accompagné d'un minimum garanti variant seulement en fonction de l'évolution de l'indice des prix.

L'employeur doit également respecter l'interdiction légale des clauses d'indexation de salaire sur le SMIC, le niveau général des prix ou le prix des biens, produits ou services sans rapport avec l'activité de l'entreprise.

---

6. Cass. soc. 19 décembre 2000, Dr. soc. 2001, p. 314, obs. C. Radé ; Cass. soc. 28 novembre 2000, Dr. soc. 2001, p. 315, obs. G. Couturier.

7. Pour un salaire mensuel brut de 1 500 euros, le salarié recevra environ 1 200 euros nets déduction faite des cotisations salariales couvrant les risques maladie, maternité, invalidité, décès, vieillesse, chômage, veuvage, auxquelles s'ajoutent les cotisations aux régimes de prévoyance complémentaires, voire surcomplémentaires ainsi que les prélèvements obligatoires (CSG et CRDS) : au total, environ 20 à 23 % du salaire brut (voire plus) sont directement prélevés par l'employeur (technique du précompte) et reversés aux URSSAF. L'employeur paie quant à lui des cotisations patronales égales à environ 40 % du salaire brut (le coût salarial est égal à la rémunération brute ajoutée aux cotisations patronales). Ces cotisations sont à peu près identiques, quant aux risques mais non quant au montant, à celles versées par le salarié, auxquelles il faut ajouter des cotisations exclusivement patronales comme les prestations familiales et les accidents du travail.

II. Le paiement du salaire

1) Les modalités du paiement

519. L'employeur est tenu de payer le salarié sauf si ce dernier n'a pas exécuté le travail demandé, excepté en cas de maladie, maternité ou accident du travail. Au-delà de la somme de 1 500 euros, le salaire doit être payé par chèque ou par virement bancaire ou postal. La périodicité du versement est mensuelle pour les salariés mensualisés ; elle peut être trimestrielle en ce qui concerne les commissions des VRP. La paie doit s'effectuer sur les lieux et pendant les heures de travail. À chaque versement de la rémunération, le salarié doit recevoir un bulletin de paie dûment rempli par l'employeur et qui sert de preuve à l'existence de la relation de travail[8] ; un livre de paie tenu par l'employeur doit reproduire les mentions des bulletins de paie.

2) Les garanties du paiement

520. L'action en paiement des salaires se prescrit par cinq ans ; elle est libératoire et concerne tous les salariés.

• Les salariés sont protégés contre les créanciers de leur employeur : ils bénéficient pour cela d'un privilège général sur les biens meubles et immeubles de l'employeur. Les créances garanties sont constituées par les rémunérations de base ainsi que par certaines indemnités (de congés payés, de préavis, de licenciement). En outre, les salariés bénéficient d'un superprivilège, qui prime tous les autres, et qui leur garantit, sous certaines conditions, le paiement de leur salaire en cas d'ouverture d'une procédure de redressement judiciaire ou de liquidation à l'encontre de leur employeur. Les employeurs doivent assurer leurs salariés en vue de garantir le paiement de leur salaire en cas de faillite, en payant des cotisations patronales spéciales[9].

• Les salariés sont aussi protégés contre leurs propres créanciers. En raison de son caractère alimentaire, seule une partie du salaire est susceptible de saisie ou de cession. La loi limite enfin les possibilités pour l'employeur créancier du salarié d'effectuer des retenues sur la rémunération de celui-ci (compensation).

3) La preuve du paiement du salaire

521. Auparavant, le bulletin de paie faisait présumer le paiement du salaire. En conséquence, le salarié contestataire devait démontrer qu'il n'avait pas été payé, ce qui n'était pas chose aisée. Un revirement de jurisprudence a pallié cette difficulté : par une application combinée de l'article 1315 du Code civil et de l'article L. 3243-3 du Code du travail, les juges ont déclaré que « nonobstant la délivrance de la fiche de paie, l'employeur doit prouver le paiement du salaire »[10].

8. Sur la preuve du paiement du salaire, voir *supra*, n° 521.
9. Le système est géré essentiellement par l'AGS (Association pour la gestion du régime d'assurance des créances des salariés).
10. Cass. soc., 2 février 1999, Liaisons sociales, JP hebdo, n° 618 du 16 février 1999.

Section 2
LA DÉTERMINATION INDIVIDUELLE ET COLLECTIVE DU SALAIRE

522. Des problèmes spécifiques peuvent se poser lorsque le salaire n'est pas prévu au contrat de travail ou lorsque ce qui est inscrit dans le contrat de travail ne correspond pas aux normes conventionnelles.

I. Le salaire, élément du contrat de travail

523. Dans un souci de protection du salarié, l'entrée en vigueur d'une nouvelle convention collective ne peut modifier le salaire contractuel du salarié[11]. Cette règle est classique car elle correspond au principe d'ordre public social. Parallèlement, la notion de « salaire contractuel » est peu précise mais fait peut-être référence à la jurisprudence récente relative à la modification du contrat de travail à travers laquelle les juges ont énoncé le principe suivant : la rémunération est un élément du contrat de travail qui ne peut être modifié sans l'accord du salarié (*infra*, n° 650).

II. La détermination du salaire et les conflits de sources

524. Une question épineuse a récemment été portée devant les juges du droit du travail : quel est le sort d'une rémunération exclusivement prévue par un usage lorsque l'employeur entend dénoncer cet usage[12] ? Pour répondre à cette question, la Cour de cassation a entrepris d'envisager toutes les hypothèses de détermination possible de la rémunération.

1) En premier lieu, la Chambre sociale rappelle qu'en principe la rémunération résulte du contrat de travail, avec deux exceptions : le SMIC (limite la plus basse de la rémunération) et les avantages résultant d'accords collectifs, d'usages ou d'engagements unilatéraux (qui constituent, eux, les limites les plus hautes).

La rémunération est donc, dans son montant et dans sa nature, en principe, contractuelle : on ne peut la modifier sans l'accord du salarié. C'est l'un des « piliers » du contrat de travail (depuis l'arrêt Systia Informatique du 28 janvier 1998).

2) En deuxième lieu, la rémunération peut résulter en totalité d'une convention collective ou d'un accord. Dans ce cas, l'employeur peut indirecte-

---

11. Cass. soc., 27 janvier 1999, Dr. soc. 1999, p. 308.

12. Cass. soc., 20 octobre 1998, Dr. soc. 1999, p. 128.

ment modifier cette rémunération en dénonçant la convention (art. L. 2261-9 du Code du travail). Cette dénonciation a un effet intéressant pour les salariés concernés : ils gardent leurs avantages individuellement acquis (dont le salaire) qui viennent s'incorporer au contrat de travail si aucun accord de substitution n'aboutit durant le délai légal de quinze mois.

Toutefois, dans l'hypothèse où un accord de substitution est négocié durant le délai prévu à l'article L. 2261-9 du Code du travail, la nouvelle structure salariale prévue par cet accord s'impose aux salariés, même si elle leur est moins favorable. Ils ne peuvent se prévaloir d'une modification de leur contrat de travail[13].

c) Enfin, la situation est tout autre si la rémunération résulte exclusivement d'un usage ou d'un engagement unilatéral de l'employeur.

En principe, la dénonciation de l'usage (suivant les règles établies par la jurisprudence) est opposable à tous les salariés. Ils ne peuvent plus se prévaloir de leur ancienne rémunération car, depuis un arrêt Deschamps de 1988, l'usage ne s'incorpore pas au contrat de travail.

Le problème est alors de savoir qui va déterminer la rémunération si aucun accord collectif ne reprend les termes de l'usage dans le délai prescrit. Le risque est grand que l'employeur la fixe unilatéralement. Pour éviter cela, la Cour de cassation a posé un principe : si la rémunération disparaît par suite de dénonciation de l'usage, elle ne peut être fixée que par un accord contractuel entre l'employeur et le salarié. À défaut d'aboutissement de cet accord contractuel, le juge se prononcera *in fine*.

Section 3
LES FORMES D'INDIVIDUALISATION DU SALAIRE

I. Les performances individuelles

525. Tous les travailleurs ne perçoivent pas le même salaire. Il est en effet tenu compte, de plus en plus, de la personne même du salarié.

Les politiques de rémunération poursuivent différents objectifs : elles peuvent tendre à motiver le salarié en récompensant ses performances personnelles (augmentation de salaire, primes, etc.) ou encore à le sensibiliser aux objectifs de l'entreprise.

Le salaire se différencie aussi par les régimes internes de protection sociale complémentaire. Ils sont sécurisants pour les salariés, sont souvent exonérés de

13. Cass. soc. 27 juin 2000, Liaisons sociales, jurisprudence n° 683 du 20 juillet 2000, voir *infra*.

prélèvements sociaux et fiscaux dans la limite de plafonds élevés, et ils font partie de la rémunération et se négocient au même titre lors de l'embauche.

II. La rémunération collective

526. Depuis une *ordonnance du 21 octobre 1986*, modifiée, notamment en 1994, la France connaît un droit de la participation, de l'intéressement et des plans d'épargne entreprise assez performant. Il s'agit d'associer les salariés aux résultats ou autres de l'entreprise en leur demandant d'épargner, à plus ou moins long terme, une partie de leur rémunération que l'entreprise se charge de faire fructifier.

A. La participation[14]

527. Elle est obligatoire dans les entreprises d'au moins cinquante salariés (pendant six mois consécutifs ou non). Les salariés se partagent, dans la limite d'un plafond (quatre fois le plafond de la Sécurité sociale) et au prorata de leurs salaires, une fraction des bénéfices de l'entreprise dénommée « réserve spéciale de participation » au moins égale à :

$R = 1/2\ (B - 5C/100) \times S/VA$
B = bénéfice net après impôt
C = capitaux propres
S = salaires bruts
VA = valeur ajoutée

En contrepartie de cet avantage collectif, les salariés et employeurs sont dispensés de prélèvements sociaux et fiscaux sur les sommes affectées à la réserve. Les droits sont indisponibles pendant un certain temps (trois ou cinq ans). S'ils ne sont bloqués que trois ans, les avantages fiscaux sont moins importants, mais il existe des cas de déblocage anticipé légitimes comme le mariage, l'achat d'une résidence principale, etc.

B. L'intéressement

528. Il est facultatif, mais toutes les entreprises qui satisfont aux obligations relatives aux institutions du personnel peuvent mettre en place un accord d'intéressement en choisissant librement le critère (intéressement aux résultats, à la productivité, etc.). L'accord d'intéressement doit s'adresser à tous les salariés.

14. Le régime de la participation et de l'intéressement a été modifié en 2008 avec notamment la possibilité pour le salarié de débloquer les sommes quand il le souhaite, pour développer le pouvoir d'achat.

C. Le plan d'épargne entreprise

529. C'est un système d'épargne collective ouvrant aux salariés d'une entreprise la possibilité de participer, avec l'aide de celle-ci, à la constitution d'un portefeuille de valeurs mobilières. Les versements annuels du salarié au PEE sont plafonnés et peuvent faire l'objet d'un abondement de l'entreprise. Ces sommes sont exonérées d'impôt.

D. Les mesures relatives à l'épargne salariale

530. Une *loi du 19 février 2001* (*JO* du 20) prévoit la mise en place de nouveaux outils d'épargne salariale : les plans d'épargne interentreprise (PEI) et les plans partenariaux d'épargne salariale volontaire (PPESV) dont l'objectif est l'épargne à long terme (dix ans).

D'autres mesures tendent également à faciliter l'épargne salariale.

– Il est instauré une réduction de la condition d'ancienneté requise pour bénéficier de la participation, de l'intéressement ou des plans d'épargne (de 6 à 3 mois d'ancienneté). Cela permet aux salariés précaires de pouvoir y prétendre.

– Un livret d'épargne salariale est créé : tout salarié quittant l'entreprise doit désormais recevoir un état récapitulatif de l'ensemble des sommes et valeurs mobilières épargnées.

– Des dispositifs d'épargne salariale peuvent être mis en place au sein d'un groupe, entre des entreprises juridiquement indépendantes mais ayant établi entre elles des liens financiers et économiques.

– Il est créé un renforcement du rôle des partenaires sociaux en matière d'épargne salariale au niveau de l'entreprise ou de la branche.

Parallèlement, une nouvelle définition est donnée aux plans d'épargne entreprise : il s'agit d'un système d'épargne collectif ouvrant aux salariés de l'entreprise la faculté de participer, avec l'aide de celle-ci, à la constitution d'un portefeuille de valeurs mobilières.

Ces mesures nouvelles sont à mettre en parallèle avec la *loi relative aux nouvelles régulations économiques du 15 mai 2001* qui modifie le régime des stock-options ainsi que celui des bons de souscription de parts de créateurs d'entreprise.

Titre 4. les contrats de travail

531. L'objet de ce titre est d'analyser la relation de travail unissant l'employeur au salarié. Cette analyse peut se faire d'une manière chronologique, de la naissance de la relation de travail en passant par les modifications qu'elle peut subir et jusqu'à sa rupture.

Trois points seront envisagés :

– les modalités d'accès à l'emploi ;

– l'exécution du travail, c'est-à-dire l'étude des éléments qui accompagnent une relation de travail ;

– le déroulement de la relation de travail.

Chapitre 1

Accéder au travail

532. Toute personne qui recherche un emploi doit passer par différentes étapes. Après une nécessaire formation vient le moment de l'accès à l'emploi proprement dit. L'employeur et le salarié doivent alors effectuer diverses formalités. Une promesse d'embauche peut être établie. Une fois le salarié embauché, demeure toutefois un moment d'incertitude appelé la période d'essai (*infra*, n°s 581 et s.). Enfin, l'employeur demeure libre d'embaucher le travailleur qui lui convient le mieux à condition de respecter la législation relative au droit du travail.

Section 1
LA FORMATION PROFESSIONNELLE

533. L'acquisition ou la conservation d'un emploi sont dépendantes de la formation. La formation de base est normalement dispensée par l'État dans le cadre du système scolaire et éventuellement des études post-secondaires. Aux fins d'accéder à une profession, deux types de formation seront abordés : la formation initiale et la formation continue devenue depuis les années 1970 un impératif juridique et économique.

I. La formation professionnelle initiale

A. Généralités

534. En France, la formation professionnelle initiale dépend des grandes écoles, des universités ou directement des entreprises par la technique de l'apprentissage. À la différence de certains pays européens comme l'Allemagne où la formation professionnelle initiale est surtout de la compétence des entreprises, le droit français a longtemps favorisé l'acquisition de cette formation par le canal des études. À côté de ces écoles, l'acquisition de la formation en entreprise se développe essentiellement par la technique de l'apprentissage qui associe une expérience en entreprise et une formation théorique ; elle peut d'ailleurs prendre la forme d'un contrat d'apprentissage combiné à un troisième cycle universitaire,

par exemple. Son statut spécifique le différencie des autres contrats de type particulier dénommés contrats d'insertion en alternance.

B. L'apprentissage

535. L'apprentissage a pour objet de donner à des jeunes qui ont satisfait à l'obligation scolaire une formation théorique et pratique en vue de l'obtention d'une qualification professionnelle, sanctionnée par un diplôme. L'apprentissage connaît un regain de vigueur notamment en raison d'aides forfaitaires et périodiques versées par l'État aux employeurs.

1) Nature du contrat d'apprentissage

C'est un contrat de travail de type particulier par lequel l'employeur s'engage, outre le versement d'un salaire fixé suivant des modalités propres, à assurer une formation professionnelle à un jeune travailleur[1]. Ce dernier s'engage en contrepartie à travailler pour l'employeur pendant la durée du contrat et à suivre parallèlement la formation théorique dispensée dans un centre de formation d'apprentis ou en section d'apprentissage.

2) Conditions d'exécution et de validité du contrat d'apprentissage

536. La validité et l'exécution du contrat d'apprentissage sont soumises à plusieurs conditions.

– L'apprenti : il doit avoir seize ans au moins et vingt-cinq ans au plus, sous réserve de certaines exceptions, et être apte au travail. L'apprenti bénéficie de l'ensemble de la législation sociale et des conventions collectives applicables à l'entreprise[2] mais il n'est pas comptabilisé dans l'effectif global de celle-ci.

Au terme du contrat, l'apprenti peut être embauché sous contrat de travail de droit commun ou, situation fréquente, souscrire un nouveau contrat d'apprentissage ou un contrat de formation en alternance.

– L'employeur : toute entreprise peut engager un apprenti à condition de prendre les mesures nécessaires à l'organisation de l'apprentissage. L'employeur doit notifier l'engagement à la direction départementale du travail. Un maître d'apprentissage doit être désigné dans l'entreprise pour assurer la tutelle de l'apprenti.

– Le contrat : il doit être conclu par écrit et signé par les deux parties, puis enregistré par l'administration. L'absence de l'une des conditions de formation du contrat est sanctionnée par la nullité du contrat.

La durée du contrat est au moins égale à celle du cycle de formation qui fait l'objet du contrat entre un et trois ans (en général deux ans).

1. C. trav. art. L. 6221-1.

2. Cass. soc. 12 juillet 1999, Liaisons sociales, jurisprudence n° 644 du 7 octobre 1999 : *« Les apprentis ne peuvent être exclus par une disposition générale en tant qu'apprentis du champ d'application d'une convention collective {...} ».*

Le contrat prend fin à son terme. Mais il peut être résilié librement par l'une ou l'autre des parties pendant les deux premiers mois sans que cette résiliation donne lieu à indemnité, sauf stipulation contraire des parties. À l'issue des deux premiers mois, la résiliation du contrat ne peut intervenir que sur accord exprès des deux parties (résiliation amiable par écrit) ou par décision du conseil de prud'hommes (résiliation judiciaire) uniquement en cas de faute grave ou de manquements répétés de l'une des parties à ses obligations ou en raison de l'inaptitude de l'apprenti à exercer le métier auquel il se préparait.

– La rémunération : fixé en pourcentage du SMIC, le salaire minimum légal de l'apprenti (dont le montant peut être plus élevé en application de dispositions conventionnelles) varie en fonction de son âge et de son ancienneté. En raison de ces modalités de rémunération, l'apprentissage est recherché par les employeurs qui bénéficient, en plus de l'indemnité compensatrice forfaitaire à l'embauche, d'exonérations de cotisations sociales.

– La formation extérieure à l'entreprise : elle est dispensée dans des centres de formation d'apprentis (CFA). Cette formation, à la fois théorique et pratique, est destinée à compléter la formation reçue en entreprise.

L'apprentissage est financé par la taxe d'apprentissage versée par les entreprises. Certains employeurs peuvent en être exonérés à concurrence d'une partie du salaire versé aux apprentis et du concours qu'ils apportent aux CFA.

II. La formation professionnelle continue

A. Généralités

537. Cette formation succède à la formation initiale et accompagne le travailleur tout au long de sa vie. Elle lui permet :

– de s'adapter aux changements des techniques et des conditions de travail ;

– de favoriser sa promotion sociale ou sa reconversion.

Elle est financée en partie par l'employeur ; la participation de celui-ci varie en fonction des effectifs de l'entreprise[3]. La formation professionnelle est régie pour l'essentiel par le Code du travail[4] et par des dispositions conventionnelles. Une négociation quinquennale de branche est prévue pour négocier sur les priorités, les objectifs et les moyens de la formation professionnelle[5].

3. Pour les entreprises de moins de dix salariés : 0,15 % des salaires payés pendant l'année civile en cours, pour les entreprises de dix salariés et plus : 1,5 %.

4. C. trav. art. L. 6111-1 et s.

5. C. trav. art. L. 6323-6.

B. Le cadre de la formation professionnelle

1) Initiative de la formation

538. L'initiative peut émaner soit du salarié dans le cadre d'un congé de formation (ou dans le cadre d'un compte épargne temps), soit de l'employeur dans le cadre de la politique de formation de l'entreprise. Un plan de formation annuel doit être soumis aux représentants du personnel. Tous les salariés ont vocation à bénéficier du plan de formation.

En application d'une loi du 4 mai 2004, tout salarié sous contrat à durée indéterminée et ayant au moins un an d'ancienneté acquiert chaque année un droit individuel à la formation (DIF) d'une durée de 20 heures. Tout salarié titulaire d'un CDI, à temps complet ou à temps partiel, et disposant d'une ancienneté d'au moins un an dans l'entreprise qui l'emploie bénéficie, chaque année, d'un droit individuel à la formation[6]. Sauf accord de branche ou d'entreprise plus favorable, l'ancienneté d'un an est comptabilisée à compter du 7 mai 2004. Les premières heures capitalisées au titre du DIF peuvent donc être utilisées à compter du 7 mai 2005. Les salariés employés en CDD peuvent également bénéficier du DIF sous réserve d'avoir travaillé au moins quatre mois, consécutifs ou non, sous CDD au cours des douze derniers mois. Ce droit peut être cumulé dans la limite de six ans. Si l'employeur refuse le droit au DIF durant deux années consécutives, le salarié peut demander à l'organisme dont relève l'entreprise de prendre en charge la formation envisagée.

Depuis, a été publiée une loi du 24 novembre 2009 relative à l'orientation et à la formation professionnelle tout au long de la vie[7]. De nombreux aspects de la formation professionnelle font l'objet de modifications importantes et plus particulièrement sur le DIF. En particulier, est désormais prévue la « portabilité » du DIF. Ce dispositif vise à permettre aux salariés quittant l'entreprise de bénéficier des heures acquises au titre du droit individuel à la formation (DIF) non utilisées afin de suivre une action : de bilan de compétences, de validation des acquis de l'expérience (VAE), de formation. Il existait déjà auparavant sous le terme de « transférabilité » et a été complété par la nouvelle loi. Pour ce qui est du droit au DIF pendant le préavis, en cas de licenciement sauf pour faute lourde (la faute grave était auparavant également exclue), l'employeur informe le salarié, dans la lettre de notification, des droits acquis en matière de DIF qui n'ont pas été utilisés. Le salarié qui souhaite bénéficier de ces heures de DIF doit en faire la demande avant la fin du préavis. Pour financer l'action de formation, l'employeur verse une somme égale au produit du nombre d'heures de DIF restant par le montant forfaitaire de prise en charge par les organismes concernés (OPCA). Lorsque l'action est réalisée pendant le préavis, elle se déroule pendant le temps de travail. Si tout ou partie des droits restant n'ont pas été utilisés, il devra en être fait mention sur solde sur le certificat de travail, en précisant l'OPCA

6. C.trav. art. L. 6323-1 et s.

7. *JO* 25 novembre.

compétent. Le salarié peut également demander à bénéficier de son DIF en cas de démission, sous réserve que la formation soit engagée avant la fin du préavis.

La portabilité du DIF après la fin du contrat de travail est l'une des principales nouveautés apportées par la loi. Si le salarié n'a pas utilisé son droit au DIF avant d'avoir quitté l'entreprise (ou s'il n'en a utilisé qu'une partie), il peut demander à en profiter : chez un nouvel employeur, dans les deux ans qui suivent son embauche. Dans ce cas, la prise en charge financière est assurée par l'OPCA du nouvel employeur ; ou dans le cadre de sa recherche d'emploi. Dans ce cas, la prise en charge financière est assurée par l'OPCA de l'employeur auprès duquel les droits ont été acquis.

2) Initiative de l'employeur

539. Si l'employeur décide d'envoyer le salarié en formation pendant le temps de travail, il s'agit d'une modalité d'exécution du contrat de travail et le salarié ne peut la refuser, sauf dans le cas d'un bilan de compétences. Le temps de la formation est considéré comme temps de travail et rémunéré comme tel.

La formation continue est une obligation pour l'employeur. En application de l'article L. 6321-1 du Code du travail, l'employeur doit assurer l'adaptation des salariés à leur poste de travail et veiller au maintien de leur capacité à occuper un emploi, au regard notamment de l'évolution des emplois, des technologies et des organisations. Ainsi, le fait que des salariés n'aient bénéficié d'aucune formation professionnelle continue pendant toute la durée de leur emploi dans l'entreprise établit un manquement de l'employeur à ses obligations légales, entraînant pour les intéressés un préjudice qu'il appartient au juge d'évaluer[8].

3) Initiative du salarié : les congés de formation

540. Il existe différentes sortes de congés de formation. Le plus fréquent est le congé individuel de formation qui caractérise une suspension du contrat de travail.

Ce congé permet à tout salarié de s'absenter pendant les heures de travail pour suivre à titre individuel une action de formation de son choix, distincte de celles comprises dans le plan de formation de l'entreprise. La durée du stage ne peut excéder un an dans le cas d'un congé à temps plein. Pour pouvoir en bénéficier, il faut justifier d'une ancienneté en tant que salarié d'au moins 24 mois (consécutifs ou non), dont 12 mois dans l'entreprise. Le salarié peut demander à un organisme professionnel de prendre en charge tout ou partie des dépenses afférentes à son congé. Pendant son congé, le salarié est en situation de suspension de son contrat de travail bien qu'il garde pendant ce temps ses droits à ancienneté.

8. Cass. soc. 23 octobre 2007, n° 06-40.950, et Cass. soc. 2 mars 2010, n° 09-40.914.

Section 2
L'ACCÈS À L'EMPLOI

541. L'accès à l'emploi n'est pas tout à fait libre. Une réglementation de plus en plus précise le régit en France afin d'éviter toute forme d'abus.

I. Le contrôle de l'accès à l'emploi

542. D'une certaine manière, le marché de l'emploi est libre de toute réglementation car en économie de marché la force de travail est une marchandise comme les autres. L'offre d'emploi émane des entreprises et va à la rencontre des demandeurs d'emploi : l'État a ici une attitude d'abstention.

Ce libre marché est structuré par deux grands principes à valeur constitutionnelle :

– le principe d'égalité entre tous les travailleurs ;

– le principe de liberté de l'employeur de recruter qui il veut et la liberté (relative en période de chômage) du demandeur d'emploi d'accéder au travail qui lui convient.

A. Des contrôles pesant sur les employeurs

543. L'État intervient dans le contrôle de l'emploi : depuis 1945 les employeurs doivent établir une déclaration mensuelle des mouvements de main-d'œuvre et tenir un registre spécial de mouvements de personnel *(ordonnance du 24 mai 1945)*.

Depuis 1993 ils doivent en outre effectuer pour chaque travailleur une déclaration préalable à l'embauche[9] : ce document est adressé aux organismes de recouvrement des cotisations sociales (URSSAF), qui renvoient à l'employeur dans les cinq jours de la réception un document valant preuve de déclaration. Cette dernière mesure vise à lutter contre le travail clandestin qui permet à l'employeur de s'exonérer tout seul des cotisations patronales, faussant ainsi le jeu de la concurrence dans son secteur d'activité.

B. Des contrôles renforcés à l'égard des travailleurs étrangers[10]

544. En matière de politique d'immigration, l'État intervient fréquemment afin de réglementer l'accès au travail des étrangers, ainsi que leurs conditions de travail.

9. Loi n° 91-1383 du 31 décembre 1991, C. trav. art. L. 1221-10. La déclaration est obligatoire à compter du 1er septembre 1993. Il existe aussi une déclaration unique d'embauche. La DUE a été rendue obligatoire pour tous les employeurs (à l'exception des particuliers) depuis le 6 avril 1998 (D. n° 98-252 du 1er avril 1998, *JO* 4.4.98, p. 5250).

10. À l'exception des travailleurs provenant des États membres de l'Union européenne pour lesquels le principe de libre circulation s'applique.

La tolérance peut varier en fonction de l'alternance politique et des mesures relatives à la sécurité du territoire, dans le respect des engagements pris à l'échelle européenne.

En premier lieu, sous réserve d'accords internationaux, le recrutement des étrangers en France relève de la compétence exclusive de l'Office français de l'intégration et de l'immigration (OFFI). Une loi du 18 janvier 2005 de programmation pour la cohésion sociale crée l'Agence nationale de l'accueil des étrangers et des migrations et définit le contrat d'accueil et d'intégration.

En second lieu, la législation française fait dépendre le travail de l'étranger d'une situation stable et régulière sur le territoire français.

1) L'accès au territoire français aux fins d'exercer un emploi

545. Le travailleur étranger doit posséder un passeport et en principe un visa en règle, ainsi qu'un contrat de travail visé par l'administration[11].

2) L'accès au travail et à la protection sociale

546. Le travailleur étranger doit posséder un titre de séjour régulier, c'est-à-dire :

– soit une autorisation provisoire assortie d'une autorisation de travail (titre unique de séjour et de travail si l'activité n'est pas temporaire, titre de séjour et autorisation de travail si l'activité est temporaire) ;

– soit une carte de séjour temporaire valable un an et portant la mention « salarié » ;

– soit enfin une carte de résident délivrée après un séjour régulier et valable dix ans (qui permet d'exercer toute activité professionnelle).

3) Le travailleur étranger en situation irrégulière

Il n'a pas de couverture sociale, sauf en cas d'accident du travail[12]. Le contrôle du caractère régulier de sa situation est exercé par les organismes de Sécurité sociale.

Mais il est assimilé à un travailleur régulièrement engagé dès lors qu'il s'agit du respect, par son employeur, de la réglementation du travail, notamment pour ce qui est du paiement du salaire[13]. Des peines sévères sont prévues pour les employeurs frauduleux et les autorités administratives peuvent prendre des mesures de reconduite à la frontière des étrangers en situation irrégulière ou les expulser s'ils menacent l'ordre public.

---

11. C. trav. art. L. 5221-2.

12. En cas d'accident du travail, les cotisations sont exclusivement patronales ; les organismes concernés se retourneront donc contre l'employeur en remboursement des sommes engagées pour les prestations versées au travailleur étranger.

13. C. trav. art. L. 8252-1.

C. Le service public de l'emploi

547. Une forme importante de l'intervention de l'État est représentée par l'existence d'un service public de l'emploi. L'Agence nationale pour l'emploi instituée par une *ordonnance du 13 juillet 1967* était un établissement public placé sous l'autorité du ministre chargé de l'Emploi qui avait pour mission d'assurer le service public du placement. Elle devait assister à la fois les demandeurs d'emploi et les employeurs pour l'embauche et le reclassement de leur personnel et centraliser les offres et demandes d'emploi, et communiquer les informations à travers la France.

Depuis lors, en raison de nombreuses critiques relatives au peu d'efficacité du service public de l'emploi, les pouvoirs publics ont décidé de fusionner l'ANPE avec d'autres organismes chargés, eux, d'organiser le versement de l'assurance chômage, les ASSEDIC (l'UNEDIC est, elle, maintenue au niveau national). Ce rapprochement a donné naissance à un organisme unique se voulant plus efficace : PÔLE EMPLOI *(loi du 13 février 2008 relative à la réforme du service public de l'emploi)*. Cela ne remet toutefois pas en cause la distinction entre le régime de l'assurance et celui de la solidarité.

II. Le recrutement

548. L'employeur est libre d'embaucher ses collaborateurs[14]. Afin d'éviter toute forme d'abus, une loi du 31 décembre 1992 est venue réglementer la phase du recrutement en obligeant l'employeur à respecter des principes nouveaux. L'employeur est toutefois libre de choisir son mode de recrutement.

A. Les formes du recrutement

1) Le recrutement direct

549. Il peut être interne, ce qui coûte le moins cher (promotion dans l'entreprise), ou externe.

Il peut avoir lieu par contacts privés (le « bouche à oreille » est une source non négligeable des modes de recrutement) ou s'effectuer publiquement par voie d'annonces insérées dans la presse. Les annonces sont soumises à quelques prescriptions. Certaines mentions comme les discriminations raciales ou sexuelles, une limite d'âge supérieure, etc., sont interdites.

Les discriminations à l'embauche :

Le thème du recrutement pose indirectement celui du *curriculum vitae* que les candidats envoient et celui des « CV anonymes » visant à cacher le nom (et donc l'origine) des candidats à l'embauche. Cette méthode peut certes permettre de passer la première étape de la sélection, mais on peut douter de son efficacité postérieure lorsque la personne sera reçue pour un rendez-vous. Certaines entre-

14. Cons. const. 20 juillet 1988, Dr. soc. 1988, p. 762.

prises n'hésitent pas à faire circuler par voie interne des consignes de recrutement visant à écarter les personnes qui ne sont pas « BBR », d'autres encore à exiger au moment du recrutement la carte d'électeur, certaines osant même demander à leur salarié de changer de prénom[15]. La HALDE veille...

2) Le recrutement par l'intermédiaire du service public

550. Rappelons que l'existence du service public du placement ne fait pas échec à la liberté de l'employeur de choisir son salarié ni à celle du salarié de choisir entre les employeurs éventuels. Pourtant, tout travailleur recherchant un emploi doit requérir son inscription auprès de l'organisme compétent et tout employeur doit lui notifier les places vacantes. Mais l'organisation du service public de l'emploi ne fait pas obstacle à l'embauchage direct ou par l'intermédiaire de spécialistes.

3) Le recrutement par l'intermédiaire d'un tiers

551. Les conseils en recrutement (cabinets de recrutement ou chasseurs de tête) sont mandatés par les entreprises pour évaluer les candidats et leur proposer ceux qu'ils retiennent. Ils peuvent contacter d'autres salariés d'entreprises concurrentes, ce qui se situe à la limite du délit de débauchage. Seule une obligation de moyens les lie à leurs clients[16]. Ces cabinets font parfois de l'« outplacement », en aidant les entreprises clientes à reclasser les salariés qu'elles ont licenciés.

Tous ces modes de recrutement coûtent très cher à une entreprise, y compris les annonces dans la presse. Si ces annonces sont mal ciblées, un trop grand nombre de candidats vont y répondre, ce qui fait perdre à la fois du temps et de l'argent. C'est pourquoi beaucoup d'entreprises privilégient les contacts directs. De même, elles peuvent conserver certaines candidatures spontanées qui constituent un fichier tout prêt en cas de recrutement. Les anciens stagiaires peuvent également être sollicités.

B. Les règles du recrutement

1) Les limites au recrutement

552. L'employeur est limité de deux manières dans sa liberté de recruter : il doit respecter certaines priorités et ne pas transgresser certaines interdictions. Ces restrictions sont toutefois peu contraignantes.

---

15. Cass. crim. 23 juin 2009, n° 07-85109 concernant les Sociétés Gemey Maybelline et Adecco veillant à ne recruter que des animatrices « Bleu, Blanc, Rouge » ; Cass. crim. 20 janvier 2009, n° 08-83710, Sté privée surveillance ARES France, où un candidat béninois a vu son dossier rejeté car il n'avait pas de carte d'électeur et n'était donc pas français ; Cass. soc. 10 novembre 2009, n° 08-42286 où l'entreprise demande à un dénommé Mohamed de se faire prénommer Laurent et ce pendant 2 ans.
16. CA Paris 19 septembre 1997, RJS 1/98 n° 2, CA Paris 27 mars 1998, RJS 6/98, n° 698.

a) Les priorités d'emploi et d'embauche

553. Les priorités d'emploi concernent les entreprises occupant au moins vingt salariés (handicapés, mutilés de guerre).

Les priorités d'embauche sont relatives aux anciens salariés licenciés pour motif économique ou ayant accepté une convention de reclassement personnalisée (priorité de réembauchage pendant un an, article L. 1233-45 du Code du travail) ; de même pour les personnes qui ont résilié leur contrat de travail à l'issue du congé maternité ou d'adoption[17].

b) Les interdictions d'emploi

554. L'employeur ne peut pas recruter un enfant de moins de seize ans non libéré de l'obligation scolaire (sauf pour certaines activités comme le spectacle), un étranger en situation irrégulière, un travailleur lié par une clause de non-concurrence ou qui ne s'est pas acquitté de son obligation de préavis.

2) Les principes du recrutement

a) Principes de non-discrimination et de respect de la vie personnelle

555. L'un des principes du recrutement est celui de la non-discrimination[18]. Sont interdites les discriminations en raison du sexe, de la race, des activités syndicales, de la religion, de l'âge, des mœurs, de l'état de santé, des handicaps, etc. Un candidat à l'embauche ne saurait non plus subir un harcèlement de type sexuel pour pouvoir accéder à l'emploi.

De même, l'employeur n'a pas le droit de s'immiscer dans la vie privée du futur salarié[19]. Les renseignements sollicités lors de l'entretien d'embauche ne peuvent concerner des domaines sans lien direct avec l'activité professionnelle (mais des questions relatives au permis de conduire ou encore au casier judiciaire peuvent être justifiées en fonction du poste à pourvoir).

b) Principes issus de la loi du 31 décembre 1992

556. La *loi du 31 décembre 1992*[20] a édicté des principes propres au recrutement[21] qui sont les suivants :

– le principe de finalité : les informations demandées (questionnaire d'embauche, curriculum vitae, entretien oral) doivent avoir pour seule finalité d'apprécier la capacité du candidat à occuper un emploi ou ses aptitudes professionnelles ;

17. E. Miron, « Les modalités d'application des priorités de réembauchage », JCP éd. G. n° 41 du 11 octobre 1995.
18. C. trav. art. L. 1132-1.
19. Art. 9 C. civ. : *« Chacun a droit au respect de sa vie privée »*, Arrêt de principe : soc. 17 octobre 1973, Dr. soc. 1974, p. 290, note J. Savatier.
20. La loi du 31 décembre 1992 fait suite au rapport de Gérard Lyon-Caen intitulé « Les libertés publiques et l'emploi », La Documentation française, 1992.
21. Art. L. 1221-6, L. 1221-8 et L. 1221-9 C. trav.

– le principe de pertinence : les questions posées doivent avoir un lien direct et nécessaire avec l'emploi ;

– le principe de bonne foi : le candidat est tenu de répondre aux questions posées de bonne foi. Ce principe est d'application délicate lorsque la candidate est enceinte. L'employeur n'a pas le droit de lui poser des questions relatives à sa vie privée, mais elle est tenue par le principe de bonne foi. Existe-t-il un droit au mensonge pour la femme enceinte ? L'employeur peut-il par la suite poursuivre celle-ci pour vice du consentement ? Pourra-t-il obtenir l'annulation du contrat ?

D'une manière générale se pose la question du devoir de loyauté auquel sont soumis le futur employeur et le candidat à l'embauche.

Plus précisément, l'article L.1221-6 du Code du travail issu de la loi du 31 décembre 1992 autorise l'employeur à se renseigner sur le candidat en respectant le principe de finalité. Qu'en est-il alors des diplômes dont fait état le candidat dans son curriculum vitae ? Il est certain que les recherches que pourrait mener l'employeur sur ces diplômes ont un lien manifeste avec l'emploi. Encore faut-il que ces investigations aient lieu. Si ce n'est pas le cas, l'employeur ne peut invoquer une mention imprécise et susceptible d'une interprétation erronée. Tel était le cas dans une affaire où une candidate à l'emploi avait été engagée en qualité de responsable d'un centre d'étude de langue[22]. Son curriculum vitae faisait mention d'un « poste d'assistante de la responsable de la formation » chez Renault, alors qu'en réalité il s'agissait d'un simple stage de quatre mois dans un service de formation linguistique. L'employeur a invoqué la nullité du contrat pour dol. La Cour de cassation a rejeté cette possibilité car, selon elle, la mention litigieuse était imprécise et susceptible d'une interprétation erronée mais n'était pas constitutive d'une manœuvre frauduleuse.

Le candidat à l'embauche peut donc enjoliver son expérience professionnelle. Mais il ne peut pas mentir. Ainsi en est-il quand le contrat de travail est conclu sur la base de fausses informations sur la formation et les diplômes obtenus[23] car, dans ce cas, le candidat manque au principe de loyauté ;

– le principe de transparence : aucune information concernant un candidat ne peut être recueillie par un dispositif informatique sans qu'il en ait eu connaissance au préalable.

c) Principe de confidentialité des informations

557. La collecte des données à caractère personnel ou d'informations nominatives a fait l'objet d'un dispositif protecteur avec la *loi du 6 janvier 1978* sur l'informatique et les libertés. Les données personnelles ne peuvent être collectées. Dans le cas contraire, la personne concernée a le droit d'en être informée au préalable.

22. Cass. soc., 16 février 1999, Bentenat c/ IFPIC, Liaisons sociales, JP hebdo n° 625 du 1er avril 1999.

23. Cass. soc., 17 octobre 1995, JCP E 1996, n° 543, CA Versailles 19 septembre 1990, RJS 1991, n° 5.

Elle dispose également d'un droit d'accès au fichier, d'un droit de rectification et du droit de saisir la Commission informatique et libertés (CNIL) qui peut elle-même saisir le parquet.

C'est pour cette raison que les méthodes d'évaluation pratiquées par les employeurs doivent être pertinentes. Que penser de certains tests de personnalité (à l'aide de méthodes parfois « douteuses » : graphologie, psychomorphologie, astrologie, etc.) ? Un test de Rorschach créé initialement pour les hôpitaux psychiatriques est-il vraiment adapté pour recruter un salarié ? Les tests de logique ont-ils vraiment une valeur sachant que tout est affaire d'entraînement ?

Quel que soit son choix, l'employeur doit entreprendre par la suite toute une série de démarches administratives.

III. La promesse d'embauche

558. Une fois le recrutement effectué, l'employeur et le candidat retenu peuvent s'engager dans une promesse d'embauche, c'est-à-dire que l'un et l'autre s'obligent à concrétiser, dans un futur proche, leurs rapports par un réel contrat de travail[24]. Cette hypothèse est fréquente lorsque l'employeur veut impérativement retenir un candidat : une personne est plus ou moins sollicitée par un employeur mais elle ne peut pas se libérer tout de suite de son emploi actuel en raison, par exemple, d'un préavis à effectuer.

La promesse d'embauche est un contrat et elle se distingue en cela des pourparlers, c'est-à-dire des simples contacts que les deux parties ont pu avoir lors de la phase du recrutement. Les choses sont relativement simples si les parties ont établi un contrat écrit : la méconnaissance par une partie de ses engagements contractuels peut être sanctionnée par des dommages-intérêts.

Toutefois, l'écrit est plus ou moins fréquent et le contentieux intervient lorsque l'employeur accuse le salarié d'avoir rompu sa promesse ou, hypothèse inverse, le salarié a démissionné de son ancien poste et peu de temps avant le début de son second emploi, l'employeur rompt la promesse d'embauche. Les juges considèrent que l'une ou l'autre des parties peut être condamnée pour rupture abusive de la promesse d'embauche[25], à condition que des éléments (courriers par exemple) démontrent que les parties ont réellement parlé de s'engager : elles ont discuté du salaire, du poste, des conditions précises d'exécution du travail. S'il apparaît que les propos sont restés évasifs, il n'y a pas de promesse d'embauche mais des simples pourparlers. Un autre aspect doit être relevé : il s'agit de la date de la rupture de la promesse. Si un candidat rompt la promesse d'embauche un jour avant le début de son contrat ou le jour même, il

24. N. Hauser Costa, « La promesse d'embauche », RJS 5/97, p. 331.

25. Cass. soc. 6 février 2001, Dr. soc. 2001, p. 435, obs. B. Gauriau : la rupture d'une promesse d'embauche est fautive et ouvre droit pour le salarié à la réparation du préjudice subi.

y a rupture abusive[26]. En résumé, deux difficultés apparaissent dans la promesse d'embauche : celle de la preuve d'une réelle volonté de s'engager et le dédommagement, c'est-à-dire l'appréciation concrète du dommage subi. Ce dernier élément doit être pris en compte notamment si le salarié a démissionné de son ancien poste et se retrouve sans ressources car n'ayant pas droit à l'assurance chômage, ou encore si l'entreprise a beaucoup investi en temps et en argent dans le recrutement et qu'il lui faut tout recommencer depuis le début.

Cette situation n'est pas à confondre avec le cas d'un salarié embauché, donc titulaire d'un contrat de travail, mais dont l'exécution n'a pas commencé[27], et qui se voit avertir par l'employeur qu'aucune suite n'est donnée à son contrat. Les juges considèrent dans cette hypothèse que le salarié étant titulaire d'un contrat de travail, la rupture s'analyse en un licenciement dépourvu de cause réelle et sérieuse.

IV. Les formalités administratives préalables

559. Ces formalités sont indispensables.

A. Les formalités internes

– Consultation du comité d'entreprise préalablement au recours à des méthodes ou techniques d'aide au recrutement[28].

– Inscription au registre du personnel.

– Formation à la sécurité.

B. Les formalités externes

– Déclaration préalable à l'embauche auprès de l'URSSAF[29].

– Immatriculation à la Sécurité sociale.

– Vérification du titre de séjour et de l'autorisation de travail des étrangers.

– Visite médicale.

– Déclaration des mouvements de personnel (entreprises occupant au moins cinquante personnes).

26. Cass. soc. 29 mars 1995 : la rupture par un salarié, avant le début d'exécution, du contrat de travail peut constituer une faute contractuelle justifiant le versement de dommages-intérêts.

27. Cass. soc. 2 février 1999, Dr. soc. 1999, p. 484, note de F. Favennec-Héry, « La rupture d'un contrat de travail non exécuté ». Cet arrêt permet d'expliquer que : *« La fourniture d'une prestation de travail n'est donc pas une condition de la formation du contrat mais un élément de son exécution »*.

28. C. trav. art. L. 2323-32

29. C. trav. art. L. 1221-10 : *« L'embauche d'un salarié ne peut intervenir qu'après déclaration nominative effectuée par l'employeur auprès des organismes de protection sociale désignés à cet effet dans les conditions fixées par un décret en Conseil d'État. »* La déclaration préalable à l'embauche constitue une mesure efficace contre le travail clandestin.

Si l'employeur ne respecte pas certaines des formalités internes à l'entreprise, comme la consultation du comité d'entreprise, il peut être condamné pour délit d'entrave. Le non-accomplissement de certaines formalités externes peut le conduire à une condamnation pour travail clandestin.

Les formalités administratives régulièrement effectuées permettent l'exécution du travail. Nonobstant la question du choix du contrat de travail se pose le problème de la période d'essai.

Chapitre 2

Typologie des principaux contrats de travail

560. Le choix du contrat de travail est important pour l'employeur. S'il a besoin d'une main-d'œuvre à titre exceptionnel, pour faire face par exemple à une commande imprévue, il sera plutôt tenté de recourir à un travailleur sous contrat à durée déterminée qu'à un travailleur sous contrat à durée indéterminée. Le coût du travail que représente un emploi salarié peut aussi être déterminant dans le choix effectué, un employeur pourra alors se tourner vers les emplois aidés. Beaucoup dénoncent ce que l'on nomme communément « la précarité » de l'emploi, ce qui sous-entend, non pas que les personnes sont titulaires de contrats précaires, mais plus durement qu'elles alternent les périodes de chômage et de « petits boulots » de courte durée. Le contrat de travail à durée indéterminée à temps plein qui semble être la norme est, pour certaines catégories de la population comme les jeunes ou les seniors, souvent l'exception. Aucun gouvernement n'a trouvé de solutions pour remédier efficacement au problème de l'emploi.

Il n'en demeure pas moins qu'il faut déterminer ce qu'est un contrat de travail. Certains critères ont été avancés par la jurisprudence, permettant de distinguer le contrat de travail des autres modes de travail (section 1). Une fois ces critères établis avec certitude, le contrat de travail de droit commun est en France le contrat à durée indéterminée à temps plein ; il obéit à des conditions particulières bien que relevant du droit général des obligations (section 2). Enfin, les autres contrats de travail qui ne sont pas à durée indéterminée sont qualifiés de précaires et répondent, eux, à des exigences de forme et de fond beaucoup plus précises (section 3).

Section 1
LA DÉTERMINATION DE LA RELATION DE TRAVAIL SUBORDONNÉE : LE LIEN DE SUBORDINATION JURIDIQUE

561. Il est aujourd'hui difficile de distinguer clairement le travail salarié du travail indépendant. Compte tenu de la crise et de la hausse du chômage, la tendance actuelle est de pousser les travailleurs salariés vers le travail indépendant ; la définition traditionnelle du contrat de travail est de plus en plus incertaine.

Il paraît donc essentiel de séparer les formes de travail, d'un côté le travail indépendant (II) et de l'autre le travail salarié que l'on reconnaît grâce à un concept jurisprudentiel : le lien de subordination (I), et ce afin de déterminer le domaine du droit du travail.

I. Le lien de subordination : définition et critères du contrat de travail

562. Il n'existe pas de définition légale du contrat de travail. Il est cependant possible d'en préciser les contours à l'aide des critères qui ont été progressivement dégagés par les juges.

Le contrat de travail est la convention par laquelle une personne (le salarié) s'engage à travailler sous la subordination d'une autre personne (l'employeur) moyennant une rémunération. Si les notions de travail et de rémunération ne posent guère de problème, il en va différemment de la notion de subordination pour laquelle la jurisprudence est intervenue afin d'en dégager un concept unique.

A. Les critères du lien de subordination

563. Les critères du contrat de travail sont les suivants :

• Le travail : le travailleur assure une prestation de travail, il met sa force de travail à la disposition de l'employeur sans s'engager dans une obligation globale de résultat mais seulement dans une obligation de moyens. C'est pourquoi le contrat de travail est un contrat à exécution successive : la prestation se déroule dans le temps et non dans l'immédiat.

• La rémunération : la prestation de travail est accomplie moyennant une rémunération appelée salaire. Le contrat de travail est un contrat à titre onéreux. C'est également un contrat synallagmatique puisque si l'une des parties ne respecte pas ses engagements, l'autre partie peut recourir à l'exception d'inexécution ; ainsi le salarié peut légitimement refuser de travailler si l'employeur ne le paie pas (et à l'inverse l'employeur peut refuser de payer si le salarié refuse d'exécuter sa tâche).

• Le lien de subordination juridique

564. Depuis quelques années[1], ce critère est le seul permettant de qualifier clairement un contrat de travail et de distinguer la relation salariale du travail indépendant. En effet, la doctrine et la jurisprudence avaient imaginé d'autres indices qui pouvaient caractériser la relation de travail : la subordination économique (le salarié se trouve dans une situation de dépendance économique donc financière par rapport à l'employeur), ou encore le travail dans un service organisé (ce qui permettait par exemple à des médecins, travaillant dans une clinique en utilisant le matériel de cette dernière et en respectant ses horaires, d'invoquer la soumission à l'organisation pour se prévaloir d'une relation salariée). Par ailleurs, une autre difficulté existait : le manque d'unité dans le critère choisi entre le droit du travail et le droit de la Sécurité sociale.

Pour remédier à ces difficultés et dans une démarche unificatrice, les juges ont décidé que le lien de subordination qui entraîne l'affiliation au régime général de Sécurité sociale des travailleurs salariés est le même que celui qui caractérise le contrat de travail[2]. Désormais, le seul critère qui permet de caractériser le contrat de travail est le lien de subordination juridique. Les autres critères peuvent servir à titre d'indices de la relation salariale, mais ils ne peuvent à eux seuls déterminer cette dernière[3].

En résumé, comment se définit le contrat de travail selon les juges ? Le contrat de travail se caractérise par l'exécution d'un travail sous l'autorité d'un employeur, c'est-à-dire dans un état de subordination juridique. Cela implique que le salarié travaille donc sous l'autorité de l'employeur qui a le pouvoir de donner des ordres et des directives (pouvoir de direction), d'en contrôler l'exécution et de sanctionner les manquements de ses subordonnés (pouvoir disciplinaire).

Par ailleurs, peu importe la volonté des parties et la manière dont elles ont nommé le contrat[4], cette dénomination ne lie pas le juge qui doit rechercher les conditions de fait dans lesquelles s'est déroulée la relation professionnelle.

B. Applications concrètes de la notion de subordination juridique

565. Il faut prendre en compte le particularisme de certaines activités car il n'existe pas de réelle unité du lien de subordination.

---

1. Les notions de *« direction et de surveillance »* étaient déjà apparues dans un arrêt de la chambre civile du 6 juillet 1931, l'arrêt « Bardou », DP 1931, 1, 131, note P. Pic.
2. Chambre sociale réunie en Assemblée plénière du 13 novembre 1996, SA Sté générale c/ URSSAF de la Haute-Garonne, Dr. soc. 1996, p. 1067, note J.-J. Dupeyroux.
3. Cass. soc. 1er juillet 1997, Tête c/ Hôpital Saint-Joseph et Cass. soc. 1er juillet 1997, Roche c/ ARDT, Liaisons sociales, n° 7724 du 14 août 1997 : le travail au sein d'un service organisé n'est qu'un indice de l'existence du lien de subordination.
4. Ass. Pl. 4 mars 1983, Barrat c/ École des Roches, D. 1983, 381, ccl. J. Cabannes.

Pour certaines activités il faut rechercher la manifestation du lien de subordination :

1) Les bénévoles

a) Bénévoles et associations humanitaires

566. Il faut établir la nécessaire distinction entre d'une part le travail d'insertion sociale[5], qui est exclusif de tout salariat, et d'autre part le travail au sein d'une association[6].

En ce qui concerne le travail d'insertion sociale, il n'y a pas de contrat de travail et cela s'accompagne d'une interdiction pour le juge de rechercher tout lien de subordination en raison de la nature du travail qui reste occasionnel et qui est destiné à réinsérer l'intéressé dans la vie professionnelle.

Au sein d'une association, il faut faire la distinction entre les sociétaires et les non-sociétaires pour lesquels on peut rechercher le lien de subordination juridique suivant les critères classiques :

– le sociétaire est membre de l'association et il travaille pour la réalisation de l'objet social ; il ne relève donc pas du Code du travail et on lui applique le contrat d'association de la loi de 1901 ;

– à l'inverse, le non-sociétaire bénévole : pour ce dernier, le juge doit rechercher éventuellement le lien de subordination à l'aide des critères classiques. La seule signature d'un contrat dit de bénévolat entre une association et une personne n'ayant pas la qualité de sociétaire n'exclut pas l'existence d'un contrat de travail[7].

b) Bénévoles et associations sportives

567. *« Est salarié d'une association sportive la personne qui apparaît sur les feuilles de match et sur le site internet du club en qualité d'entraîneur adjoint, qui exerce ses fonctions sous la subordination de l'entraîneur en titre dont elle exécute et perçoit une rémunération à caractère forfaitaire. »*[8]

Les juges sont confrontés tant à la nécessité de contrecarrer toute tentation de soustraction frauduleuse d'un travailleur à la législation sociale qu'à l'impératif de protéger le milieu associatif et d'éviter les requalifications excessives de situations réelles de bénévolat.

2) L'engagement spirituel

568. Un engagement spirituel n'exclut pas l'existence d'un contrat de travail quand les intéressés accomplissent un travail déterminé dans un cadre horaire précis, qu'ils doivent obéir aux règles édictées par leurs supérieurs, justifier de

5. Cass. soc. 9 mai 2001, Emmaüs, Dr. soc. 2001, 798, note J. Savatier.

6. Cass. soc. 29 janvier 2002, Association Croix-Rouge française, J. Savatier, « La distinction du contrat de travail et des services bénévoles fournis dans le cadre d'une association », Dr. soc. 2002, p. 494.

7. *Ibidem.*

8. Cass. soc. 11 juillet 2007, Asso. Puc volley-ball c/ Eloi, JCP S, 2007, n° 1743.

leurs absences, etc. La Cour de cassation en déduit qu'ils peuvent travailler pour le compte de l'association dans un rapport de subordination caractérisant un contrat de travail[9]. Par ailleurs, l'engagement religieux d'une personne n'est susceptible d'exclure l'existence d'un contrat de travail que pour les activités qu'elle accomplit pour le compte et au bénéfice d'une congrégation ou d'une association cultuelle légalement établie[10].

3) Les professions libérales (avocats et taxis)

569. Pour certains avocats ayant signé un contrat de collaboration, ladite collaboration peut tourner au cauchemar si le cabinet pour lequel l'avocat exerce ses fonctions ne lui laisse aucune marge de manœuvre pour un exercice libéral de la profession, c'est-à-dire en toute indépendance. Certains n'hésitent donc pas à saisir le conseil des prud'hommes afin de faire requalifier leur contrat de collaboration en contrat de travail et de percevoir, en cas de rupture du contrat, des indemnités. Afin de faire droit à leur demande, la chambre sociale de la Cour de cassation a décidé qu'en ce domaine le critère du lien de subordination qu'il faut déterminer, pour pouvoir demander la requalification du contrat de collaboration en contrat de travail, est la possibilité laissée à l'avocat d'avoir le temps de rechercher une clientèle propre[11]. Tel n'est pas le cas lorsque l'avocat ne peut procéder à aucune recherche personnelle de clientèle, tout comme dans l'hypothèse où il ne peut traiter qu'un nombre dérisoire de dossiers (cinq dossiers personnels en cinq ans)[12].

En ce qui concerne la profession de taxi, la Cour de cassation rappelle l'existence de trois statuts qui coexistent[13] : l'artisan propriétaire, le locataire et le salarié. Si les statuts d'artisan et de salarié ne posent guère de problème, il en va différemment pour le « locataire », parfois pseudo-indépendant, pour lequel il est possible de rechercher l'*« état de subordination juridique »* ou la dépendance économique à l'aide de critères comme le mode de rémunération, les obligations relatives à la conduite et à l'entretien du véhicule. La Cour de cassation estime en 2000 que les conditions fixées ou imposées par le *« contrat de location de véhicule taxi »* plaçaient donc le locataire dans un *« état de subordination »* à l'égard du loueur, de sorte que le contrat litigieux était en réalité un contrat de travail. Certains ont vu dans cet arrêt une volonté de remettre en cause les critères posés par l'arrêt *« Société générale »*, mais il s'agit plutôt de réagir face à des conditions de fraude manifestes : la logique du contrat était en fait de permettre au

---

9. Cass. soc. 29 octobre 2008, JCP S 9 décembre 2008, n° 1646, note C. Puigelier.

10. Cass. soc. 20 janvier 2010, Communauté de la Croix glorieuse, n° 08-42207.

11. Chambre mixte 12 février 1999, SCP Coulombic, Dr. soc. 1999, 404, obs. C. Radé et Cass. soc. 8 mars 2000, Dr. soc. 2000, 548, obs. J. Barthélémy.

12. Cass. soc. 14 mai 2009, C. Puigelier, « Vers la disparition de la collaboration libérale ? », JCP G 2009, 6.

13. Cass. soc. 19 décembre 2000, Labanne B. V. n° 437, Dr. soc. 2000, 227, note A. Jeammaud ; Cass. soc. 17 septembre 2008, SAS Taxitel, n°s 07-43265, 07-43267.

propriétaire du véhicule d'exploiter celui-ci, de valoriser le capital investi en recourant à la force de travail du chauffeur de taxi.

4) Les émissions de téléréalité

570. La téléréalité peut mener au salariat et les participants peuvent être considérés comme des salariés. C'est ce qu'a décidé la Cour de cassation dans une célèbre affaire concernant l'émission *L'Île de la tentation*[14], confirmant en cela la position des juges du fond.

En 2003, les participants à l'émission avaient signé avant de partir un acte intitulé *« règlement participants »*. Ils ont par la suite prétendu que le tournage de l'émission constituait une prestation de travail exécutée dans un lien de subordination. Contrairement à la position de l'avocat général et d'une partie de la doctrine qui estimaient qu'il s'agissait d'un divertissement à des fins purement personnelles et non professionnelles, la Haute Cour suit l'arrêt des juges du fond. Elle déclare tout d'abord que *« l'existence d'une relation de travail ne dépend ni de la volonté exprimée par les parties ni de la dénomination qu'elles ont donné à leur convention, mais des conditions de fait dans lesquelles est exercée l'activité des travailleurs »*. Cette affirmation de principe (que l'on avait déjà trouvée dans d'autres arrêts) constitue le fondement de la subordination. Par la suite, les juges partent donc à la recherche des conditions de fait dans lesquelles s'est déroulée l'émission. Ils relèvent notamment que les participants avaient l'obligation de participer à toutes les réunions et activités organisées par la Société Glem production, qu'ils étaient orientés dans l'analyse de leur conduite, que le règlement leur imposait une disponibilité permanente, etc. La Cour en déduit l'existence d'une prestation de travail exécutée sous la subordination de la Société Glem. Les participants avaient en outre reçu la somme de 1 525 euros, somme qui est considérée comme ayant eu pour cause le travail exécuté.

Cet arrêt met donc en avant la notion de subordination, quand elle est effectuée dans l'intérêt d'un tiers en vue de la production d'un bien ayant une valeur économique, peu important la nature de l'activité. Ne devrait-on pas pour autant distinguer le véritable travail de la simple exécution d'une activité qui n'a rien de professionnel ? La notion de subordination à elle seule permettait-elle toujours de caractériser la relation de travail ? En réalité, seule l'activité professionnelle devrait permettre la recherche de la subordination. Dans le cas, comme ici, où il s'agit d'une activité non professionnelle mais « ludique », la question même de la subordination devrait être exclue.

5) Les « assimilations » et présomptions de salariat

571. Il existe déjà des présomptions ou assimilation faites par le législateur comme les VRP, journalistes, travailleurs à domicile, mais la jurisprudence est intervenue pour d'autres activités.

---

14. Cass. soc. 3 juin 2009, n° 08-40.981, P.Y. Verkindt, « Debout les damnés de la terre », JCP S n° 25, 16 juin 2009.

a) Les artistes

572. Dans l'une des affaires concernant la présomption de contrat de travail des artistes[15], une chorégraphe avait travaillé à différentes reprises avec un illusionniste et l'avait assigné pour faire présumer l'existence d'un contrat de travail. Sa demande ne put aboutir car la présomption du contrat de travail posée à l'article L. 7121-3 du Code du travail ne vaut qu'entre les organisations de spectacles et les artistes y participant. Le fait de présenter un spectacle à plusieurs n'implique pas que l'un des membres exerce sur les autres une autorité, donne des ordres, en contrôle l'exécution et sanctionne les éventuelles fautes commises.

En revanche, lorsque la présomption peut jouer, elle s'applique de plein droit quels que soient le mode et le montant de la rémunération ainsi que la qualification donnée au contrat par les parties[16].

b) Les franchisés[17]

573. Les dispositions du Code du travail sont applicables aux personnes visées par l'article L. 7321-1 du Code du travail (ex. : les gérants) sans qu'il soit besoin d'établir un lien de subordination et peu importants les termes du contrat. Il en va de même pour les franchisés (des décisions de justice ont concerné les magasins Yves Rocher ou Pronuptia). Le « contrat de gérance salarié » ou le contrat de franchisé ne sont pas des contrats de travail : le gérant ou le franchisé sont assimilés par la loi aux salariés.

II. Distinction travail salarié / travail indépendant

574. La recherche d'un critère permettant de distinguer le travail salarié du travail indépendant est indispensable mais difficile car il existe beaucoup de faux salariés et encore plus de faux indépendants. Ainsi, dans des secteurs dits dangereux comme le bâtiment, des entreprises font prétendument appel à des artisans immatriculés au répertoire des métiers pour assurer des opérations de sous-traitance. Ce faisant, elles échappent à la réglementation relative au droit du travail : le prétendu artisan ne pourra pas bénéficier de la protection en matière d'accidents du travail et l'entreprise, qui se comporte en réalité comme un employeur, n'aura pas la charge des cotisations patronales et ne sera pas tenue par des indemnités compensatrices en cas de rupture. L'entreprise fait alors du chantage à l'emploi. L'immatriculation est dans la plupart des cas non volontaire et ne traduit donc pas la volonté de travailler en toute indépendance.

Jusqu'à une période récente et comme nous l'avons vu, le législateur et les juges ont multiplié les constructions juridiques de manière à ce que de nombreux travailleurs soient rattachés au secteur salarié : certains sont assimilés

15. Cass. soc. 3 octobre 2007, n° 06-40449.

16. Cass. soc. 14 octobre 2009, JCP S n° 51, 15 décembre 2009, note T. Lahalle, à propos d'un disc jockey.

17. Cass. soc. 4 décembre 2001 (3 arrêts), Dalloz Actualités, 23 janvier 2002.

salariés (travailleurs à domicile), d'autres bénéficient de présomptions de salariat (VRP, journalistes). En résumé, il existait un phénomène d'attraction vers le salariat qui assure une protection plus efficace que le travail indépendant (protection sociale, droit du licenciement, droit à l'assurance chômage).

Pour tenir compte de l'évolution de la relation de travail, de la « pénurie » de travaux salariés et des fraudes de toute sorte, le législateur avait adopté une loi tendant à favoriser et à améliorer le travail indépendant. La *loi dite Madelin du 11 février 1994* entendait lutter contre les formes d'extériorisation d'emploi, et cela de deux façons :

– elle instaurait une présomption de non-salariat lorsque la personne était immatriculée au registre du commerce[18] ;

– dans les autres cas, et afin d'éviter les qualifications mensongères, elle créait un critère restrictif à l'existence d'un contrat de travail : il fallait que le lien de subordination soit un lien de subordination juridique permanente.

La loi Madelin a fait l'objet de nombreuses critiques et les résultats n'ont pas été à la mesure de ce qui avait été escompté. L'échec fut entériné par la loi Aubry II du 19 janvier 2000, qui a définitivement abrogé le dispositif de la loi Madelin. Pourtant, une loi du 1er août 2003 a rétabli la présomption de non-salariat[19]. Ce dispositif est-il réellement efficace ?

Parallèlement au discours travail salarié / travail indépendant se développe depuis près de vingt ans l'idée suivant laquelle le contrat de travail que nous connaissons aujourd'hui est voué à la disparition. *« Ce n'est pas le travail qui manque. C'est nous qui manquons de clairvoyance pour comprendre qu'il est en train de changer radicalement ; et nous n'avons pas assez d'imagination pour l'organiser autrement. Dans vingt ans, selon ce que nous aurons fait ou non, la France comptera toujours plusieurs millions de chômeurs ou les Français travailleront différemment. »*[20] Aurait alors été substitué, selon ce rapport, au contrat de travail, un « contrat d'activité » qui aurait pu permettre de travailler autrement. D'une durée d'environ cinq ans, le contrat d'activité aurait couvert à la fois des périodes de travail productif en entreprise, de travail en formation et de congés d'utilité sociale. Environ quinze années plus tard, les choses n'ont pas vraiment évolué. De nouveaux progets de contrats spécifiques émergent tel « le contrats de travail à droits progressifs » destiné à redonner un avenir aux jeunes[21]

De nombreuses autres propositions ont vu le jour depuis le rapport Boissonnat, en dernier lieu celui du « travailleur économiquement indépendant »[22].

18. Loi n° 94-126 du 11 février 1994 relative à l'initiative et à l'entreprise individuelle, abrogée.

19. M. Vericel, « Le rétablissement de la présomption de non-salariat », Dr. soc. mars 2004, p. 297.

20. Rapport de la commission présidée par Jean Boissonnat, « Le travail dans 20 ans », La Documentation française, 1995. A. Supiot, « Au-delà de l'emploi, transformations du travail et devenir du droit du travail en Europe », Dr. soc. mai 1999, p. 431. Pour une critique de ce rapport, Ch. Ramane, « L'instabilité de l'emploi est-elle une fatalité ? », Dr. soc. 2000, p. 66.

21. Rapport Attali octobre 2010, Liaisons sociales 19 octobre 2010, n° 15713.

22. Rapport de Paul-Henri Antonmattéi, Liaisons sociales, n° 253/2008.

Ce projet est devenu une loi concernant les « *auto-entrepreneurs* »[23]. L'objet est d'offrir aux personnes qui fournissent une prestation de travail, par exemple commerciale ou artisanale, un véritable statut d'entrepreneur individuel, avec certaines formes de protection sociales. Si malgré la présomption de non-salariat qui les gouverne, certains travailleurs se retrouvaient sous la dépendance effective (économique et matérielle) d'un donneur d'ordre (client ou fournisseur), ils pourraient demander la requalification de leur contrat d'entreprise en contrat de travail.

Les relations travail salarié / travail indépendant ne sont pour autant pas encore clarifiées.

Section 2
LES CONDITIONS DE VALIDITÉ ET LE CONTENU DU CONTRAT DE TRAVAIL (À DURÉE INDÉTERMINÉE À TEMPS PLEIN)

575. Si les critères permettant de distinguer le contrat de travail des autres formes d'emploi sont indispensables, il faut également s'assurer que ce contrat est valable. En France et dans la plupart des pays, le contrat de droit commun est le contrat à durée indéterminée à temps plein. Ce type de contrat répond à des exigences de forme et de fond et certaines de ces clauses méritent notre attention. Pourtant, les difficultés croissantes en matière d'emploi engendrent des recours de plus en plus fréquents aux contrats de travail dits précaires (contrat à durée déterminée, contrat de travail temporaire, seuls contrats qualifiés de « précaires » par le législateur et à ne pas systématiquement assimiler à la notion plus large de « précarité de l'emploi ») qu'il convient également d'étudier (*infra*, n°s 597 et s.). Ne seront pas étudiés ici les nombreux contrats dits atypiques (par dérogation au contrat de travail à durée indéterminée à temps plein), comme par exemple le contrat de travail à durée indéterminée à temps partiel (*supra*, n° 494) ou encore les contrats aidés[24] ou le contrat d'apprentissage (*supra*, n°s 535 et s.). Mis à part l'exigence d'un écrit, les règles relatives à ces contrats ne dérogent pas au droit

---

23. Loi n° 2008-776 du 4 août 2008 de modernisation de l'économie, *JO* 5.

24. Ces contrats dits « aidés » ont pour objet de faciliter le retour à l'emploi de publics en difficulté (jeunes, femmes, seniors, handicapés) : ce sont des contrats d'insertion professionnelle. Une loi du 18 janvier 2005 a entendu refondre le système avec deux critères principaux retenus : personnes appartenant au secteur marchand ou non marchand et types de bénéficiaires (allocataires de minima sociaux ou demandeurs d'emploi).
La simplification du dispositif des contrats aidés a été faite avec l'adoption du contrat unique d'insertion (CUI), l'un des objectifs du Grenelle de l'insertion, institué par la loi du 1er décembre 2008 généralisant le RSA et réformant les politiques d'insertion et entré en vigueur le 1er janvier 2010. Ce contrat vise à faciliter l'insertion professionnelle des personnes sans emploi rencontrant

commun (et obéissent donc au respect des règles du droit commun, *infra* A), mais ils ont chacun leur spécificité.

I. Les conditions de validité du contrat à durée indéterminée à temps plein

Les conditions de validité du contrat de travail à durée indéterminée sont classiques et obéissent au droit commun des obligations (A), des aménagements au droit commun apparaissent toutefois à l'étude des clauses du contrat (B).

A. Conditions de validité de droit commun

576. Le contrat à durée indéterminée doit tout d'abord répondre aux conditions de validité de droit commun valables pour tout type de contrat[25]. Si ces conditions ne sont pas respectées, elles entraînent la nullité du contrat. Ces conditions sont les suivantes : capacité de contracter, consentement non vicié, cause et objet licites.

Les exemples de vices du consentement sont assez rares mais méritent d'être cités[26] :

– Le dol : ne peut être condamné pour dol le salarié qui est reconnu coupable d'avoir, aux fins d'être embauché, envoyé une lettre écrite de la main de sa femme pour subir un examen graphologique car il ne peut être prouvé qu'au cas où il aurait lui-même rédigé la lettre, il n'aurait pas été recruté.

– L'erreur : n'est, par exemple, pas excusable l'erreur commise par une société qui ne s'est pas renseignée plus complètement sur un candidat ancien PDG, et qui n'a pas procédé à des investigations plus poussées qui lui auraient permis de découvrir que le candidat venait de déposer le bilan de sa société aussitôt mise en redressement judiciaire.

– La cause illicite : commet une faute l'employeur qui, après avoir inséré une clause d'indexation sur les salaires qu'il savait inopérante parce qu'illicite, ce qui avait amené le salarié à s'engager, a ensuite refusé toute augmentation.

– La cause immorale : une femme de chambre employée dans une maison de tolérance ne peut se prévaloir de son contrat dont la cause est illicite et contraire aux bonnes mœurs pour agir en paiement des salaires.

---

des difficultés sociales et professionnelles d'accès à l'emploi, en simplifiant l'architecture des contrats aidés. Il se décline en deux versions : le contrat initiative-emploi (CIE) dans le secteur marchand et le contrat d'accompagnement dans l'emploi (CAE) dans le secteur non marchand.

25. C. trav. art. L. 1221-1 : le contrat de travail est un contrat de droit commun.

26. Dol : Cass. soc. 5 octobre 1994, D. 1995, p. 282. En matière de dol, se reporter au principe de loyauté en matière d'embauche *supra* (n° 93), Cass. soc. 16 février 1999, Bentenat c/ IFPIC précité ; erreur : Cass. soc. 3 juillet 1990, D. 91, p. 507 ; cause illicite : Cass. soc. 17 avril 1987 ; cause immorale : Cass. soc. 8 janvier 1964.

B. Valeur de l'écrit

577. Le contrat de travail à durée indéterminée n'a pas, en droit français, à être obligatoirement écrit. Par conséquent, l'absence d'écrit n'est pas sanctionnée par la nullité. Tel n'est pas le cas des contrats précaires (contrat à durée déterminée, contrat de travail temporaire) ou de certains contrats spéciaux (contrat d'apprentissage, etc.).

Toutefois, si écrit il y a, le contrat doit être rédigé en langue française[27].

L'écrit a, depuis l'entrée en vigueur d'une directive CEE du 14 octobre 1991, une valeur *ad probationem* : le salarié peut ainsi obtenir un document prouvant l'existence et les conditions de son travail (la directive oblige l'employeur à inscrire dans le document certaines mentions comme le nom des parties, le lieu de travail, etc.). La Cour de justice des Communautés européennes s'est prononcée sur l'interprétation de la directive. Elle estime que la communication relative aux éléments essentiels de la relation de travail visée par le texte peut être utilisée à des fins de preuve. L'employeur doit cependant être admis à apporter toute preuve contraire. Le texte étant d'effet direct, lorsque la transposition de la directive n'a pas été assurée ou se révèle incomplète, tout particulier peut invoquer ces dispositions devant le juge national[28].

Le droit français ne s'est pas réellement plié aux exigences de la directive CEE pour les contrats de travail à durée indéterminée à temps plein. Hormis les salariés expatriés pour lesquels un écrit précisant notamment la loi applicable est obligatoire, l'employeur n'est toujours pas obligé de remettre un contrat de travail. Le gouvernement français estime que les documents administratifs attestant de l'embauche suffisent à prouver la relation de travail (déclaration préalable à l'embauche, bulletins de paie). Il n'existe donc toujours pas d'exigence d'un écrit comme condition de validité du contrat de travail à durée indéterminée à temps plein, bien que l'existence d'un tel document soit évidemment la règle dans 99 % des cas (sur certains marchés, par exemple, on pratique encore le « tope-là »).

II. Le contenu du contrat de travail

578. Partant de l'hypothèse où le contrat de travail fait l'objet d'un écrit, ce qui constitue le cas le plus fréquent, cet écrit doit comporter des clauses obligatoires et peut contenir des clauses facultatives.

27. C. trav. art. L. 1221-3.

28. CJCE 4 décembre 1997, Kampelmann c/ Landschafts-Verband West Falen-Lippe (C-253/96 à C-256/96) c/ Stadtwerke Witten GmbH (C-257/96) c/ Schade et Haseley c/ Stadtwerke Altena GmbH (C-258/96), Liaison sociales du 23 avril 1998, n° 7852, p. 15.

A. Les clauses obligatoires

579. Les clauses qui doivent obligatoirement figurer dans tout contrat de travail sont celles prévues par la directive du 14 octobre 1991 : identité des parties, lieu de travail, titre, grade, qualité, durée prévisible du contrat s'il est temporaire, description sommaire du travail, durée du congé payé, durée des délais de préavis, mention de la convention collective applicable, etc. C'est le socle contractuel, indispensable à la relation de travail, obligatoire pour l'employeur. Le salarié doit avoir des informations sur sa relation de travail et, en cas de contestation de l'une des mentions, il pourra se servir de cet écrit devant le juge. Mais cela est tout autant valable pour l'employeur si le salarié ne respecte pas ses obligations contractuelles.

Parmi ces clauses, certaines ont une valeur particulière car l'employeur ne peut les modifier sans l'accord du salarié : il s'agit de la rémunération, de la durée du travail et de la qualification du salarié[29]. Ce sont les éléments essentiels du contrat de travail (*infra*, n°s 678 et s.).

D'autres enfin sont interdites comme les clauses compromissoires ou attributives de juridiction (en raison de la compétence d'ordre public du conseil des prud'hommes), ou encore les clauses par lesquelles le salarié renoncerait par avance aux dispositions du licenciement[30].

B. Les clauses facultatives

580. L'employeur a la faculté d'insérer dans tout contrat de travail des clauses facultatives. Ces clauses ont souvent pour objet de rajouter des obligations à la charge du salarié, dont la méconnaissance peut entraîner la rupture du contrat de travail ou l'allocation de dommages-intérêts. Ce sont donc pour l'essentiel des clauses « dangereuses » soumises à la haute surveillance du juge. Parmi les clauses facultatives, certaines prennent effet au début de la relation de travail (1), d'autres en cours d'exécution du travail (2), d'autres enfin vont voir leurs caractéristiques s'affirmer lors de la rupture du contrat de travail (3).

1) Au début de la relation de travail : la période d'essai

581. Bien que l'employeur ait fait son choix et ait « embauché le salarié », la relation de travail n'est pas pour autant définitive. En effet peut être insérée dans le contrat de travail une clause instituant une période d'essai pendant laquelle les parties peuvent librement se séparer (unilatéralement) sans qu'il y ait besoin de respecter le droit de la démission ou du licenciement.

a) La différence entre la période d'essai et l'essai professionnel

582. L'employeur peut, lors de la procédure de recrutement, demander au candidat d'effectuer un exercice, par exemple taper à la machine ou encore

29. *Infra* n°s 633 et s., la modification du contrat de travail.

30. C. trav. art. L. 1231-4.

participer à la simulation d'une situation professionnelle. C'est un essai professionnel. Le contrat de travail n'est pas encore signé et cela n'oblige les parties à l'essai à aucune obligation l'une envers l'autre. C'est en cela que l'essai se distingue de la période d'essai qui est, elle, située dans le cadre du contrat de travail.

b) La loi du 25 juin 2008 et la légalisation de la période d'essai

583. Désormais, si l'employeur prévoit une période d'essai, elle doit être insérée dans le contrat de travail. L'engagement à l'essai n'est pas obligatoire : cependant, la période d'essai et la possibilité de la renouveler ne se présumant pas[31], ces mesures doivent expressément être prévues au contrat de travail. Cela rend obsolète la jurisprudence qui prévoyait que la mention dans la convention collective suffisait à rendre la période d'essai obligatoire si le salarié en avait pris connaissance.

Le Code prévoit également l'objet de la période d'essai[32], qui est de permettre à l'employeur d'apprécier la valeur professionnelle du salarié, ses compétences notamment au regard de son expérience ; mais aussi au salarié d'apprécier si les fonctions lui conviennent.

Est aussi légalisée (alors qu'avant cela dépendait pour l'essentiel des conventions collectives) la durée maximale de la période d'essai :

– 2 mois pour les ouvriers et employés ;
– 3 mois pour les agents de maîtrise et techniciens ;
– 4 mois pour les cadres.

En cas d'embauche à l'issue du stage intégré à un cursus pédagogique réalisé lors de la dernière année d'étude, la durée du stage est déduite de la durée de la période d'essai.

La période d'essai peut être renouvelée à condition qu'un accord de branche étendu le prévoie et que le contrat de travail le stipule expressément (*infra*, n° 585).

Les accords de branche antérieurs peuvent rester applicables à condition qu'ils fixent des durées de période d'essai plus longues. Quant aux accords postérieurs, ils ne peuvent, bien sur, prévoir des durées plus longues.

Quant à la rupture de la période d'essai, la loi instaure un délai de prévenance minimal, qui ne peut être inférieur à certaines durées ; ex. : 24h en deçà de 8 jours de présence, 1 mois après 3 mois de présence. Si le salarié rompt la période d'essai, il doit respecter un délai de prévenance de 48 heures.

c) Période d'essai et période probatoire

584. Quel est le point de départ de la période d'essai ? La chambre sociale de la Cour de cassation a précisé que *« la période d'essai de situe au commencement de l'exécution du contrat de travail »*[33]. Cette affirmation résulte d'une jurisprudence

31. C. trav. art L. 1221-23.
32. C. trav. art. L. 1221-20.
33. Cass. soc. 28 juin 2000, Dr. soc. 2000, p. 1011, obs. C. Roy-Loustaunau.

stable qui cherche à limiter, pour l'employeur, la possibilité d'introduire une période d'essai en cours d'exécution du contrat de travail lors, précisément, de contrats de travail successifs pour une même entreprise. Ainsi, « *lorsqu'une période d'essai est stipulée postérieurement au commencement de l'exécution du contrat, la durée ainsi exécutée est déduite de cette période d'essai* ». Il ne faut pas confondre la période d'essai, qui se situe au commencement du contrat, avec une éventuelle période probatoire qui peut accompagner un changement de poste dans la même entreprise. Il est en général prévu dans ce dernier cas que si le salarié ne fait pas ses preuves ou si le poste ne lui convient pas, il retrouve son ancien emploi.

Par trois arrêts de 2005[34], Les juges confirment que, puisqu'un salarié ne peut par avance, pendant la durée du contrat, renoncer à se prévaloir des règles légales du licenciement (sauf bien sûr pendant la période d'essai), lorsqu'il signe deux contrats de travail successifs avec le même employeur en vue de changer de fonctions en cours d'exécution du contrat de travail ou un avenant à son contrat l'amenant à changer de fonctions, la période pendant laquelle il doit faire ses preuves n'est pas une période d'essai mais une période probatoire. La rupture de cette période probatoire a pour seul effet de replacer le salarié dans ses fonctions antérieures (le salarié n'a pas le choix, son refus serait alors fautif) et non de rompre unilatéralement le contrat à l'initiative de l'employeur. Si le contrat de travail est rompu par l'employeur pendant la période probatoire, cette rupture constitue un licenciement sans cause réelle et sérieuse.

Ces trois décisions rappellent donc implicitement les règles suivantes :

• La période d'essai ne peut avoir lieu qu'au commencement du contrat de travail alors que la période probatoire a lieu durant l'exécution du contrat de travail.

• Les deux périodes ont donc des objets bien différents :

– la période d'essai marque une volonté de flexibilité dans le contrat de travail en permettant aux deux parties de s'entendre sur les modalités du travail ;

– la période probatoire a pour but de permettre aux parties de modifier le contrat de travail en cours d'exécution, en proposant au salarié d'évoluer dans ses fonctions. Si le salarié échoue dans ses nouvelles fonctions, l'employeur ne peut que le replacer dans ses anciennes fonctions.

• La période d'essai échappe aux règles du licenciement et peut donc être rompue unilatéralement par l'une ou l'autre des parties sauf abus dans la rupture de l'essai. À l'inverse, la période probatoire ayant lieu durant l'exécution du contrat de travail, on ne peut créer de possibilité pour le salarié de renoncer par avance aux règles protectrices du licenciement en permettant une rupture unilatérale de l'une ou l'autre des parties. Ce qui implique que la rupture d'une période probatoire sans avoir rétabli le salarié dans ses anciennes fonctions s'analyse comme un licenciement dépourvu de cause réelle et sérieuse.

Si ces arrêts confirment la validité d'une période probatoire, il est certain que cette affirmation doit être accompagnée d'un contrôle de la validité de ces

34. Cass. soc. 30 mars 2005, n° 03-41787.

clauses, notamment lorsqu'elles sont insérées dès le début du contrat car cela permet à l'employeur de faire admettre au salarié que son contrat de travail pourra être en cours d'exécution unilatéralement modifié à la demande de l'employeur (ce qui est déjà le cas pour la clause de mobilité). L'employeur ne peut à l'occasion de la mise en œuvre d'une période probatoire s'affranchir de ses obligations légales d'adaptation des salariés à l'évolution de leur emploi. Il faudra ainsi s'assurer que l'employeur offre bien au salarié toutes les possibilités de s'adapter à ses nouvelles fonctions, notamment à l'aide d'actions de formation spécifiques sous peine de voir une possibilité, après avoir rétabli le salarié dans ses anciennes fonctions, de le licencier pour insuffisance professionnelle.

Depuis, la chambre sociale de la Cour de cassation a eu l'occasion de préciser l'articulation de la période d'essai et de la période probatoire. Si une période probatoire est insérée lors de l'exécution de la période d'essai pour l'exercice de nouvelles fonctions différentes de celles pour lesquelles le salarié a été embauché, la période probatoire met fin à l'essai et le contrat devient définitif dès la signature de l'avenant confirmant cette dernière[35]. En revanche, si un salarié démissionne d'une entreprise pour intégrer une autre entreprise juridiquement distincte appartenant à un même groupe, il sera lié par deux contrats de travail différents, le deuxième pouvant donc être assorti d'une nouvelle période d'essai. Au cas où cette dernière ne serait pas satisfaisante, il ne peut se prévaloir de la rupture d'une période probatoire[36]

2) Renouvellement et prolongation de l'essai

585. Même prévu par le contrat de travail, le renouvellement de l'essai n'est licite que s'il est expressément autorisé par la convention collective applicable.

Depuis la loi du 25 juin 2008, le renouvellement de la période d'essai est soumis à l'existence d'un accord de branche étendu. Cet accord collectif doit déterminer les conditions du renouvellement. Le renouvellement ne peut avoir lieu qu'une seule fois, mais les durées totales autorisées sont assez longues (jusqu'à 8 mois pour les cadres). Les conventions collectives antérieures qui prévoyaient des durées de renouvellement plus courtes sont abrogées, en revanche demeurent celles qui prévoyaient des durées plus longues. Quant aux conventions collectives postérieures à la loi, elles peuvent prévoir des durées plus courtes. Quand il n'existe pas un tel accord, on ne peut pallier l'absence de renouvellement par une disposition du contrat de travail. Notons que ces mesures de renouvellement organisées par la convention collective s'articulent avec l'obligation d'information préalable du salarié.

Quelles sont les conséquences pratiques de l'illicéité du renouvellement ? L'engagement à l'essai est devenu définitif à la fin de la première période. La rupture intervenue lors du renouvellement s'analyse alors, si elle est à l'initiative

35. Cass. soc. 20 octobre 2010, n° 08-42.805.
36. Cass. soc. 20 octobre 2010, n° 08-40.822.

de l'employeur, comme un licenciement, lequel est alors dépourvu de cause réelle et sérieuse. Le salarié a droit à des indemnités pour licenciement non causé.

a) Rupture de l'essai

586. La rupture de l'essai ne constitue ni une démission ni un licenciement : c'est la faculté de résiliation unilatérale du contrat de travail. L'employeur peut, afin de rompre l'essai avant son terme, adresser au salarié une lettre recommandée avec accusé de réception. Que se passe-t-il si le salarié n'a pas retiré le courrier ? Peut-il, après le terme cette fois, exiger des dommages-intérêts pour licenciement abusif ? La Cour de cassation répond par la négative : « *La rupture d'un contrat de travail, lorsqu'elle est notifiée par lettre recommandée, se situe à la date de présentation de cette lettre à l'adresse de son destinataire.* »[37] Cela signifie que l'employeur a bien rompu le contrat durant l'essai et, sauf rupture abusive, le salarié n'a droit à aucun dédommagement.

Le contrat de travail fixe les conditions de l'essai. S'il est satisfaisant, le contrat de travail se poursuit selon les modalités envisagées au départ. Durant l'essai, le salarié est rémunéré normalement.

Les ruptures de période d'essai d'emplois qualifiés deviennent rares du fait du coût de la procédure de recrutement ; l'employeur n'a ni le temps ni l'argent nécessaires pour « essayer » plusieurs collaborateurs[38]. C'est pourquoi de nombreux salariés sont d'abord recrutés sous contrat à durée déterminée de six mois par exemple ; au terme du contrat, qui est en fait une période probatoire, ils peuvent plus facilement être embauchés à titre définitif. Ces pratiques illégales sont malheureusement fréquentes et difficiles à sanctionner car le salarié, s'il est embauché à titre définitif, n'y trouve rien à redire.

b) Période d'essai et droit commun de la rupture du contrat

587. Deux arrêts de la chambre sociale de la Cour de cassation[39] démontrent une nouvelle orientation de la jurisprudence : la Cour applique à la période d'essai des règles qui ne sont valables normalement que pour le licenciement. Il s'agit de la procédure disciplinaire applicable durant la période d'essai (si l'employeur n'a aucune formalité à respecter pour rompre la période d'essai il doit néanmoins, s'il invoque un motif disciplinaire, respecter la procédure disciplinaire), et des dispositions sur la discrimination (les dispositions de l'ancien article L. 122-45 interdisant tout type de discrimination – nullité de plein droit de tout acte contraire au principe de non-discrimination – sont applicables durant la période d'essai).

---

37. Cass. soc. 17 octobre 2000, Dalloz Actualités du 10 novembre 2000.

38. Cela n'empêche pas des employeurs peu scrupuleux de rompre abusivement le contrat de travail, même pendant la période d'essai ; ils peuvent alors être condamnés à des dommages-intérêts. C'est par exemple le cas si un employeur met fin à l'essai pendant la période de suspension du contrat du salarié pour maladie et en raison du dynamisme et de la qualité des prestations de son remplaçant ; la légèreté blâmable de l'employeur peut alors être caractérisée.

39. Cass. soc. 10 mars 2004 et 16 février 2005, Liaisons sociales, jurisprudence hebdo, n° 898, 7 mars 2005.

3) Durant l'exécution du contrat de travail

a) La clause d'exclusivité

588. La clause d'exclusivité interdit au salarié, pendant la durée du contrat, d'exercer une activité similaire à son propre compte ou pour celui d'une autre entreprise. La clause d'exclusivité, pour être opérante, doit être prévue par écrit[40] et acceptée par le salarié. Si ce n'est pas le cas, le salarié n'est pas lié par une clause d'exclusivité et peut, en dehors de ses horaires de travail, travailler pour un autre employeur n'ayant pas une activité concurrente. En effet, tout salarié peut cumuler des emplois privés à condition de ne pas dépasser la durée maximale du travail. Mais il ne peut avoir d'activité concurrente sous peine de ne pas respecter son obligation de loyauté. La clause d'exclusivité n'empêche pas, en revanche, les activités bénévoles.

Notons que, par un arrêt de 2000[41] concernant un VRP (voyageur représentant placier) mais pouvant être étendu à tout type de salarié, la chambre sociale de la Cour de cassation a restreint l'application des clauses d'exclusivité en leur imposant un contrôle de proportionnalité et de finalité (sur le fondement de l'article L. 1121-1 du Code du travail) identique à celui appliqué aux clauses de non-concurrence et aux clauses de mobilité. Par un attendu de principe, la juridiction a déclaré que « *la clause par laquelle un salarié s'engage à consacrer l'exclusivité de son activité à un employeur porte atteinte à la liberté du travail ; (qu') elle n'est valable que si elle est indispensable à la protection des intérêts légitimes de l'entreprise et si elle est justifiée par la nature de la tâche à accomplir et proportionnée au but recherché* ».

D'une manière générale et même si cela n'est pas prévu dans le contrat de travail, employeur et salarié sont soumis à une obligation réciproque de loyauté. Viole cette obligation un directeur du personnel conseiller prud'homme qui ne rappelle pas à son employeur que son propre licenciement doit être soumis à une procédure spécifique[42].

Un problème se pose néanmoins pour le salarié à temps partiel soumis à une clause d'exclusivité car cette clause est une atteinte à sa liberté du travail. La Cour de cassation avait donc précisé par l'arrêt susmentionné qu'un VRP engagé à titre exclusif ne pouvait se voir imposer de travailler à temps partiel. Un revirement a été opéré[43] : alors qu'elle partait d'une illicéité de principe, la chambre sociale admet la licéité de la clause d'exclusivité, même pour le salarié à temps partiel. En revanche, les juges opèrent toujours un contrôle de proportionnalité et de finalité de la clause.

---

40. Cass. soc. 10 novembre 1998, Liaisons sociales, jurisprudence hebdo, n° 611, 29 décembre 1998.
41. Cass. soc. 11 juillet 2000, Liaisons sociales, jurisprudence hebdo, n° 684, 24 juillet 2000.
42. Aix-en-Provence, 13 octobre 1997, Jurisprudence Sociale Lamy, n° 7 du 3 février 1998.
43. Cass. soc. 25 février 2004, n° 01-43.392.

b) La clause de mobilité

589. La clause de mobilité insérée dans le contrat de travail permet à l'employeur de modifier les conditions du travail sans que le salarié puisse s'y opposer. La mobilité prévue au contrat peut être géographique (changement de lieu de travail) et / ou professionnelle (changement de poste, etc.).

[L'étude de la clause de mobilité est renvoyée à la modification du contrat de travail, n°s 662 et s.]

c) La délégation de pouvoir

590. Fréquente en matière d'hygiène et de sécurité, cette clause permet à l'employeur d'être exonéré de sa responsabilité personnelle pour infraction aux règles d'hygiène et de sécurité commise au sein de l'entreprise ; il faut pour cela qu'il justifie avoir donné une délégation de pouvoir à un préposé pourvu de la compétence, de l'autorité et des moyens nécessaires pour veiller efficacement à l'observation de la réglementation. Cette délégation doit être certaine et sans ambiguïté mais n'est soumise à aucune forme particulière[44].

d) La clause d'objectifs et l'insuffisance de résultat

591. Le contrat de travail de certains cadres, ou plus fréquemment des commerciaux, est souvent assorti d'une clause prévoyant qu'en cas de non-réalisation des objectifs fixés dans le contrat de travail, il pourra être procédé à leur licenciement. Cette clause peut d'ailleurs être assortie d'une prime d'objectifs.

La clause d'objectifs est sensiblement liée à l'insuffisance professionnelle. Le raccourci est facile : le salarié qui n'atteint pas ses objectifs ne réalise pas correctement sa mission et peut être licencié. Or la Cour de cassation admet de moins en moins l'insuffisance professionnelle comme cause réelle et sérieuse en soi. Par ailleurs, admettre l'application automatique des clauses d'objectifs c'est également admettre que le salarié accepte dès le début le motif de la rupture, qu'il contractualise en quelque sorte son licenciement.

Afin d'éviter une application automatique de ce type de clause, les juges du fond doivent vérifier la proportionnalité de la clause[45] : les objectifs sont-ils réalisables compte tenu de la situation du marché ?

La Cour de cassation a déjà précisé que l'insuffisance de résultats au regard des objectifs fixés ne constitue pas une cause de rupture privant le juge de son pouvoir d'appréciation de l'existence d'une cause réelle et sérieuse de licenciement[46]. Visant l'article L. 1232-1 du Code du travail, la même juridiction a élargi le débat en énonçant qu'*« aucune clause du contrat de travail ne peut*

---

44. Il ne faut pas confondre responsabilité personnelle du dirigeant et responsabilité pénale des personnes morales.

45. Ce qui pourrait se faire sur le fondement de l'article L. 11221-1 du Code du travail, de plus en plus utilisé par les juges et qui permet de gouverner l'ensemble de l'équilibre contractuel.

46. Cass. soc. 3 février 1999, RJS 1999, n° 351, affaire où les juges ont décidé que les objectifs étaient très difficiles à atteindre compte tenu des conditions d'exploitation du magasin et de la faible marge de manœuvre du salarié.

valablement décider qu'une circonstance quelconque constituera une cause de licenciement »[47].

Le juge doit rechercher la preuve de la cause réelle et sérieuse en fonction des faits invoqués par l'employeur. Pour cela, le juge du fond doit procéder à une double approche : les objectifs, qu'ils soient ou non définis dans le contrat de travail (ce qui permet d'aligner le régime des clauses contractuelles d'objectifs sur celles qui sont prévues par des actes unilatéraux de l'employeur), sont-ils réalistes et le salarié est-il en faute de ne pas les avoir atteints ? Ce n'est que dans l'hypothèse où les objectifs sont réalisables et où le salarié a commis une faute (par exemple en ne se pliant pas aux remarques répétées de son employeur) que le non-accomplissement des objectifs devient une cause réelle et sérieuse[48]. Autrement dit, comme cela a déjà été précisé pour la perte de confiance ou l'insuffisance professionnelle[49], la non-réalisation de la clause d'objectifs ne constitue pas en soi une cause réelle et sérieuse de licenciement ; elle doit être étayée par des faits objectifs (une faute du salarié). En aucun cas, l'employeur ne peut contractualiser un motif de licenciement.

4) Les clauses liées à l'éventualité d'une rupture du contrat à durée indéterminée

a) La clause de dédit formation

592. La clause de dédit formation, dont la validité a été reconnue en jurisprudence depuis 1981[50], fait obligation au salarié, en contrepartie d'une formation assurée par l'employeur, de rester au service de celui-ci pendant une certaine durée ou de lui verser, en cas de départ anticipé, une indemnité. Ces clauses sont licites à partir du moment où elles constituent la contrepartie d'un engagement pris par l'employeur d'assurer une formation entraînant des frais réels au-delà des dépenses imposées par la loi ou la convention collective[51].

La Cour de cassation a par la suite décidé que la validité des clauses de dédit formation reposait sur trois conditions : elles devaient être la contrepartie de frais réels au-delà des dépenses imposées par la loi, l'indemnité de dédit devait être proportionnée au montant de la formation et, enfin, ces clauses ne devaient pas priver le salarié de sa faculté de démissionner[52].

Toutefois, les juges ont depuis posé de nouvelles conditions de validité de la clause[53]. L'engagement d'un salarié de suivre une formation à l'initiative de

47. Cass. soc. 14 novembre 2000, Dr. soc. 2001, p. 99, obs. Ph. Waquet, Liaisons sociales, jurisprudence hebdo n° 692 du 27 novembre 2000.

48. Cass. soc. 11 juillet 2000, n° 98-41-132.

49. Cass. soc. 30 mars 1999, B. V n° 143, Liaisons sociales, Juris Actua n° 631 du 20 mai 1999.

50. Cass. soc. 18 juin 1981, B. V. n° 587.

51. Cass. soc. 21 mai 2002, Dr. soc. 2002, p. 902. Cet arrêt rappelle les conditions de validité classiques des clauses de dédit formation.

52. Cass. soc. 21 mai 2002, B. V. n° 169.

53. Cass. soc. 4 février 2004, Liaisons sociales, jurisprudence n° 873, 5 juillet 2004.

son employeur, et en cas de démission (et non en cas de licenciement), d'indemniser celui-ci des frais qu'il a assumés, doit, pour être valable, faire l'objet d'une convention particulière conclue avant le début de la formation et qui précise la date, la nature, la durée de la formation et son coût réel pour l'employeur. L'employeur doit indiquer le coût réel de la formation et non pas un coût théorique moyen. La validité de la clause ne dépend pas seulement de l'existence de la mention du coût réel de la formation mais aussi du caractère objectif du coût indiqué, même si la formation a eu lieu en interne, comme dans les faits[54].

b) La clause de non-concurrence

593. La clause de non-concurrence vise à interdire au salarié, après la rupture du contrat de travail, l'exercice de certaines activités susceptibles de nuire à son ancien employeur. Elle peut être insérée dans le contrat de travail ou prévue par convention collective. Dans tous les cas de figure, elle fait l'objet d'une attention particulière des juges quant à ses conditions de validité.

Mais la jurisprudence a évolué sur ces points. Auparavant, la clause de non-concurrence, pour être valable, devait être triplement limitée : dans la durée, dans son étendue géographique et par rapport à l'activité de l'entreprise. L'interprétation qui en a été faite par les tribunaux a été jugée excessive car cela aboutissait à valider presque toujours la clause, au détriment du salarié. C'est pourquoi, par un arrêt de 1992 (arrêt dit du « laveur de vitres »), la chambre sociale a déclaré que, pour être licite, la clause de non-concurrence devait être indispensable à la protection des intérêts légitimes de l'entreprise, ce qui, en l'espèce, invalidait la clause interdisant à un laveur de vitres d'exploiter directement ou indirectement une entreprise similaire pendant quatre ans dans tous les départements limitrophes.

Des arrêts fondamentaux vont définitivement fixer les critères de la validité des clauses de non-concurrence, en opérant même un revirement de jurisprudence pour l'un des critères[55]. Désormais, pour être valable, la clause doit être limitée dans le temps et dans l'espace, conforme à la protection légitime des intérêts de l'entreprise, ne pas empêcher le salarié de pouvoir exercer une activité professionnelle compte tenu de sa formation et, ce qui constitue le revirement de jurisprudence, la clause doit comporter une contrepartie pécuniaire. Est en même temps proclamé le principe du libre exercice d'une activité professionnelle au lieu et place de la liberté du travail.

L'application de la nouvelle jurisprudence entraînait des conséquences pratiques dans les entreprises où les contrats de travail assortis d'une clause de non-concurrence ne prévoyaient pas de contrepartie pécuniaire. Certaines envisageaient de ne l'appliquer que pour les contrats à venir. La Cour de cassation en a décidé autrement : s'appuyant sur le principe de l'application immédiate à tous

54. Cass. soc. 16 mai 2007, JCP S n° 30, 24 juillet 2007, 1585.

55. Cass. soc. 10 juillet 2002, Liaisons sociales, jurisprudence hebdo, n° 779, 07/02.

les contrats même ceux en cours, elle a décidé de l'application rétroactive de son revirement de jurisprudence[56].

Les juges doivent examiner les critères posés par la Cour de cassation. Ils ont un pouvoir modérateur d'appréciation de la clause. À titre d'exemple, il a été décidé qu'une clause de non-concurrence étendue à l'ensemble du territoire national n'est pas nulle si elle ne rend pas en soi impossible l'exercice par le salarié d'une activité professionnelle. Il appartient aux juges du fond de rechercher si le salarié peut retrouver une activité professionnelle compte tenu de sa formation[57].

Depuis les arrêts de 2002, le contentieux tourne autour de la contrepartie pécuniaire qui doit être prévue pour le salarié.

Pour ce qui est de la nature de la contrepartie financière, ce n'est pas une clause pénale ; les juges ne peuvent donc en modifier le montant. Elle a toutefois une nature salariale, ce qui l'assujettit au paiement de cotisations sociales et indique qu'elle est calculée sur la base de la rémunération brute. Elle ouvre aussi droit à congés payés[58]. Elle ne peut être réduite en raison d'une faute (lourde) du salarié commise lors de la rupture : une clause libellée de telle manière n'est toutefois pas nulle dans son intégrité mais réputée non écrite pour les dispositions litigieuses[59]

La contrepartie pécuniaire doit compenser réellement le préjudice causé par l'entrave à la liberté du travail. Si son montant est dérisoire ou inférieur à ce que prévoit la convention collective applicable, l'employeur ne peut plus se prévaloir de la clause de non-concurrence. Par ailleurs, est nulle la clause de non-concurrence qui ne prévoit le versement de la contrepartie qu'en cas de rupture du contrat de travail à l'initiative du salarié, ou à l'inverse à l'initiative de l'employeur (caractère synallagmatique de la clause). Le paiement de l'indemnité compensatrice de non-concurrence est dû même en cas de départ à la retraite mais pas en cas de décès du salarié.

L'employeur qui souhaite renoncer à une clause de non-concurrence doit s'en tenir aux modalités de renonciation prévues dans le contrat de travail ou la convention collective applicable et respecter un délai raisonnable.

Quant au salarié qui viole la clause de non-concurrence il perd tout droit à une éventuelle contrepartie pécuniaire. Il peut par ailleurs être condamné à réparer le préjudice subi par son ancien employeur et se voir interdire par le juge de poursuivre son activité. Cette violation peut également engager la responsabilité délictuelle du nouvel employeur s'il est prouvé qu'il avait connaissance de la clause. Il appartient à l'employeur d'apporter la preuve de la violation. En l'absence de clause de non-concurrence, le salarié n'est pas pour autant libre d'exercer toute activité. Il peut être condamné pour concurrence déloyale s'il

56. Cass. soc. 17 décembre 2004, n° 03-40008.

57. Cass. soc. 15 décembre 2009, n° 08-44.847.

58. Cass. soc. 17 mai 2006, JCP S n° 365, septembre 2006.

59. Cass. soc. 8 avril 2010, n° 08-43.056, JCP S 2010, 1288, note I. Beyneix.

exerce une activité similaire à celle de son ancien employeur dans des conditions déloyales (par exemple en créant une confusion dans l'esprit de la clientèle).

594. Il faut prendre garde à bien distinguer clause de non-concurrence et obligation de loyauté.

La première ne peut entrer en application qu'à compter de la rupture du contrat de travail à la différence de la seconde à laquelle le salarié se trouve soumis pendant la durée d'exécution du contrat. Cette précision trouve toute son importance lorsqu'il s'agit, pour l'employeur, de verser la contrepartie financière à la clause de non-concurrence. Pour s'en exonérer, il va tenter d'invoquer des faits qui prouvent la violation de l'obligation de non-concurrence. Il ne peut, pour ce faire, invoquer des faits « postérieurs à la rupture ». Car avant la rupture du contrat de travail, le salarié est seulement soumis à son obligation de loyauté corrélative à l'exécution du travail[60].

595. Il faut aussi se méfier des « fausses clauses de non-concurrence », intitulées « clauses de clientèle » ou encore « clauses de non-sollicitation ». Ces clauses n'étant pas dénommées clauses de non-concurrence, elles ne sont pas assorties d'une contrepartie financière, astuce pratiquée par certaines entreprises pour s'exonérer de cette obligation coûteuse. La Cour de cassation les a récemment requalifiées en clauses de non-concurrence car ce type de clauses porte atteinte à la liberté du travail en ce qu'elles limitent les possibilités pour le salarié de retrouver un emploi[61].

5) Contrat de travail et vie personnelle[62]

596. Sauf clause expresse du contrat de travail ou disposition du statut local (dans le cas d'un territoire obéissant à une réglementation particulière), les dispositions relatives à la vie personnelle n'entrent pas dans le cadre du contrat de travail. Tel est le cas des convictions religieuses : si l'employeur est tenu de respecter les convictions religieuses de son salarié, celles-ci, sauf clause expresse, n'entrent pas dans le contrat et l'employeur ne commet aucune faute en demandant au salarié d'exécuter la tâche pour laquelle il a été embauché dès l'instant que celle-ci n'est pas contraire à une disposition d'ordre public[63].

---

60. Cass. soc. 10 novembre 1998, Liaisons sociales, jurisprudence hebdo, n° 611, 29 décembre 1998.

61. Cass. soc. 27 octobre 2009, n° 08-41.501

62. Pour une étude de la vie personnelle du salarié, *infra*, n°s 713 et s.

63. Cass. soc. 24 mars 1998, Azad c/ Chamsidine, LS n° 7882 du 22 juin 1998, p. 11. Il s'agissait, en l'espèce, d'un salarié boucher à Mayotte qui s'est aperçu au bout de deux ans qu'il était régulièrement en contact avec de la viande de porc, ce qui est incompatible avec sa confession musulmane. Les dispositions relatives à la vie personnelle seront exposées lors de l'étude du licenciement.

Section 3
LES CONTRATS PRÉCAIRES

597. Les contrats précaires appartiennent à la catégorie des contrats de travail atypiques qui dérogent au contrat de travail considéré comme normal (à temps plein et à durée indéterminée). Si le contrat à durée indéterminée à temps plein (CDI) reste la norme sociale et juridique, les politiques d'emploi des entreprises jouent aujourd'hui sur la différenciation des statuts. Les contrats à durée déterminée (CDD) et les contrats de travail temporaire (CTT) servent à pallier l'absence des salariés sous CDI ou à faire face à un surcroît temporaire d'activité[64].

Parallèlement se développent des formes d'emploi extériorisé par lesquelles l'entreprise « délègue » une partie des tâches qu'elle ne veut ou ne peut assumer seule : c'est le phénomène de la sous-traitance (*infra*, tableau).

L'entreprise est constituée d'une population non homogène de travailleurs. La différence des statuts ne doit pourtant pas être synonyme de discrimination dans les conditions de travail : les travailleurs en situation de précarité doivent bénéficier des mêmes conditions de travail que les travailleurs titulaires d'un contrat de travail à durée indéterminée.

La réglementation du travail précaire a toujours suivi les fluctuations des politiques gouvernementales. De 1972 à 1991, les lois et ordonnances se multiplient et, selon la conjoncture économique et la tendance politique du moment, les cas de recours au travail précaire sont facilités ou restreints. Actuellement, les contrats précaires sont régis par une loi du 12 juillet 1990 qui a repris et complété les dispositions de l'accord national interprofessionnel du 24 mars 1990. La loi de modernisation sociale du 17 janvier 2002 est venue compléter le dispositif dans un sens encore plus rigoureux, voulant lutter contre le recours abusif au travail précaire. La tendance est à la restriction du travail précaire accusé d'empêcher le travail à durée indéterminée.

Notons que le CDD a fait l'objet d'un accord-cadre européen sur le travail à durée déterminée, mis en œuvre par une directive de 1999[65]. Les juges communautaires ont notamment rappelé que le principe de non-discrimination applicable aux travailleurs à durée déterminée et mentionné dans la directive ne peut être interprété de manière restrictive. Ils ont ainsi décidé qu'un travailleur peut solliciter le bénéfice d'une condition d'emploi (en l'espèce, un élément de la rémunération), peu important que l'application de ce principe ait pour effet le paiement d'un différentiel de rémunération[66].

Toutefois, on peut remarquer que les contrats précaires peuvent être utilisés plus librement lorsque le législateur entend en faire profiter un public ciblé (par exemple grâce à des contrats aidés).

---

64. À l'exclusion toutefois des CDD d'usage dans certaines professions.
65. Directive n° 1999/70/CE du 28 juin 1999.
66. CJCE 13 septembre 2007, aff. C-307/05, JCP S n° 21, 1285, note F. Bousez.

Tel est le cas par exemple des CDD « seniors »[67], lesquels, dans le cadre de la politique de l'emploi, visent à réinsérer les personnes en fin de carrière qui peinent à trouver un emploi. De nombreux accords collectifs ont été signés ces derniers temps pour la mise en œuvre de ces contrats spécifiques de travail à durée déterminée.

De même, mais visant un autre objectif, ont été créés les CDD à objet défini[68], s'inspirant de l'une des propositions faites par le rapport de Virville en 2004. Ce nouveau contrat est surtout destiné aux cadres et aux ingénieurs afin de leur permettre de participer à l'accomplissement de certains projets limités dans le temps[69]. Proche du contrat de chantier qui est lui un contrat de travail à durée indéterminée, le contrat à objet défini est envisagé à titre expérimental pour une durée de cinq ans et est subordonné à la conclusion d'un accord collectif. Si ce nouveau contrat présente les caractéristiques d'un CDD classique (prime de précarité, conclusion pour une durée minimale de 18 mois mais pouvant aller jusqu'à 36 mois, etc.), il se rapproche par certains aspects du CDI, ce qui en fait un contrat de nature hybride.

La plupart des termes de cette loi sont communs aux CDD et aux CTT (I), bien que ce dernier type de contrat fasse l'objet de développements particuliers (II).

I. Les conditions communes aux contrats de travail précaires (contrats de travail à durée déterminée et contrats de travail temporaire)

598. Puisque la loi fait du contrat à durée indéterminée le modèle de droit commun, l'emploi précaire ne peut avoir pour objet de pourvoir durablement un emploi lié à l'activité normale et permanente de l'entreprise[70]. Il ne peut être conclu que pour l'exécution d'une tâche précise et temporaire et seulement dans des cas énumérés par la loi.

A. Interdictions de recours

599. Les interdictions sont énumérées par le Code du travail[71] ; elles concernent :

– le remplacement d'un salarié dont le contrat de travail est suspendu par suite d'un conflit collectif (pour ne pas faire échec au droit de grève) ;

– l'accomplissement de travaux dangereux ;

67. F. Bousez, « Le retour des seniors dans l'emploi : le CDD seniors », JCP S 2006, 1089.

68. Art. 6 de la loi n° 2008-596 du 25 juin 2008, faisant suite à l'accord national interprofessionnel du 11 janvier 2008. Ce contrat peut aussi être nommé contrat de projet. A. Braun, « CDD à objet défini : une mesure patronale à l'objectif bien défini », Dr. ouvr. novembre 2008.

69. On peut penser que ce type de contrat peut convenir aux domaines de l'ingénierie informatique ou de l'industrie du jeu vidéo, par exemple.

70. C. trav. art. L. 1242-1, L. 1251-5.

71. C. trav. art. L. 1242-5, L. 1242-6 et L. 1251-10.

– le pourvoi d'un poste ayant fait l'objet dans les six mois qui précèdent d'un licenciement économique lorsque l'employeur invoque un accroissement temporaire d'activité, y compris l'accomplissement d'une tâche occasionnelle. Toutefois, cette interdiction ne s'applique pas lorsque la durée du contrat n'excède pas trois mois ou lorsque le contrat est lié à la survenance dans l'entreprise d'une commande exceptionnelle à l'exportation.

B. Cas de recours

600. Ils sont strictement prévus par le Code du travail[72] mais certains aménagements peuvent être ponctuellement apportés dans le cadre de politiques de l'emploi :

• Le remplacement d'un salarié absent est admis par la loi mais il est cependant interdit de conclure un emploi précaire pour assurer de façon générale le remplacement de l'ensemble du personnel absent titulaire se trouvant en congé annuel ou maladie[73], ou encore pour le remplacement des postes restés vacants dans l'entreprise afin de gérer les sous-effectifs[74]. La possibilité de conclure un CDD ou un CTT en cas de remplacement d'un salarié absent est un outil de gestion de l'entreprise, un instrument de flexibilité qui lui permet de combler les absences pour maladie, pour congé de maternité, etc. Cela peut être le cas dans l'attente du départ définitif d'un salarié avant la suppression de son poste ou dans l'attente de l'entrée en service du nouveau titulaire du poste sous contrat de travail à durée indéterminée, ou dans tous les cas de suspension du contrat de travail. Lorsque le contrat précaire est conclu pour remplacer un salarié absent, il peut prendre effet avant l'absence de la personne à remplacer[75].

Mais chaque contrat ne vaut que pour le remplacement d'un seul salarié, ce qui implique l'illégalité du remplacement de plusieurs salariés absents par un seul contrat[76]. Des difficultés peuvent parfois être rencontrées au retour du salarié absent...

• En cas d'accroissement temporaire de l'activité de l'entreprise ou pour une tâche occasionnelle précisément définie et non durable. On peut penser à des commandes exceptionnelles, ou encore la gestion de l'afflux des fêtes de fin d'année ou des soldes. Là aussi, il s'agit d'un outil assez flexible pour l'employeur qui n'est pas obligé d'affecter les salariés recrutés à ce titre à des tâches directement liées à cette hausse d'activité[77].

• Dans le cadre de contrats saisonniers (par exemple dans l'agriculture, les industries agro-alimentaires et le tourisme). La Cour de cassation a eu l'occasion de définir pour la première fois la notion d'activité saisonnière[78] : le caractère

---

72. C. trav. art. L. 1242-2, L. 1251-6.
73. Cass. soc. 24 février 1998, Dr. soc. juin 1998, p. 608, obs. C. Roy Loustaunau.
74. Cass. soc. 29 septembre 2004, Sem. Soc. Lamy 2004, n° 1191.
75. C. trav. art. L. 1242-9.
76. Cass. soc. 28 juin 2006 (2 espèces), RJS 2006, n° 1034.
77. Cass. soc. 18 février 2003, B. V, n° 57.
78. Cass. soc. 12 octobre 1999, Liaisons sociales, jurisprudence, n° 658 du 20 janvier 2000.

saisonnier d'un emploi concerne les tâches normalement appelées à se répéter chaque année à des dates à peu près fixes, en fonction du rythme des saisons ou des modes de vie collectifs[79]. Ce type de contrat de travail à durée déterminée particulier a de fait un terme incertain et l'indemnité de précarité n'est pas due, d'où la tentation pour certains employeurs de retenir abusivement la notion. L'activité saisonnière s'oppose à la notion d'emploi permanent. Ce n'est que si l'emploi apparaît dans les faits permanent et que l'employeur a recouru à des contrats de travail à durée déterminée successifs pour éviter de conclure un contrat de travail à durée indéterminée que les juges requalifieront le contrat saisonnier en contrat de travail à durée indéterminée[80]. Les contrats à caractère saisonnier peuvent comporter une clause de reconduction pour la saison suivante. Ces clauses sont souvent prévues dans les conventions collectives de travail et elles ont seulement pour effet d'imposer à l'employeur une priorité d'emploi en faveur du salarié, mais elles ne peuvent être assimilées à des clauses contractuelles prévoyant la reconduction automatique du contrat de travail pour la saison suivante et, surtout, elles n'ont pas pour effet de transformer la relation de travail en contrat de travail à durée indéterminée[81].

• Les emplois d'usage : dans certains secteurs d'activité peuvent être conclus des CDD ou des CTT quand il est d'usage constant de ne pas recourir aux CDI en raison de la nature de l'activité exercée et du caractère par nature temporaire de l'emploi (par exemple dans les secteurs du spectacle, de l'hôtellerie et de la restauration)[82]. La notion d'activité par nature temporaire est d'importance notamment en cas de succession de contrats (*infra*, n° 598).

• Le remplacement de certaines professions libérales ou du chef d'une entreprise artisanale, industrielle, commerciale ou agricole[83].

Outre cette liste précise, le Code du travail prévoit que la création de contrats précaires particuliers dans le cadre de la politique de l'emploi : des CDD, peuvent être conclus pour favoriser l'embauchage de certaines catégories de personnes sans emploi[84] (CDD seniors, etc.), ou lorsque l'employeur s'engage à assurer un complément de formation professionnelle au salarié.

---

79. De même, Cass. soc. 5 décembre 2007, JCP S, 1149, note F. Bousez.

80. Ce qui n'était pas le cas dans l'affaire précitée puisque, s'agissant d'un emploi de caissière à la tour Eiffel, les juges relèvent que l'activité touristique de l'employeur était caractérisée par un accroissement du nombre de visiteurs chaque année à des dates à peu près fixes, et que les contrats conclus avec le salarié couvraient les cinq ou six mois de l'année pendant lesquels la tour Eiffel recevait le plus grand nombre de visiteurs. L'emploi n'était pas permanent puisqu'il correspondait à un poste d'appoint en saison qui ne se justifiait pas toute l'année.

81. Sur les clauses de reconduction : Cass. soc. 30 mai 2000, Dr. soc. 2000, p. 768, obs. C. Roy-Loustaunau ; Cass. soc. 1er février 2000, Dr. soc. 2000, p. 643, obs. C. Roy-Loustaunau.

82. Pour un emploi temporaire selon l'usage audiovisuel, Cass. soc. 21 mars 2000, Dr. soc. 2000, p. 767, obs. C. Roy-Loustaunau.

83. C. trav. art. L. 1242-9, L. 1251-6.

84. C. trav. art. L. 1242-3, L. 1251-7.

C. Forme

601. Les contrats à durée déterminée et les contrats de travail temporaire doivent être rédigés par écrit et doivent mentionner l'objet justifiant que l'entreprise y ait recours[85]. À défaut d'écrit, ils sont réputés conclus pour une durée indéterminée. La demande de requalification d'un CDD (ou d'un CTT) en CDI doit être portée directement devant le bureau de jugement du conseil de prud'hommes ; celui-ci doit statuer au fond dans le délai d'un mois.

Les contrats doivent être transmis au plus tard dans les deux jours suivant l'embauche[86]. Les contrats de travail temporaire doivent également être rédigés par écrit sous réserve de la spécificité de ce type de contrat (*infra*, II).

Le formalisme exigé pour les contrats de travail précaire s'étend. Auparavant, et comme l'exigeait la loi (art. L. 1242-12 du Code du travail), seule l'absence totale d'écrit impliquait une présomption irréfragable de contrat de travail à durée indéterminée (que seul le salarié peut invoquer car la règle est établie dans son intérêt[87]). Si l'une des mentions énoncées au même article faisait défaut (par exemple le nom et la qualification du salarié, la date d'échéance du terme ou encore la désignation du poste), cela n'entraînait pas automatiquement la requalification.

Désormais, la jurisprudence décide qu'en l'absence du nom et de la qualification du salarié remplacé, le contrat précaire est réputé conclu pour une période indéterminée[88]. Il en a été décidé de même en l'absence de motif précis et des mentions prévues par l'article L. 1242-12 du Code du travail[89]. Enfin, la requalification en contrat de travail à durée indéterminée est automatique lorsque le contrat ne comporte pas la signature du salarié[90]. Les juges établissent tout de même une hiérarchie dans les mentions obligatoires prévues à l'article L. 1242-12 du Code du travail. Ainsi, n'entraîne pas la requalification l'omission de la convention collective applicable[91].

En résumé, lorsque font défaut les mentions essentielles qui informent le salarié sur le particularisme de sa relation de travail, c'est-à-dire sur le caractère précaire du contrat, ce dernier est requalifié.

D. Terme, durée et renouvellement

602. Les contrats sont conclus pour une durée minimale. La durée est de 18 mois[92] pour les contrats conclus pour l'exécution d'une tâche précise et temporaire ; elle est de 9 mois pour les contrats conclus dans l'attente d'une embauche définitive ou en cas de travaux urgents et de 24 mois pour ceux conclus à l'occasion d'une

85. C. trav. art. L. 1242-12, L. 1251-16.
86. C. trav. art. L. 1242-13, L. 1251-17.
87. Cass. soc. 10 juillet 2002, *LS*, Jurisprudence hebdo, n° 780, 07/02.
88. Cass. soc. 6 mai 1997, Dr. soc. 1997, p. 924, note C. Roy-Loustaunau.
89. Cass. soc. 20 mai 1997, Liaisons sociales, n° 7687 du 16 juin 1997.
90. Cass. soc. 26 octobre 1999, Liaisons sociales, jurisprudence n° 653 du 9 décembre 1999.
91. Cass. soc. 26 octobre 1999, *ibidem*.
92. C. trav. art. L. 1242-8, L. 1251-12.

commande exceptionnelle à l'exportation, dans l'attente d'une suppression de poste et pour être exécutés à l'étranger.

La règle générale veut que, lorsque la relation contractuelle se poursuit à l'échéance du terme du contrat précaire, celui-ci devient un contrat de travail à durée indéterminée.

1) Contrats de date à date et contrats conclus sans durée précise

603. Il faut distinguer les contrats de date à date où il est exigé un terme précis (sinon le contrat de travail est requalifié en contrat à durée indéterminée en cas de dépassement du terme) et les contrats conclus sans durée précise : tel est le cas par exemple lorsqu'il s'agit de remplacer un salarié absent ou dont le contrat de travail est suspendu et dont on ne connaît pas la date de retour, ou encore en cas de mission dont on ne peut à l'avance savoir la durée, ou enfin pour attendre l'entrée en service d'un salarié embauché en CDI. Sont également visés les emplois à caractère saisonnier.

Les contrats conclus avec un terme précis peuvent être renouvelés une fois dans la limite de 18 mois. Les contrats conclus sans terme précis doivent l'être pour une durée minimale et ils ont pour terme la fin de l'absence du salarié remplacé ou la réalisation de l'objet pour lequel ils ont été conclus.

2) Renouvellement et succession

a) Le renouvellement

604. Renouveler le contrat précaire consiste à prolonger le contrat initialement prévu avec le salarié. Il est interdit de renouveler plus d'une fois le contrat[93]. Le renouvellement peut être prévu dans le contrat initial, auquel cas le salarié est tenu de s'y conformer, ou bien être prévu dans un avenant soumis à l'accord du salarié avant le terme initialement prévu.

b) La succession

605. Au contraire, la succession de contrats précaires[94] vise la conclusion de CDD ou de CTT distincts, après expiration de la règle du tiers temps (*infra*, 1.), renouvellement compris.

Ainsi, les règles relatives au renouvellement permettent une souplesse de gestion pour l'employeur qui peut envisager de prolonger le contrat initial, tout en protégeant le salarié en limitant ce renouvellement. La succession est, quant à elle, régie par le respect de la règle du tiers temps et par des règles précises dans certains cas de figure, ce qui a pour but d'éviter l'utilisation de l'emploi précaire pour pourvoir un emploi permanent[95].

---

93. C. trav. art. L. 1242-13, L. 1251-35.

94. C. trav. art. L. 1244-1, L. 1251-36.

95. Sur la distinction renouvellement-succession, Rép. min. n° 21126, JOAN du 31 mai 1999, p. 3308.

1. Règle du tiers temps (ou délai de carence) et succession

606. Pour éviter tout abus, la loi a fixé pour la succession des contrats précaires (sur un même poste ou à un poste équivalent) la règle du tiers temps, ou délai de carence[96], selon laquelle il n'est pas possible de conclure un nouveau CDD ou CTT avant l'expiration d'un délai équivalent au tiers de la durée du premier contrat, renouvellement compris (cette règle se calcule en jours ouvrables). Pour simplifier, l'occupation d'un même poste par une succession immédiate de contrats précaires est interdite. Si cette règle n'est pas respectée, le contrat précaire est requalifié en CDI et l'employeur s'expose à des sanctions pénales. En réalité, cette règle ne s'applique que lorsque le motif de recours est l'accroissement temporaire d'activité.

S'il s'agit d'une succession sur des postes différents mais avec le même salarié, il faut respecter « un certain délai » dont la durée n'est pas précisée.

2. Cas particuliers de succession immédiate

607. La succession immédiate de contrats précaires est possible dans des cas bien précis. Peu importe que cela concerne des postes de salariés différents. Peu importe également qu'il s'agisse de postes différents ou du même poste. Dans ces hypothèses, ni la règle du tiers temps ni le terme des dix-huit mois ne s'appliquent.

608. Une dérogation à l'application de délai de carence et donc à l'interdiction de succession de CDD ou de CTT existe notamment[97] dans le cas des hypothèses de remplacement. Un travailleur précaire peut être recruté pour remplacer un salarié absent à son poste, mais il peut aussi être amené à être placé sur d'autres postes où les salariés sont aussi absents.

La loi offre à l'employeur qui recrute un collaborateur en CDD pour remplacer un salarié le choix entre un contrat à terme précis et un contrat à terme imprécis.

Lorsque le contrat de remplacement n'a pas de terme précis, il a été décidé que la limite maximale de dix-huit mois ne s'applique pas, ce qui peut sembler normal, compte tenu de la nécessité d'assurer le fonctionnement de l'entreprise.

En revanche, la question est plus épineuse lorsqu'il s'agit de contrats successifs à terme précis. Dans ce cas, si le contrat est conclu pour remplacer un salarié absent, les juges ont décidé de la même manière que l'article L.1244-1 du Code du travail autorise la conclusion de plusieurs contrats de travail à durée déterminée successifs avec le même salarié, peu important qu'ils comportent un terme précis et que leur durée totale excède dix-huit mois[98].

Une limite demeure cependant : la succession ne doit pas avoir pour effet de pourvoir durablement un emploi lié à l'activité normale de l'entreprise[99] pour

96. C. trav. art. L. 1244-3, L. 1251-36.
97. C. trav. art. L. 1244-4, L. 531-37.
98. Cass. soc. 8 février 2006, n° 04-41.279.
99. C. trav. art. L. 1242-1, L. 1251-5.

éviter que la possibilité de succession de contrats ne soit un mode de gestion permanent de l'entreprise.

609. De même, un régime spécifique gouverne les CDD d'usage. Le contrat de travail à durée déterminée d'usage comporte des exceptions au droit commun du travail à durée déterminée, comme par exemple le fait que la durée maximale de dix-huit mois ne s'applique pas[100] : le CDD d'usage peut être renouvelé plusieurs fois pour une durée supérieure à dix-huit mois et il peut même être conclu dès l'origine pour une durée plus longue. De même, ni la règle du tiers temps (délai de carence) ni la requalification en cas de dépassement du terme ne s'appliquent. L'objet des pouvoirs publics semble clair : le recours à ce type de contrat est encouragé en évitant l'application de la règle de la requalification. Des clauses de reconduction automatiques sont mêmes prévues d'une saison à l'autre[101].

Une question particulière concerne là aussi la succession de ces contrats. En effet, le CDD d'usage n'est licite qu'à la condition qu'il concerne un emploi dans un secteur défini par décret ou par convention collective étendue et qu'il ne se rattache pas à l'activité normale et permanente de l'entreprise. À ce dernier titre, il faut en outre vérifier que l'emploi présente un caractère par nature temporaire, ce qui appartenait à l'appréciation souveraine des juges du fond. La Cour de cassation a décidé de reprendre le contrôle du caractère temporaire par nature de l'emploi dans le cadre de la succession de CDD d'usage[102], visant en cela l'accord-cadre européen du 18 mars 1999 qui tente de prévenir les abus. Une succession de CDD n'est en effet possible que pour des raisons objectives, c'est-à-dire dans des circonstances précises et concrètes caractérisant une activité déterminée. Ainsi, l'existence d'un usage constant repris dans une convention collective pour un emploi ne suffit pas à créer une raison objective de recourir à une succession de CDD d'usage : il faut prouver le caractère par nature temporaire de l'emploi.

610. La succession immédiate de contrat de travail à durée déterminée sans respecter du délai de carence est aussi possible en cas de contrats saisonniers.

611. Une pratique consiste à remplacer un salarié absent de son poste par un autre salarié de l'entreprise et ainsi de suite, le dernier de la chaîne étant un intérimaire ou un titulaire d'un CDD. Cette pratique du « remplacement en cascade » permet de contourner la règle du tiers temps. Mais la Cour de cassation admet l'usage de CDD en cascade dès lors que les remplacements résultent bien de l'absence d'un salarié de l'entreprise et que cette mesure est précisée dans les contrats[103].

100. C. trav. art. L. 1242-7, L. 1251-37.

101. C. trav. art. L. 1244-2.

102. Cass. soc. 23 janvier 2008, JCP S 2008, 1164, note F. Bousez.

103. Cass. soc. 22 novembre 1995, Dr. soc. 1996, p. 194, obs. J. Savatier, RJS 1/96, n° 7, JCP 1996, éd. E. n° 11-12, p. 80, note C. Roy-Loustaunau.

Les juges sont aussi de plus en plus prudents sur l'interprétation de la notion d'« emplois permanents » pour lesquels le recours au travail précaire est interdit. Un salarié avait été recruté pour le compte d'une association suivant 94 CDD successifs ayant pour objet le remplacement d'un salarié absent. La Chambre sociale de la Cour de cassation a alors estimé que pendant les quatre années d'activité concernées et durant ces 94 contrats précaires le salarié avait conservé la même qualification et le même salaire quel que soit le remplacement assuré : c'est pourquoi ce salarié occupait en fait un emploi permanent de l'entreprise et il ne s'agissait pas, comme le prétendait l'employeur, d'une succession de CDD[104].

En résumé, la succession de contrats de travail à durée déterminée est possible dans les conditions suivantes :
Immédiatement
* sur des postes différents, avec des salariés différents sans aucune condition
* sur le même poste :
• avec le même salarié dans les cas de recours suivants : remplacement, contrats d'usage, contrats saisonniers, travaux urgents, contrats aidés
• avec des salariés différents :
○ lorsque que les contrats sont conclus pour les motifs suivants : remplacement, contrats d'usage, contrats saisonniers, travaux urgents, contrats aidés
○ quel que soit le cas de recours en cas de rupture anticipée du fait du salarié, ou en cas de refus par le salarié du renouvellement de son contrat
À condition de respecter la règle du tiers temps
* sur le même poste, lorsque les contrats sont conclus en cas d'accroissement temporaire d'activité, dans l'attente de l'entrée effective du salarié recruté par un contrat de travail à durée indéterminée, dans l'attente du départ définitif du salarié précédant la suppression de son poste
À condition de respecter « un certain délai »
* sur des postes différents avec le même salarié

E. Statut du salarié précaire

612. Le principe d'égalité de traitement gouverne le statut du salarié précaire, notamment en ce qui concerne la rémunération (sa rémunération ne saurait être inférieure à celle que percevrait un salarié sous contrat à durée indéterminée de qualification équivalente, pour le même poste de travail, après la période d'essai). Les travailleurs concernés doivent également recevoir une information spécifique à l'hygiène et à la sécurité dans l'entreprise.

Afin de rééquilibrer la prestation de travail et pour pallier la précarité, les salariés précaires bénéficient de par la loi de garanties spécifiques :

104. Cass. soc. 4 décembre 1996, n° 93-41891.

– une période d'essai courte (pour les contrats à durée déterminée un jour par semaine dans la limite de deux semaines pour les contrats de moins de six mois, un mois maximum au-delà)[105] ;

– l'octroi d'une indemnité compensatrice à l'issue du contrat (10 % de la rémunération totale brute due pendant la durée du CDD[106] et également 10 % pour les CTT). Cette indemnité n'est pas due pour quelques types de contrats comme les contrats saisonniers ou les emplois d'usage[107] ; il en va de même lorsque la rupture du contrat est imputable au salarié. En revanche, l'indemnité de précarité reste acquise au salarié même si, par la suite, il demande une requalification de son CDD en CDI et que le juge, accordant la requalification, lui alloue une indemnité spécifique de requalification[108]. L'indemnité n'est pas due pour les emplois saisonniers et dans les cas où le contrat a été conclu pour favoriser l'emploi de certaines catégories de personnes sans emploi[109]. Il en va de même lorsque le salarié refuse la conclusion d'un CDI pour occuper le même poste ou un emploi similaire et également lorsque la rupture du contrat est due à une faute du salarié ou à la force majeure.

Le salarié précaire doit aussi être informé des postes vacants dans l'entreprise.

En ce qui concerne les droits collectifs, les titulaires d'un CDD ou CTT bénéficient des mêmes droits que les autres salariés. Ils sont électeurs et éligibles comme les salariés permanents sous réserve de remplir les conditions d'ancienneté nécessaires. Ils peuvent être désignés délégués syndicaux et ont accès aux prestations du comité d'entreprise. Ils sont pris en compte dans les effectifs de l'entreprise au prorata de leur temps de présence dans l'entreprise au cours des douze mois précédant le mois pour lequel il est nécessaire de calculer cet effectif.

Les travailleurs temporaires bénéficient de droits identiques au sein de l'entreprise de travail temporaire s'ils remplissent des conditions précises d'ancienneté. Ils sont en outre comptabilisés dans les effectifs de l'entreprise de travail temporaire, à côté des salariés permanents de celle-ci, s'ils ont été liés à elle par des contrats de travail temporaire pendant une durée totale d'au moins trois mois au cours de la dernière année civile.

F. Rupture

613. La rupture de droit commun d'un contrat de travail précaire est l'arrivée du terme ou encore la cessation du motif pour lequel il y a été recouru (par exemple

105. C. trav. art. L. 1242-10, L. 1251-14.

106. C. trav. art. L. 1243-8, L. 1251-32.

107. Il en va de même en principe pour les emplois des étudiants durant leurs vacances universitaires.

108. Sur cette indemnité, *infra*, n° 617. Cass. soc. 9 mai 2001, deux arrêts, Liaisons sociales, jurisprudence hebdo, n° 721 du 5 juin 2001.

109. C. trav. art. L. 1243-10, L. 1251-33.

le retour du salarié malade). Dans ce cas, la rupture ne nécessite aucun formalisme.

1) Rupture anticipée

614. Il existe des cas de rupture anticipée. Tout d'abord, les parties peuvent d'un commun accord cesser leur relation de travail en application de l'article 1134 du Code civil. Les deux autres cas de rupture anticipée sont la force majeure et la faute grave de l'une ou l'autre des parties.

Les dispositions suivant lesquelles, sauf accord des parties, le contrat précaire ne peut être rompu avant le terme qu'en cas de faute grave ou de force majeure sont d'ordre public. Si le contrat est rompu pour une faute grave du salarié et que le motif de cette rupture est disciplinaire, l'employeur a l'obligation d'appliquer la procédure disciplinaire[110].

Le salarié ne peut pas accepter par avance la rupture du CDD par une clause de dénonciation anticipée à l'initiative de l'employeur[111]. Cette clause est fréquente pour les sportifs professionnels, mais les juges ont toujours condamné de telles pratiques. Pourtant, l'insertion d'une telle clause n'aura pas d'effet sur la validité du contrat lui-même. Seule la clause de dénonciation anticipée sera déclarée nulle.

Dans le même sens, un CDD ne peut être rompu avant son terme par une démission[112], notamment quand le salarié précaire abandonne son poste de travail à la suite d'une modification de ses horaires qu'il refuse. Ni le régime du licenciement ni celui de la démission ne sont transposables au travail précaire.

Depuis 2002, il existe un nouveau cas de rupture anticipée lorsque le salarié précaire peut prouver qu'il est embauché ailleurs en CDI. Le salarié devra alors exécuter un préavis[113] dont la durée est calculée à un jour par semaine compte tenu : de la durée totale du contrat, renouvellement inclus, lorsque celui-ci comporte un terme précis, et de la durée du contrat effectué lorsqu'il n'y a pas de terme précis. La durée totale du préavis ne peut excéder deux semaines.

2) Indemnité pour rupture anticipée (dommages-intérêts)

615. La rupture anticipée prononcée par l'une ou l'autre des parties, sans l'accord de l'autre, et en dehors des cas de la faute grave ou de la force majeure, ouvre droit à des dommages-intérêts pour l'autre partie[114]. Par exemple, l'employeur responsable de la rupture peut être condamné à payer au minimum les rémunérations que le salarié aurait perçues jusqu'au terme du contrat. Le salarié peut quant à lui être condamné à des dommages-intérêts dont le montant dépend de l'appréciation souveraine du juge et fonction du préjudice

110. Cass. soc. 14 décembre 1995, Dr. soc. 1996, p. 197.
111. Cass. soc. 16 décembre 1998, Liaisons sociales, jurisprudence hebdo, n° 616, du 1er février 1999.
112. Cass. soc. 5 janvier 1999, Dr. soc. 1999, p. 284.
113. C. trav. art. L. 1243-2.
114. C. trav. art. L. 1243-4.

subi[115]. Lorsque la rupture anticipée du contrat est due à une faute grave de l'employeur et que celui-ci a été condamné au paiement de dommages-intérêts dont le montant doit être au moins égal aux rémunérations que le salarié aurait perçues jusqu'au terme de son contrat, la situation peut être délicate pour l'ex-salarié. Il a, en effet, été décidé que les dommages-intérêts reçus ne peuvent se cumuler avec les indemnités d'assurance chômage que la personne concernée a peut-être perçues entre la rupture de son contrat et l'allocation des dommages-intérêts. La décision peut paraître surprenante dans la mesure où dommages-intérêts et prestations d'assurance chômage n'ont pas la même nature au regard de la législation sociale[116]. Ce principe de non-cumul de l'indemnité pour rupture anticipée et des allocations chômage ne permet cependant pas au juge de déduire ces allocations de chômage de l'indemnité[117]. En effet, le juge est lié par le montant légal de l'indemnité de rupture[118] qui constitue selon la Cour de cassation *« une indemnité forfaitaire minimale »*[119]. Seules les Assedic peuvent tirer les conséquences du principe de non-cumul, soit en ne versant pas d'allocations de chômage afférentes à la période comprise entre la rupture anticipée du CDD et le terme du contrat si l'indemnité de rupture a déjà été versée au salarié, soit en ordonnant la restitution des allocations de chômage si elles ont déjà été versées.

3) Demande de requalification

616. La demande de requalification d'un CDD (ou d'un CTT) en CDI se fait directement devant le bureau de jugement du conseil de prud'hommes qui doit statuer au fond dans le délai d'un mois suivant sa saisine[120]. La décision du tribunal est exécutoire de droit à titre provisoire. Seul le salarié peut se prévaloir de l'inobservation des règles sur le travail précaire et demander la requalification en CDI[121], le juge ne peut requalifier d'office. Ni l'employeur ni l'AGS ne peuvent y prétendre[122].

4) Indemnité spécifique de requalification et sanctions

617. Si les juges font droit à la demande en requalification du salarié, ils doivent lui accorder, à la charge de l'employeur, une indemnité qui ne peut être inférieure à un mois de salaire : il s'agit de l'indemnité spécifique de requalification. Il s'agit d'une sanction civile bien spécifique. L'indemnité spécifique de

115. C. trav. art. L. 1243-3, L. 1251-28.

116. Cass. soc. 14 janvier 1997, Ecard c/ Assedic de Paris, Dr. soc. 1997, p. 315, obs. C. Roy-Loustaunau.

117. Cass. soc. 27 février 2001, Dalloz Actualités du 13 mars 2001.

118. C. trav. art. L. 1243-4 : dommages-intérêts d'un montant au moins égal aux rémunérations qu'il aurait perçues jusqu'au terme du contrat.

119. Cass. soc. 27 février 2001, précité.

120. C. trav. art. L. 1245-2, L. 1251-42.

121. Cass. soc. 10 juillet 2002, Liaisons sociales, jurisprudence hebdo, n° 780, 07/02, précité.

122. Cass. soc. 4 décembre 2002, Dr. soc. 2003, p. 297.

requalification peut être versée au salarié même lorsque son CDD (ou CTT) est devenu automatiquement un CDI en cas de dépassement du terme légal, par exemple. Le contrat étant transformé en CDI[123], le salarié bénéficiera alors à la fois de l'indemnité spécifique et des indemnités pour licenciement non causé qui peuvent être dues au titre de la rupture du CDI (du fait de la transformation du CDD en CDI)[124]. Rappelons que cette indemnité spécifique ne peut être inférieure à un mois de salaire.

Notons que l'employeur s'expose également à des sanctions pénales. Notamment, le fait de conclure un CDD qui a pour objet ou pour effet de pourvoir durablement un emploi lié à l'activité normale et permanente de l'entreprise, ou dont l'objet est autre que celui prévu, etc., est puni d'une amende de 3 750 euros[125]. Il en va de même en cas d'absence d'écrit ou de non-remise du contrat dans les deux jours suivant l'embauche.

Récapitulatif des principales sanctions et réparations prévues en cas de non-respect de la législation relative au travail précaire

	Sanctions civiles	Réparation	Nature
Absence de formalisme (L. 1242-12)	Requalification en contrat de travail à durée indéterminée = requalification sanction	Indemnité spécifique de requalification ne pouvant être inférieure à un mois de salaire	Dommages-intérêts
Dépassement du terme (L. 1242-8)	Requalification en contrat de travail à durée indéterminée = requalification automatique	Indemnité spécifique de requalification ne pouvant être inférieure à un mois de salaire	Dommages-intérêts
Non-respect de la règle du tiers temps (L. 1244-3)	Requalification en contrat de travail à durée indéterminée = requalification sanction	Indemnité spécifique de requalification ne pouvant être inférieure à un mois de salaire	Dommages-intérêts
Rupture anticipée abusive (L. 1243-4)	Réparation du préjudice subi	Indemnité pour rupture anticipée correspondant au moins aux rémunérations perçues jusqu'au terme	Dommages-intérêts Remarque : ne se cumulent pas avec les allocations d'assurance chômage

123. C. trav. art. L. 1243-11.

124. Cass. soc. 9 mars 1999, et Cass. soc. 19 janvier 1999, Liaisons sociales, jurisprudence hebdo, n° 625 du 1er avril 1999. Toutefois, si le salarié est en fonction depuis moins de six mois (par référence à l'indemnité pour absence de cause réelle et sérieuse prévue par l'article L. 1235-2 du Code), l'indemnité ne pourra être supérieure au salaire correspondant à la durée effective du travail : Cass. soc. 18 décembre 2000, Liaisons sociales, 3 janvier 2001. Voir aussi Cass. soc. 28 novembre 2000, Dr. soc. 2001, p. 194, obs. C. Roy-Loustaunau.

125. C. trav. art. L. 1248-1.

II. La spécificité du travail temporaire

A. Généralités

618. Le travail temporaire est une forme d'extériorisation du travail importé en France en 1972, différente du contrat commercial qu'est la sous-traitance. Le travail temporaire, plus connu sous le nom d'intérim, consiste pour les entreprises de travail temporaire (ETT) à sélectionner, pour le compte d'entreprises dites utilisatrices (EU), des salariés qu'elles mettent à leur disposition pour l'exécution d'une tâche précise et limitée dans le temps (contrats de mission). Ce sont donc des contrats de travail précaires car à durée limitée.

1) Les entreprises concernées

619. Qui sont les entreprises de travail temporaire ?

« Est entrepreneur de travail temporaire toute personne physique ou morale dont l'activité exclusive est de mettre à la disposition provisoire d'utilisateurs des salariés que, en fonction d'une qualification convenue, elle embauche et rémunère à cet effet. »[126]

Les entreprises de travail temporaire ne peuvent avoir pour objet que la fourniture de main-d'œuvre à but lucratif. En échange du caractère exclusif de leur objet, elles bénéficient d'un monopole. Toute opération à but lucratif ayant pour objet exclusif le prêt de main-d'œuvre est interdite sous peine de sanctions pénales dès qu'elle n'est pas effectuée par une ETT[127]. Les entreprises qui ne sont pas des ETT peuvent seulement prêter de la main-d'œuvre sans réaliser de profit[128]. C'est pourquoi toute activité d'ETT ne peut être exercée qu'après déclaration faite à l'inspection du travail et après que l'ETT a présenté une garantie financière ayant pour objet d'assurer le paiement des salaires et des indemnités des travailleurs temporaires ainsi que les cotisations de Sécurité sociale.

620. Et les entreprises utilisatrices ?

Toute entreprise peut être appelée, pour gérer ses flux de main-d'œuvre ou pour son activité commerciale, à avoir recours à des travailleurs intérimaires. Il ne peut s'agir que de missions de courte durée (dont la durée totale ne peut en principe excéder 18 mois). Ces entreprises utilisatrices sont simplement des clientes de l'entreprise de travail temporaire dans un rapport commercial.

126. C. trav. art. L. 1251-2.

127. C. trav. art. L. 1251-3.

128. Outre les cas particuliers de groupement d'employeurs, d'entreprises d'insertion et d'associations intermédiaires.

2) Les conditions communes aux contrats de travail à durée déterminée (CDD) et aux contrats de travail temporaire (CTT) (*supra* n° 598 et s.)

621. Forme et requalification

Rappelons que les conditions de forme[129] et de recours[130] des CTT sont quasiment identiques à celles des CDD (*supra*, n°s 598 et s.). Pas plus que pour le contrat de travail à durée déterminée, le contrat de mission ne peut avoir pour objet ou pour effet de pourvoir durablement un emploi lié à l'activité normale de l'entreprise utilisatrice.

Ainsi, les juges ont précisé que le contrat de travail temporaire était soumis à l'exigence d'un écrit sous peine de requalification[131], que l'employeur a l'interdiction, avant et après avoir procédé à des licenciements économiques, de recourir systématiquement à des travailleurs intérimaires[132]. Notons que la demande de requalification d'une mission d'intérim en contrat de travail à durée indéterminée est portée directement devant le bureau de jugement, tout comme pour le contrat à durée déterminée[133].

La requalification aura lieu lorsque, par exemple, l'utilisateur a recours à un salarié dans une entreprise de travail temporaire après la fin de sa mission, sans avoir soumis celui-ci à un avenant de renouvellement avant le terme initialement prévu ; le salarié peut se prévaloir auprès de l'utilisateur d'un contrat de travail à durée indéterminée prenant effet au premier jour de sa mission initiale[134]. Il en sera de même pour un salarié intérimaire engagé par une EU sans discontinuer, par 27 contrats de missions, pour effectuer toujours les mêmes tâches de manutentionnaire[135].

Cela implique que l'action en requalification est normalement dirigée à l'encontre de l'EU[136] (car il s'agit d'une requalification de la relation de travail entre l'utilisateur et l'intérimaire et non d'une requalification du contrat d'intérim). Il en va différemment dans l'hypothèse où l'ETT n'a pas respecté la loi, c'est-à-dire lorsque le contrat de travail initial n'a pas été établi par écrit avec la signature du salarié ou non remis dans les jours suivant l'embauche. Si aucun contrat de mission n'a été établi par écrit, ce manquement de l'entreprise de travail temporaire cause nécessairement au salarié intérimaire un préjudice qui doit être réparé par des dommages-intérêts[137] ; il n'y a pas de requalification dans ce cas-là, contrairement aux contrats de travail à durée déterminée. Mais il ne

---

129. C. trav. art. L. 1251-16.

130. C. trav. art. L. 1251-5 et s.

131. Cass. soc. 7 mars 2000, Liaisons sociales, jurisprudence n° 672 du 5 mai 2000.

132. Car cela implique que des postes étaient forcément disponibles et que l'employeur n'a donc pas satisfait à son obligation de reclassement ni à la priorité de réembauchage, Cass. soc. 1er mars 2000, Liaisons sociales, jurisprudence n° 672 du 5 mai 2000.

133. Cass. soc. 7 octobre 1999, Liaisons sociales, jurisprudence hebdo n° 600 du 19 octobre 1999.

134. Cass. soc. 3 octobre 2000, Dr. soc. 2001, p. 82, obs. C. Roy-Loustaunau.

135. Cass. soc. 13 décembre 2006, JCP S n° 20-21 2007, n° 1373.

136. Cass. soc. 17 septembre 2009, n° 07-40.704.

137. Cass. soc. 13 décembre 2006, JCP S n° 20-21 2007, n° 1373.

faut pas pour autant que le salarié intérimaire profite frauduleusement de cette règle. La Cour de cassation a précisé à l'intention des travailleurs qui seraient tentés de ne pas retourner leur contrat de mission signé, dans le but unique d'en obtenir par la suite la requalification, que si la volonté délibérée de fraude est établie, ils ne pourront se prévaloir ultérieurement de l'irrégularité tenant au défaut de signature[138].

622. Le cas de recours particulier de l'accroissement temporaire d'activité

Les cas de recours à l'intérim sont globalement identiques à ceux du CDD. Un contentieux abondant a été nourri par un cas de recours auquel il est possible de recourir en matière de travail temporaire : il s'agit de la notion d'accroissement temporaire de l'entreprise. Il a été décidé que le recours au contrat intérimaire ne peut être autorisé que *« pour les besoins d'une ou de plusieurs tâches résultant du seul accroissement temporaire, notamment en cas de variation cyclique de production, sans qu'il soit nécessaire ni que l'accroissement présente un caractère exceptionnel, ni que le salarié recruté soit affecté à la réalisation même de ces tâches »*[139]. Il appartient aux juges du fond d'apprécier le caractère temporaire ou non du surcroît d'activité, tâche fort complexe puisqu'il faut appréhender le moment précis où l'accroissement d'activité apparaît comme suffisamment consolidé pour considérer qu'il n'est plus temporaire[140]. Si la charge de travail inhabituelle ne peut être absorbée par le personnel en place, le recours au travail temporaire est en revanche justifié.

L'exigence de l'accroissement temporaire de l'activité exclut donc les cas de recours à l'intérim quand l'entreprise utilisatrice a une augmentation constante de sa production et que les contrats de mission s'inscrivent dans cet accroissement durable et constant de son activité ; ces derniers sont alors requalifiés en contrat de travail à durée indéterminée. Tel est le cas quand l'entreprise utilisatrice invoque la nécessité de recourir à des travailleurs intérimaires pour le lancement d'un nouveau véhicule car les juges considèrent que cette opération est normale et s'inscrit dans l'activité habituelle d'un constructeur automobile. Cette affirmation porte un coup dur à ce secteur d'activité, grand consommateur d'intérimaires sous couvert de l'accroissement temporaire d'activité et fonctionnant la plupart du temps à flux tendus. La Cour de cassation rappelle que l'accroissement temporaire n'est pas l'accroissement durable de l'activité : l'accroissement temporaire n'est ni permanent, ni exceptionnel[141], mais il peut être cyclique, ce qui constitue une notion difficile à cerner. Il peut s'agir par exemple

138. Cass. soc. 24 mars 2010, n° 08-45.552.

139. Cass. soc. 21 janvier 2004 (8 espèces) « Sovab », Bull. V., n° 27. A. Martinel, « Travail intérimaire et accroissement temporaire de l'activité de l'entreprise », RJS 2004, p. 194. Cass. soc. 23 février 2005, RJS 2005, n° 586. Cass. soc. 13 décembre 2006, 3e espèce, JCP S n° 20-21 2007, n° 1373. Cass. soc. 24 janvier 2007, JCP S n° 22 2007, 1408, note F. Bousez.

140. R. Marié, « Les conséquences des arrêts Sovab sur l'appréciation de la notion d'accroissement temporaire d'activité », JCP S n° 41, 1757.

141. L'augmentation de la production peut s'inscrire dans le cadre de l'activité habituelle de l'entreprise et il n'est pas exigé que ce surcroît d'activité soit exceptionnel.

de pics de production en raison de commandes à certains moments de l'année (on peut penser aux maisons d'édition, secteur d'activité soumis à des variations de production lors de la rentrée scolaire[142], ou encore au secteur de l'agriculture qui fonctionne avec les saisons agricoles, mais il convient alors de bien distinguer ce cas de recours du travail saisonnier).

B. Les relations entreprise de travail temporaire / entreprise utilisatrice / travailleur temporaire

623. Le travail temporaire est caractérisé par l'existence de deux contrats et de trois parties.

Travailleur temporaire (salarié) / Entreprise de travail temporaire : *contrat de travail dit contrat de mission*
Entreprise de travail temporaire / Entreprise utilisatrice : *contrat commercial de mise à disposition*
Travailleur temporaire (salarié) / Entreprise utilisatrice : *pas de lien juridique direct mais soumission du salarié au pouvoir de direction de l'entreprise utilisatrice*

1) Les relations entreprise de travail temporaire / travailleur temporaire

624. Le premier contrat est un contrat de travail, dénommé contrat de mission, passé entre l'ETT et un travailleur intérimaire qui sera son propre salarié. Le contrat de mission est toujours un contrat à durée limitée (le travailleur temporaire n'est titulaire d'un contrat de travail que pendant la durée des différentes missions ; il n'est pas salarié à durée indéterminée de l'ETT) : les mesures relatives à la validité de ce type de contrat lui sont donc applicables. Le salarié intérimaire a droit à une rémunération au moins égale à celle que percevrait un salarié similaire de l'entreprise utilisatrice ; il bénéficie en outre d'une indemnité de congés payés quelle que soit la durée de la mission et d'une indemnité de précarité égale à 10 % de la rémunération totale brute versée par l'entreprise de travail temporaire.

2) Les relations entreprise de travail temporaire / entreprise utilisatrice

625. Le second contrat est un contrat commercial de mise à disposition de personnel conclu entre l'ETT et l'entreprise utilisatrice. Ce contrat d'entreprise est soumis à des règles précises[143].

142. Cass. soc. 15 mars 2006, Juris-Data, n° 2006-032705.

143. C. trav. art. L. 1251-42. Le contrat doit être conclu par écrit et remis au plus tard dans les deux jours ouvrables suivant la mise à disposition ; il doit être établi pour chaque salarié et mentionner le motif pour lequel il est fait appel au travailleur intérimaire ainsi que le terme de la mission. L'absence d'écrit entraîne la nullité du contrat de mise à disposition, Cass. soc. 7 novembre 1995, RJS 12/95 n° 1303, Dr. soc. 1996, p. 195, obs. J. Savatier.

L'entreprise utilisatrice ne peut recourir à des travaux d'intérim que dans les cas prévus par la loi. À défaut, elle s'expose à des sanctions civiles. Si le travailleur invoque l'existence d'un contrat de travail non pas avec l'agence d'intérim mais avec l'entreprise utilisatrice, le juge prud'homal (statuant en procédure accélérée devant le bureau de jugement) pourra soit requalifier le contrat de mission en CDD, soit le requalifier en CDI. Il peut ainsi y avoir une substitution d'employeur (l'EU « devient » employeur) si l'ETT ne s'acquitte pas de ses obligations patronales et s'il apparaît que le véritable employeur est l'entreprise utilisatrice.

L'entreprise de travail temporaire a, vis-à-vis de l'entreprise utilisatrice, une obligation de moyens : sa responsabilité ne pourra être engagée qu'à condition qu'il puisse être prouvé qu'elle n'a pas effectué toutes les vérifications nécessaires avant de recruter le travailleur. Elle doit également s'assurer que l'offre répond bien à la demande : le salarié doit être apte à exécuter sa mission au mieux à condition que l'utilisateur en ait défini les termes de manière précise.

3) Les relations entreprise utilisatrice / travailleur temporaire

626. Aucun contrat ne lie l'entreprise utilisatrice et le salarié en mission. En revanche, le salarié est soumis au pouvoir de direction de l'entrepreneur : il doit obéir aux instructions qui lui sont données. Par ailleurs, l'entreprise utilisatrice doit appliquer au travailleur temporaire les règles relatives aux conditions de travail dont bénéficient ses propres salariés, notamment en matière d'hygiène et de sécurité, de durée du travail, de médecine du travail, etc. À l'issue de la mission, l'intérimaire doit quitter l'entreprise utilisatrice. Si l'utilisateur continue à faire travailler, après la fin de la mission, le travailleur temporaire sans avoir conclu un contrat de travail ou un nouveau contrat de mission (dans le respect de la règle du tiers temps), le salarié est réputé lié à l'utilisateur par un CDI.

C. Les dangers de l'extériorisation de l'emploi

627. Le travail temporaire est une exception à l'interdiction de main-d'œuvre à but lucratif. Il est en effet interdit d'avoir recours au marchandage de la personne humaine[144]. Cette interdiction est à peu près bien respectée.

En revanche, il faut être vigilant quant à l'emploi illégal de main-d'œuvre dans le cadre d'opérations de sous-traitance ou de prestations de service, encore appelées opérations triangulaires[145]. L'entreprise donneur d'ordres peut faire appel à un soi-disant travailleur indépendant pour échapper au respect de la législation sociale. Il convient alors de vérifier que le travailleur est un véritable indépendant et qu'il ne se trouve pas dans une situation de subordination juridique permanente à l'égard du donneur d'ordres.

144. C. trav. art. L. 8231-1.

145. Entrent également dans le cadre des opérations triangulaires, outre le travail temporaire, les groupements d'employeurs (art. L. 1253-1 et s.) et les associations intermédiaires (L. 1272-1 et s.).

Comment distinguer les contrats de sous-traitance licites du prêt de main-d'œuvre illicite ? La véritable sous-traitance nécessite le respect de certaines conditions : un travail ou un service précis, une facturation au franc le franc (sans réalisation d'un profit), une réalisation effectuée par le personnel du sous-traitant sous la direction et la responsabilité de ce dernier. Le délit de marchandage est constitué lorsque le sous-traitant se contente de fournir de la main-d'œuvre ; peut s'y ajouter le délit de travail clandestin si la main-d'œuvre, française ou étrangère, est en situation irrégulière. Ce délit est désormais réprimé par une loi du 11 mars 1997[146] relative au renforcement de la lutte contre le travail dissimulé.

Il peut aussi y avoir des cas de recours abusifs à l'intérim, non visibles au premier abord. Tel est le cas lorsque l'intérim sert de période d'essai prolongée, qu'il fait office de plan de sauvegarde de l'emploi permanent, que proportionnellement à la montée de l'intérim on assiste à une baisse de l'emploi permanent, ou enfin quand des événements liés à la vie normale de l'entreprise deviennent systématiquement prétexte au travail précaire.

146. *JO* du 12.3.97.

Synthèse - Les principales relations de travail dans l'entreprise

Les relations salariales	Nature	Catégorie	Type	Conditions de validité
Les contrats de travail	Contrat de droit commun Contrats atypiques	Travail précaire Travail différencié (exemples)	CDI à temps plein CDD CTT (intérim) CDI à temps partiel Contrat d'apprentissage Contrats aidés	L.1121-1 L.1242-1 L.1251-1 L.3123-1 L.6211-1

Les relations de l'entreprise avec l'extérieur : l'extériorisation (licite) de l'emploi	Exemples	Spécificité
Les contrats d'entreprise	Sous-traitance	Opération par laquelle une entreprise, dite donneur d'ordres, confie à une autre, dite sous-traitant, le soin d'exécuter pour elle une partie des actes de production et de services qu'elle doit elle-même effectuer pour un client et dont elle conserve la responsabilité. Les salariés du sous-traitant sont différents de ceux du donneur d'ordres.
	Prestations de services	Contrat de fourniture par lequel l'entreprise maître de la production finale (donneur d'ordres) décide de faire exécuter une tâche, considérée par elle comme secondaire ou trop spécialisée, par une autre entreprise (ex. : gardiennage, nettoyage des locaux, cantine d'entreprise). L'entreprise prestataire assure la direction de ses salariés.
	Mise à disposition (prêt de main-d'œuvre à but lucratif dans le cadre du travail temporaire)	Contrat liant une entreprise de travail temporaire et une entreprise utilisatrice, par lequel la première met à la disposition de la seconde, moyennant rémunération, ses salariés.
	Prêt de main-d'œuvre à but non lucratif	Ex. : détachement d'un salarié au sein d'un groupe de sociétés à condition que le prix du service reste égal aux frais de personnel de l'entreprise qui détache.

Chapitre 3

Les événements susceptibles de modifier la relation de travail

628. L'évolution de la relation de travail n'est pas exempte de tout heurt. Des événements tenant au contrat de travail peuvent se trouver modifiés et entraîner également une modification de la situation du salarié. C'est par exemple le cas lorsque le contrat de travail se trouve suspendu. De même, la relation de travail peut évoluer du fait du changement d'employeur. Elle peut enfin être bouleversée en raison de la transformation de la carrière du salarié.

Ces événements sont de trois ordres : ils tiennent à la suspension du contrat de travail (section 1), à la succession d'employeurs (section 2) et à la mobilité professionnelle des salariés (section 3).

Section 1
LA SUSPENSION DU CONTRAT DE TRAVAIL

I. Le régime de la suspension

629. La suspension du contrat de travail se caractérise par des cas légitimes et temporaires de non-travail de la part du salarié ou de non-fourniture du travail de la part de l'employeur. Ces périodes de non-travail étant valablement reconnues, elles ne doivent pas, sauf exception, entraîner la rupture de la relation de travail.

Seules les obligations principales du contrat de travail peuvent être suspendues, à savoir l'exécution du travail et le paiement du salaire. Mais alors que la non-exécution de la première obligation est souvent la cause même de la suspension, le versement de la rémunération est fréquemment maintenu même si le salarié ne travaille pas (par exemple en cas de maternité).

Les obligations secondaires comme l'obligation de discrétion du salarié, l'obligation de loyauté ou encore l'obligation de non-concurrence (sous réserve de la maladie du salarié) ne sont pas suspendues car il appartient toujours au personnel de l'entreprise et doit être comptabilisé dans ses effectifs, etc.

A. Suspension et rupture

630. Il est possible de considérer qu'il existe une forme de hiérarchie des cas de suspension en fonction de la marge de manœuvre dont l'employeur dispose pour envisager une rupture. Ainsi, la maternité, les accidents du travail ou les maladies professionnelles semblent être des obstacles infranchissables au licenciement car ce sont des cas de suspension très protégés. Mais la salariée enceinte qui commet une faute grave indépendante de son état de grossesse pourra être licenciée, tout comme le salarié victime d'un accident du travail s'il est déclaré définitivement inapte au travail. Il serait aussi possible d'ajouter à ces deux cas de suspension le droit de grève, constitutionnellement protégé (*supra*, n°s 408 et s.), mais qui permet tout de même à l'employeur de licencier le salarié gréviste en cas de faute lourde. Pour finir, s'agissant de la maladie « simple », elle ne peut en principe être le fait générateur d'un licenciement car la rupture du contrat de travail en raison de l'état de santé du salarié est discriminatoire. Mais comme nous le verrons, la maladie peut être une cause réelle et sérieuse de licenciement.

B. Suspension et droits du salarié

631. À l'issue de la suspension, le salarié doit en principe retrouver son emploi (ou un emploi équivalent) dans des conditions, notamment de rémunération, identiques.

Il n'a toutefois pas acquis, pendant cette période, de droits à congés payés puisque ce droit est la conséquence d'un travail effectif (à l'exception des suspensions pour cause d'accident du travail ou de maladie professionnelle et de maternité).

Quant à l'acquisition de l'ancienneté, cela dépend des modalités d'octroi de celle-ci, notamment s'il est tenu compte de la notion de travail effectif. Si l'acquisition de l'ancienneté dépend tout simplement du fait d'appartenir à l'entreprise (tel est le cas lorsque l'ancienneté permet au salarié d'obtenir des indemnités de licenciement plus substantielles), la suspension du contrat de travail n'a aucune conséquence sur l'acquisition d'ancienneté pendant cette période. Le salarié absent continuera durant la suspension à « engranger » des droits à ancienneté. En revanche, lorsque l'acquisition de l'ancienneté est liée à la notion de travail effectif, c'est-à-dire que concrètement le salarié doit être présent dans l'entreprise pour pouvoir en bénéficier (pour savoir par exemple si le salarié a droit à des indemnités de licenciement[1] ou à une prime d'ancienneté), la durée de la suspension est en principe déduite de la durée d'appartenance à l'entreprise. C'est l'hypothèse retenue en cas de grève ou de maladie non professionnelle par exemple, mais non cas de maternité ou d'accident du travail ou encore de

1. C. trav. art. L. 1234-9 : « *Le salarié lié par un contrat de travail à durée indéterminée et qui est licencié alors qu'il compte une année d'ancienneté* (apport de la loi du 25 juin 2008, auparavant il était requis deux années d'ancienneté) *ininterrompue au service du même employeur a droit, sauf en cas de faute grave, à une indemnité minimum de licenciement (...)* »

maladie professionnelle, car ces périodes de suspension sont alors assimilées à des périodes de travail effectif.

C. Concours de suspension

632. Si un salarié gréviste tombe malade, la jurisprudence considère que le premier cas dans le temps de suspension du contrat prévaut sur l'autre. Les événements suivants ne deviendront des causes de suspension que lorsque la première cause aura cessé d'exister.

Lorsque les causes coexistent vraiment, il peut être décidé que celle qui est la plus avantageuse pour le salarié s'applique sous réserve des tentations de fraude que cela pourrait engendrer chez certains salariés.

II. Les cas de suspension

633. Outre les cas de suspension prévus par la loi et qui imposent le maintien de la rémunération, peuvent être distingués les cas de suspension liés à la personne du salarié et ceux qui ne le sont pas.

A. Les cas de suspension liés à la personne du salarié

1) Les cas de suspension liés à la vie personnelle du salarié

a) Les événements liés à la vie familiale

634. Certains événements familiaux comme le mariage du salarié[2] ou un déménagement[3] peuvent entraîner une suspension de quelques jours du contrat de travail à condition que l'employeur l'autorise ou que la convention collective (ou l'accord d'entreprise) le prévoie (souvent avec maintien de la rémunération). Les congés pour événements familiaux, qui sont liés à la vie personnelle du salarié, sont très divers (mariage, naissance, décès, les jours d'absence varient selon les motifs). Jusqu'à présent, les autorisations d'absence étaient strictement liées à la survenance de l'événement ; tout décalage était interdit. Depuis un arrêt Michelin du 16 décembre 1998[4], les juges ont opéré un revirement de jurisprudence en décidant que le jour d'autorisation d'absence n'a pas à être nécessairement pris le jour de l'événement le justifiant, mais il doit être pris dans un délai proche. En ce qui concerne la rémunération des jours d'absence, l'employeur ne peut les imputer sur les congés payés, car il s'agit de congés exceptionnels, d'une nature juridique différente, autorisés par l'employeur sur présentation d'un justificatif. En contrepartie, la survenance d'un événement familial pendant le congé annuel ne donne pas lieu à l'octroi de jours supplémentaires : un salarié en vacances le

2. Cas de suspension légal, C. trav. art. L. 3142-1, la durée de suspension octroyée est de 4 jours.
3. Cas de suspension conventionnel.
4. Cass. soc. 16 décembre 1998, Liaisons sociales, n° 616, du 1er février 1999.

jour de la naissance de son enfant ne saurait prolonger la durée de ses congés payés ni en obtenir le paiement.

b) Autres événements liés à la vie personnelle

635. Jusqu'à il y a quelques années, les jeunes appelés sous les drapeaux bénéficiaient de la suspension de leur contrat de travail pendant les « trois jours ». Le service militaire en lui-même ne le permettait pas (sauf accord collectif plus favorable) ; seule une priorité de réintégration était prévue à l'issue de la période. Depuis la loi du 28 octobre 1997 portant réforme du service national et instaurant le service universel[5], le contrat de travail des jeunes appelés n'est plus rompu mais suspendu (cela concerne tous les départs au service national postérieurs au 10 novembre 1999). La réintégration est donc de droit au retour.

Par ailleurs, des faits relatifs à la vie personnelle du salarié ne peuvent entraîner la rupture du contrat de travail s'ils n'ont aucun lien avec l'exécution du travail[6]. C'est le cas de la mise en détention provisoire du salarié qui entraîne seulement la suspension du contrat et non sa rupture. En effet, le placement d'un salarié en détention provisoire, présumé innocent, alors que l'obstacle mis à l'exécution du contrat de travail ne lui est pas imputable, entraîne la suspension du contrat de travail. Lorsque l'incarcération ne provoque aucun trouble dans le fonctionnement de l'entreprise, ce fait de vie professionnelle ne constitue pas une cause réelle et sérieuse[7].

En dehors de ces cas qui n'apportent pas de commentaires particuliers, deux motifs de suspension du contrat de travail méritent des développements plus précis : il s'agit de la maladie et de la maternité.

c) La maladie

636. La maladie du salarié peut être d'origine professionnelle *(supra*, n°s 506 et s.*)* ou non professionnelle. Cause de suspension du contrat de travail, elle peut aussi devenir une cause de rupture de la relation de travail.

637. *Le régime de la maladie non professionnelle*

Le salarié malade bénéficie, sous réserve de paramètres variables comme l'ancienneté, du maintien de son salaire selon des modalités particulières. Assuré social, il percevra à compter du quatrième jour de sa maladie (délai de carence) des prestations versées par la caisse primaire d'assurance maladie compétente et égales à environ 50 % de son salaire (dans la limite du plafond de la Sécurité sociale) ; peut s'y ajouter un versement complémentaire de la part de l'entreprise qui peut couvrir tout ou partie du salaire restant.

---

5. Journée d'appel de préparation à la défense (JAPD), décret n° 98-180 du 17 mars 1998.
6. *Infra*, titre 5.
7. Cass. soc. 21 novembre 2000, Liaisons sociales, jurisprudence hebdo, n° 693, du 4 décembre 2000 ; Cass. soc. 16 septembre 2009, n° 08-42816. À l'inverse, lorsque l'incarcération trouble le fonctionnement de l'entreprise, Cass. soc. 10 juillet 1997, n° 94-44.663.

Pour pouvoir bénéficier du maintien de son salaire, l'intéressé a des obligations vis-à-vis de son employeur et vis-à-vis de l'organisme social.

Le salarié doit prévenir la caisse primaire d'assurance maladie dans un délai de 48 heures et lui envoyer son certificat d'arrêt de travail. Pendant la durée de l'arrêt de travail, le salarié est censé rester chez lui (sauf dans le cas de certaines maladies comme les dépressions nerveuses), excepté durant certains horaires qui lui permettent de sortir pour des besoins personnels. Le médecin conseil de l'assurance maladie est en droit de venir au domicile du salarié pour vérifier la réalité de la maladie ; en cas de doute et après une éventuelle expertise, le salarié peut se voir privé des indemnités journalières d'assurance maladie.

Le salarié doit également avertir son employeur dans un délai de 48 heures. Si la convention collective le prévoit, l'employeur suspicieux peut demander une contre-visite médicale effectuée par un médecin mandaté par lui (et non le médecin du travail comme certains le croient). Le refus de subir ce contrôle ou l'affirmation par ce médecin de l'aptitude au travail du salarié se soldent par une privation des indemnités complémentaires mais ne constituent jamais une cause réelle et sérieuse de licenciement.

Depuis la *loi du 12 juillet 1990*, il est interdit de licencier un salarié, sauf inaptitude constatée par la médecine du travail, en raison de son état de santé ou de son handicap. Mais les juges ont décidé dès 1990 que la maladie peut devenir une cause réelle et sérieuse de licenciement lorsque les absences répétées du salarié entraînent des conséquences dommageables pour l'entreprise[8]. De même, l'absence prolongée du salarié constitue une cause réelle et sérieuse de licenciement lorsqu'elle apporte un trouble suffisamment grave dans le fonctionnement de l'entreprise pour qu'il apparaisse indispensable de pourvoir au remplacement définitif du salarié[9] ; cette appréciation varie selon la nature des fonctions exercées par le salarié concerné. Si l'employeur parvient à prouver que l'absence du salarié désorganise le bon fonctionnement de l'entreprise, il pourra le licencier pour ce motif (et non en raison de l'état de santé du salarié) à condition qu'il démontre la nécessité d'un remplacement définitif, critère décisif pour la Cour de cassation.

Les conventions collectives de travail peuvent prévoir des clauses dites « de garantie d'emploi » qui fixent la durée pendant laquelle le contrat de travail se trouve suspendu par la maladie ; elles interdisent en général la rupture pendant cette période et fixent les conditions de rupture à l'issue de la période de suspension. Tout licenciement prononcé en violation des dispositions conventionnelles serait abusif. Il en va de même des clauses contractuelles de garantie d'emploi. Leur violation oblige l'employeur à indemniser le salarié du solde des salaires restant dû jusqu'au terme de la période garantie[10].

---

8. Cass. soc. 26 septembre 1990, Bull. V, n° 393.

9. Voir par exemple Cass. soc. 7 juillet 2009, n° 08-42957 ou Cass. soc. 2 décembre 2009, n° 08-43486 ou encore Cass. soc. 20 janvier 2010, n° 08-41697.

10. Cass. soc. 27 octobre 1998, Liaisons sociales, jurisprudence hebdo, n° 603, du 9 novembre 1998.

638. *Les obligations du salarié pendant la maladie : « se soigner en toute loyauté » !*

Durant la maladie, les obligations principales du contrat de travail sont suspendues : le salarié ne travaille pas et l'employeur ne lui verse pas un salaire mais des indemnités en complément de celles versées par la Sécurité sociale. Obligation de non-concurrence et obligation de loyauté sont donc maintenues en tant qu'accessoires du contrat. Mais cela pose des problèmes car il est difficile de définir le domaine de la loyauté vis-à-vis de l'exécution du travail. Dans quelle mesure le salarié malade peut-il s'abstenir de tout contact avec l'entreprise alors que ses conseils et connaissances sont indispensables dans l'intérêt de l'entreprise ?

La Cour de cassation a adopté une position protectrice des intérêts du salarié malade : si l'obligation de loyauté est maintenue pendant le congé, le salarié peut tout de même refuser de collaborer avec son employeur[11]. Toutefois, l'obligation de loyauté étant tout de même maintenue, la maladie ne dispense pas le salarié de restituer à l'employeur qui en fait la demande les éléments matériels qui sont détenus par lui et qui sont nécessaires à la poursuite de l'activité de l'entreprise[12].

N'est pas déloyal le salarié qui, en arrêt maladie, a été vu sur un stand de brocante aux puces, le dimanche matin, car il n'est pas soutenu qu'il avait commis un acte de déloyauté[13]. Tel n'est pas non plus le cas de celui-ci qui envoie à son employeur une carte postale de l'étranger[14], de celui qui a été vu faisant du ski ou encore de celle qui a dissimulé à son employeur un voyage effectué pendant la suspension[15].

En résumé, la maladie suspendant l'obligation pour le salarié de fournir sa prestation de travail (obligation principale), ce dernier ne saurait être tenu durant cette période de poursuivre une collaboration avec l'employeur. En revanche, il reste tenu par une obligation de loyauté qui s'oppose au refus, de la part du salarié, de remettre des documents à l'employeur. Seule la déloyauté manifeste est sanctionnée, comme le fait d'exercer une activité lucrative pendant la suspension, ou de refuser de remettre à l'entreprise des informations indispensables à son bon fonctionnement.

11. Cass. soc. 15 juin 1999, Caisse de congés payés du bâtiment du Haut-Rhin c/ Turpin LS, jurisprudence hebdo, n° 638 du 28 juin 1999.

12. Cass. soc. 6 février 2001, Liaisons sociales, jurisprudence hebdo n° 706 du 26 février 2001. Il s'agissait en l'espèce du refus réitéré d'une VRP malade de restituer les fichiers clients ; le licenciement repose bien sur une cause réelle et sérieuse.

13. Cass. soc. 21 mars 2000, Dr. soc. 2000, p. 648, obs. A. Mazeaud. Le premier arrêt intéressant sur la loyauté est un arrêt du 16 juin 1998, Genovese, où un salarié avait été licencié pour avoir envoyé une carte postale de son lieu de vacances à son employeur alors qu'il était en arrêt maladie (RJS 7/1998, n° 844) ; les juges avaient refusé de conclure à une cause réelle et sérieuse de licenciement car le salarié ne fraudait en réalité que la législation sur l'assurance maladie.

14. Arrêt Genovèse, *ibidem*.

15. Cass. soc. 2 décembre 2009, n° 08-44402.

d) L'inaptitude, conséquence de la maladie

639. Suite à une maladie de quelque nature qu'elle soit, le médecin du travail qui doit, au retour du salarié, procéder à une visite médicale de reprise, peut constater son inaptitude à son poste de travail. Le médecin du travail doit pour cela faire une étude du poste et des conditions de travail dans l'entreprise. Surtout, il doit réaliser deux examens médicaux espacés de deux semaines. À l'issue, il peut faire part à l'employeur de la nécessité de reclasser le salarié sur un autre emploi approprié à ses capacités ; le silence du médecin ne dispense pas l'employeur de son obligation de reclassement. En cas de désaccord sur le reclassement et sur les conclusions du médecin du travail, l'employeur ou le salarié peuvent saisir l'inspecteur du travail[16], d'où la possibilité par la suite d'un contentieux administratif si l'inspecteur a annulé l'avis qui lui était soumis. Cette exigence de maintien de l'emploi qui pèse sur l'employeur est désormais rattachée à son obligation de sécurité de résultat[17].

Si la maladie a une origine professionnelle ou provient d'un accident du travail[18], le salarié bénéficie d'un régime plus protecteur car son contrat de travail est suspendu pendant la durée de l'arrêt de travail, ainsi que pendant le délai d'attente et la durée du stage de rééducation ou de formation professionnelle que doit suivre l'intéressé. La prise en charge du salarié pendant cette période est faite en totalité. La suspension du contrat prend fin lors de la visite de reprise du travail ; s'il est déclaré apte, il retrouve son emploi. S'il est déclaré inapte, l'employeur doit lui proposer un autre emploi compatible avec ses capacités. L'employeur ne pourra rompre le contrat que s'il justifie de son impossibilité de le reclasser, ou du refus par le salarié de l'emploi proposé. Dans ce cas, le salarié percevra une indemnité spéciale de licenciement qui est égale au double de l'indemnité légale[19].

e) La maternité

640. La maternité est une cause de suspension du contrat de travail qui constitue un obstacle infranchissable à tout licenciement décidé pour ce motif[20]. Ce qui implique que le licenciement d'une salariée en état de grossesse est possible pour un autre motif comme la commission par l'intéressée d'une faute grave ou tout autre motif non lié à l'état de grossesse. L'irrégularité du licenciement est sanctionnée par la nullité de celui-ci ; la salariée peut accepter ou refuser la réintégration dans son poste. Elle peut en outre demander des dommages-intérêts à son employeur[21].

16. C. trav. art. L. 4624-1.
17. Cass. soc. 23 septembre 2009, n° 08-41.685.
18. C. trav. art. L. 1226-7.
19. C. trav. art. L. 1226-14.
20. C. trav. art. L. 1225-4, la maternité est une immunité face au licenciement.
21. Sur la maternité et le principe de non-discrimination, Cass. soc. 16 juillet 1998, Liaisons sociales, jurisprudence n° 601 du 27 octobre 1998 ; CJCE 16 septembre 1999, aff. 100/90, M. Abdoulaye c/ Régie nationale des usines Renault SA.

En dehors de la protection prévue contre le licenciement, la salariée en état de grossesse bénéficie de possibilités d'aménagement de son temps de travail ou de l'exécution même de son travail[22] jusqu'à la date prévue pour son départ en congé de maternité. Si elle effectue normalement un travail de nuit, elle peut être affectée à un poste de jour[23]. Il en va de même si elle occupe un poste affecté à des risques particuliers. La salariée bénéficie d'autres mesures protectrices comme des autorisations d'absence pour se rendre à des examens médicaux obligatoires.

Le congé de maternité[24] constitue la période de suspension du contrat de travail ; sa durée légale est de 16 semaines (sauf en cas de grossesse multiple ou de l'arrivée d'un troisième enfant où le congé est augmenté[25]) : 6 semaines avant la date présumée de l'accouchement et 10 semaines après[26]. En cas d'état pathologique constaté par avis médical, le congé parental est augmenté dans la limite de deux semaines avant l'accouchement et de quatre semaines après la date de celui-ci. La salariée peut décider de ne pas prendre la totalité de son congé mais elle est obligée de s'arrêter au minimum 8 semaines dont 6 après son accouchement. Quant à l'employeur, il a la formelle interdiction de faire travailler la salariée pendant une période de 8 semaines entourant l'accouchement. Le congé de maternité est assimilé à une période de travail effectif pour la détermination de la durée des congés payés et pour l'ancienneté.

Pendant le congé de maternité, la salariée perçoit des indemnités journalières sensiblement égales à son salaire habituel dans la limite du plafond de la Sécurité sociale. À l'issue du congé, elle doit retrouver son emploi ou un emploi similaire assorti d'une rémunération au moins équivalente.

Depuis quelques années, les pères ont droit à un congé de paternité[27]. Sa durée est de 11 jours consécutifs ou de 18 jours consécutifs en cas de naissances multiples. Ce congé entraîne la suspension du contrat de travail.

Pendant la période qui suit le congé de maternité ou le congé d'adoption, les salariés qui bénéficient d'un an d'ancienneté à la date de naissance de l'enfant ont droit soit au bénéfice d'un congé parental d'éducation qui entraîne la suspension du contrat de travail, soit à la réduction de la durée de leur travail[28].

2) Les cas de suspension liés à la vie collective du salarié

641. Le salarié gréviste voit son contrat de travail et sa rémunération suspendus en raison du non-exercice de ses obligations contractuelles.

En dehors de la grève, le salarié titulaire d'un mandat bénéficie également de périodes de suspension de son contrat de travail pendant le temps nécessaire à sa formation et durant ses heures de délégation.

22. C. trav. art. L.1225-7.
23. C. trav. art. L. 1225-9.
24. Des dispositions quasi similaires concernent le congé d'adoption, C. trav. art. L. 1225-37 et s.
25. C. trav. art. L. 1225-18.
26. C. trav. art. L. 1225-17.
27. C. trav. art. L. 1225-35.
28. C. trav. art. L. 1225-47.

3) Les cas de suspension liés à la vie professionnelle du salarié

642. Sous réserve de certaines conditions, notamment d'ancienneté, le salarié peut prendre des congés qui constitueront autant de motifs de suspension de son contrat : congé individuel de formation, congé pour création d'entreprise, congé parental d'éducation, congé sabbatique, etc. Seul le congé individuel de formation est rémunéré sous forme de remboursement à l'employeur par l'organisme concerné des sommes engagées.

Par ailleurs, le salarié peut combiner son activité professionnelle avec des activités publiques comme celle de conseiller prud'homal (avec maintien de la rémunération) ou encore se présenter à diverses élections (Assemblée nationale, Sénat), etc.

B. Les cas de suspension à l'initiative de l'employeur

643. Ces cas de suspension sont divers et relèvent tous du pouvoir de direction de l'employeur.

Il peut s'agir de sanctions disciplinaires : mise à pied disciplinaire sans maintien de la rémunération (*supra*, n° 464), une dispense de travail pendant le préavis.

De même, l'entreprise qui connaît des difficultés économiques passagères (par suite d'intempéries, d'incendie ou de chute des commandes) peut décider de mettre ses salariés en chômage partiel. Sont en état de chômage partiel les salariés qui subissent une perte de salaire du fait soit de la fermeture temporaire de tout ou partie de l'établissement qui les emploie, soit de la réduction de l'horaire de travail habituellement pratiqué dans l'établissement en deçà de la durée légale du travail. Si les salariés acceptent cette situation, ils peuvent connaître une suspension de leur activité (fermeture temporaire) ou une modification temporaire de leurs conditions de travail (réduction temporaire de l'horaire).

Enfin, l'employeur peut prendre l'initiative de fermer pour quelques jours ou quelques heures son entreprise, lorsque la grève organisée par ses salariés désorganise gravement la production. Cette technique dite du *lock-out* lui permet d'invoquer l'obligation pour lui de mettre en chômage technique (licite) les non-grévistes qui ne peuvent assurer la production ; les syndicats dénoncent alors ce *lock-out* (illicite). Le but de l'employeur est de forcer les non-grévistes (les seuls vraiment touchés par le *lock-out* car les grévistes ne perçoivent aucun salaire) à faire pression sur les grévistes. Cette technique employée dans certains pays européens peut apparaître comme une violation des obligations contractuelles de l'employeur vis-à-vis des non-grévistes. Pour d'autres c'est le seul moyen dont dispose l'employeur, « propriétaire des lieux », pour réagir efficacement face à la grève.

Section 2
LA SUCCESSION D'EMPLOYEURS ET LES TRANSFERTS D'ENTREPRISES

644. L'article L. 1224-1 du Code du travail énonce : *« S'il survient une modification dans la situation juridique de l'employeur, notamment par succession, vente, fusion, transformation de fonds, mise en société, tous les contrats de travail en cours au jour de la modification subsistent entre le nouvel employeur et le personnel de l'entreprise »* C'est l'article du Code du travail le plus commenté depuis sa création par la *loi du 19 juillet 1928*.

Le principe est le suivant : le changement d'employeur, pour quelque motif que ce soit (en raison de l'adverbe « notamment »), ne doit pas avoir pour conséquence directe la perte des emplois des salariés concernés par le transfert. Les droits des salariés doivent ainsi être maintenus bien que de nombreux repreneurs s'opposent à cette obligation qui met souvent en péril des décisions de sauvetage d'entreprises.

L'article L. 1224-1 permet de pallier l'effet relatif des contrats[29] : il permet d'assurer le maintien forcé des contrats en cours en cas de transfert d'entreprises et d'obliger le nouvel employeur, pourtant non lié aux salariés, à les reprendre.

I. Les conséquences de l'application de l'article L. 1224-1 sur les droits des salariés

A. Maintien des droits individuels et conséquences

645. Tous les salariés de l'entreprise sont concernés par le maintien des contrats de travail en cours, y compris les salariés sous CDD. Sont considérés comme ayant un contrat de travail en cours au jour de la modification les salariés en période d'essai aussi bien qu'en préavis ou encore ceux dont le contrat de travail est suspendu.

1) Les conditions du maintien

646. L'obligation de maintien des contrats s'impose tant à l'employeur (le cédant) qu'aux salariés. Le salarié ne peut s'opposer au transfert, car l'application de l'article L. 1224-1 est obligatoire. Sauf en cas de modification d'un élément essentiel de son contrat, le salarié qui refuse d'en poursuivre l'exécution auprès du nouvel employeur est considéré comme démissionnaire ou, s'il refuse de

29. Art. 1165 du Code civil : *« Les conventions n'ont d'effet qu'entre les parties contractantes ; elles ne nuisent point au tiers, et elles ne lui profitent que dans le cas prévu par l'article 1121 »*

travailler pour le compte de son nouvel employeur, ce refus produit les effets d'une démission[30].

L'article L. 1224-1 s'applique même en cas de transfert partiel d'activité. Un salarié d'une société qui travaille pour partie dans un secteur d'activité et pour partie dans un autre secteur continue de travailler de la même façon, même si l'un des secteurs est cédé. La chambre sociale admet que le salarié doit rester au service de son premier employeur pour la partie du travail effectuée dans l'établissement conservé et passer au service du nouvel employeur pour la partie du travail effectuée pour l'activité poursuivie par le cessionnaire[31]. Le contrat de travail est donc pour partie transféré.

Le contrat de travail continue de s'exécuter dans les mêmes conditions : le salarié conserve sa qualification, sa rémunération, son ancienneté. Il peut également se prévaloir des avantages individuels résultant des clauses particulières de son contrat de travail plus favorables que celles de la convention collective qui lui sera désormais applicable.

Le nouvel employeur (le cessionnaire) est tenu, sauf cas de redressement judiciaire, des obligations qui incombaient à l'ancien employeur à la date de la modification[32] (salaires et autres dettes nés à la date du transfert mais demeurés impayés). Si le nouvel employeur s'acquitte du paiement des dettes, il est subrogé dans les droits du salarié envers l'ancien employeur.

2) Les conditions du licenciement

647. Le transfert n'empêche pas tout licenciement. Hormis l'hypothèse de la fraude, les licenciements intervenant du fait de l'ancien employeur avant le transfert sont possibles. Sont légitimes les licenciements fondés sur une cause réelle et sérieuse inhérente à la personne du salarié. Le nouvel employeur dispose de droits identiques : les licenciements postérieurs au transfert sont en principe légitimes.

En cas de licenciement pour motif économique, il faut distinguer si celui-ci est préalable ou postérieur au transfert. Si le licenciement économique est préalable au transfert, il faut encore faire une sous-distinction selon que l'entreprise fait ou non l'objet d'une procédure collective. En cas de procédure collective, le principe général est que les licenciements opérés pendant la phase d'observation ou en application du plan de cession en cas de redressement judiciaire sont autorisés malgré le transfert. En dehors de toute procédure collective, en revanche, la cession de tout ou partie de l'entreprise ne peut être conditionnée par le licenciement économique préalable de certains salariés, les juges voulant garantir le maintien de la relation de travail avant tout. Si le licenciement est effectué par le cédant, il est inopposable tant envers l'ancien employeur qu'envers le nouveau qui doit reprendre le salarié dont le contrat de

30. Cass. soc. 10 octobre 2006, Dr. soc. 2006, 1191, obs. A. Mazeaud.
31. Cass. soc. 2 mai 2001, Dalloz Actualités du 31 mai 2001.
32. C. trav. art. L. 1224-2.

travail est maintenu. Dans l'hypothèse où, après le transfert, le nouvel employeur ne reprend pas le salarié indûment licencié au préalable, le salarié ne peut s'adresser à son ancien employeur pour lui réclamer des indemnités de rupture car le licenciement était sans effet[33] ; il doit s'adresser au repreneur pour lui demander la poursuite de son contrat de travail. Si toutefois le maintien de la relation de travail un peu « forcée » ne l'intéresse pas, il peut demander à son employeur initial la réparation du préjudice résultant du licenciement illégal[34], à moins que le nouvel employeur ne l'informe durant la période de préavis de sa volonté de poursuivre le contrat, auquel cas le salarié n'a plus le choix[35]. Lorsque le licenciement est postérieur au transfert, en raison des besoins d'une réorganisation entraînant des modifications ou suppressions de contrats, les licenciements sont alors légitimes s'ils répondent aux exigences légales et jurisprudentielles des licenciements économiques. Il faut surtout que la réorganisation soit nécessaire à la sauvegarde de la compétitivité de l'entreprise (*infra*, titre 5, chapitre 2).

B. Maintien des droits collectifs

648. Les droits collectifs des salariés perdurent dans la limite de leur compatibilité avec ceux existant chez le nouvel employeur. En règle générale, l'essentiel des conventions collectives de branche relatives aux prestations de services ont prévu le transfert des contrats de travail d'une partie du personnel en cas de perte de marché.

1) Sort du statut collectif

649. Différents cas sont à envisager.

– Seul l'ancien employeur est couvert par une convention collective : jusqu'à l'entrée en vigueur d'une convention collective remplaçant l'ancienne ou à défaut pendant un an, l'ancienne convention collective continue de régir les droits des salariés transférés[36]. Au terme de ce délai, seuls les avantages individuellement acquis s'appliquent (rémunération, primes, congés, etc.[37]). La règle est identique pour les usages.

– L'entreprise d'accueil relève déjà d'une convention collective : il y a concours de conventions ; tout en admettant l'application immédiate de la convention collective applicable dans l'entreprise d'accueil, la jurisprudence permet aux salariés transférés de continuer pendant le délai de survie d'un an à se prévaloir de l'ancienne convention collective. Il est alors procédé à une comparaison avantage par avantage, selon les règles applicables en matière de concours de conventions collectives.

33. Cass. soc. 20 janvier 1998, Guermonprey, Dr. soc. 1998, 297, obs. R. Vatinet.

34. Cass. soc. 20 mars 2002, Maldonado, Dr. soc. 2002, 519, note A. Mazeaud.

35. Cass. soc. 11 mars 2003, A. Mazeaud, « Licenciements économiques à l'occasion du transfert d'entreprise [...] », Dr. soc. 2003, 482.

36. C. trav. art. L. 2261-9.

37. Sont exclus du maintien les avantages qui ont une nature collective comme la durée du travail ou les indemnités conventionnelles de licenciement.

– Seule l'entreprise d'accueil est couverte par des dispositions conventionnelles, elles s'appliquent immédiatement aux salariés transférés.

2) Sort des représentants du personnel

650. En application de l'article L. 1224-1 du Code du travail, les salariés protégés doivent en principe se soumettre au transfert lorsque la cession est totale, c'est-à-dire quand l'entreprise passe entièrement sous le contrôle du cessionnaire. En revanche, lorsque le transfert d'activité n'est que partiel (cas d'une reprise par une entreprise d'une partie d'un établissement ou d'une autre entreprise), le transfert des salariés est vraiment protégé : la demande d'autorisation de transfert doit être soumise à l'inspecteur du travail afin que celui-ci puisse observer si la mesure envisagée est ou non discriminatoire. En résumé, s'il y a transfert d'une entité économique autonome conservant son identité et dont l'activité se poursuit, le mandat des représentants transférés subsiste même si l'entité n'a pas conservé son autonomie juridique. Sont concernés les membres élus du comité d'entreprise et représentants syndicaux au comité d'entreprise, les délégués du personnel et les délégués syndicaux. Si l'entreprise devient un établissement distinct de l'entreprise d'accueil, le mandat des délégués du personnel et des membres du comité d'entreprise se poursuit jusqu'à son terme.

Par un arrêt du 3 mars 2010, la Cour de cassation a consacré le droit des salariés protégés à refuser le transfert de leur contrat de travail, lorsque ce transfert s'effectue, non pas en application des dispositions de l'article L. 1224-1 du Code du travail, mais en application de dispositions conventionnelles suite à une perte de marché. La Haute juridiction précise que l'existence de l'accord exprès du salarié protégé échappe au contrôle de l'inspecteur du travail, au profit du juge judiciaire. En l'espèce, un délégué du personnel exerçait les fonctions de chauffeur dans le cadre de l'exécution d'un marché de collecte des ordures ménagères liant la société qui l'employait à un syndicat intercommunal. Ce marché ayant été attribué en 2003 en application d'une convention collective à une autre société (perte de marché), l'employeur a obtenu de l'inspecteur du travail l'autorisation de transférer le contrat de travail du salarié à ce nouveau prestataire. Mais le délégué du personnel a refusé de changer d'employeur et engagé une action en résiliation judiciaire de son contrat de travail aux torts de la première société, lui reprochant de ne plus lui avoir donné de travail. La perte de marché n'entraîne pas nécessairement un transfert automatique des contrats par application de l'article L. 1224-1 du Code du travail si la reprise de ce marché ne s'accompagne pas de celle d'un ensemble d'éléments matériels ou immatériels constituant une entité économique autonome[38]. Mais beaucoup de conventions collectives de branche pouvant connaître des cas de successions de prestataires de service (restauration, nettoyage) ont organisé le transfert total ou partiel des salariés hors champ d'application de l'article L. 1224-1. La Cour de cassation

38. Ass. plén., 15 novembre 1985, n° 82-40.301, Nova et Nettoitout, Dr. soc.1986, 1, ccl. G. Picca, note G. Couturier. Cass. soc. 10 juillet 2002, n° 00-42.566.

a déjà décidé que, dans cette hypothèse de transfert conventionnel, les salariés ordinaires ont le droit de refuser le transfert[39]. La solution est désormais applicable aux salariés protégés transférés qui disposent du même droit au refus. Leur transfert, précisent les juges, nécessite l'accord exprès des salariés concernés. La Cour de cassation ajoute que la nécessité d'un accord exprès du salarié échappe au contrôle de l'inspecteur du travail. S'il est saisi par le salarié, le juge judiciaire est donc compétent pour vérifier que l'intéressé a bien consenti au changement d'employeur. Ainsi, le fait que l'inspecteur du travail ait autorisé le transfert conventionnel n'empêche pas le salarié de s'y opposer en faisant valoir son droit au refus devant la juridiction prud'homale[40].

II. Les conditions d'application de l'article L. 1224-1

651. La difficulté majeure consiste à déterminer quels sont les types de situations juridiques qui couvrent un transfert d'entreprise et qui sont concernés par l'article L. 1224-1. La jurisprudence exige qu'il y ait transfert et continuité de l'activité, mais elle n'exige plus qu'un lien de droit unisse les employeurs successifs.

A. Une condition négative : la non-exigence d'un lien de droit entre les employeurs successifs

1) L'évolution de l'analyse de l'article L. 1224-1

652. Le but de l'article L. 1224-1 du Code du travail étant le maintien des contrats de travail, il était nécessaire de faire entrer dans son champ d'application le plus grand nombre de situations juridiques. La question se posait notamment de savoir s'il fallait qu'il existe un contrat, un lien de droit, entre le cédant et le repreneur. Cela aurait été pertinent mais un peu réducteur et aurait exclu beaucoup de situations juridiques de l'application de l'article.

Dans un premier temps, il fut donc décidé, dans un arrêt Goupy, qu'il n'était pas nécessaire qu'un lien de droit existe entre les employeurs successifs pour que le texte s'applique[41]. Les contrats de travail doivent être maintenus dès lors que l'activité subsiste, peu important qu'un contrat existe entre les employeurs successifs car c'est l'activité qui compte. En effet, si le problème

39. Cass. soc. 9 novembre 2005, n° 03-45.483 : transfert organisé en application de la convention collective nationale des entreprises de prévention et de sécurité ; Cass. soc. 8 mars 2005, n° 02-45.114 : transfert organisé en application de la convention collective nationale des activités du déchet.

40. Cass. soc., 3 mars 2010, n° 08-41.600.

41. Civ. 27 février 1934 Goupy, DH 1934, 252, Gaz. Pal. 1934, 2, 40, dans le cadre d'un contrat de concession du service public d'éclairage électrique de la ville de Sétif.

ne se pose pas en cas de vente ou de fusion (où il existe des contrats entre les parties intéressées et donc des liens juridiques), tel n'est pas le cas dans l'hypothèse d'une succession de prestataires de services sur un même marché ou encore d'une succession de concessionnaires. Par exemple[42], une université fait nettoyer ses locaux par une entreprise A ; elle décide par la suite de rompre le contrat de prestation de services qui l'unit à A et de le confier à B. Les salariés de A peuvent-ils bénéficier de l'article L.1124-1 et être repris par B alors qu'il n'existe aucun lien de droit entre A et B ?

En période économiquement faste, les repreneurs acceptent de conserver les salariés transférés ; ce fut le cas entre 1934, date de l'arrêt Goupy, et la fin des années 1970. Par la suite et compte tenu de la crise, il fut question d'exclure les successions de prestataires de services du bénéfice de L.1224-1 car cela entraînait un surcoût notable pour les repreneurs. Les juges ont posé deux restrictions au champ d'application de l'article L. 1224-1 : ils ont restreint la notion d'entreprise en privilégiant l'aspect organisationnel de cette dernière sur son activité. Puis ils ont exigé qu'il existe un lien de droit entre les employeurs successifs (concrètement, un contrat de vente ou de location, par exemple) pour que les contrats de travail soient maintenus.

2) Interprétation stricte de la notion d'entreprise pour l'application de l'article L. 1224-1 : la perte de marché

653. Dans un premier temps, l'Assemblée plénière de la Cour de cassation déclara dans un arrêt Nova Service que : *« la seule perte d'un marché ne constitue pas une modification dans la situation juridique de l'employeur »*[43]. Cette règle est toujours maintenue. La seule existence d'une activité transférée, en l'occurrence de nettoyage, n'est pas suffisante pour conclure à l'existence d'une entreprise ayant subi une modification juridique. C'est parce que le marché de l'entreprise Nova Service ne constituait pas lui-même une organisation, c'est-à-dire une entreprise, faute d'autonomie d'action et de structure propre, que sa perte ne pouvait constituer pour la société Nova une modification de sa situation juridique ; et sans modification de la situation juridique, pas d'application de L. 1224-1. Par cette interprétation, la Cour de cassation privilégie le concept d'« entreprise-organisation » au détriment du concept d'« entreprise-activité ». En conclusion, lorsqu'une entreprise perd un marché (de nettoyage, de restauration, etc.) et qu'elle transfère la seule activité de ce marché, il n'y a pas de transfert d'entreprise au sens de la loi.

---

42. Et sous réserve de l'application d'une disposition conventionnelle dans le secteur du nettoyage.
43. Ass. pl. 15 novembre 1985 (précité), Dr. soc. 1986, p. 1, conclusion Picca, note Couturier, D. 1986, p. 1.

3) Exigence d'un lien de droit entre employeurs successifs ? Évolution de la jurisprudence

654. Puis, la chambre sociale de la Cour de cassation affirma péremptoirement que l'existence d'un lien de droit entre les employeurs successifs (contrairement à ce qui avait été jugé dans l'arrêt Goupy) était indispensable pour l'application de l'article L. 1224-1[44]. En conséquence, étaient exclus du bénéfice de l'article les successions de prestataires de services sur un marché et les titulaires successifs de concession de services, puisqu'il n'existe aucun lien juridique (aucun contrat) entre les entreprises qui se succèdent dans ces hypothèses. En réaction, les partenaires sociaux négocièrent dans plusieurs branches d'activité des accords collectifs garantissant aux employés de certains marchés de services, sous réserve de conditions d'ancienneté, le maintien de leur emploi en dépit du changement de titulaires desdits marchés.

Une directive CEE du 14 février 1977 avait entre-temps été adoptée pour préciser, sur le plan communautaire, les conditions des transferts d'entreprises ; elle ne précisait toutefois pas si l'exigence d'un lien de droit était nécessaire entre employeurs successifs. La directive a été modifiée en 1998 (et recodifiée le 12 mars 2001) afin de tenir notamment compte de la jurisprudence de Luxembourg concernant la notion de transfert[45].

Conduite à interpréter cette directive, la Cour de justice des Communautés européennes décida d'entendre largement la notion de transfert d'entreprise :

– le transfert peut trouver son origine dans une résiliation résultant « d'un accord entre les parties contractantes ou d'une déclaration unilatérale de l'une de ces parties ou encore d'une décision judiciaire »[46] ;

– plus généralement, la directive est applicable à toute situation dans laquelle intervient, au sein de relations contractuelles, un changement de la personne physique ou morale responsable de l'exploitation de l'entreprise qui assure les obligations d'employeurs à l'égard des travailleurs de l'entreprise[47] ;

– enfin, la CJCE énonça que la directive est applicable même en l'absence d'un lien de droit entre les employeurs successifs[48].

Les juridictions nationales étant tenues de se plier à la primauté du droit communautaire et aux interprétations de la CJCE, la jurisprudence française connut un revirement par un arrêt d'Assemblée plénière du 16 mars 1990 par lequel la cour suprême reconnut qu'un lien de droit n'était pas indispensable à l'application de l'article L.1224-1[49].

---

44. Cass. soc. 12 juin 1986, Desquenne et Giral, Dr. soc. 1986, p. 605, conclusion Picca, D. 1986, p. 461.

45. Dir. 98/50/CE du 29 juin 1998, JOCE L. 201 du 17 juillet 1998, p. 88 ; sur la notion de transfert, S. Darmaisin, « Le concept d'entreprise », Dr. soc. 1999, p. 343.

46. CJCE 5 mai 1988, Berg, aff. 144 et 145/87.

47. CJCE 15 juin 1988, Bork, aff. 101/87.

48. CJCE 10 février 1988, « Daddy's Dance Hall », Dr. soc. 1988, p. 445, conclusion Darmon, note G. Couturier.

49. Ass. pl. 16 mars 1990 (3 arrêts), Sté Onet, Camping du Bois de Boulogne, Dr. soc. 1990, p. 339, ccl. Dontenville, notes G. Couturier et X. Prétot.

B. Une condition positive : l'exigence de continuité de l'activité ou encore du transfert d'une entité économique autonome ayant conservé son identité

655. Pour que l'activité transférée soit réellement continuée, est-il nécessaire qu'il y ait une permanence matérielle de l'exploitation (incluant le transfert d'éléments corporels et incorporels, comprenant une similitude des activités exercées, etc.), ou bien suffit-il que l'activité seule soit transférée ?

Il faut en fait rechercher si l'entité transférée conserve ou non son identité et permet toujours de maintenir les emplois. Si des changements importants ont lieu et modifient totalement l'activité et ses conditions d'exploitation, il est à prévoir que les emplois ne sauraient être maintenus car les salariés transférés ne pourraient pas effectuer leur travail.

Les juges français exigent le transfert d'une entité économique autonome incluant le transfert d'éléments actifs (meubles, clientèles, terrains, etc.) pour valider l'application de l'article L. 1224-1 ; ils décident même que cet article est applicable lorsqu'une perte de marché est due à la succession de prestataires de services à condition que des éléments corporels ou incorporels aient été effectivement transférés[50]. Les activités de services qui donnent lieu à un seul marché peuvent donc constituer une entité économique autonome ; mais la seule perte du marché n'entraîne pas à elle seule l'application de l'article L. 1224-1.

Auparavant, une divergence d'interprétation opposait sur ce point les juges français et le juge communautaire. Ce dernier avait en effet décidé que l'unique poste de travail d'une employée de nettoyage d'une caisse d'épargne allemande constituait à lui seul une entité économique autonome et pouvait donc être transféré alors qu'il n'était accompagné d'aucun transfert d'éléments d'actifs et ne représentait qu'une activité accessoire[51]. L'activité d'une femme de ménage était ainsi assimilable à une entreprise au sens de la directive de 1977 et il semblait que les juges de Luxembourg revenaient sur le concept d'« entreprise-activité » au détriment de celui d'« entreprise-organisation ».

Cet arrêt a été vivement critiqué en doctrine. La Cour de justice est revenue sur sa position. Par un arrêt du 11 mars 1997[52], elle a déclaré que l'entité économique autonome est *« un ensemble organisé de personnes et d'éléments permettant l'exercice d'une activité économique qui poursuit un objectif propre »*.

Cette définition oblige les juges à une appréciation *in concreto* de chaque espèce : dès lors qu'ils observent que les éléments fondamentaux de l'activité

---

50. Cass. soc. 6 novembre 1991, Sonevie, Dr. soc. 1992, 186, rapp. Ph. Waquet. Les juges affirment toujours désormais que *« constitue une entité économique autonome un ensemble organisé de personnes et d'éléments corporels ou incorporels permettant l'exercice d'une activité économique qui poursuit un objectif propre »*. Cela s'oppose à une situation où seules des activités techniques distinctes sont transférées, en l'absence de tout transfert d'ensembles organisés de personnes et d'éléments corporels et incorporels : Cass. soc. 21 novembre 2000, Liaisons sociales, jurisprudence n° 702 du 30 janvier 2001.
51. CJCE 14 avril 1994, Schmidt, D.1994, 533, note B. Chauvet.
52. CJCE 11 mars 1997, Ayse Süzen, Dr. soc. 1997, 728.

économique sont transférés, il est logique que les contrats de travail soient aussi transférés. Si, en revanche, les éléments matériels indispensables au maintien de l'activité ne sont pas transférés, il est également logique que les contrats de travail ne le soient pas car il ne s'agira plus de l'exercice d'une activité identique.

La modification de la directive de 1977 par la directive du 28 juin 1998 recodifiée tient compte de cette évolution. La directive est applicable à tout transfert d'entreprise considéré comme celui *« d'une entité économique maintenant son identité, entendue comme un ensemble organisé de moyens, en vue de la poursuite d'une activité économique, que celle-ci soit essentielle ou accessoire »* (article 1er).

En résumé, dans chaque cas de figure, il faut rechercher le maintien de cette entité économique autonome qui peut comprendre des éléments d'exploitation, des terrains, de la clientèle, qui peut concerner la concession successive de marques de véhicule[53], le transfert d'un service de restauration d'une école ou d'une maison de retraite, etc.

C. Une condition supplémentaire ?

656. Par un *arrêt du 19 septembre 1995*, la CJCE a décidé que la reprise d'un chantier, en vue de le terminer, par un autre entrepreneur ne constitue pas un transfert d'entreprise au sens de la directive[54]. Il faut en effet que le transfert porte sur une entité économique organisée de manière stable et dont l'activité ne se borne pas à l'exécution d'un ouvrage déterminé. Ainsi, non seulement l'entité transférée doit conserver son identité mais elle doit être stable, ce qui pose un nouveau problème : à partir de quand une activité est-elle durable et quelles sont les activités considérées comme temporaires et donc exclues du transfert ?

Les conditions d'application de l'article L. 1224-1 *al.* 2 du Code du travail

Conditions	Conséquences	Jurisprudences
Non-exigence d'un lien de droit entre employeurs successifs	Application de L. 1224-1 aux successions de prestations de services et de concessions de services	Conformité de la jurisprudence française et de la jurisprudence communautaire
Transfert d'une entité économique autonome ayant conservé son identité	– Nécessaire transfert d'éléments d'actifs corporels et incorporels – Exclusion de la seule perte d'un marché	Conformité de la jurisprudence française et de la jurisprudence communautaire
Transfert d'une entité stable	Exclusion des activités temporaires	Position de la jurisprudence communautaire

53. Cass. soc. 11 juin 2002, Dr. soc. 2002, 914, A. Mazeaud.
54. CJCE 19 septembre 1995, C-48/94, Dr. soc. 1996, p. 78, note Antonmattéi.

D. Cas particuliers d'application de l'article L. 1224-1 et du droit communautaire

657. Les juges français peuvent décider d'écarter l'application de l'article L. 1224-1 du Code du travail lorsqu'elle risque d'être défavorable aux salariés (premier cas). En ce qui concerne le droit communautaire, certaines hypothèses, non prévues par les textes, peuvent entraîner l'application de la directive communautaire sur le transfert d'entreprise (deuxième cas). Des mesures concernent aussi les services publics français (troisième cas).

1) Premier cas : L.1224-1 et les opérations d'externalisation d'emplois[55]. « Le revers de l'application de L.1224-1 »

658. L'article L. 1224-1 est souvent présenté comme un article protecteur des intérêts du salarié puisqu'il permet la continuité du lien contractuel malgré le changement d'employeur. Pourtant, il se peut que l'application de l'article soit défavorable aux salariés, comme en témoigne l'affaire Perrier[56]. L'entreprise Perrier Vittel France entreprend d'externaliser l'une de ses activités (la fabrication des palettes en bois par la Caisserie centre bois de l'un de ses établissements) en la sous-traitant à une autre entreprise (La Palette rouge). Les conditions d'emploi étant, chez le sous-traitant, moins favorables que chez Perrier, ce dernier tente de faire appliquer l'article L.1224-1 afin que les contrats de travail des salariés affectés à l'activité transférée soient également transférés, dans un souci évident d'économie. Le comité d'établissement s'y est opposé et a finalement obtenu gain de cause devant la Cour de cassation. Pour fonder son argumentation tendant à rejeter l'application de l'article L. 1224-1, le comité d'établissement avançait que l'activité cédée ne présentait pas les caractéristiques d'une entité économique autonome au sens de la jurisprudence de la CJCE et de la directive 77/187 modifiée. Afin d'écarter l'application de l'article, les juges ont considéré que le projet d'externalisation concernait l'activité Caisserie centre bois et que ce service n'était qu'un simple démembrement des services centraux de l'entreprise, il ne disposait d'aucune autonomie tant dans ses moyens en personnel que dans l'organisation de sa production. De ce fait, la Caisserie centre bois ne constituait pas une entité économique autonome pour l'application de l'article L.1224-1 du contrat de travail.

Cet arrêt permet de mettre fin à ces pratiques dont le but caché était de faire des économies substantielles au mépris des droits des salariés. L'article L.1224-1 ne peut être invoqué que lorsqu'il est question d'une entité économique qui conserve son identité, son autonomie. Tel n'est pas le cas lorsque le

55. Sur les transferts internationaux, P. Morvan, « L'article L. 122-12 du Code du travail à l'international », RJS 8-9/04, Chr. p. 587.

56. Cass. soc. 18 juillet 2000, SA Perrier Vittel France, Dr. soc. 2000, p. 845, dos. G. Couturier ; P.H. Antonmattéi, « Externalisation et L. 122-12 *al.* 2 : suite d'une nouvelle saga », Dr. soc. 2001, p. 13 ; B. Boubli, Sem. soc. Lamy 2000, n° 992, p. 5.

transfert n'a lieu que pour faire passer les salariés chez un sous-traitant dont les conditions sociales sont moins avantageuses que celles du donneur d'ordres.

2) Deuxième cas : l'application de la directive 77/187 (modifiée) aux entreprises de droit public et à leurs agents

659. Le champ d'application de la directive 77/187 (modifiée) pose toujours des problèmes en pratique. Ainsi, la CJCE s'est prononcée dans une affaire sur l'application éventuelle du texte à une entité assurant l'exploitation de services de télécommunications italiens à l'usage du public (ASST) et gérée par un organisme public intégré dans l'administration de l'État. Cette entité a fait l'objet, à la suite de décisions des pouvoirs publics, d'un transfert à titre onéreux, sous la forme d'une concession administrative, à une société de droit privé (Telecom Italia) constituée par un autre organisme public qui détient l'intégralité de son capital. La Cour de justice a ainsi déclaré que ne constitue pas normalement un transfert d'entreprise au sens de la directive la réorganisation de structures de l'administration publique ou le transfert d'attributions administratives entre les administrations publiques, car dans ces hypothèses le transfert porte sur des activités qui relèvent de l'exercice de la puissance publique[57]. Dès lors, à partir du moment où l'activité ne relève pas de l'exercice de la puissance publique, on ne saurait exclure l'application de la directive. Dans ces conditions, le transfert concerné relève bien du champ d'application de la directive. Mais cela ne concerne que les personnes qui sont protégées en tant que travailleurs au titre de la législation nationale concernée en droit du travail. De ce fait, si au moment du transfert les employés de l'ASST étaient soumis à un statut de droit public, ils ne pouvaient bénéficier des règles du droit du travail relatives au transfert, ce qu'il appartient au juge national de vérifier[58].

Dans une autre affaire, il s'agissait d'un litige opposant un ancien salarié à une association à but non lucratif (l'APIM). Cette association avait embauché l'intéressé, notamment pour démarcher les commerçants de la ville de Metz au sujet d'un magazine intitulé *Vivre à Metz*. L'association a été dissoute et les activités reprises par la ville de Metz ; l'intéressé a été licencié et a contesté le bien-fondé de son licenciement pour motif économique. Saisie par le conseil des prud'hommes, la CJCE a dû, sans se prononcer directement sur la notion française de « service public administratif », fournir des éléments d'interprétation de la directive. Les juges communautaires ont décidé que, si la directive ne s'applique pas à des transferts d'activités relevant de l'exercice de la puissance publique, en revanche le transfert d'une activité économique d'une personne morale de droit privé à une personne morale de droit public entre en principe dans le champ d'application de la directive car celle-ci est applicable dès lors que les transferts résultent d'une cession conventionnelle ou d'une fusion. De plus,

57. CJCE 15 octobre 1996 Henke, C-298/94.
58. CJCE 14 septembre 2000, Renato Collino, Luisella Chiappero et Telecom Italia SpA, C-343/98.

conformément à une jurisprudence constante, la notion d'entreprise au sens de l'article 1er de la directive comprend toute entité économique organisée de manière stable, c'est-à-dire un ensemble structuré de personnes et d'éléments permettant l'exercice d'une activité économique qui poursuit un objectif propre[59]. Ainsi, contrairement à ce que soutient le gouvernement français, la situation en cause au principal concerne bien un transfert d'une activité économique entre deux entités distinctes : l'APIM était une association privée à but non lucratif dotée d'une personnalité juridique distincte de celle de la ville de Metz, et elle exerçait une activité de services revêtant un caractère économique. Le transfert d'une activité économique ne saurait être exclu du champ d'application de la directive pour le seul motif que l'activité est exercée dans un but non lucratif ou dans l'intérêt public[60].

3) Troisième cas : les services publics

660. Auparavant, la jurisprudence excluait l'application de l'ancien article L.122-12 du Code du travail dans le cas où une entreprise (entité) de droit privé était reprise par un établissement public administratif (à la différence des EPIC). Cette exclusion n'étant pas conforme au droit communautaire, la Cour de cassation a opéré un revirement de jurisprudence[61]. Il a depuis été précisé le sort du contrat de travail des salariés transférés : le nouveau contrat de droit public reprend les clauses essentielles du contrat initial[62].

Section 3
LA MODIFICATION DU CONTRAT DE TRAVAIL

661. La conjoncture économique pousse les entreprises à rendre leurs salariés mobiles.

La mobilité s'entend de deux manières cumulatives ou non : elle peut être professionnelle (dans l'emploi) et / ou géographique. La question ne devrait pas se poser quand la mobilité est prévue dans le contrat de travail ou dans certaines conventions collectives de travail car le salarié accepte le changement. Nous verrons toutefois que la clause de mobilité a fait ces dernières années l'objet d'un contentieux incessant (I). Quand la mobilité n'est pas prévue, elle peut entraîner une modification du contrat de travail et nécessite l'accord du salarié (II).

59. CJCE 2 décembre 1999, Allen, C-234/98.

60. Pour l'application de la directive au transfert d'une activité d'aide aux toxicomanes, CJCE 19 mai 1992, Redmond Stchiting, C-29/91, Rec. p. I-3189.

61. Cass. soc. 25 juin 2002, AGS de Paris, Dr. soc. 2002, 1013, obs. A. Mazeaud. La position de la jurisprudence est conforme depuis, voir par exemple Cass. soc. 12 juin 2007, Dr. soc. 2007, 1056, obs. A. Mazeaud.

62. Loi du 26 juillet 2005, C. trav. art. L. 1224-3.

I. La mobilité prévue au contrat de travail : la clause de mobilité

662. La clause de mobilité prévue au contrat de travail (ou dans une disposition conventionnelle) oblige le salarié à changer son lieu de travail et / ou son activité professionnelle, en fonction de l'intérêt de l'entreprise. C'est une manifestation du pouvoir de direction de l'employeur. Le salarié doit en toute logique se soumettre à la clause dont l'application n'entraîne pas de modification de son contrat mais un simple changement de ses conditions de travail (sur ces notions, *infra*, II).

Auparavant, à l'exception du détournement de pouvoir, la clause était toujours réputée licite. Par exception à la théorie de la modification du contrat de travail, le salarié (non protégé), qui avait signé une clause de mobilité non disproportionnée, devait s'y soumettre. Son refus, analysé en un manquement aux obligations contractuelles, pouvait être constitutif d'une faute grave privative des indemnités de rupture. Le déclenchement des effets de la clause de mobilité relevait du pouvoir de direction de l'employeur, à condition, encore une fois, que la mobilité soit limitée à ce qui avait été prévu dans le contrat[63]. Le cas des représentants du personnel est particulier : la clause de mobilité s'efface devant la prédominance du statut protecteur. Cette clause n'a aucun effet obligatoire sans l'accord du salarié. Si celui-ci oppose un refus, l'employeur doit suivre la procédure spéciale de licenciement des salariés protégés[64].

Depuis, il apparaît, au regard de la jurisprudence, que le pouvoir de direction peut aller à l'encontre des libertés individuelles du salarié. Par une série d'arrêts datant pour les premiers de la fin des années 1990, la Cour de cassation a élaboré une jurisprudence plus protectrice des intérêts du salarié. La validité (A) et les conditions de mise en œuvre de la clause (B) font donc l'objet d'un contrôle du juge.

A. Le contrôle portant sur la validité de la clause

663. Le contrôle portant sur la validité de la clause concerne à la fois son objet et son champ d'application.

1) L'interdiction des clauses de mobilité-résidence ou la protection de la liberté du domicile du salarié

664. Par un arrêt du 12 janvier 1999[65], la chambre sociale opère un contrôle de la régularité de la clause sous l'angle des libertés individuelles du salarié et notamment du droit au respect du domicile ; elle vise pour cela l'article 8 de la

63. Cass. soc. 30 septembre 1997, Sté Onet c/ Mme Nedjar, Dr. soc. 1997, p. 1094, obs. J.-E. Ray.
64. Cass. soc. 10 juillet 1997, Liaisons sociales, jurisprudence hebdo n° 7710 du 21 juillet 1997.
65. Cass. soc. 12 janvier 1999, Spileers c/ SARL Omni Pac, Liaisons sociales, jurisprudence hebdo, n° 615 du 25 janvier 1999. Voir notre article, « Libertés fondamentales et droits du salarié : le rôle du juge », Dr. soc. 2001, p. 404.

Convention européenne de sauvegarde des droits de l'homme et des libertés fondamentales. La particularité de l'arrêt est que la mobilité professionnelle s'accompagne d'un changement de résidence qui entraîne *de facto* un bouleversement des conditions de la vie familiale. La cour d'appel avait appliqué la jurisprudence ancienne en décidant que le licenciement était causé, la clause étant licite car justifiée par la nature et le lieu des fonctions commerciales exercées par l'intéressé et par le bon fonctionnement de l'entreprise. La Cour de cassation casse l'arrêt : *« Qu'en statuant par ces seuls motifs, qui ne justifient ni le caractère indispensable pour l'entreprise d'un transfert de domicile, alors que le salarié proposait d'avoir une résidence à Montpellier, ni le caractère proportionné au but recherché de cette atteinte à la liberté de choix du domicile du salarié, et alors qu'elle n'explique pas en quoi les attributions de M. Spileers exigeaient une présence permanente à Montpellier, la cour d'appel n'a pas donné de base légale à sa décision. »*

La mobilité géographique est désormais protégée quand elle méconnaît le droit au respect du domicile. La clause de mobilité doit de surcroît respecter le principe de finalité et le principe de proportionnalité (article L.1121-1 du Code du travail), ce qui implique de distinguer suivant le type de fonctions qu'exerce le salarié. Elle doit aussi être, tout comme la clause de non-concurrence et la clause d'exclusivité, conforme à la protection des intérêts légitimes de l'entreprise.

Une même interdiction a été posée concernant les avocats salariés à qui on impose l'obligation d'avoir un domicile proche du cabinet dans lequel ils exercent[66].

2) Le rejet de l'unilatéralité de la clause et sa nécessaire délimitation géographique

665. Par l'un des arrêts fondamentaux rendus le 14 octobre 2008, dans lesquels la Cour de cassation encadre de manière significative la clause de mobilité[67], il a été rappelé à propos d'une salariée d'Emmaüs que la clause de mobilité doit définir de façon précise sa zone géographique d'application et ne peut conférer à l'employeur le pouvoir d'en étendre unilatéralement la portée. Tel n'était pas le cas en l'espèce puisque l'employeur avait précisé à l'intéressée que la disponibilité demandée portait sur toute la zone d'activité de l'Union des amis et compagnons d'Emmaüs, soit sur l'ensemble du territoire, chaque fois qu'une association était implantée. Or, depuis 2006[68], une clause de mobilité doit définir de manière précise sa zone géographique d'application. Cela paraît logique car si la clause ne comporte pas une telle délimitation, il y a violation de l'article 1129 du Code civil selon lequel les parties doivent préciser en quoi consiste exactement la prestation promise.

66. Cass. 1re civ. 7 février 2006, JCP S, n° 13, p. 21.

67. Cass. soc. 14 octobre 2008 (3 espèces), arrêt Emmaüs, n° 07-42.352. Lire B. Bossu, JCP S n° 52, p. 26.

68. Cass. soc. 7 juin 2006, Dr. soc. 2006, p. 926, note F. Favennec Héry.

B. Le contrôle de la mise en œuvre de la clause de mobilité

666. Le contrôle de la mise en œuvre de la clause tourne autour de l'articulation du pouvoir de direction et des libertés des salariés.

1) L'obligation d'exécuter la clause de mobilité de bonne foi et l'abus dans la mise en œuvre de la clause

667. L'employeur et le salarié ont l'obligation d'exécuter le contrat de travail de bonne foi, mais les juges ont pourtant décidé que cette bonne foi était présumée, au bénéfice de l'employeur. Il appartient alors au salarié de prouver que l'employeur a détourné l'objet de la clause ou en a fait un usage abusif lors de sa mise en œuvre[69]. Plus précisément, la bonne foi contractuelle étant présumée, les juges n'ont pas à rechercher si la décision de l'employeur de modifier les conditions de travail d'un salarié est ou non conforme à l'intérêt de l'entreprise. Il incombe au salarié de démontrer que cette décision a été prise pour des raisons étrangères à cet intérêt. La charge de la preuve reposant sur le salarié peut paraître une charge disproportionnée au regard des moyens dont il dispose, et il serait plus opportun de faire peser la charge de la preuve sur le juge.

Des cas de figure traduisent le manquement de l'employeur à son obligation de bonne foi. Par exemple, manque à son obligation de bonne foi l'employeur qui agit non pas dans l'intérêt de l'entreprise mais dans un intérêt plus personnel, pour faire des profits par exemple. Il en sera encore de même lorsque l'employeur méconnaît le devoir de collaboration nécessaire à la mise en œuvre de la clause et oublie son devoir de diligence nécessitant une information nécessaire du salarié et le respect d'un délai de prévenance suffisant.

668. D'autres hypothèses dépassent le cadre du manquement à l'obligation de bonne foi et traduisent un abus de l'employeur.

Fait ainsi un usage abusif de la clause de mobilité l'employeur qui contraint un salarié d'un établissement basé à Villeneuve-Saint-Georges à rejoindre un emploi à Tourcoing, alors que sa femme est enceinte de sept mois et que ledit poste pouvait être pourvu par d'autres salariés[70]. Il fallait ici aussi prendre en compte la situation familiale de l'intéressé. Cela peut être aussi le cas d'un poste de travail auquel est affecté le salarié à 150 km de son domicile, qui n'est pas desservi par les transports en commun et alors que le salarié ne dispose pas de moyen de transport personnel et que l'employeur ne lui a pas assuré les moyens de se rendre sur son nouveau lieu de travail[71].

La Cour de cassation opère un contrôle strict sur les clauses de mobilité. Ce contrôle conduit à une approche personnalisée de ces clauses, car il permet la prise en compte d'éléments subjectifs tenant à la personne du salarié.

---

69. Cass. soc. 23 février 2005, Leviel, Dr. soc. 2005, 639.

70. Cass. soc. 18 mai 1999, Liaisons sociales, jurisprudence hebdo, n° 634 du 7 juin 1999.

71. Cass. soc. 25 mars 2009, n° 07-45281.

Apparaît alors un traitement différencié de la mobilité : lorsqu'elle est prévue au contrat (clause de mobilité), paradoxalement, le salarié peut la refuser[72]. En revanche, quand il s'agit d'une mobilité non prévue entraînant un changement du lieu de travail, une appréciation objective du changement peut être préjudiciable au salarié.

2) L'application relative du pouvoir de direction de l'employeur

a) Les missions ponctuelles hors champ d'application de la clause

669. À partir du moment où des éléments subjectifs tenant à la personne du salarié n'entrent pas en ligne de compte et où l'employeur ne fait aucun usage abusif de son pouvoir de direction, la clause de mobilité va s'appliquer et le refus du salarié de s'y plier est fautif, ce qui justifie un licenciement pour faute grave.

Par exemple, le fait qu'une clause de mobilité soit limitée géographiquement à la province n'empêche pas un employeur de demander à l'un de ses cadres d'effectuer une mission ponctuelle et de courte durée en Allemagne[73]. En effet, cette mission n'entre pas vraiment dans le champ d'application de la clause du fait de son caractère ponctuel et temporaire. Par ailleurs, le fait qu'il s'agisse d'un membre du personnel d'encadrement explique de surcroît la solution : *« On admet en effet que ces salariés peuvent subir, en raison de leurs responsabilités et de leur niveau de rémunération, un certain nombre de contraintes et de sujétions, qu'on ne saurait imposer aux autres salariés. »*[74] En définitive, le licenciement repose seulement en partie sur une méconnaissance de la clause par la salariée. Ce n'est qu'un indice parmi d'autres (mission contractuelle et temporaire, salariée cadre, mission en Allemagne et salariée ayant des connaissances en allemand). Le licenciement repose sur une cause réelle et sérieuse qui consiste en un refus de se plier au pouvoir de direction et non, plus restrictivement, sur un refus du changement des conditions de travail.

Depuis lors, la Cour de cassation est plus sévère avec les employeurs qui envoient des salariés de manière temporaire hors champ d'application de la clause de mobilité[75]. Lorsque la mutation s'effectue au-delà des limites contractuellement prévues, elle n'est valable qu'à la condition de remplir trois conditions, qui concernent également les salariés non tenus par une clause de mobilité mais qui sont envoyés en dehors de leur secteur géographique (*infra*, II) :

---

72. Tel est encore le cas d'une salariée liée par une clause de mobilité mais qui, en raison de l'absence de transports en commun, se trouve dans l'impossibilité de se rendre à l'heure prévue sur le nouveau lieu de travail : Cass. soc. 10 janvier 2001, Abdallah c/ Société La Rayonnante groupe Ten, notre commentaire, préparation au CRFPA, annales 2000-2001, Montchrestien, p. 175.

73. Cass. soc. 21 mars 2000, Mme Marchand c/ Sté Axys consultants, Dr. soc. 2000, p. 651, obs. J. Mouly.

74. J. Mouly, *op. cit.*

75. Cass. soc. 3 février 2010, n° 08-41412.

– l'affectation doit être motivée par l'intérêt de l'entreprise ;

– elle doit être justifiée par des circonstances exceptionnelles ;

– le salarié doit être informé préalablement, dans un délai raisonnable, du caractère temporaire de l'affectation et de sa durée prévisible.

Si la mutation ne remplit pas ces trois conditions, elle entraîne une modification du contrat de travail du salarié concerné qui est en droit de la refuser et il ne pourra pas être licencié en raison de ce refus.

b) Le devoir de diligence

670. En outre, on sait que l'employeur doit, avant de mettre en œuvre la clause de mobilité, avertir suffisamment à l'avance le salarié concerné. Il s'agit d'une obligation de diligence dans la mise en œuvre de la clause. Si l'employeur non seulement observe un délai de prévenance prévu à la clause mais en outre avise par avance le salarié de son déplacement pour lui permettre de s'organiser, le refus délibéré et injustifié du salarié d'obéir à l'ordre qui lui était donné justifie un licenciement pour faute grave[76].

c) L'articulation clause de mobilité / modification du contrat de travail

671. Une question peut être soulevée lorsque la clause de mobilité a une incidence sur l'un des éléments essentiels du contrat de travail (*infra*, II). L'hypothèse est par exemple celle d'une salariée d'une chaîne de bijoux liée par une clause de mobilité et dont le salaire est pour partie fixe et pour partie fonction du chiffre d'affaires. Si l'employeur décide de la muter, en application de la clause de mobilité, dans un magasin au chiffre d'affaires moins élevé, la mobilité influencera directement sa rémunération, élément essentiel du contrat de travail. C'est pourquoi il a été jugé que, dans de telles circonstances, la clause de mobilité ne pouvait pas prendre effet et que la salariée était en droit de refuser la mutation[77]. Le refus par le salarié de la modification de son lieu de travail peut constituer un manquement à ses obligations contractuelles mais ne caractérise pas à lui seul une faute grave[78].

Un cas similaire concerne la mise en en œuvre de la clause de mobilité qui entraîne le passage d'un horaire de nuit à un horaire de jour. Cette mise en œuvre a pour effet la modification de la durée du travail, élément essentiel du contrat, et nécessite alors l'acceptation expresse du salarié[79].

76. Cass. soc. 28 février 2001, Liaisons sociales, jurisprudence hebdo n° 709 du 12 mars 2001.

77. Cass. soc. 15 décembre 2004, Sté Histoire d'or, Liaisons sociales, jurisprudence hebdo n° 891, 24 janvier 2005.

78. Cass. soc. 23 janvier 2008, n° 07-40522.

79. Cass. soc. 14 octobre 2008, précité, 2e espèce.

3) La prise en compte des droits et libertés fondamentaux du salarié

672. L'un des arrêts du 14 octobre 2008[80] permet désormais au juge de vérifier si la mise en œuvre d'une clause de mobilité n'emporte pas atteinte à la vie personnelle et familiale du salarié, bien que dans des arrêts plus anciens ces notions aient déjà été envisagées notamment au titre de l'interdiction des clauses de mobilité-résidence. Cette décision concernait une salariée à temps partiel dans le cadre d'un congé parental, liée par une clause prévoyant des possibilités de déplacement dans toute la France et à l'étranger (le poste étant fixé à Marseille), avec la possibilité d'effectuer des missions justifiant l'établissement de sa résidence sur place. Suite au refus d'accepter une mission de trois mois en région parisienne, la salariée est licenciée. La Cour de cassation déclare alors que les juges du fond devaient rechercher si la mise en œuvre de la clause ne portait pas atteinte de manière disproportionnée au droit de la salariée à une vie personnelle et familiale.

Il est fait application de l'article L. 1121-1 du Code du travail rappelant le nécessaire respect des principes de finalité et de proportionnalité dans la mise en œuvre de la clause. Un tel contrôle ne se fait pas dans le cadre de la validité de la clause de mobilité (hormis pour l'interdiction des clauses de mobilité-résidence), ce que certains auteurs déplorent[81] car, en pratique, la clause va le plus souvent obliger le salarié à changer de domicile et à vivre éloigné de sa famille. Il faudrait alors toujours contrôler la finalité et la proportionnalité de la clause, que ce soit au stade de sa validité ou à celui de sa mise en œuvre, ce qui compromet sérieusement le principe même de la clause de mobilité.

II. La mobilité non prévue : modification du contrat ou changement des conditions de travail

673. La modification non prévue du contrat de travail est une question plus vaste que celle de la seule mobilité dans l'emploi ou en fonction du lieu de travail. La modification peut concerner l'ensemble des conditions de travail : lieu, horaire, tâche, fonction, rémunération.

Logiquement, une modification apportée après la conclusion du contrat de travail est contraire aux principes généraux du droit commun des obligations contractuelles (principes d'autonomie de la volonté, art. 1156 Code civil, et de force obligatoire de la convention née d'un commun accord, art. 1134 Code civil). Mais l'application de ces principes doit être combinée à ceux du droit du travail, notamment le principe de subordination, corollaire du pouvoir de direction de l'employeur. En tout état de cause, la modification du contrat de travail ne peut résulter de la convention collective lorsqu'elle est défavorable

80. Cass. soc. 14 octobre 2008, précité, 3e espèce.
81. B. Bossu, JCP S 2008, n° 52, 23 décembre 2008.

au salarié, *a fortiori* d'un accord atypique conclu avec les délégués du personnel[82].

En fonction des incidences qu'elle entraîne sur la situation du salarié, la modification de la relation de travail connaît un traitement différencié. Il n'y a que deux hypothèses : soit la transformation de l'emploi envisagée par l'employeur « touche » un élément essentiel du contrat de travail pour le salarié (l'un des éléments qui l'a poussé à accepter l'emploi), auquel cas il y aura une véritable modification de ce dernier qui nécessitera l'accord du salarié (B). Soit cette transformation concerne un élément du contrat qui ne relève pas de son essence même, pour lequel on peut penser que le salarié ne se serait pas « battu » pour le défendre lors de l'embauche, auquel cas il ne s'agit que de la continuation du contrat par un simple changement de ses conditions de travail que le salarié ne peut refuser sans s'exposer au pouvoir disciplinaire de l'employeur (A).

A. Le changement des conditions de travail

1) Régime

674. L'employeur peut, dans le cadre de son pouvoir de direction, imposer des changements dans l'exécution du travail dans l'intérêt de son entreprise. Il peut ainsi modifier le planning de travail d'un salarié[83] ou même le changer de bureau, ou encore modifier le régime de ses heures supplémentaires à condition qu'elles ne soient pas contractuellement garanties[84]. Plus précisément, les heures supplémentaires imposées par l'employeur, dans la limite du contingent dont il dispose légalement, et en raison de nécessités de l'entreprise, n'entraînent pas de modification du contrat[85]. L'employeur peut aussi décider d'une nouvelle répartition de l'horaire au sein de la journée si ce changement est motivé par la réorganisation de la société[86].

L'employeur peut également modifier la tâche donnée à un salarié (une ouvrière agricole occupée principalement à la cueillette des citrons et qui est affectée à l'engainage des bananes[87]) dès l'instant où cette nouvelle tâche correspond à sa qualification et où elle n'est pas en contradiction avec une disposition contractuelle particulière (qui préciserait, par exemple, que la salariée est affectée exclusivement à la cueillette des citrons).

Un salarié ne peut refuser un changement dans ses conditions de travail. Il doit travailler aux nouvelles conditions définies par l'employeur. S'il refuse, il

82. Cass. soc. 25 février 1998, Liaisons sociales, n° 7882 du 22 juin 1998.

83. Cass. soc. 27 mai 1998, Liaisons sociales, n° 7882 du 22 juin 1999.

84. Cass. soc. 10 mars 1998, Liaisons sociales, n° 7841 du 6 avril 1999.

85. Cass. soc. 9 mars 1999, Liaisons sociales, n° 643 du 9 septembre 1999. L'employeur peut aussi décider une nouvelle répartition de l'horaire au sein de la journée si ce changement est motivé par la réorganisation de la société : Cass. soc. 22 février 2000, Liaisons sociales, jurisprudence n° 664 du 6 mars 2000.

86. Cass. soc. 22 février 2000, précité.

87. Cass. soc. 10 mai 1999, Sté SCA Hortifruit (dit « banane-citron), Dr. soc. 1999, p. 736.

s'expose à des sanctions disciplinaires pouvant aller jusqu'au licenciement. Tel est le cas d'un cadre dirigeant qui refuse le changement de ses horaires, même contractualisés, car la durée du travail n'est pas un élément déterminant du travail des cadres[88], à la différence des autres salariés.

2) Refus du changement des conditions de travail par le salarié

675. Le salarié qui refuse un changement des conditions de travail s'expose au pouvoir disciplinaire de l'employeur : il se place en position d'inexécution du contrat de travail. Il peut bien sûr démissionner de manière claire et non équivoque : il prend alors l'initiative de la rupture qui lui est imputable.

S'il ne démissionne pas, l'employeur peut le sanctionner (par une mise à pied, par exemple). S'il ne souhaite plus que ce salarié travaille pour lui, il n'a pas le choix : il doit le licencier.

Le refus du salarié peut être constitutif d'une faute grave privative des indemnités de rupture (préavis et licenciement), mais le refus ne justifie pas toujours la faute grave[89]. Dans le cas d'un salarié ayant des charges de famille, le refus du changement des conditions de travail n'est pas constitutif d'une faute grave mais constitue tout de même une faute justifiant le licenciement[90]. Si la faute grave n'est pas retenue, le préavis s'effectuera sur le nouveau lieu de travail.

B. Les modifications du contrat de travail

676. Le contrat de travail contient de nombreux éléments parmi lesquels on peut citer le salaire, les horaires, la fonction, la non-concurrence, etc. Certains de ces éléments priment sur les autres en raison de leur valeur intrinsèque au regard de la volonté des parties. Leur modification est impossible sans l'accord du salarié.

1) Le contrôle de la modification par la Cour de cassation

677. Jusqu'en 1987, la Cour de cassation contrôlait ce qui était ou non, selon elle, des modifications du contrat de travail. Par un arrêt de 1987 « Babin »[91], la Chambre sociale a abandonné ce contrôle aux juges du fond. Il leur appartenait désormais de rechercher, cas par cas, si les relations entre les parties avaient ou non connu une modification.

Si la cour d'appel estimait que le contrat était réellement modifié, elle considérait alors que la modification était « substantielle » ; dans le cas contraire, la modification était « non substantielle » et le salarié devait travailler aux nouvelles conditions (par exemple un léger changement d'horaires) sans pouvoir s'y opposer. Lorsque la modification était « substantielle », elle touchait un élément fondamental de la relation contractuelle, élément en fonction duquel le salarié avait initialement

88. Cass. soc. 16 mai 2000, Dr. soc. 2000, p. 776, obs. J.-E. Ray. De même, Cass. soc. 10 octobre 2000, Liaisons sociales, jurisprudence n° 687 du 23 octobre 2000.
89. Cass. soc. 17 juillet 2007, n° 06-42.937.
90. Cass. soc. 15 décembre 2004, B.V. p. 38.
91. Cass. soc. 5 novembre 1987, Babin, Bull. V, n° 620.

accepté de travailler. C'est pourquoi il fallait son accord exprès, ce que les juges de la Chambre sociale ont décidé dans un célèbre arrêt « Raquin »[92], toujours applicable.

Cette distinction entre les « modifications substantielles » et « non substantielles » entraînait une appréciation subjective de la modification. Il fallait, cas par cas, examiner si le changement décidé par l'employeur touchait ou non à un élément déterminant du contrat. La jurisprudence manquait donc d'unité.

Par un arrêt « Le Berre » de 1996[93], les juges ont abandonné l'ancienne distinction. Désormais, soit le changement est essentiel, auquel cas il y a une modification du contrat de travail, soit il ne l'est pas et il s'agit alors d'un simple changement des conditions de travail (*supra*, A).

Il restait à déterminer les éléments du contrat de travail qui, lorsqu'ils sont touchés par une décision de l'employeur, opèrent toujours une modification nécessitant l'accord du salarié. Pour ce faire, la Chambre sociale, désirant redonner force obligatoire au contrat de travail, a rétabli son contrôle sur la modification du contrat de travail. C'est au travers de la rémunération, élément du contrat de travail, que ce contrôle est redevenu effectif[94]. Par la suite, la jurisprudence de la Chambre sociale a progressivement défini ce qui constitue, selon la doctrine, « les piliers du contrat de travail ».

2) Les éléments essentiels du contrat de travail (les « piliers » du contrat de travail[95])

678. Trois éléments constituent le socle du contrat de travail, auquel l'employeur ne peut unilatéralement toucher.

679. **La rémunération**

Il s'agit, en premier lieu, bien sûr, de la rémunération : « *Le mode de rémunération d'un salarié constitue un élément du contrat de travail qui ne peut être modifié sans son accord, peu important que l'employeur prétende que le nouveau mode serait plus avantageux.* » Que la rémunération soit fixe ou comporte des éléments mobiles, il faut l'accord du salarié pour la modifier[96]. Seule la rémunération contractuelle est concernée. Si elle est déterminée par un accord ou par un usage (ou par un engagement unilatéral de l'employeur), les règles gouvernant la dénonciation des sources du statut collectif s'appliquent. Précisément, lorsque la structure de la rémunération résulte non pas du contrat de travail mais d'un accord d'entreprise, notamment un accord de substitu-

92. Cass. soc. 8.octobre 1987, Raquin, Les grands arrêts du droit du travail, n° 48-50.

93. Cass. soc. 10 juillet 1996, Le Berre c/ Sté Socorem, RJS 8-9/96, n° 900.

94. Cass. soc. 28 janvier 1998, SA Systia informatique c/ Bernard, G. Couturier, « La rémunération, élément du contrat de travail », Dr. soc. juin 1998, p. 523.

95. Sur ce point, voir notamment P.-H. Antonmattéi, « Les éléments du contrat de travail », Dr. soc. 1999, p. 330 ; Ph. Waquet, « Tableau de la jurisprudence sur le contrôle de la modification du contrat de travail », Dr. soc. 1999, p. 566.

96. Cass. soc. 30 mai 2000, Liaisons sociales, jurisprudence n° 683 du 20 juillet 2000. Si le contrat de travail autorise l'employeur à adapter la partie variable de la rémunération à l'évolution du marché, il ne l'autorise pas à modifier de façon discrétionnaire les bases de la rémunération.

tion, le changement de structure salariale résultant de l'application de l'accord de substitution s'impose aux salariés sans qu'ils puissent se prévaloir d'une modification de leur contrat de travail[97]. Les primes prévues au contrat de travail connaissent le même régime : elles ne peuvent être unilatéralement modifiées.

680. **La qualification**

Le deuxième pilier du contrat est constitué par la qualification du salarié, déterminée au moment de l'embauche.

Si l'employeur confie au salarié une nouvelle tâche mais qui correspond à sa qualification initiale, il n'y a pas de modification du contrat mais un simple changement des conditions de travail que le salarié ne peut refuser sans, en principe, être sanctionné (à propos de l'ouvrière agricole, *supra*, A*)*. En revanche, l'employeur ne peut faire effectuer au salarié des tâches qui ne correspondent pas à sa qualification professionnelle, car cela entraîne automatiquement une modification du contrat. Il ne peut, *a fortiori*, reprocher au salarié de mal exécuter cette tâche (ainsi en est-il, par exemple, d'un salarié engagé en qualité de « ripeur » et à qui l'employeur confie par la suite des tâches de chauffeur[98]).

681. **La durée du travail**

Le troisième élément du contrat de travail correspond à la durée et à l'horaire du travail. L'employeur ne peut toucher à la durée mais il peut modifier, en partie, l'horaire de travail s'il n'est pas contractualisé.

En ce qui concerne les contrats de travail à temps partiel, un écrit est nécessaire : il devra préciser non seulement la durée du travail à effectuer en fonction d'une période donnée (la semaine, le mois, l'année), mais aussi la répartition du travail au sein de ces périodes (un mi-temps ne peut être transformé en trois demi-journées, par exemple).

Quand le contrat de travail est à temps plein, l'employeur ne peut ni augmenter, ni diminuer la durée du travail sans l'accord du salarié. Les juges ont en outre précisé que, à défaut de clause expresse le stipulant, le passage d'un horaire de jour à un horaire de nuit constitue une modification du contrat de travail[99], de même que le passage d'un horaire continu à un horaire discontinu[100], de même enfin que le passage d'un horaire fixe à un horaire variable avec de longues coupures[101]. Toutefois, à défaut de clause expresse contractuelle prévoyant l'horaire quotidien et le bénéfice de la pause de midi, un salarié ne peut refuser de travailler à l'heure du déjeuner car il s'oppose au pouvoir de direction de l'employeur[102]. Ce dernier peut, en revanche, avoir recours aux

97. Cass. soc. 27 juin 2000, Liaisons sociales, jurisprudence n° 683 du 20 juillet 2000.
98. Cass. soc. 26 mai 1998, n° 96-40617.
99. Cass. soc. 27 février 2001, Liaisons sociales, jurisprudence n° 709 du 12 mars 2001.
100. Cass. soc. 18 décembre 2000, Liaisons sociales, jurisprudence n° 708 du 9 mars 2001.
101. Cass. soc. 14 novembre 2000, Dalloz Actualités du 1er décembre 2000.
102. Cass. soc. 17 octobre 2000, Dr. soc. 2001, p. 90, obs. J. Savatier.

heures supplémentaires dans la limite du contingent dont il dispose légalement et en raison des nécessités de l'entreprise. Il peut aussi avoir recours au chômage partiel sans que cela constitue une modification du contrat de travail.

3) Le lieu de travail

682. Le lieu de travail en tant que tel n'est pas un élément essentiel du contrat de travail. L'employeur peut donc *a priori* le modifier sans l'accord du salarié. Il a d'ailleurs été précisé que la mention du lieu de travail dans le contrat de travail n'a que la valeur d'une information pour le salarié, qui ne lie pas l'employeur, à moins qu'il ne soit stipulé que le salarié exécutera son travail exclusivement dans ce lieu[103]. La décision peut paraître surprenante car il s'agit avant tout d'une stipulation contractuelle qui devrait avoir plein effet (à tout le moins dans l'esprit du salarié).

La notion de lieu de travail n'est pas objective en elle-même, car elle dépend pour beaucoup de la capacité du salarié à être mobile entre son lieu de travail et son domicile. Pour certains, le domicile doit être proche du travail en raison de charges familiales ou autres, et ils ne voudront pas en changer facilement. Pour d'autres, la mobilité n'est pas réellement un problème et la modification de ce dernier ne sera pas considérée comme prédominante.

Pour pallier ces difficultés, la Chambre sociale[104] a dégagé une qualification objective du lieu de travail, dans une logique du « tout contractuel » : un transfert de lieu de travail constitue un changement des conditions de travail qui ne peut être refusé par le salarié lorsqu'il est effectué dans le même secteur géographique. Le critère du lieu de travail est donc le *« secteur géographique »*.

Un changement de lieu de travail constituera une modification du contrat de travail s'il entraîne un changement de secteur géographique. Au contraire, si le nouveau lieu de travail est situé dans le même secteur géographique, il constitue un simple changement des conditions de travail que le salarié ne peut refuser.

Qu'est-ce que le *« secteur géographique »* ? Il faut en apprécier le périmètre et, le plus souvent, il correspond à la région, au département, à un bassin d'emploi, à des communes limitrophes : tout dépend à nouveau de l'appréciation souveraine des juges du fond (et donc de la cohérence des juridictions d'appel) qui peuvent se fonder sur la distance, sur l'existence ou non de transports en commun. Ainsi, certains ont décidé dans le passé qu'un changement de lieu de travail dans la région parisienne ne modifie pas le contrat de travail même s'il a pour conséquences un allongement du temps de transport de deux heures trente et des répercussions sur la vie familiale[105].

---

103. Cass. soc. 3 juin 2003, RJS 8-9/03, p. 666.

104. Voir notamment Cass. soc. 5 mai 1999, Hczyszyn c/ Sté P. Jacottet, Dr. soc. 1999, p. 737 et Cass. soc. 20 octobre 1998, Boghossian c/ SA Jelt, Liaisons sociales, jurisprudence n° 606 du 26 novembre 1998.

105. Arrêt Boghossian, *op. cit.* De même, pour un changement dans un village voisin, donc dans le même secteur géographique, Cass. soc. 21 mars 2000, Bergeron c/ Michel Vert, Dr. soc. 2000, p. 650, obs. J. Savatier.

Depuis, les décisions relatives à la région parisienne varient. Il n'a pas été clairement décidé que cette région constitue en elle-même un secteur géographique[106]. Pour les cours d'appel de Paris et de Versailles, l'Île-de-France ne constitue pas un secteur géographique afin de « protéger » les salariés et ce malgré l'existence de transports en commun : il a été par exemple jugé qu'une mutation du 9e arrondissement de Paris à Roissy constituait une modification du contrat de travail[107]. Certains critères devraient être prédominants pour apprécier le changement des conditions de vie du salarié même au sein d'un même secteur géographique : l'éloignement entre le domicile et le travail bien sûr, le temps de transport en commun ou le temps de trajet en voiture (oui mais combien de temps, plus d'une heure ?), peut-être aussi la situation familiale et la présence d'enfants en bas âge (mais cela risque d'entraîner des différences de traitement), le salaire (qui permet peut-être d'avoir une voiture ou une garde d'enfants...). On ne peut que constater que la prise en compte de ces critères ôterait tout caractère objectif à la notion de secteur géographique et reconduirait à une appréciation subjective du lieu de travail. L'appréciation du secteur géographique doit se faire de manière objective[108]. Cela s'explique par un refus de considérations plus subjectives qui pourraient aboutir, comme par le passé, à distinguer les « modifications substantielles » ou « non substantielles » du contrat de travail.

La notion de secteur géographique n'empêche pas les petits déplacements occasionnels et temporaires mais, ainsi qu'il a été vu à l'occasion des déplacements temporaires en dehors du champ d'application de la clause de mobilité, ces déplacements temporaires en dehors du champ du secteur géographique ne sont désormais valables qu'au respect de trois conditions[109] :

– l'affectation doit être motivée par l'intérêt de l'entreprise ;

– elle doit être justifiée par des circonstances exceptionnelles ;

– le salarié doit être informé préalablement, dans un délai raisonnable, du caractère temporaire de l'affectation et de sa durée prévisible.

Si la mutation ne remplit pas ces trois conditions, elle entraîne une modification du contrat de travail du salarié concerné qui est en droit de la refuser, et il ne pourra pas être licencié en raison de ce refus.

Le salarié n'est par ailleurs pas tenu d'accepter de travailler à son domicile, ni d'y installer ses dossiers et instruments de travail[110] même si l'employeur ferme ses locaux, et peu importe qu'il s'agisse ou non du même secteur géographique.

106. Cass. soc. 15 juin 2004, n° 01-44.707.

107. Cass. soc. 15 juin 2004, précité.

108. Arrêt Hczyszyn, *op. cit.*

109. Cass. soc. 3 février 2010, n° 08-41412.

110. Cass. soc. 2 octobre 2010, n° 99-42.727.

4) La modification d'autres clauses du contrat de travail

683. La Cour de cassation rejette la possibilité pour l'employeur de modifier certaines clauses sans l'accord du salarié, notamment lorsque ces dernières lui sont favorables. Ainsi en est-il pour une clause prévoyant un préavis moins favorable, l'employeur ne pouvant réduire le préavis unilatéralement car cela constitue une modification du contrat que le salarié peut refuser.

Il en est de même lorsque le contrat de travail comporte un minimum garanti, ou une clause de stabilité d'emploi.

Dans le même esprit, l'employeur ne peut décider, sans l'accord du salarié, d'introduire dans son contrat des clauses qui rendraient l'exécution du travail plus contraignante, comme une clause de non-concurrence.

C. Conséquences de l'acceptation ou du refus de la modification

1) L'acceptation de la modification

684. Elle entraîne la novation des seuls éléments du contrat qui ont été modifiés. Par exemple, un changement de lieu de travail n'affectera pas l'obligation de non-concurrence insérée dans le contrat de travail initial. La novation entraîne une situation nouvelle tant pour l'employeur que pour le salarié qui ne peuvent plus revenir en arrière, sauf en concluant un nouvel accord.

La preuve de l'acceptation

685. Depuis la loi quinquennale du 20 décembre 1993, il faut opérer une distinction entre les modifications ayant une cause économique et celles qui tiennent à la personne du salarié.

En cas de modification tenant à la personne du salarié (par exemple, changement dans l'emploi par suite d'une inaptitude physique ou encore déclassement professionnel comme sanction disciplinaire), la novation ne se présume pas.

Il faut donc prouver l'acceptation et la preuve incombe à celui qui l'invoque. Un employeur ne peut pas opposer à un salarié l'acceptation de nouvelles clauses contractuelles sans rapporter lui-même la preuve de l'acceptation. L'acceptation du salarié doit être expresse (par écrit) pour éviter tout litige ultérieur sur les conditions de travail. Si le salarié a expressément refusé la modification, la poursuite du travail ne vaut pas acceptation tacite de celle-ci, même lorsque le salarié n'émet aucune protestation. C'est l'application de la jurisprudence « Raquin ».

En cas de modification pour cause économique (par exemple changement de lieu de travail par suite de la fermeture d'un établissement), la loi quinquennale a posé une règle précise : l'employeur qui prévoit une telle modification doit en informer chaque salarié concerné par lettre recommandée avec accusé de réception[111]. Cette lettre informe le salarié qu'il dispose d'un mois pour faire connaître son refus. S'il ne se manifeste pas dans ce délai, il est réputé avoir

111. C. trav. art. L. 1222-6.

accepté tacitement la modification ; le silence du salarié vaut acceptation. La Cour de cassation a précisé, dans un avis du 6 juillet 1998, que *« seule une réponse expresse et positive, ou le silence gardé par le salarié pendant plus d'un mois, vaut acceptation de la modification (...). Dès lors, une réponse dilatoire ou conditionnelle, telle qu'une demande de prorogation, constitue une réponse négative »*. De même, l'inobservation du délai d'un mois entraînera le régime du licenciement dépourvu de cause réelle et sérieuse si le salarié est licencié pour avoir refusé la modification.

Cette règle est prise dans l'intérêt de l'employeur car elle permet d'éviter les revendications de certains salariés qui, plusieurs années après la modification de leur contrat, niaient l'avoir jamais acceptée et réclamaient l'exécution du contrat aux anciennes conditions.

2) Le refus de la modification

686. Si le salarié refuse la modification envisagée, l'employeur peut :

– abandonner le projet ;

– licencier le salarié pour motif économique ou pour motif personnel en fonction de la cause invoquée.

Si le licenciement a une cause économique, il ne peut être réalisé que dans « l'intérêt » de l'entreprise. Une réorganisation de l'entreprise, décidée pour sauvegarder la compétitivité de celle-ci, peut constituer une cause économique de suppression ou de transformation d'emploi ou une modification du contrat. La Cour de cassation a précisé que la rupture du contrat de travail résultant d'un refus par le salarié d'une modification de son contrat de travail imposé par l'employeur pour un motif non inhérent à sa personne constitue un licenciement économique. Pour que ce licenciement soit justifié, il ne suffit pas que la modification initiale paraisse motivée uniquement par des impératifs de gestion de l'entreprise, il faut encore qu'elle soit consécutive à des difficultés économiques, à des mutations technologiques ou à une réorganisation de l'entreprise nécessaire à la sauvegarde de sa compétitivité[112]. Le juge applique donc au motif de la modification économique le contrôle que la loi prescrit en ce qui concerne le motif économique du licenciement.

Le salarié est toujours en droit de refuser une modification : le refus n'est pas fautif. Si la modification proposée par l'employeur est parfaitement justifiée (dans le cas où, par exemple, la modification est la conséquence du développement de l'activité de l'entreprise), le licenciement qui est envisagé à la suite du refus est lui aussi justifié par une cause réelle et sérieuse[113]. La cause du licenciement étant liée à la cause de la modification, fondée parfois sur des motifs légitimes, le licenciement repose sur une cause réelle et sérieuse.

En tout état de cause, le licenciement économique qui suit le refus, par un salarié, d'une modification non inhérente à sa personne, ne dispense pas l'em-

---

112. Cass. soc. 14 mai 1997, Dr. soc. 1997, p. 740, obs. G. Couturier.

113. Cass. soc. 14 février 1995, D. 1995, p. 413, note J. Mouly.

ployeur de son obligation de reclassement car il est tenu d'exécuter le contrat de travail de bonne foi[114].

La modification du contrat de travail peut aussi être inhérente à la personne du salarié. Elle peut faire suite, par exemple, à une inaptitude au travail (le salarié a été victime d'un accident du travail qui oblige l'employeur à lui proposer un autre poste), ou à une sanction disciplinaire justifiée (par exemple une mutation disciplinaire ou une rétrogradation dans l'emploi après une faute du salarié).

Auparavant, les modifications consécutives aux sanctions disciplinaires justifiées ne pouvaient être refusées par le salarié. Désormais, les juges changent de solution : l'employeur ne peut plus imposer au salarié une modification prononcée à titre disciplinaire. L'employeur ne peut donc plus modifier le contrat de travail sans l'accord du salarié, ni dans l'exercice de son pouvoir de direction, ce que l'on savait déjà, ni dans l'exercice de son pouvoir disciplinaire[115]. Mais le salarié qui refuse une sanction disciplinaire s'expose à nouveau au pouvoir disciplinaire. Dans les deux espèces précitées, les salariés avaient refusé des rétrogradations. Dans ce cas, selon la Cour de cassation, lorsque le salarié refuse une sanction disciplinaire justifiée, l'employeur peut, dans le cadre de son pouvoir disciplinaire, prononcer une autre sanction aux lieu et place de la sanction refusée[116]. Le licenciement qui suit le refus d'une modification de contrat de travail à titre disciplinaire doit nécessairement être un licenciement disciplinaire fondé sur des faits fautifs[117] (tableau ci-après).

La mobilité non prévue : conséquences des modifications du contrat de travail sur la relation de travail

	Conséquences de l'acceptation	**Conséquences du refus**
Changement des conditions de travail	→ Continuation du contrat de travail	→ Licenciement, refus du salarié (faute grave possible) → Démission non équivoque
Modifications du contrat de travail	→ Novation des éléments modifiés : • modification pour cause économique : 1. information du salarié par lettre recommandée avec AR 2. délai d'un mois : a) acceptation expresse du salarié dans le délai b) refus exprès du salarié dans le délai c) silence du salarié = acceptation tacite • modification pour cause personnelle : nécessaire acceptation expresse du salarié	→ Abandon du projet ou → Licenciement : 1. pour cause économique (dans l'intérêt de l'entreprise) 2. pour motif personnel a) motif non disciplinaire b) motif disciplinaire

114. Cass. soc. 30 septembre 1997, Dr. soc. 1997, p. 1096, obs. G. Couturier.

115. Cass. soc. 19 mai 1998, Liaisons sociales, n° 7869 du 2 juin 1998 ; Cass. soc. 16 juin 1998, SARL Le Berry c/ Khoulhi, Liaisons sociales, jurisprudence hebdo n° 7885 du 25 juin 1998 : *« Attendu qu'une modification du contrat de travail, prononcée à titre de sanction disciplinaire contre un salarié ne peut lui être imposée {...} ».*

116. Arrêt Le Berry, *op. cit.*

117. Cass. soc. 28 novembre 2000, Dalloz Actualités du 21 décembre 2000.

Titre 5. Les ruptures du contrat de travail et leurs conséquences

687. Le licenciement est le mode de rupture le plus fréquent du contrat de travail[1] mais, alors qu'il entraîne des obligations pour les employeurs (tant procédurales que financières), ces derniers tentent souvent de le contourner en utilisant certaines techniques juridiques.

En premier lieu, ils peuvent recourir à des contrats de travail précaires (CDD ou intérim) car la réglementation relative au licenciement ne s'applique pas en cas de rupture de ces contrats *(supra*, n° 601*)* ; mais ils doivent respecter les cas de recours strictement définis par la loi, ce qui leur laisse moins de possibilités qu'auparavant.

En second lieu, ils peuvent donner à la rupture du contrat à durée indéterminée une qualification autre que celle de licenciement : démission, rupture contractuelle, mise à la retraite, force majeure ou résiliation judiciaire. La difficulté consiste à savoir si derrière ces qualifications ne se cachent pas des licenciements déguisés.

1. Notons que la force majeure est peu retenue en droit du travail. Elle conserve les mêmes caractères qu'en droit civil (irrésistible, imprévisible, extérieure), mais la Chambre sociale en a une interprétation très restrictive. Ni les difficultés économiques, ni la grève, ni les cataclysmes naturels (inondations, gelées tardives, incendies) ne constituent des cas de force majeure pour l'entreprise. Cela permet aux salariés d'être protégés contre une rupture brutale de leurs contrats. Mais cela n'empêche pas les employeurs de se servir de la désorganisation consécutive à de tels événements pour licencier pour motif économique.

Chapitre préliminaire

Les modes de rupture du contrat de travail autres que le licenciement

688. Bien que le licenciement soit le mode de rupture du contrat de travail le plus fréquent, les difficultés liées à l'existence d'une cause réelle et sérieuse et de l'application de la procédure de licenciement poussent parfois les parties à choisir d'autres modes de rupture.

A. La démission

689. Le contrat de travail conclu sans détermination de durée peut toujours cesser à l'initiative d'une des parties contractantes. Il s'agit là de la faculté pour le salarié de rompre unilatéralement son contrat de travail. La démission est une rupture unilatérale du contrat de travail à l'initiative du salarié, elle constitue un contrepoids au licenciement.

C'est à celui qui invoque la démission de la prouver. En pratique, c'est toujours l'employeur qui l'invoque pour justifier l'absence de procédure de licenciement et le non-versement des indemnités de licenciement et de préavis. L'employeur doit donc prouver qu'il y a eu volonté unilatérale du salarié de mettre fin au contrat de travail.

690. La démission implique une volonté sérieuse, libre et non équivoque du salarié de démissionner sans qu'un formalisme soit nécessairement respecté. Une simple absence même prolongée n'équivaut pas automatiquement à une démission.

Mais la volonté du salarié doit être libre : si le salarié est contraint à la démission par un comportement abusif de l'employeur, les juges peuvent requalifier la démission en licenciement (en cas par exemple de non-paiement du salaire ou encore de conditions de travail dangereuses) ; alors que l'initiative de la rupture appartient au salarié, la rupture sera imputable à l'employeur. Il se peut que la démission soit également requalifiée en licenciement lorsque, même s'il n'y a pas de faute de l'employeur, la démission n'est pas sérieuse, ainsi en cas de décision prise dans un mouvement d'humeur. Dans ce cas, c'est l'employeur qui s'oppose à la reprise du travail et qui prend l'initiative de la rupture dont le salarié peut demander réparation.

Lorsqu'un salarié démissionne pour convenance personnelle, il se peut que par la suite il invoque une démission équivoque pour obtenir des dommages-intérêts. Le seul fait qu'il invoque ultérieurement des griefs à l'encontre de l'employeur ne justifie pas automatiquement la requalification de la démission en prise d'acte (*infra*, B). La requalification n'est possible que si le salarié justifie d'un différend antérieur ou contemporain à la rupture pour que la démission soit équivoque[1], la rupture produira alors les effets d'un licenciement non causé.

691. Le salarié est libre de démissionner à tout moment sans avoir à motiver sa décision. Mais cette liberté est limitée : la démission peut être abusive (comme dans une affaire célèbre où un mannequin avait démissionné la veille du défilé[2]) et ouvrir droit pour l'employeur à des dommages-intérêts lorsque la rupture cause un préjudice à l'entreprise.

De même le salarié ne peut pas mettre fin immédiatement à son contrat de travail : il doit respecter un préavis (délai-congé) qui s'impose tant à l'employeur qu'au salarié. La durée est généralement prévue par la convention collective ou par les usages. Si rien n'est prévu, le salarié n'a pas d'obligation de respecter un délai. Dans le cas contraire et si le salarié ne respecte pas le préavis, il devra à l'employeur une indemnité égale à la rémunération qu'il aurait touchée s'il avait travaillé pendant le délai-congé.

692. Sauf si la démission est considérée comme légitime par le régime d'assurance chômage, dans le cas par exemple d'une démission pour rejoindre un conjoint muté, elle n'ouvre en principe pas droit à l'indemnisation du chômage. Seuls les salariés qui ont trouvé un travail plus intéressant démissionnent en toute quiétude. Les autres regrettent souvent leur mouvement d'humeur, peut-être induit par l'attitude de l'employeur ; la requalification en licenciement abusif n'est pas toujours acquise.

De même, le salarié démissionnaire ne percevra pas les indemnités de rupture et il devra effectuer son délai-congé sauf si l'employeur l'en dispense.

B. La prise d'acte

693. La prise d'acte (tout comme la résiliation judiciaire du contrat de travail) constitue pour le salarié des alternatives à la démission en cas de manquement de l'employeur à ses obligations. Le salarié va cesser de travailler en « prenant acte » de la rupture du contrat de travail aux torts de l'employeur, ce que certains ont appelé au début des années 2000 « l'auto-licenciement » des salariés ou encore « la prise d'acte de la rupture ».

1. Cass. soc. 14 octobre 2009, n° 08-41.019.
2. Soc. 19 juin 1959, Christian Dior. Il en va de même lorsqu'un salarié quitte immédiatement son employeur pour ouvrir une entreprise concurrente. Si un salarié s'est rendu coupable de démission abusive et se fait embaucher ailleurs, son nouvel employeur peut être condamné pour débauchage.

694. Afin de mettre fin à des pratiques un peu systématiques des salariés qui s'autoproclamaient licenciés, la Cour de cassation est intervenue en 2003 pour clarifier ce mode de rupture[3] et se prononcer sur les conséquences de la prise d'acte de la rupture du contrat par le salarié et par l'employeur.

Le salarié pouvait en effet jusqu'alors, suite à des décisions favorables de la jurisprudence[4], décider de lui-même que le contrat de travail était rompu. Mais, en prenant acte de cette rupture, le salarié obligeait l'employeur, car bien entendu il ne voulait pas démissionner, à le licencier, ce qui faisait reposer la charge de la rupture sur ledit employeur (imputabilité). Le salarié invoquait simplement le non-respect par l'employeur de ses obligations contractuelles, même si aucun grief ne pouvait être retenu contre lui. La Cour de cassation estimait notamment, dans l'arrêt « Moka » de 2002[5], que la rupture du contrat de travail motivée par des fautes imputées par le salarié à l'employeur s'analysait en un licenciement, réputé sans cause réelle et sérieuse. Peu importait ainsi le caractère réel ou non des fautes alléguées. Le salarié pouvait, en quelque sorte, « s'auto-licencier », en invoquant un grief quelconque contre son employeur pour demander la requalification de la rupture de son contrat en un licenciement, et des dommages-intérêts pour licenciement non causé.

Pour mettre fin à cette pratique d'auto-licenciement, la Cour de cassation a donc opéré en 2003 une série de revirements de jurisprudence. Désormais, lorsqu'un salarié prend acte de la rupture de son contrat de travail en raison des faits qu'il reproche à son employeur, cette rupture produit les effets d'un licenciement non causé mais uniquement si les faits reprochés par le salarié sont fondés. Si ce n'est pas le cas et si aucun grief réel et sérieux ne peut être reproché à l'employeur, le salarié ne peut prendre acte de sa rupture, s'auto-licencier, car cette rupture produit les effets d'une démission. L'employeur ne peut plus se voir imputer la responsabilité d'une rupture qu'il n'a pas voulue. Il ne supporte l'imputabilité de la rupture que si les faits que le salarié invoque sont fondés[6].

Le même raisonnement a été appliqué à la situation des salariés protégés. Mais, afin de prendre en compte la spécificité du statut protecteur, il a été décidé que la prise d'acte d'un salarié protégé produit soit les effets d'un licenciement nul pour violation du statut protecteur lorsque les manquements invoqués par le salarié sont justifiés, soit les effets d'une démission[7].

695. De plus, seul le juge peut prononcer la rupture du contrat de travail d'un salarié qui l'a initialement saisi d'une demande tendant à obtenir l'exécution de

3. Cass. soc. 25 juin 2003, n° 01-40.235, n° 01-42.335, n° 01-42.679, n° 01-43.578, n° 01-41.15. Cass. soc. 8 juillet 2003, n° 02.-45.092. Sur l'ensemble du sujet, lire notamment, P. Lyon-Caen, « Sur la prise d'acte par l'employeur d'une démission équivoque (avis cass. soc. 25 juin 2003) », Dr. soc. 2003, p. 814, G. Couturier, J.E. Ray, « L'auto-licenciement suite et fin », Dr. soc. 2003, p. 817.

4. Cass. soc. 12 juillet 2000, n° 98-43.010 et Cass. soc. 26 septembre 2002, Moka, n° 00-45001.

5. Précité.

6. Arrêts précités.

7. Cass. soc. 5 juillet 2006, Dr. soc. 2006, p. 1069, obs. F. Favennec-Héry.

celui-ci. Toute prise d'acte directe par le salarié est illicite, même si l'employeur a manqué à ses obligations. Le juge peut seul rechercher le manquement aux obligations invoquées par le salarié. Si les manquements sont constatés, le juge peut soit ordonner la poursuite du contrat accompagnée de dommages-intérêts, soit la résiliation de celui-ci aux torts de l'employeur, c'est-à-dire un licenciement sans cause réelle et sérieuse, mais il faut dans cette hypothèse ultime que les manquements rendent réellement impossible la poursuite de la relation contractuelle.

696. La prise d'acte de la rupture du contrat peut être aussi le fait de l'employeur motivée par le refus de travailler du salarié[8]. Si le salarié refuse de travailler ou d'exécuter ses engagements, il doit normalement démissionner et la jurisprudence estime que cette démission doit être la résultante d'une manifestation claire et non équivoque de rompre le contrat de travail.

Mais parfois le salarié ne démissionne pas et l'employeur se contente alors de prendre « acte de la rupture » par le salarié. La jurisprudence estime alors que la rupture doit, en l'absence de démission claire et non équivoque, s'analyser en un licenciement dépourvu de cause réelle et sérieuse. L'employeur doit alors mettre en œuvre la procédure de licenciement.

697. Depuis les arrêts de 2003, le contentieux sur la prise d'acte n'a cessé d'augmenter car les salariés ont tendance à prendre acte de leur rupture au moindre manquement de l'employeur à ses obligations contractuelles. Mais les juges ont précisé qu'il ne peut s'agir de n'importe quel manquement : les manquements reprochés doivent être suffisamment graves[9] et faire obstacle à la poursuite du contrat de travail[10] pour que la rupture puisse produire les effets d'un licenciement non causé. Cela recouvre des situations de fait variables : suppression du moyen de transport mis à disposition par l'employeur, réduction du secteur d'activité en l'absence d'accord d'un VRP, manquement à l'obligation de soumettre le salarié à une visite de reprise, etc. Si la rupture s'est accompagne de circonstances vexatoires, le salarié pourra prétendre à des dommages-intérêts[11]

De même, il a été jugé que la prise d'acte entraîne la rupture immédiate du contrat de travail et que le salarié ne peut revenir unilatéralement sur sa décision[12]. C'est d'ailleurs sur ce dernier que repose la charge de la preuve (sauf en cas de manquement à l'obligation de sécurité de résultat de l'employeur) et, si un doute subsiste, il ne profitera pas au salarié car les juges feront produire à la prise d'acte les effets d'une démission[13]. Les hypothèses de requalification de la prise d'acte en démission sont aussi variées et soumises à l'appréciation souveraine des

8. Arrêts précités du 25 juin 2003.

9. Cass. soc. 19 janvier 2005, n° 03-45.018 ; par exemple en cas de violences physiques Cass. soc. 30 octobre 2007, n° 06-43.327 ou encore de défaut de paiement des salaires, Cass. soc. 6 juillet 2004, n° 02-42.642.

10. Cass. soc. 30 mars 2010, n° 08-44.236.

11. Cass. soc. 16 mars 2010, n° 08-44.094.

12. Voir par exemple Cass. soc. 14 octobre 2009, n° 08-42.878.

13. Cass. soc. 19 décembre 2007, n° 06-44.754.

juges du fond. Le juge doit d'ailleurs examiner tous les manquements invoqués devant lui par le salarié, même ceux qui ne figurent pas dans l'écrit établi par le salarié car celui-ci, à la différence de la lettre de licenciement, ne fixe pas les limites du litige[14]. Un salarié ne peut toutefois pas, à la fois invoquer un vice du consentement de nature à annuler sa démission, et demander que cet acte de démission soit analyseé en prise d'acte[15].

La prise d'acte du contrat de travail n'est pas exclusive de l'exécution d'un préavis que le salarié peut se proposer d'exécuter. Cela est toutefois sans incidence sur la gravité des manquements qu'il invoque à l'encontre de son employeur[16].

Une autre particularité du contentieux concerne en outre les domaines dans lesquels il se développe. Ainsi en est-il ces dernières années des prises d'actes de salariés suite à des faits de harcèlement ou de violences dont ils s'estiment victimes. La prise d'acte est alors nécessairement fondée et l'employeur est considéré dans ces hypothèses comme ayant manqué à son obligation de sécurité de résultat en application de l'article L. 4121-1 du Code du travail, même s'il a pris des mesures pour faire cesser ces comportements[17].

Notons pour finir qu'il peut y avoir un concours de rupture car rien n'empêche un salarié de prendre acte de la rupture de son contrat de travail alors qu'il a déjà engagé une action en résiliation judiciaire pour les mêmes faits[18], ou pour de nouveaux griefs (compte tenu de « l'ambiance conflictuelle » que peut faire naître l'action en justice). En effet, l'action en résiliation judiciaire ne met pas fin au contrat et les parties continuent de l'exécuter jusqu'au prononcé de la décision judiciaire. La prise d'acte entraînant la cessation immédiate du contrat, la résiliation judiciaire devient sans objet. Il en va de même si un employeur tente de licencier le salarié après que celui-ci a pris acte de la rupture : le licenciement postérieur est sans effet.

C. La résiliation judiciaire du contrat de travail

698. L'employeur peut être tenté de saisir le juge pour demander à ce dernier de résilier le contrat de travail. Cela lui permet d'éviter de supporter la charge de la rupture, même si le recours au juge est de fait plus lourd qu'une procédure de licenciement.

Les juges ont commencé par interdire ce mode de rupture du contrat de travail afin de parfaire l'élaboration d'une procédure exorbitante du droit commun pour les contrats des salariés protégés[19]. Puis, après l'avoir longtemps

14. Cass. soc. 29 juin 2005, JCP S sept. 2005, note F. Favennec-Héry.

15. Cass. soc. 17 mars 2010, n° 09-40.465, JCP S 2010, 1359, note A. Martinon qui distingue avec justesse la « démission viciée » et « la fausse démission ». « *L'invocation du vice du consentement ferme la voie à la requalification* ».

16. Cass. soc. 2 juin 2010, n° 09-40.215, JCPS 2010, 1309, note N. Dauxerre.

17. Cass. soc. 3 février 2010, n° 08-40.144, n° 08-44.019.

18. Cass. soc. 31 octobre 2006, n° 04-48.234, JCP S 2006, 1948, note P.Y. Verkindt.

19. Ch. mixte 21 mai 1974, arrêts « Perrier », B. V. n° 3. Sur le statut protecteur, voir *supra*.

admis à l'encontre des salariés non protégés, la Cour de cassation a fini par proscrire définitivement la résiliation judiciaire du contrat de travail[20], sauf dans les cas expressément prévus par la loi[21] : « *L'employeur qui dispose du droit de résilier unilatéralement un contrat de travail à durée indéterminée par la voie du licenciement, en respectant les garanties légales, n'est pas recevable, hors les cas où la loi en dispose autrement, à demander la résolution judiciaire dudit contrat*[22]. » L'employeur qui ne veut plus garder un salarié doit donc toujours prendre l'initiative de la rupture du contrat de travail.

Mais le salarié garde toujours cette faculté de rompre le contrat de travail s'il invoque devant le juge un manquement de l'employeur à ses obligations contractuelles.

D. La rupture conventionnelle

699. Innovation de la *loi de modernisation du marché du travail du 25 juin 2008*[23], la rupture conventionnelle marque la volonté d'un retour à la force obligatoire du contrat et à la liberté contractuelle des parties, mais vient aussi s'intégrer dans un courant tendant à critiquer la lourdeur du droit du licenciement. Si les parties ont toujours eu la faculté de rompre de manière « amiable » leur contrat, cette modalité était souvent entourée de suspicion à l'égard de l'employeur dont on craignait qu'il ne veuille s'abstenir d'engager la procédure de licenciement. Désormais consacré par la loi, ce nouveau mode de rupture semble prendre un réel essor mais est entouré de garanties rigoureuses, parfois proches de celles du licenciement.

Cette rupture concerne le contrat de travail à durée indéterminée[24] et les dispositions relatives au licenciement pour motif économique ne s'appliquent pas à la rupture conventionnelle. Tous les salariés, y compris les salariés protégés peuvent conclure une rupture conventionnelle, la rupture résultant précisément d'une convention signée par les parties au contrat. Cette convention définit les conditions de la rupture et notamment le montant de l'indemnité spécifique de rupture conventionnelle qui ne peut être inférieure à l'indemnité légale de licenciement[25]. Elle fixe également la date de rupture du contrat de travail qui ne peut intervenir avant le lendemain de l'homologation.

La rupture est précédée d'un ou de plusieurs entretiens au cours desquels chaque partie peut se faire assister ; il s'agit notamment pour le salarié de l'assistance du conseiller du salarié. Un délai de quinze jours calendaires de rétractation est prévu pour les deux parties. Le droit de rétractation peut prendre

20. Cass. soc. 9 mars 1999, Dr. soc. 1999, p. 527, obs. A. Mazeaud.
21. Par exemple, C. trav. art. L. 6222-18 pour la rupture du contrat d'apprentissage.
22. Cass. soc. 13 mars 2001, C. Radé, « Feu la résolution judiciaire du contrat de travail », Dr. soc. 2001, p. 624.
23. C. trav. art. L. 1237-11.
24. C. trav. art. L.1231-1.
25. C. trav. art. L. 1237-13.

la forme d'une lettre recommandée avec avis de réception ou d'une lettre remise en main propre contre décharge. Passé ce délai, l'originalité du dispositif consiste en une homologation[26] de la rupture par l'administration du travail (direction départementale du travail – DDTEFP – intégrée depuis le 1er juillet 2010 au sein d'une nouvelle institution dénommée DIRECCTE), demandée par la partie la plus diligente. À compter de la réception de la demande, la direction départementale dispose d'un délai d'instruction de quinze jours ouvrables pour s'assurer notamment du libre consentement des parties. À défaut de notification dans ce dernier délai, l'homologation est réputée acquise et l'autorité administrative est dessaisie. L'administration peut refuser l'homologation en cas de non-respect des règles relatives à l'assistance ou encore dans l'hypothèse d'indemnités conventionnelles inférieures au minimum légal. Notons que pour les salariés protégés, la rupture conventionnelle n'est pas soumise à l'homologation mais à l'autorisation de l'inspecteur du travail, comme en matière de licenciement. L'homologation peut faire l'objet d'un litige distinct de celui de la rupture. Bien que ce litige relève d'une décision de l'autorité administrative, les contestations relatives à l'homologation sont de la compétence du conseil des prud'hommes. Le recours devra être formé à peine d'irrecevabilité avant l'expiration d'un délai de douze mois à compter de la date d'homologation.

Afin de ne pas léser le salarié qui fait l'objet d'une rupture conventionnelle, il a été prévu que ce dernier a droit aux allocations chômage dans les conditions de droit commun. De ce fait, l'octroi d'une indemnité conventionnelle au moins égale à l'indemnité de licenciement et le bénéfice de l'assurance chômage font de ce dispositif un élément assez attractif autant pour le salarié que pour l'employeur qui bénéficie d'un mode de rupture « allégé ».

E. La retraite

700. La mise à la retraite ou le départ à la retraite sont des sujets sensibles compte tenu de la pression sociale et de l'évolution (négative) du régime d'assurance vieillesse, en témoigne la réforme du 9 novembre 2010 « passant » l'âge légal de la retraite de 60 à 62 ans. Afin d'éviter certaines dispositions d'ordre conventionnel qui prévoyaient des mises à la retraites d'office à compter d'un certain âge (clauses « guillotine » ou « couperet »), le législateur est intervenu par une loi du 30 juillet 1987 qui fait de l'âge un mode autonome de rupture du contrat de travail. Ce dispositif a été complété par une loi du 21 août 2003 qui interdit en principe à un employeur de mettre à la retraite un salarié avant ses 65 ans. La mise à la retraite constitue la faculté pour un employeur de rompre le contrat de travail d'un salarié ayant atteint un âge prévu par le Code de la Sécurité sociale, c'est-à-dire en principe 65 ans. La mise à la retraite avant l'âge de 65 ans n'est possible que si le salarié a suffisamment cotisé pour pouvoir prétendre à une retraite à taux plein et si un accord collectif de branche étendu le prévoit. Des mises à la

26. C. trav. L. 1237-14, *al.* 2 et 3.

retraite anticipée sont aussi possibles dans le cas des dispositifs de préretraite ou de retraite progressive. Le salarié mis à la retraite a notamment droit à une indemnité de mise à la retraite équivalente à l'indemnité légale de licenciement. Si l'employeur ne respecte pas ces mesures, la rupture s'analysera en un licenciement dépourvu de cause réelle et sérieuse.

La loi du 9 novembre 2010 portant réforme des retraites ne bouleverse pas la mise à la retraite[27] par l'employeur.

Réaffirmant le choix de la retraite par répartition de notre pays, elle a pour objet essentiel de modifier l'âge d'ouverture du droit à une pension de retraite à 62 ans pour les assurés nés à compter du 1er janvier 1956. Des cas de retraite anticipée sont prévus, notamment pour pénibilité, pour des travailleurs exposés à des facteurs de risques professionnels déterminés par décret. Est également prévu un report à 67 ans (au lieu de 65 ans) de la retraite sans décote (bénéfice d'un départ à taux plein même avec une durée d'assurance insuffisante). Le Conseil constitutionnel a, pour l'essentiel, validé la réforme[28], rejetant les arguments tenant à une rupture du principe d'égalité devant la loi.

Quant au départ à la retraite, les choses sont plus simples car il est à l'initiative du salarié. Ce dernier peut prendre sa retraite à partir du moment où il peut bénéficier d'une retraite à taux plein, mais il bénéficiera d'une indemnité inférieure à celle versée en cas de mise à la retraite.

27. JO (10) - Numero special reforme des retraites JCP S, 7 décembre 2010.

28. Cons. Const., déc. n° 2010-617, 9 nov. 2010.

Chapitre 1

Le licenciement pour motif personnel

701. Comme il a été dit, le contrat de travail conclu sans détermination de durée peut toujours cesser à l'initiative d'une des parties contractantes[1].

La résiliation du contrat à durée indéterminée à l'initiative de l'employeur est le mode de rupture du contrat de travail le plus réglementé car il s'agit de protéger les intérêts des salariés menacés de licenciement mais aussi les intérêts des organismes débiteurs des prestations d'assurance chômage.

Il existe deux grandes catégories de licenciement : le licenciement pour motif individuel, inhérent à la personne du salarié et le licenciement pour motif économique, dont le motif n'est pas inhérent à la personne du salarié mais relève de considérations concernant l'organisation de l'entreprise.

Section 1 LE MOTIF DU LICENCIEMENT : LA CAUSE RÉELLE ET SÉRIEUSE

702. Le licenciement pour motif individuel est régi par une loi fondamentale du 13 juillet 1973 ; cette loi a prévu une procédure de licenciement équitable et protectrice et a mis en place le concept de cause réelle et sérieuse de licenciement. Avant 1973, la seule obligation qui pesait sur l'employeur était l'envoi d'une lettre recommandée notifiant le licenciement. Il n'avait pas à alléguer un motif de licenciement sauf si le salarié l'assignait devant les juges ; le salarié licencié ne pouvait obtenir la condamnation de l'employeur que s'il réussissait à prouver un abus de la part de ce dernier[2]. C'était le temps des « chèques-

1. C. trav. art. L. 1231-1.

2. Voir J. Pélissier, « L'élaboration d'un droit du licenciement », *Mélanges Lyon-Caen*, Dalloz, 1989, p. 349.

valises », sans explication et sans procédure. Mais c'était aussi une époque où l'on pouvait retrouver un emploi sans trop de difficulté.

Désormais, l'employeur doit justifier d'une cause au licenciement et il doit respecter une procédure réelle.

I. La détermination de la cause réelle et sérieuse

A. L'exigence d'un double caractère

703. La loi exige que la rupture à l'initiative de l'employeur soit fondée sur un motif à la fois réel et sérieux, mais elle ne donne aucune définition de la cause réelle et sérieuse de licenciement. Les juges n'ont pas voulu se laisser enfermer par une définition trop stricte de cette notion.

Il est toutefois possible de préciser que :

– le caractère réel de la cause de licenciement s'entend du fait qu'elle doit être existante, exacte, précise et objective ;

– le caractère sérieux fait que l'événement à l'origine de la cause du licenciement doit être préjudiciable à l'entreprise (certains auteurs disent qu'elle doit être d'une certaine gravité) et qu'il rende impossible la continuation du travail.

Mais l'existence d'une faute du salarié n'est pas exigée. Il existe des causes réelles et sérieuses de licenciement pour faute (un vol par exemple) ou sans faute (les absences causées par la maladie).

L'employeur ne peut licencier en tout état de cause que pour des faits non encore sanctionnés et existant au moment de la rupture du contrat de travail.

704. Depuis 1987, la Cour de cassation ne contrôle plus, en principe, la cause réelle et sérieuse de licenciement. Le juge du fond doit alors apprécier la réalité du licenciement, l'exactitude et l'importance du motif énoncé dans la lettre de licenciement. Il doit rechercher si la raison invoquée constitue un véritable motif de licenciement. La preuve doit être recherchée par le juge ; elle ne repose ni sur le salarié, ni sur l'employeur, mais ce dernier doit tout de même alléguer les faits précis sur lesquels il a fondé sa décision. Si un doute subsiste, il profite au salarié.

B. Les situations de licenciement inhérentes à la personne du salarié

705. Les motifs de licenciement sont en fait aussi nombreux que peuvent l'être les actions commises par les salariés. Certains ont fait l'objet de décisions bien précises de la chambre sociale de la Cour de cassation (*infra*, II), d'autres reflètent le quotidien d'une entreprise. Sont, par exemple, souvent retenus par le juge du fond : l'insubordination, les négligences[3], l'abandon de

3. Le fait, pour un directeur commercial, de se désintéresser progressivement de son travail, Cass. soc. 6 janvier 1999, n° 096-44.058, ou encore le désintérêt marqué d'une secrétaire pour les

poste[4], les indiscrétions[5], les désaccords avec la direction ou encore les critiques ou accusations contre les dirigeants, la déloyauté, les fraudes ou malversations, les violences ou injures, le non-respect des règles d'hygiène ou de sécurité, etc.

Beaucoup sont des motifs disciplinaires de licenciement et sont assortis de fautes plus ou moins graves des salariés. En effet, quel que soit le motif invoqué par l'employeur à l'appui du licenciement, ce dernier peut considérer que l'agissement du salarié est, de surcroît, fautif.

En fonction de l'importance des faits, de la responsabilité que le salarié peut avoir dans l'entreprise, les juges retiendront tantôt une simple cause réelle et sérieuse, tantôt une faute du salarié. Ainsi, l'insubordination peut être cause réelle et sérieuse de licenciement : un salarié pompiste est coupable d'insubordination s'il refuse d'exécuter une tâche entrant dans ses attributions (montage d'un pneu) et si une journée d'absence injustifiée vient s'ajouter à ce manquement aux obligations professionnelles[6]. Mais une même insubordination peut être constitutive d'une faute grave privative des indemnités de rupture dans le cas d'un ingénieur, responsable de produits, qui persiste à refuser un rendez-vous avec l'un des principaux clients de l'entreprise auquel il devait présenter l'un des produits dont il avait la responsabilité, en dépit des injonctions réitérées de ses supérieurs hiérarchiques[7]. Les juges tiennent compte des fonctions, de la position au sein de l'entreprise.

C. L'incidence d'une faute du salarié

706. La survenance d'une faute du salarié peut donc créer une catégorie à part de licenciement car cela aggrave sa situation soit en termes d'indemnités (il peut être privé de ses indemnités de rupture, c'est le cas de la faute grave), soit en termes de responsabilité (sa responsabilité peut être retenue en cas de faute lourde).

La faute du salarié est constituée par un acte positif ou une abstention volontaire de sa part et il n'existe pas de définition légale de cette notion, à la différence de celle de sanction. Rappelons que la faute n'est pas exigée pour retenir l'existence d'une cause réelle et sérieuse de licenciement. C'est pour cela qu'une faute dite légère (un retard de dix minutes) n'est pas une cause réelle et sérieuse de licenciement, sauf si elle est réitérée.

Il existe une hiérarchie des fautes ; le juge, pour apprécier la gravité de la faute, peut se fonder sur plusieurs éléments dont la place du salarié dans l'en-

---

dossiers relevant de sa compétence accompagné d'un isolement et de difficultés relationnelles avec ses collaborateurs, Cass. soc. 19 mai 1999, n° 96-45.507.

4. Même d'une seule journée.

5. Comme la divulgation à l'intérieur ou *a fortiori* à l'extérieur de l'entreprise de documents confidentiels.

6. Cass. soc. 7 juillet 1999, n° 97-42953.

7. Cass. soc. 7 octobre 1998, n° 96-42504.

treprise (un cadre est censé donner l'exemple), son ancienneté ainsi que son attitude préalable dans l'entreprise. L'appréciation de la faute relève d'une analyse objective des faits mais l'appréciation sera en définitive purement subjective.

Il convient de distinguer trois niveaux de fautes :

– la faute constituant (ou équivalente à) une cause réelle et sérieuse de licenciement. Ainsi, une abstention involontaire ayant eu des répercussions sur le travail comme l'oubli par une secrétaire de l'envoi d'une lettre importante ; le salarié est licencié mais il bénéficiera d'un préavis (effectué ou non) et il percevra des indemnités de rupture si son ancienneté dans l'entreprise le lui permet, ainsi que des indemnités compensatrices de congés payés ;

– la faute grave : elle résulte d'un fait ou d'un ensemble de faits imputables au salarié qui constitue une violation des obligations découlant du contrat ou des relations du travail et d'une importance telle qu'elle rend impossible le maintien de l'intéressé dans l'entreprise (pendant la durée du préavis). Le salarié doit donc quitter l'entreprise sur-le-champ lorsqu'il est coupable d'une réitération de fautes sérieuses, d'un comportement inadmissible ou fautif (insultes à un supérieur). En conséquence, il sera privé des indemnités de licenciement. En outre, la faute grave interdit à l'employeur de garder le salarié pendant le préavis : le salarié n'est pas dispensé de préavis, il en est privé à titre de sanction. Le salarié coupable d'une faute grave ne percevra donc, le cas échéant, que l'indemnité compensatrice de congés payés. S'agissant de la faute grave, la Cour de cassation conserve un contrôle strict de la qualification des faits[8] ;

– la faute lourde : elle est caractérisée par l'intention de nuire à l'employeur ou à l'entreprise[9]. Elle est privative de toutes les indemnités, y compris l'indemnité compensatrice de congés payés (pour les congés en cours d'acquisition) bien qu'elle ne soit pas une indemnité de rupture. Mais le législateur a vu dans cette interdiction une peine privée qui permet une exception à l'interdiction des sanctions pécuniaires. Seule une faute lourde peut fonder une action en dommages-intérêts de l'employeur contre un salarié (recherche de la responsabilité civile devant les tribunaux) ou conduire au licenciement d'un salarié gréviste.

La preuve de l'existence de la faute incombe à l'employeur ; le doute profite toujours au salarié. L'employeur ne peut toutefois pas user de tous les moyens qu'il juge utiles pour prouver l'attitude fautive du salarié : il ne peut par exemple

---

8. Si l'employeur choisit de licencier pour faute grave, le juge peut atténuer le degré de gravité de la faute mais il ne peut remplacer le motif de licenciement pour un motif autre que disciplinaire : Cass. soc. 21 mars 2000, jurisprudence sociale Lamy n° 57 du 2 mai 2000. Par ailleurs, la reconnaissance par le salarié de la matérialité des faits ayant entraîné son licenciement pour faute grave ne dispense pas le juge de rechercher si les faits étaient vraiment constitutifs d'une faute grave : Cass.soc. 13 juin 2001, Dalloz Actualités du 3 juillet 2001. Enfin, quoi qu'il en soit, la qualification de faute grave (ou de faute lourde) ne peut être retenue que si l'employeur prononce une rupture immédiate du contrat : Cass. soc. 21 novembre 2000, Dalloz actualités du 12 décembre 2000.

9. Cass. soc. 29 novembre 1990, Dr. soc. 1991, p. 105, obs. G. Couturier.

filmer les salariés à leur insu, ni enregistrer leurs conversations téléphoniques privées (*infra*, II).

Mais le degré d'appréciation de la gravité de la faute est laissé à l'appréciation du juge : il ne peut aggraver la faute sauf en cas de licenciement d'un salarié gréviste lorsque l'employeur n'a retenu que la faute grave. Le juge doit alors rechercher s'il y avait faute lourde, seule faute rendant le licenciement possible dans ce cas. Le juge peut aussi réduire l'importance de la faute alléguée par l'employeur et considérer qu'il y a cause réelle et sérieuse de licenciement là où l'employeur voyait une faute grave.

Les fautes du salarié	Conséquences indemnitaires de la faute	Conséquences en termes de responsabilité
• la faute légère	N'est pas une cause réelle et sérieuse mais peut entraîner une sanction disciplinaire	
• la faute équivalant à une cause réelle et sérieuse	Le salarié percevra : - une indemnité de licenciement (dommages-intérêts calculés en fonction de l'ancienneté, 1/5e de mois de salaire par année d'ancienneté) - une indemnité compensatrice de préavis (correspond au salaire que le salarié aurait perçu s'il avait effectué son préavis) - une indemnité compensatrice de congés payés (correspond aux congés acquis et non pris au moment du licenciement)	
• la faute grave (qui rend impossible le maintien du salarié dans l'entreprise)	Le salarié est privé des indemnités de rupture (indemnité de licenciement et indemnité compensatrice de préavis) Mais il conserve son indemnité compensatrice de congés payés	
• la faute lourde (caractérisée par l'intention de nuire)	Le salarié est privé de toute indemnité	Il peut en outre engager sa responsabilité civile et/ou pénale

II. Les principales causes de licenciement appréhendées par la jurisprudence

A. Des causes variées et variables

707. Certaines causes de licenciement ont fait l'objet d'une attention particulière de la jurisprudence, notamment en raison d'un risque de subjectivité lié à la décision de l'employeur.

1) L'insuffisance professionnelle

708. Si le salarié n'exécute pas son travail avec suffisamment de diligence et de qualité, ces manquements peuvent constituer une cause réelle et sérieuse de licenciement à condition qu'ils soient établis sur des éléments réels et précis comme par exemple l'insuffisance des résultats.

Depuis l'arrêt *Expovit* de 1992[10], l'employeur doit, dans un souci de gestion prévisionnelle des emplois, adapter la situation des salariés à l'évolution de l'emploi. Le devoir d'adaptation repose sur l'obligation de loyauté de l'employeur. C'est pourquoi il doit former ses salariés. S'il ne le fait pas, il ne peut pas reprocher à une salariée, employée comme sténodactylo puis promue correspondante de paie, son insuffisance professionnelle. L'employeur ne peut pas non plus invoquer l'insuffisance professionnelle quand il fait effectuer à une salariée des tâches ne relevant pas de sa qualification et étrangères à l'activité pour laquelle elle avait été embauchée[11].

En réalité, la jurisprudence de la Chambre sociale évolue, en matière d'insuffisance professionnelle, dans un sens identique à ce qui a été décidé il y a quelques années pour la perte de confiance (*infra*, 2) : les juges ont, en effet, déclaré que *« la seule insuffisance de résultats ne peut, en soi, constituer une cause réelle et sérieuse de licenciement »*[12]. Elle doit être établie sur la base d'éléments objectifs comme, par exemple, le lien entre la dégradation du marché et le fait que le salarié pouvait ou non, en conséquence, atteindre les objectifs fixés par l'employeur. Il faut aussi vérifier si ces objectifs définis étaient raisonnables et compatibles avec le marché. Si l'insuffisance professionnelle peut être une cause réelle et sérieuse de licenciement lorsqu'elle est étayée par des faits objectifs, elle peut aussi être aggravée par une faute du salarié[13].

2) La perte de confiance

709. La perte de confiance de l'employeur en ses salariés ne constitue pas à elle seule une cause réelle et sérieuse de licenciement.

Cette pratique de licenciement subjectif s'était abusivement développée à l'encontre de certains cadres qui n'adhéraient pas à la politique de l'entreprise. La Cour de cassation y a mis fin en déclarant que la perte de confiance ne constitue plus en soi une cause réelle et sérieuse de licenciement ; elle ne peut l'être que si

---

10. Cass. soc. 25 février 1992, Sté Expovit c/ Dehaynain, Bull. V, n° 122.

11. Cass. soc. 2 février 1999, Sté Castorama c/ Andrieu et Assedic du Sud-Ouest, Dr. soc. 1999, p. 417. Il s'agissait en l'espèce d'une salariée embauchée comme « secrétaire » puis promue « secrétaire de direction » et qui percevait une rémunération inférieure à celle prévue par la convention collective pour ce type de fonction.

12. Cass. soc. 30 mars 1999, Evrard c/ SARL Samsung information, LS, JP n° 631 du 20 mai 1999.

13. CA Bordeaux, 23 février 1999, Ch. soc. A, SA Les Grands Crus c/ Bourak-Partouche, affaire dans laquelle un ingénieur informaticien, non content de mener à bien sa mission, se livre par ailleurs au piratage de logiciels au risque d'une mise en jeu de la responsabilité personnelle de l'employeur (faute grave).

elle est étayée par des faits objectifs permettant de révéler l'existence d'une cause réelle et sérieuse de licenciement[14]. Les juges ont, depuis, précisé que « *la perte de confiance de l'employeur ne peut jamais constituer en tant que telle une cause de licenciement même quand elle repose sur des éléments objectifs ; seuls ces éléments objectifs peuvent, le cas échéant, constituer une cause de licenciement* »[15].

710. D'autres causes de licenciement doivent être surveillées car elles risquent d'être discriminatoires.

3) La maladie

711. La maladie est, en principe, une cause de suspension du contrat de travail. Depuis la loi du 12 juillet 1990, aucun salarié ne peut être licencié en raison de son état de santé (art. L. 1132-1 C. trav.). L'employeur qui souhaite mettre fin au contrat de travail d'un salarié en raison de son état de santé ne peut le faire que si l'inaptitude de ce dernier a été constatée par le médecin du travail[16].

Toutefois, lorsqu'elle perturbe le bon fonctionnement de l'entreprise (répétition des absences et / ou longue durée), elle peut devenir une cause réelle et sérieuse de licenciement.

Tel est le cas lorsque l'absence pour cause de maladie est prolongée[17] et que l'employeur se trouve dans la nécessité de remplacer le salarié absent. Mais cela dépend de la taille de l'entreprise et de la qualification du salarié ainsi que des termes de la convention collective applicable[18]. Les derniers arrêts de la Chambre sociale de la Cour de cassation sont plus clairs : si l'article L.1132-1 du Code du travail fait interdiction de licencier un salarié notamment en raison de son état de santé ou de son handicap, sauf inaptitude constatée par le médecin du travail, ce texte ne s'oppose pas au licenciement motivé, non pas par l'état de santé du salarié, mais par la situation objective de l'entreprise dont le fonctionnement est perturbé par l'absence prolongée ou les absences répétées et si cela nécessite un remplacement définitif[19]. La situation objective de l'entreprise est le critère majeur : un salarié malade ne peut être licencié que si la situation objective de l'entreprise nécessite de pourvoir à son remplacement définitif ; un remplacement provisoire par un salarié précaire ne saurait suffire[20].

4) L'inaptitude

712. Lorsque le salarié revient d'une longue maladie ou des suites d'un accident du travail (ou maladie professionnelle), il doit passer une visite de reprise au sein

14. Cass. soc. 29 novembre 1990, Fertray, n° 87-40184, Les Grands Arrêts du droit du travail, Dalloz, 3e édition, n° 98.
15. Cass. soc. 29 mai 2001, Dalloz Actualités du 2 juillet 2001.
16. Cass. soc. 28 janvier 1998, Liaisons sociales, n° 7852 du 23 avril 1998.
17. Cass. soc. 26 septembre 1990, n° 87-41689.
18. Cass. soc. 26 septembre 1990, *ibidem*.
19. Cass. soc. 5 octobre 1999, Liaisons sociales, jurisprudence n° 653 du 9 décembre 1999.
20. Cass. soc. 13 mars 2001, Dalloz Actualités du 29 mars 2001.

de son entreprise[21] afin de vérifier son aptitude au travail. Cette visite de reprise est faite par un médecin du travail et elle met fin à la période de suspension du contrat. Si l'inaptitude totale est constatée par le médecin du travail, l'employeur est obligé de chercher un reclassement pour le salarié. Toutefois, le médecin du travail ne peut constater l'inaptitude qu'après avoir fait passer à l'intéressé deux examens médicaux espacés de deux semaines. Si l'employeur envisage de licencier le salarié pour inaptitude alors que ces deux examens n'ont pas eu lieu, le licenciement est nul en application de l'article L. 1132-1 du Code du travail[22] (discrimination en raison de l'état de santé). À condition, donc, de respecter les dispositions du Code du travail relatives à la visite de reprise, l'employeur, qui ne peut reclasser le salarié, peut le licencier pour inaptitude. La rupture ouvre droit à l'indemnité légale de licenciement ou à l'indemnité conventionnelle.

B. Les causes liées à la vie privée (personnelle) du salarié[23]

713. Logiquement, les événements tenant à la vie privée d'un salarié ne sauraient faire l'objet d'une immixtion de l'employeur. Mais la notion de vie privée du salarié est une notion assez floue qui a fait l'objet d'une interprétation de la Cour de cassation afin de protéger, notamment, les libertés individuelles fondamentales d'un salarié.

1) Vie privée et vie professionnelle du salarié

714. Une nouvelle terminologie ?

Les juges ont dégagé depuis peu le concept de vie personnelle du salarié, qui s'oppose à celui de vie professionnelle[24]. Il est en effet avancé que la notion de vie privée au sens de l'article 9 du Code civil qui fait référence, à l'opposé, à la vie publique, ne concerne pas réellement le salarié. Certains ne veulent pas que l'article 9 du Code civil serve de « fourre-tout », englobant à la fois la vie des stars et celle des salariés. Pourtant, la Chambre sociale de la Cour de cassation continue de rendre ses arrêts au visa de l'article 9, utilisant toujours le terme de vie privée, qui serait devenu pour certains auteurs un sous-ensemble de la vie personnelle.

715. La notion de trouble caractérisé

Le principe est le suivant : des faits intervenus au cours de la vie privée du salarié ne peuvent justifier un licenciement sauf si le comportement de celui-ci, compte tenu de la nature des fonctions et de la finalité de l'entreprise, a créé un trouble caractérisé au sein de cette dernière.

21. Cass. soc. 12 novembre 1997, Liaisons sociales, jurisprudence-Actua, n° 7798 du 27 janvier 1998.

22. Cass. soc. 16 février 1999, Dr. soc. 1999, p. 528.

23. Notre article, « Libertés fondamentales et droits du salarié : le rôle du juge », Dr. soc. 2001, p. 404 ; note sous Cass. soc. 30 novembre 2005, JCP S 2006, 1240.

24. Cass. soc. 14 mai 1997, Bull. V, n° 175.

La jurisprudence a évolué dans cette matière. Alors que la Cour de cassation décidait, en 1978[25], que le licenciement d'une institutrice de l'enseignement catholique qui avait divorcé puis s'était remariée était fondé sur une cause réelle et sérieuse, elle décide, s'agissant d'un sacristain licencié en raison de son homosexualité, que doit être cassé l'arrêt qui a débouté l'intéressé de sa demande en indemnité pour licenciement sans cause réelle et sérieuse de licenciement ; les juges du fond s'étaient en effet bornés à mettre en cause les mœurs de l'intéressé sans avoir constaté des agissements de ce dernier ayant créé un trouble caractérisé au sein de l'association qui l'avait congédié[26].

Toute la difficulté réside, bien entendu, dans la détermination de la frontière qui sépare la vie personnelle de la vie professionnelle, particulièrement si les deux éléments sont liés ; l'article L.1121-1 du Code du travail permet désormais de résoudre ces situations difficiles en application des principes de proportionnalité et de finalité. Ainsi en est-il d'un salarié d'une banque qui s'est engagé auprès de son employeur, mais en sa qualité de banquier, à ne plus avoir de découvert. Licencié, il obtient gain de cause auprès des juges car les événements relevant de sa vie personnelle n'avaient pas eu pour effet de troubler le fonctionnement de son entreprise[27]. Il n'en va pas de même pour un conducteur de poids lourd qui s'est fait retirer son permis de conduire pendant le week-end alors qu'il était sous l'emprise de l'alcool, le retrait ayant ici des conséquences directes sur l'emploi[28].

L'obligation de loyauté à laquelle sont soumis les salariés vient compléter le dispositif et permet de reconnaître le licenciement de ceux qui ont violé cette obligation. Tel est le cas d'une salariée d'une caisse d'allocations familiales qui fait, en tant qu'allocataire, de fausses déclarations auprès d'une autre caisse : une faute relevant de sa vie personnelle devient alors une faute professionnelle justifiant le licenciement[29].

2) Le licenciement confronté aux libertés fondamentales du salarié

716. Des atteintes à la vie privée du salarié peuvent concerner l'exercice de libertés individuelles, considérées pour certaines comme fondamentales. Le licenciement opéré par l'employeur ne sera alors reconnu comme valable qu'à la condition que l'empiétement de son pouvoir de direction sur lesdites libertés soit justifié et proportionné. On retrouve ici encore l'application de l'article L. 1121-1 du Code du travail qui permet de protéger les droits garantis des salariés, tout en tenant compte des exigences de l'entreprise.

---

25. Ass. Pl. 19 mai 1978, n° 76-41.211.
26. Cass. soc. 17 avril 1991, Painsecq c/ Association Fraternité Saint-Pie X, B.V, n° 201, Dr. soc. 1991, 485, note J. Savatier.
27. Cass. soc. 16 décembre 1998, Camps c/ SA Lyonnaise de banque, LS, JP n° 616 du 1er février 1999.
28. Cass. soc. 2 décembre 2003, n° 01-43.227.
29. Cass. soc. 25 février 2003, Dr. soc. 2003, 625, note J. Savatier.

a) Liberté de se vêtir

717. La liberté de se vêtir n'est pas une liberté fondamentale. Dans ce domaine, le salarié doit « ajuster » sa tenue aux exigences de l'entreprise, qu'elles se traduisent en des termes d'hygiène et de sécurité ou de contact avec la clientèle nécessitant le port d'une tenue correcte. Une salariée ne peut donc pas travailler avec un chemisier transparent sans dessous, pas plus qu'elle ne peut tenir une agence immobilière en survêtement. Un salarié ne peut pas non plus venir travailler en bermuda[30] alors que le règlement intérieur impose le port d'une blouse blanche (et que seuls deux mollets apparaissent), même s'il fait chaud, même s'il trouve cela discriminatoire par rapport aux femmes qui n'ont pas l'obligation de porter le pantalon... Il en va de même pour ceux qui exercent des fonctions de gardiennage, car le port de l'uniforme accompagne le bon exercice de la fonction. Toutefois, les juges reconnaissent le droit de ne pas porter l'uniforme quand les fonctions se cantonnent à des fonctions de surveillance derrière un écran, sans contact avec la clientèle.

Cette liberté de se vêtir à sa guise peut parfois être le reflet d'une liberté plus délicate à gérer : la liberté de religion (*infra*, d).

3) Liberté d'expression

718. Qu'en est-il de la frontière entre l'expression individuelle et l'expression professionnelle ? Jusqu'où le salarié peut-il aller ?

L'un des droits les plus méconnus et le moins utilisé des salariés est le droit d'expression. Ce droit existe dans la loi depuis 1982[31], mais il ne peut s'exercer que dans les conditions prévues par les textes, c'est-à-dire dans le cadre de réunions collectives organisées sur les lieux et pendant le temps de travail.

C'est la raison pour laquelle il ne peut être confondu avec le droit à la liberté personnelle d'expression qui est une liberté individuelle fondamentale du salarié. Cette liberté a été reconnue possible, hors de l'entreprise, dans l'affaire « Clavaud »[32]. Elle a été étendue à la sphère de l'entreprise, à propos d'un cadre dirigeant[33]. Seul l'abus d'expression peut être sanctionné. Ne commet pas un abus dans sa liberté d'expression un directeur du service d'exportation licencié pour divergences de vue avec son employeur, alors que la mésentente s'est exprimée par des termes généraux et qu'aucune injure ou propos diffamatoires

---

30. Cass. soc. 28 mai 2003, Montribot c. Sagem, JCP 2003.II.10128, note D. Corrignan-Carsin, arrêt dit du « bermuda ». Ph. Waquet, « Le bermuda ou l'emploi », Dr. soc. sept.-oct. 2003, p. 808.
31. Art. L. 2281-1 du Code du travail.
32. Cass. soc. 28 avril 1988, Clavaud c/ SA Dunlop France, B. V, n° 257. Il s'agissait d'un ouvrier qui avait critiqué dans le journal *L'Humanité* ses conditions de travail et avait été licencié pour cette interview. Les juges ont estimé que le salarié avait le droit d'émettre des opinions personnelles hors de l'entreprise dans le cadre de sa vie de citoyen. Cela relevait plus du domaine de la liberté d'opinion que de la liberté d'expression.
33. Cass. soc. 14 décembre 1999, Pierre, Liaisons sociales, jurisprudence n° 656 du 21 décembre 1999 ; J. Duplat, « Droit d'expression des salariés dans l'entreprise, conclusions », Dr. soc. 2000, p. 163 et note J.-E. Ray.

ne pouvaient être reprochés au salarié[34]. En revanche, encourt le licenciement pour faute grave une salariée qui fait connaître dans une lettre son opinion sur son supérieur hiérarchique, les propos contenus dépassant les limites de l'admissible[35].

a) Droit au secret de la correspondance personnelle[36]

719. En application de l'article 8 de la CEDH et de l'article 9 du Code civil, le salarié peut se prévaloir du droit au secret de ses correspondances, que celles-ci soient écrites ou envoyées grâce à un outil informatique. Les juges ont en effet déclaré dans une célèbre affaire *Nikon*[37] que l'employeur ne peut, sans porter atteinte au secret des correspondances du salarié, prendre connaissance des messages qu'il a émis ou reçus grâce à un outil informatique mis à sa disposition pour son travail, et ce même si l'employeur a interdit une utilisation non professionnelle de l'ordinateur. Par la suite, visant les deux articles précités à l'ancien article L. 120-2 du Code du travail (devenu L. 1121-1), la Cour de cassation a réaffirmé que le salarié a droit, même aux temps et lieu de travail, au respect de l'intimité de sa vie privée et que celle-ci implique en particulier le secret des correspondances[38].

Face aux nombreuses critiques dont ces arrêts ont fait l'objet, la Chambre sociale a, tout en maintenant le principe de l'arrêt *Nikon*, posé quelques atténuations[39]. L'employeur peut ouvrir les fichiers personnels de son salarié stockés sur son disque dur à la condition qu'il soit présent ou dûment appelé et qu'il y ait un risque ou un événement particulier qui permette cette ouverture. On peut penser que l'ouverture des fichiers serait légitime si l'employeur suspecte des actes de concurrence déloyale. Tel n'était pas le cas dans l'affaire en question où l'employeur n'avait découvert dans les fichiers de son salarié que des photographies à caractère érotique.

Les fichiers stockés sur l'ordinateur sont donc présumés avoir un caractère professionnel et peuvent être ouverts par l'employeur hors la présence du salarié. Et ce n'est qu'à la condition de les noter comme « personnels » que le salarié peut préserver son droit au secret de ses correspondances. Ce principe vaut également pour le courrier que le salarié se fait envoyer sur son lieu de travail[40]. Afin d'éviter l'ouverture de leurs fichiers, certains salariés redoublent d'imagination et

34. Cass. soc. 25 janvier 2000, n° 97-45044.

35. Cass. soc. 9 février 2000, n° 97-43664. Pour un refus de l'abus du droit d'expression en raison de l'envoi de courriers répétés à l'employeur, Cass. soc. 2 mai 2001, Liaisons sociales, jurisprudence hebdo n° 718 du 14 mai 2001.

36. N.Gavalda, La liberté de correspondance ou l'intrusion de la vie privée dans l'entreprise, JCP S 2010, 1194.

37. Cass. soc. 2 octobre 2001, RJS 12/01, n° 1394.

38. Cass. soc. 12 octobre 2004, n° 02-40.392.

39. Cass. soc. 17 mai 2005, n° 03-40.017.

40. À propos de revues échangistes envoyées sur le lieu de travail, sans mention « personnel » et donc présumées comme professionnelles, Ch. mixte 18 mai 2007, n° 05-40-803.

les intitulent « essais divers »[41] ou encore apposent leurs simples initiales[42]. D'autres masquent leurs multiples connexions à Internet en les insérant dans « favoris »[43]. Dans toutes ces hypothèses, la Chambre sociale considère que cela ne leur confère aucun caractère « personnel ».

b) Liberté de religion

720. La liberté de religion est garantie par la DDHC de 1789 et par l'article 8 de la CEDH. C'est aussi un principe constitutionnel. Là aussi, la difficulté est de trouver le juste équilibre entre la liberté religieuse du salarié et le pouvoir de direction de l'employeur, et ce à tous les stades de l'exécution du contrat.

Lors de l'embauche, la loi interdit indirectement de faire référence aux convictions religieuses dans une offre d'emploi[44]. C'est la conséquence du principe selon lequel aucune personne ne peut être écartée d'une procédure de recrutement en raison notamment de ses convictions religieuses. De même, en vertu du principe de non-discrimination, l'employeur ne peut questionner un candidat à l'emploi sur ses convictions et pratiques religieuses lors de l'entretien d'embauche ou par le biais d'un questionnaire d'embauche. Des exceptions peuvent être admises dans certaines entreprises de tendance dans lesquelles une idéologie, une morale, une philosophie ou une politique est expressément prônée. En acceptant de travailler dans une telle entreprise, le salarié accepte de restreindre sa liberté personnelle.

Les parties peuvent convenir de modalités particulières d'exécution du travail pour tenir compte de la religion du salarié. Dans la mesure où un tel élément aura été déterminant pour le salarié lors de la conclusion du contrat, il pourra par la suite s'opposer à toute modification[45]. Toutefois, le salarié ne peut pas prétexter de sa religion pour ne pas exécuter ses obligations contractuelles : il ne peut refuser de se rendre aux visites médicales obligatoires en invoquant que les conditions dans lesquelles elles se réalisent heurtent ses convictions religieuses.

Quant au respect des fêtes religieuses, la France étant un pays de tradition catholique, de nombreuses fêtes légales correspondent à des fêtes catholiques et sont fériées. On peut toutefois noter l'existence de certains usages professionnels autorisant le Yom Kippour ou encore la fête de l'Aïd el Kébir. En l'absence de tels usages, le salarié ne peut exiger que son employeur l'autorise à s'absenter à

41. Clerc de notaire ayant fiché des courriers dénigrant son employeur auprès de la chambre des notaires, Cass. soc. 15 décembre 2009, n° 07-44.264.

42. Fichiers servant à la mise en place d'une structure concurrente, Cass. soc. 21 octobre 2009, n° 07-43.877.

43. Connexions à de multiples reprises à des sites pornographiques répertoriés dans « favoris », Cass. soc. 9 février 2010, n° 08-45.253.

44. C. trav. art. L. 5321-2.

45. Cass. soc. 24 mars 1998 M. Azad, n° 95-44738 : boucher musulman s'apercevant au bout de plusieurs mois qu'il manipulait de la viande de porc et désirant cesser le travail. Les juges ont déclaré son licenciement fondé notamment en raison du fait que sa religion n'avait pas été contractualisée lors de l'embauche.

l'occasion d'une fête religieuse. Toutefois, l'employeur qui refuse d'accorder la demande doit prouver qu'elle repose sur les éléments objectifs étrangers à toute discrimination fondée sur la race ou sur la religion. Une absence non autorisée constitue une faute que l'employeur peut sanctionner.

La plupart des décisions de justice (singulièrement des juges du fond) touchent à un problème de société qui est celui du port ostensible d'un signe religieux. Dans le secteur privé, la liberté de religion (interdiction de toute forme de discrimination) est la règle et l'employeur ne peut y apporter de restrictions que si elles sont justifiées et proportionnées. L'employeur peut ainsi exercer son pouvoir de restriction en cas de prosélytisme, c'est-à-dire essentiellement en cas d'abus dans la liberté d'expression, d'actes de pression ou d'agression à l'égard des autres salariés. Par ailleurs, l'employeur peut apporter une deuxième limite à la liberté de religion en interdisant le port d'un signe religieux (voile, barbe, insigne). C'est le cas lorsque la tenue risque de poser un problème dans l'entreprise, notamment si l'employeur estime que l'apparence physique ou les vêtements risquent de choquer la clientèle[46]. Il en est de même en cas d'impératifs de sécurité, de santé ou d'hygiène[47] ou encore quand l'affichage des convictions religieuses risque de porter atteinte à l'image de l'entreprise. Il semble, selon la Halde, que l'employeur doive éviter les interdits trop généraux, notamment dans le règlement intérieur. Des interdictions totales peuvent en effet être considérées comme arbitraires et disproportionnées[48]. Mais, le refus réitéré de retirer le voile islamique dans un lieu où les principes de laicité et de neutralité devraient être respectés (crèche privée mais subventionnée à 80 % par l'État), peut conduire à un licenciement pour faute grave, fondé sur une insubordination[49]. Il serait alors souhaitable que la chambre sociale de la Cour de Cassation puisse intervenir dans ce domaine sensible en encadrant, avec une certaine souplesse, le port des signes extérieurs religieux dans l'entreprise. Dans le secteur public, les restrictions à cette liberté sont plus importantes en raison de l'exigence de neutralité du service public.

La Cour européenne des droits de l'homme est souvent appelée à intervenir dans ce domaine, dans toutes les manifestations de l'exercice de la vie privée même celles qui concernent la liberté sexuelle confrontée à la pratique d'une religion. Elle est récemment intervenue dans deux affaires intéressant des sala-

46. CA Paris 19 juin 2003 (affaire Téléperformance) où une salariée avait été embauchée avec son voile pour répondre au téléphone puis avait refusé de l'enlever pour accéder à d'autres fonctions en contact avec la clientèle ; les juges du fond avaient déclaré son licenciement discriminatoire, donc nul. Le port du voile peut être considéré comme plus problématique lorsqu'il s'agit de travailler dans un magasin de mode (CA St-Denis de la Réunion 9 septembre 1997, CA Paris 6 mars 2001).

47. Par exemple, incompatibilité du port d'un signe et celui d'un équipement obligatoire de protection dans le cas d'une salariée portant le voile et travaillant sur une chaîne de production mécanique.

48. Délibération du 3 mars 2008.

49. Cons. Prud. Mantes-la-Jolie, 13 décembre 2010, n° 10/00587.

riés allemand travaillant pour le compte d'associations religieuses et convaincus d'adultère, l'un travaillant dans le cadre de l'Eglise catholique et l'autre au sein de l'Eglise mormone, toutes deux prônant la fidélité conjugale. Afin de confirmer la licéité du licenciement de l'un des deux salariés, elle s'appuie notamment sur ses fonctions (élevées) au sein de l'institution, réaffirmant le principe selon lequel un employeur, dont l'éthique est fondée sur la religion, peut imposer à ses salariés des obligations de loyauté spécifiques. Le juge concerné par de telles affaires doit toufois mettre en œuvre un contrôle de proportionnalité et de finalité[50].

C. Moyens de preuve utilisés par l'employeur et libertés du salarié[51]

721. L'employeur ne peut utiliser, comme moyens de preuve à l'encontre de salariés qu'il estime fautifs, des procédés de surveillance[52] (contrôle de courrier, caméra, etc.) qui n'ont pas été portés au préalable à la connaissance des salariés notamment par l'information et la consultation du comité d'entreprise[53]. Ces procédés sont en effet considérés par la Cour de cassation comme des moyens de preuve illicites car ils portent atteinte aux libertés fondamentales du salarié (droit de se déplacer, de s'exprimer dans des conversations privées étrangères au service, etc.). Ainsi, le recours à une société de surveillance extérieure à l'entreprise (par l'intermédiaire d'un vigile), à l'insu du personnel, pour procéder au contrôle de l'utilisation par ses salariés des distributeurs de boissons et sandwiches, est illicite[54].

Toutefois, seul l'emploi de procédés clandestins de surveillance est illicite[55] : tout ce qui a été mis à la connaissance directe ou indirecte des salariés (par la consultation du comité d'entreprise) peut être recueilli comme mode de preuve à l'appui d'une sanction disciplinaire ou d'un licenciement.

---

50. CEDH 23 septembre 2010, affaire Obst c. Allemagne, requête n° 425/03.

51. Notre article, « Libertés fondamentales et droits du salarié : le rôle du juge », précité ; O. de Tissot, « La protection de la vie privée du salarié », Dr. soc. 1995, p. 222 ; « Internet et contrat de travail : les incidences de la connexion à Internet sur les rapports employeurs / salariés », Dr. soc. 2000, p. 150 ; S. Darmaisin, « L'ordinateur, l'employeur et le salarié », Dr. soc. 2000, p. 580 ; Ph. Waquet, « Pouvoir de direction et libertés des salariés », Dr. soc. 2000, p. 1051 ; numéro spécial Droit social janvier 2010.

52. Cass. soc. 20 novembre 1991, Néocel c/ Spaeter (caméra de surveillance dissimulée dans une caisse), B.V, n° 519, D. 1992, Jur. p. 73, concl. Y. Chauvy ; Ph. Waquet, « Un employeur peut-il filmer à leur insu ses salariés ? », Dr. soc. 1992, p. 28 ; Cass. soc. 22 mai 1995, B.V. n° 164, RJS 7/95 n° 757, à propos du rejet comme mode de preuve des comptes rendus de filature fournis par un détective privé engagé par l'employeur. Cass. soc. 4 février 1988, D. 1988, IR, p. 74.

53. C. trav. art. L. 2323-32.

54. Cass. soc. 15 mai 2001, Liaisons sociales, jurisprudence hebdo n° 720 du 29 mai 2001.

55. Cass. soc. 14 mars 2000, Liaisons sociales, jurisprudence actualité n° 672 du 5 mai 2000 : l'employeur peut licencier un salarié chargé de recevoir et de transmettre des ordres d'achat en Bourse sur la base d'écoutes téléphoniques car les salariés ont été informés de cette mesure lors d'une réunion.

Par ailleurs, l'employeur, dans le cadre de son pouvoir de direction, est libre d'installer des moyens de surveillance dans les locaux où le personnel ne travaille pas : il peut alors licencier un salarié surpris dans l'un de ces entrepôts en train de voler de la marchandise, en utilisant le moyen de preuve issu de la caméra de surveillance[56]. Mais il peut aussi enfreindre certaines libertés en installant un moyen de preuve apparemment anodin : tel est le cas d'une caméra non déclarée et installée à la porte d'un local fermé mais sur le chemin de ronde des gardiens chargés de la surveillance : le périmètre d'un dispositif de vidéosurveillance peut aussi s'avérer dangereux[57]

En définitive, il n'existe pas de régime unique gouvernant la licéité des moyens de surveillance des salariés utilisés par l'employeur. Même le critère du caractère clandestin ou non du mode de preuve connaît des exceptions. Pourtant, le problème n'est pas anodin : si le moyen est reconnu comme licite, la sanction disciplinaire ou le licenciement seront justifiés. Dans le cas inverse, le licenciement sera dépourvu de cause réelle et sérieuse (ou la sanction disciplinaire annulée), et le salarié pourra être réintégré ou obtenir des dommages-intérêts.

C'est pourquoi il sera opportun que la Cour de cassation utilise dans ce domaine l'article L. 1121-1 du Code du travail qui permet un contrôle de finalité et de proportionnalité de la mesure prise par l'employeur. Cet article a été visé dans une affaire qui concernait un domaine proche de celui des moyens de preuve utilisés par l'employeur : les fouilles effectuées sur les salariés[58]. La société M6 avait, après les attentats de 1995, organisé une fouille des sacs à l'entrée de ses locaux. Un délégué syndical ayant forcé le passage et refusé d'ouvrir sa sacoche, avait fait l'objet d'une mise à pied qu'il contestait. Invoquant l'article L. 1121-1 du Code du travail, les juges ont accueilli la mesure décidée par l'entreprise car cette dernière avait averti les représentants du personnel, la mesure était temporaire et exceptionnelle et était justifiée par des raisons de sécurité. Le salarié avait donc bien commis une faute qui pouvait être sanctionnée par une mise à pied[59].

L'application de l'article L. 1121-1 du Code du travail aux moyens de preuve utilisés par l'employeur permettrait d'apprécier si la mesure choisie par l'employeur est proportionnelle au but recherché et justifiée par l'intérêt de l'entreprise. En tout état de cause, l'application de cet article ne saurait dispenser l'employeur d'avertir les salariés. Rappelons que, dans ce domaine, le délégué du personnel peut utiliser son droit d'alerte pour saisir le juge prud'homal en référé afin de faire cesser l'atteinte aux libertés des salariés.

---

56. Cass. soc. 31 janvier 2001, Liaisons sociales, jurisprudence n° 708 du 9 mars 2001.

57. Cass. soc. 19 avril 2005, n° 02-46.295.

58. Pour une application plus fréquente de l'article L. 11221-1 du Code du travail, voir l'étendue du pouvoir de l'employeur dans le cadre du règlement intérieur, *supra*, titre 3.

59. Cass. soc. 3 avril 2001, Th. Sarrasin c/ Société Métropole Télévision M6, Dalloz Actualités du 26 avril 2001.

D. Interdiction de toute forme de discrimination

722. Nul ne peut être licencié pour un motif qui s'avère discriminatoire[60]. Devant le conseil des prud'hommes, la sanction d'un licenciement prononcé en raison de la séropositivité d'un salarié est la nullité de plein droit[61] ; devant les tribunaux correctionnels, l'employeur sera condamné pour licenciement discriminatoire.

Par exemple, nul ne peut être sanctionné ou licencié en raison de sa situation de famille[62]. La Cour de cassation se montre particulièrement sévère à l'égard de la discrimination. Pour ce qui est de la situation de famille, elle ne distingue pas entre le lien matrimonial et le lien familial et étend la protection de l'article L. 1132-1 du Code du travail à une salariée victime de la discrimination en raison du fait qu'elle était la fille d'une autre salariée de l'entreprise[63]. En revanche, les juges considèrent que le trouble objectif causé à l'entreprise par le comportement d'un salarié ne peut être annulé sur le fondement de l'article L. 1132-1 du Code du travail[64].

Toujours sur le fondement de l'article L. 1132-1 du Code du travail, nul ne peut subir de discrimination selon le sexe qui aurait des conséquences sur sa rémunération[65], ou encore être licencié en raison de son appartenance syndicale[66]. Le licenciement d'un salarié en raison de ses activités syndicales étant nul de plein droit, le juge doit ordonner, si l'intéressé le demande, la poursuite de l'exécution du contrat de travail qui n'a pas été valablement rompu, c'est-à-dire la réintégration[67]. Par ailleurs, les juges ont entendu faciliter le régime probatoire de la discrimination, notamment syndicale, en faveur du salarié. Désormais, il appartient au salarié syndicaliste qui se prétend lésé par une mesure discriminatoire de soumettre aux juges des éléments de faits susceptibles de caractériser une atteinte au principe d'égalité de traitement. L'employeur doit, quant à lui, s'il conteste le caractère discriminatoire du traitement, établir que la disparité de situation constatée est justifiée par des éléments objectifs, étrangers à toute discrimination fondée sur l'appartenance à un syndicat[68].

---

60. C. trav. art. L. 1132-1.

61. Tout comme le licenciement d'une femme enceinte pour un motif tiré de sa grossesse, Cass. soc. 8 mars 2000, Liaisons sociales, jurisprudence n° 672 du 5 mai 2000.

62. Cass. soc. 10 février 1999, Dr. soc. 1999, p. 410, dans une affaire où une salariée avait été licenciée en raison de sa qualité d'épouse d'un ex-salarié de la société qui avait créé une activité concurrente à cette dernière.

63. Cass. soc. 1er juin 1999, Liaisons sociales, n° 643 du 9 septembre 1999.

64. Cass. soc. 14 novembre 2000, Dr. soc. 2001, p. 100, obs. G. Couturier.

65. Sur le principe « à travail égal, salaire égal », *supra*.

66. Sur ce point, *supra*, nos 327 et s.

67. Voir notamment Cass. soc. 17 mars 1999, Dr. soc. 1999, p. 535, obs. M. Grévy.

68. Cass. soc. 28 mars 2000, M. T. Lanquetin, « Un tournant en matière de preuve des discriminations », Dr. soc. 2000, p. 589. Aussi, Cass. soc. 4 juillet 2000, Liaisons sociales, jurisprudence n° 685 du 2 octobre 2000.

III. Les sanctions en l'absence de cause réelle et sérieuse ou de nullité du licenciement

723. Si le licenciement n'est pas fondé ou s'il repose sur un fondement discriminatoire, le salarié pourra prétendre à la réparation de son préjudice, soit par l'octroi d'indemnités, soit par une éventuelle réintégration proposée ou ordonnée par le juge. Une réparation est également prévue en cas d'inobservation de la procédure de licenciement.

A. Les sanctions en l'absence d'une cause réelle et sérieuse de licenciement (art. L. 1235-3 C. trav.)

724. Si le licenciement est infondé, le juge peut proposer la réintégration[69]. Si le juge ne propose pas la réintégration ou si le salarié la refuse, il percevra au minimum des indemnités (ayant le caractère de dommages-intérêts) au moins égales aux six derniers mois de son salaire[70]. Lorsque le salarié ne remplit pas les conditions légales d'ancienneté et de seuil d'effectifs, le juge proposera une réparation fonction du préjudice subi.

Notons que ces indemnités délivrées en cas d'absence de cause réelle et sérieuse nécessitent une décision de justice et donc une demande du salarié qui conteste son licenciement. Ces indemnités ne sont pas à confondre avec les indemnités dues au moment de la rupture (*infra*, chapitre 3) : les indemnités dues au moment de la rupture (licenciement, préavis, congés payés) accompagnent cette dernière et sont dues pour chaque licenciement, sauf faute grave ou faute lourde du salarié ; les indemnités pour absence de cause réelle et sérieuse sanctionnent le licenciement. D'ailleurs, le juge pourra au moment où il alloue les indemnités pour absence de cause réelle et sérieuse décider de verser également les indemnités de rupture dont le salarié a été indûment privé puisqu'il n'aurait pas dû être licencié.

B. Les conséquences de la nullité du licenciement

725. Le licenciement est nul[71] lorsqu'il repose sur l'un des motifs discriminatoires prévus à l'article L. 1132-1 du Code du travail[72]. Si la discrimination est avérée, le juge a la possibilité d'ordonner la réintégration ou d'allouer des dommages-

69. À condition que le salarié ait plus de deux ans d'ancienneté et soit employé dans une entreprise occupant au moins onze salariés, les sanctions dépendent en effet de l'ancienneté et de la taille de l'entreprise, voir C. trav., art. L. 1235-5.

70. L'employeur peut en outre être condamné à rembourser les prestations de chômage aux organismes concernés.

71. C. trav. art. L. 1132-4.

72. Le licenciement est également nul s'il concerne une femme en état de grossesse licenciée pour ce motif ou encore en cas de nullité du plan de sauvegarde de l'emploi, également de licenciement irrégulier de salariés protégés.

intérêts. En effet, la nullité du licenciement cause nécessairement au salarié un préjudice qu'il appartient au juge du fond de réparer[73].

Toutefois, il est possible de s'interroger sur le fait de savoir si le salarié a également droit aux indemnités de rupture. Si le salarié ne réclame pas sa réintégration, outre les dommages-intérêts pour préjudice causé par la nullité, il a droit non seulement aux indemnités de licenciement, mais aussi à une indemnité réparant l'intégralité du préjudice résultant du caractère illicite du licenciement et au moins égale à celle prévue par l'article L. 1235-3 du Code du travail en cas d'absence de cause réelle et sérieuse[74]. Enfin, il a également droit à l'indemnité compensatrice de préavis, même si ce dernier n'est pas effectué, sans qu'il y ait lieu de statuer sur les motifs de la rupture. Cela implique que la nullité du licenciement entraîne des conséquences financières pour le salarié, indépendamment des motifs de la rupture[75].

Les sanctions en cas de licenciement irrégulier ou infondé (dépourvu de cause réelle et sérieuse)

Remarques préliminaires : ce tableau ne s'entend que des minima légaux et ne concerne que les salariés ayant au moins deux ans d'ancienneté et étant occupés dans des entreprises d'au moins onze salariés. Les autres ne peuvent prétendre, en cas de licenciement infondé, qu'à une indemnité calculée en fonction du préjudice subi[76].

	Sanctions
Licenciement irrégulier : L. 1235-2 (inobservation de la procédure)	• Pas d'obligation de recommencer la procédure • Au maximum un mois de salaire (dommages-intérêts) • Absence de nullité du licenciement
Licenciement infondé : L. 1235-3 (absence de cause réelle et sérieuse de licenciement, licenciement dépourvu de cause réelle et sérieuse)	• Réintégration avec maintien des avantages acquis ou au minimum 6 mois de salaire (dommages-intérêts) + éventuellement l'indemnité de licenciement, de préavis, de congés payés (mais pas de cumul avec l'indemnité de licenciement irrégulier) • Et/ou remboursement des indemnités de chômage à l'ASSEDIC par l'employeur
Licenciement discriminatoire : L. 1132-4	• Nullité de plein droit du licenciement • Possibilité pour le juge d'ordonner en référé, sous astreinte journalière, la poursuite du contrat de travail et/ou des dommages-intérêts

73. Cass. soc. 13 janvier 1998, Dr. soc. 1998, p. 281, obs. A. Mazeaud, à propos d'un licenciement prononcé en raison de la maladie du salarié, sans constatation de l'inaptitude par le médecin du travail.

74. Cass. soc. 27 juin 2000, D. 2000, IR. 221, RJS 9-10/2000, n° 937.

75. Cass. soc. 5 juin 2001, Dalloz Actualités du 22 juin 2001.

76. C. trav. art. L. 1235-5.

Section 2
LA PROCÉDURE DE LICENCIEMENT POUR MOTIF PERSONNEL (L. 1232-2 ET S.)

726. Tout licenciement pour motif personnel, quels que soient l'effectif de l'entreprise ou l'ancienneté du salarié, doit intervenir dans des conditions précises imposées par la loi.

La procédure de licenciement s'applique dans tous les cas et doit se cumuler avec certaines procédures particulières : ainsi en est-il en cas de licenciement individuel pour motif économique ou de licenciement d'un représentant du personnel ; il en va de même *a fortiori* en présence de dispositions conventionnelles particulières.

La procédure de licenciement comprend deux phases : une phase de conciliation et une notification du licenciement.

– Phase de conciliation : « l'avant-licenciement »
1. Convocation du salarié à un entretien **a) Forme** • Lettre recommandée ou remise en main propre contre décharge **b) Indications** • Objet, date et lieu de l'entretien – objet de l'entretien : le projet de licenciement car normalement la décision patronale n'est pas encore prise – mention des griefs allégués contre le salarié : facultative ; il peut être plus intéressant pour l'employeur de ne pas être trop précis afin de ne pas être trop lié par les griefs invoqués • Possibilité pour le salarié de se faire assister[77] par une personne de son choix appartenant au personnel de l'entreprise ou par une personne extérieure inscrite sur une liste établie par le préfet quand il n'existe pas de représentants du personnel dans l'entreprise = conseiller du salarié (*infra*, entretien) **c) Sanction de l'absence de l'une des mentions** = licenciement irrégulier : indemnité ne pouvant être supérieure à un mois de salaire **d) Date d'envoi et délai** • Absence de délai à respecter entre la constatation du motif de licenciement et la date d'envoi de la convocation sauf licenciement pour faute (la convocation ne peut pas être envoyée dans un délai supérieur à deux mois après que l'employeur a eu connaissance de la faute) • Entreprises dépourvues de représentants du personnel : délai de cinq jours ouvrables (et non calendaires) entre la présentation de la lettre de convocation au salarié et l'entretien. Le salarié doit en effet disposer de cinq jours pleins pour pouvoir assurer sa défense et il ne peut renoncer à ce délai • Entreprises pourvues de représentants du personnel : délai suffisamment large pour que le salarié puisse se déplacer et prendre contact avec la personne qui l'assiste (conseiller du salarié de son choix) **e) Salarié ne répondant pas à la convocation** • L'employeur peut poursuivre la procédure même si le salarié, par suite de refus ou de négligence de sa part, est absent à l'entretien : il peut lui notifier son licenciement • Le salarié malade peut se faire représenter ou solliciter un autre entretien

77. Cass. soc. 6 février 2001, RJS 4/01, n° 423 : la lettre de convocation à l'entretien préalable doit toujours indiquer la faculté pour le salarié de se faire assister par une personne de son choix appartenant au personnel de l'entreprise. En l'absence d'institutions représentatives du personnel dans l'entreprise, le salarié a la faculté de se faire assister par un conseiller de son choix. Cass. soc. 29 avril 2003, RJS 7/03, n° 860 : dans l'hypothèse où le salarié doit trouver un conseiller de son choix, il doit consulter une liste dressée par le représentant de l'État ; la lettre de convocation doit alors mentionner l'adresse de l'inspection du travail et de la mairie où cette liste est tenue à la disposition des salariés. L'omission de l'une de ces adresses constitue une irrégularité de procédure. Voir aussi Cass. soc. 21 janvier 2009, RJS 4/09, n° 329.

2. *Entretien (préalable)*
a) Objet
• L'employeur ou son représentant énonce les motifs du licenciement et recueille les explications du salarié
b) Assistance par un conseiller du salarié (articles L. 1232-4 et L. 1232-7 et s.) :
• Le salarié peut se faire assister par un salarié de l'entreprise (la plupart du temps un délégué du personnel ou un délégué syndical) ou par un conseiller extérieur inscrit sur une liste (soumise à révision tous les trois ans) s'il n'existe pas de représentants du personnel dans l'entreprise. Le salarié a toujours la faculté de se faire assister par une personne de son choix appartenant au personnel de l'entreprise et l'absence de représentants du personnel a seulement pour effet d'ouvrir au salarié la possibilité de se faire assister par un conseiller de son choix, inscrit sur une liste dressée par le préfet. Cela implique l'obligation de mentionner, dans la lettre de convocation, la possibilité pour le salarié de se faire assister par une personne de son choix, que l'entreprise soit dotée ou non d'institutions représentatives du personnel[78]. Le salarié a donc un choix plus large en l'absence de représentants : soit il se fait assister par une personne extérieure à l'entreprise, soit par une personne de l'entreprise, la lettre de convocation doit mentionner ce choix
• Le conseiller assiste et conseille gratuitement le salarié : ils peuvent se rencontrer avant l'entretien pour le préparer, pendant l'entretien bien sûr et même par la suite au cours de l'instance prud'homale
Le conseiller est investi d'une mission et est salarié protégé (autorisation administrative préalable). Il dispose d'un crédit d'heures de quinze heures par mois ainsi que d'autorisations d'absences délivrées par l'employeur
c) Sanction applicable en cas de non-respect de la règle relative à l'assistance du salarié par un conseiller du salarié
• Si l'employeur ne respecte pas les dispositions relatives au conseiller du salarié (absence de mention dans la lettre de convocation alors que l'entreprise est dépourvue de représentants du personnel), la sanction applicable sera une indemnité pour irrégularité de procédure ne pouvant être supérieure à un mois de salaire[79], quels que soient l'ancienneté du salarié et l'effectif de l'entreprise à condition que le licenciement soit légitime. En revanche, si le licenciement n'est pas légitime, c'est-à-dire s'il est dépourvu de cause réelle et sérieuse, l'ancienneté du salarié et l'effectif de l'entreprise vont déterminer le montant de son indemnité : si le salarié a plus de deux ans d'ancienneté et que l'entreprise occupe au moins onze salariés, il bénéficiera classiquement d'une indemnité ne pouvant être inférieure à six mois de salaire. En cas inverse, le juge appréciera et réparera le préjudice subi
d) Rémunération
• L'entretien a lieu pendant les heures de travail et est rémunéré comme tel
e) Lieu de l'entretien
• Le Code du travail n'exige pas que l'entretien préalable se déroule sur les lieux du travail ; une convocation au siège de l'entreprise est valable[80] mais le salarié pourra réclamer le paiement de ses frais de déplacement
f) Assistance de l'employeur
L'employeur peut aussi se faire assister par une personne de l'entreprise à condition que cela ne porte pas atteinte aux intérêts du salarié (DRH, directeur des relations sociales, etc.)

Si la conciliation n'a pas abouti, le licenciement peut intervenir sous respect de certaines conditions de forme et de délais.

– Notification du licenciement : la lettre de licenciement (art. L. 1232-6)
1. Forme
• Le licenciement est notifié à l'intéressé (et non à un tiers) par lettre recommandée avec accusé de réception
• Moyen de preuve de la réalité et de la date du licenciement
• Absence de lettre recommandée avec AR : cela n'entraîne pas la nullité du licenciement mais a pour conséquence de mettre à la charge de l'employeur la preuve du point de départ du préavis et peut entraîner la sanction prévue pour procédure irrégulière
2. Contenu : les motifs du licenciement
• Indication du (ou des) motif(s) de licenciement invoqué(s) : fautes, négligences, indélicatesses, impossibilité de reclassement après inaptitude, etc. (*supra*, « Les causes réelles et sérieuses de licenciement »). N'est,

78. Cass. soc. 6 février 2001, Dalloz Actualités du 27 février 2001.

79. Cass. soc. 5 février 2003, RJS 2003, n° 440 (application combinée de L. 1235-2 et de L. 1235-5), Cass. soc. 2 avril 2003, RJS 6/03, n° 722.

80. Cass. soc. 9 mai 2000, Liaisons sociales, jurisprudence n° 677 du 13 juin 2000.

en revanche, pas considérée comme un motif précis de licenciement la seule référence à des « difficultés relationnelles » ou encore à « un différend d'incompréhension »
Possibilité pour l'employeur d'invoquer une pluralité de motifs s'ils procèdent de faits distincts[81]
- **Défaut de motivation de la lettre de licenciement : licenciement infondé** (absence de cause réelle et sérieuse de licenciement)[82] : exigence de forme sanctionnée par une règle de fond car si la lettre de licenciement n'est pas motivée, le salarié ne peut pas savoir pourquoi il a été licencié, le licenciement est donc dépourvu de cause réelle et sérieuse
- La seule référence aux motifs contenus dans la lettre de convocation à l'entretien préalable est insuffisante
- Mention de la dispense de préavis éventuellement

3. Degré de précision de la lettre
- La lettre de licenciement fixant les limites du litige, elle se doit d'être précise et s'oppose à ce que l'employeur invoque par la suite d'autres motifs. Elle doit permettre de connaître les faits objectifs qui motivent le licenciement. Les griefs reprochés sont des motifs suffisamment précis dès lors qu'ils sont matériellement vérifiables, même s'ils ne peuvent être datés d'une manière certaine. La qualification que l'employeur a donnée au licenciement s'impose toutefois à lui

4. Délai d'expédition
- Nécessaire respect d'un délai d'attente minimum de deux jours ouvrables après la date de l'entretien et la date d'expédition de la lettre recommandée
- Si le licenciement est prononcé pour un motif disciplinaire, la lettre de notification du licenciement ne peut être envoyée plus d'un mois après l'entretien préalable ; au-delà du délai, le licenciement disciplinaire est injustifié
- L'employeur qui licencie un salarié le jour même de l'entretien préalable peut être condamné à verser des dommages-intérêts pour licenciement non causé

5. Effets de la notification
- Le préavis court à la date de présentation de la lettre de licenciement (sauf convention collective ou usage en sens contraire prévoyant un point de départ plus tardif)

81. Cass. soc. 23 septembre 2003, JCP E 2004, p. 561, obs. J.F. Cesaro.

82. Ass. pl. 27novembre 1998, Alves c/ SARL Afimec et autres et Lemarie c/ Association Les Papillons Blancs du Finistère : la référence dans la lettre de licenciement aux motifs contenus dans la lettre de convocation à l'entretien préalable ne constitue pas l'énoncé des motifs exigés par la loi. Ce principe ne souffre aucune exception : si la lettre de licenciement n'est pas suffisamment motivée, les juges déclarent le licenciement infondé, même si le salarié est fautif et a reconnu par écrit des faits de vol et de concurrence : Cass. soc. 19 mars 1998, RJS 5/98, n° 583. Cette position des juges n'est pas récente. Elle a été énoncée pour la première fois par un arrêt « Rogié » de 1990 (Cass. soc. 29 novembre 1990, Rogié s/ SARL Sermaize-distribution, B.V., n° 598 : si l'employeur n'énonce pas de motifs précis, le licenciement est non causé).
Un prétexte n'est pas un motif de licenciement (Cass. soc. 10 mars 1999, n° 97-40184). De même, le motif indiqué dans la lettre doit être réel et vérifiable. Si l'employeur invoque dans la lettre un sabotage, celui-ci doit être établi. Si ce n'est pas le cas, l'employeur ne peut pas invoquer un nouvel argument en cours de procédure (lors du pourvoi en cassation, par exemple) car la lettre de licenciement fixe les limites du litige.
L'allégation dans la lettre de licenciement d'une « incompatibilité d'humeur » n'est pas un grief précis, objectif et vérifiable et ne constitue donc pas l'énoncé d'un motif de licenciement : Cass. soc. 17 janvier 2001, Dalloz Actualités du 13 février 2001. Il en va de même pour la mention « d'une mésentente » sans plus d'explication, ou encore d'une simple « insuffisance professionnelle ». Ces mentions ne peuvent éventuellement devenir des causes réelles et sérieuses de licenciement qu'à la condition qu'elles reposent sur des faits objectifs.

Chapitre 2

Le licenciement pour motif économique

Introduction : Évolution de la législation

727. À la différence du licenciement pour motif personnel qui repose sur une cause inhérente à la personne du salarié et qui doit être réglé par la proportionnalité entre la faute commise et la sanction prise, le licenciement économique repose sur des faits étrangers au salarié. D'où la tentation que peuvent avoir certaines entreprises d'entreprendre de faire des économies et de licencier pour motif économique alors que les difficultés qu'elles connaissent ne sauraient mettre en péril l'entreprise.

La législation relative au licenciement pour motif économique a connu de nombreuses évolutions. Ce n'est vraiment qu'en 1945 que la cause économique fait son apparition dans le cadre de la politique globale de l'emploi. Mais il faut attendre l'adoption d'un Accord national interprofessionnel de 1969 et son avenant de 1974 pour que soient encadrés les licenciements pour motif économique. Ils deviennent alors, en sus d'un contrôle administratif, subordonnés à la consultation du comité d'entreprise.

La loi du 3 janvier 1975 soumet effectivement le licenciement économique à une autorisation administrative préalable. Mais ce contrôle avait pour inconvénient de faire reposer le poids du licenciement sur l'administration et fut donc supprimé lors d'une alternance politique par une loi du 30 décembre 1986.

728. Par la suite, une importante loi du 2 août 1989 a transposé le contrôle externe qui reposait sur l'administration à un contrôle plus interne reposant sur une consultation des institutions représentatives du personnel et plus spécialement du comité d'entreprise. À partir de cette date, le comité voit son rôle s'accroître dans le cadre de ses prérogatives économiques qui lui permettent d'avoir un droit de regard sur la marche générale de l'entreprise, mais aussi sur les projets de licenciements économiques de grande envergure (au moins dix personnes concernées sur une même période de 30 jours).

À côté de ce nouveau rôle donné au comité d'entreprise, l'intérêt de la loi de 1989 est de mettre en avant la prévention plutôt que la répression. L'idée est d'éviter à tout prix, par un arsenal de mesures, le licenciement économique. En amont, on oblige l'employeur à proposer un reclassement interne si une personne fait l'objet d'une suppression de poste, et surtout on lui impose de planifier le licenciement grâce à un instrument nommé à l'époque le plan social et devenu le plan de sauvegarde de l'emploi. En aval, l'employeur doit faire profiter les salariés qui n'ont pu être gardés de mesures spécifiques plus intéressantes que les suites d'un licenciement pour motif personnel. Cela a été le cas avec la convention de conversion remplacée depuis par la convention de reclassement personnalisée, mais également la priorité de réembauchage dont bénéficie le salarié licencié ainsi que d'autres mesures *(infra*, section 3*)*.

Pourtant, malgré cet arsenal, les licenciements économiques ont pris une certaine envergure. Ce n'est pas tellement leur nombre qui a augmenté, c'est leur nature, ce que certains ont appelé les licenciements boursiers. Par ailleurs, l'alternance politique ne facilite pas la mise en œuvre d'une réglementation cohérente, certains n'hésitant pas à défaire ce que leurs prédécesseurs avaient établi.

729. À la suite, précisément, d'une alternance, dans la première moitié de l'année 2001, l'Assemblée nationale avait entrepris un vaste chantier contenu dans une loi « fourre-tout » dénommée « loi de modernisation sociale ». Ce projet de loi contenait de nombreux points intéressants dont l'un a beaucoup fait parler de lui : il s'agit du volet concernant le motif économique. Guidée notamment par des députés communistes, l'Assemblée a voulu non seulement donner un pouvoir de consultation plus large au comité d'entreprise, mais elle a aussi voulu durcir la définition du motif économique du licenciement pour lutter contre les licenciements dits boursiers qui avaient fait l'objet de nombreuses attentions médiatiques (Marks and Spencer, Danone, etc.). Toutefois des députés de l'opposition ont saisi le Conseil constitutionnel afin de faire déclarer inconstitutionnel le volet « licenciement économique ». Le Conseil constitutionnel a validé l'essentiel de la loi de modernisation sociale[1] mais a déclaré inconstitutionnelle la nouvelle définition du motif économique que proposait l'Assemblée afin de réduire le nombre de licenciements économiques collectifs. Le texte définitif amputé de l'essentiel du licenciement économique a donc été adopté par l'Assemblée nationale le 17 janvier 2002.

730. Un nouveau changement de majorité au sein du gouvernement a amené ce dernier à suspendre (puis à abroger) certaines dispositions de la loi de modernisation sociale du 17 janvier 2002 jugées trop restrictives face à la possibilité pour les employeurs de licencier pour motif économique. Cette nouvelle approche plus libérale du licenciement économique s'est faite en deux temps.

Une première loi du 3 janvier 2003 (« loi Fillon ») fut adoptée avec pour objet *« la relance de la négociation collective en matière de licenciement économique »*.

1. Cons. const., déc. n° 2002-455 DC, 12 janvier 2002.

Cette loi participait à l'idée d'une « procéduralisation » du droit du travail. Elle avait pour objet d'engager une négociation sur les thèmes de procédure, en invitant par exemple les partenaires sociaux à faire des propositions alternatives au plan de sauvegarde de l'emploi ; il n'était pas vraiment question de négocier le contenu mais plutôt les conditions de la négociation du plan entre les parties. Il s'agissait d'instituer, à titre expérimental, la possibilité pour les entreprises de conclure à leur niveau des accords relatifs à l'information et à la consultation du comité d'entreprise en cas de licenciement collectif. En outre, était ouverte la faculté pour les entreprises de conclure des « accords de méthode », accords dérogatoires à la loi (et majoritaires) pour certaines modalités de consultation du comité d'entreprise sur le projet de licenciement.

La deuxième loi, dite de programmation pour la cohésion sociale (« loi Borloo »), fut adoptée le 18 janvier 2005. Elle entérine pour l'essentiel les mesures de la loi Fillon, en renforçant le rôle de la négociation collective et en pérennisant les accords de méthode qui obéissent désormais au droit commun de validité des accords collectifs. Est par ailleurs instituée une nouvelle obligation triennale de négocier sur les effets de la stratégie de l'entreprise sur l'emploi et sur les salaires (GPEC[2]). Enfin, la loi prévoit la création pour les entreprises de moins de 1 000 salariés d'une convention de reclassement personnalisée[3] qui doit être proposée à toute personne licenciée pour motif économique en vue de son reclassement et d'une réactivation des bassins d'emploi afin d'inciter les entreprises à contribuer financièrement aux effets d'un grand licenciement économique dans une région déjà affectée par des difficultés[4].

La législation actuelle est donc un mélange des lois « anciennes », pour l'essentiel la loi du 2 août 1989 et la loi Borloo du 18 janvier 2005. Il ne faut pas oublier que certaines dispositions de la loi de modernisation sociale sont aussi maintenues, comme celle créant le terme de plan de sauvegarde de l'emploi qui remplace celui de plan social. De même, la loi du 25 juin 2008 est venue partiellement compléter le dispositif.

Tout licenciement pour motif économique doit être motivé par une cause réelle et sérieuse (section 1) et obéir à une procédure de licenciement rigoureuse (section 2).

2. C. trav. art. L. 2242-15 et s.
3. C. trav. art. L. 1233-65 et s.
4. C. trav. art. L. 1233-84 et s.

Section 1
LE MOTIF ÉCONOMIQUE

731. D'après l'article L. 1233-3 du Code du travail, tout licenciement pour motif économique doit être justifié par une cause réelle et sérieuse.

I. Analyse de l'article L. 1233-3 du Code du travail

A. Le texte de loi

732. Selon l'article L.1233-3 du Code du travail[5], « *constitue un licenciement pour motif économique le licenciement effectué par un employeur pour un ou plusieurs motifs non inhérents à la personne du salarié, résultant d'une suppression ou d'une transformation d'emplois ou d'une modification, refusée par le salarié, d'un élément essentiel du contrat de travail* (causes matérielles résultant d'une décision de gestion sociale) *consécutives notamment à des difficultés économiques ou à des mutations technologiques* » (causes originelles du licenciement, c'est-à-dire les circonstances économiques ayant conduit à une décision de licenciement économique[6]).

Cet article peut se lire à l'envers, du bas vers le haut. Des difficultés économiques ou l'introduction de mutations technologiques (nouvelles technologies) qui sont les causes originelles du licenciement peuvent conduire l'employeur à décider d'une suppression d'emploi, d'une transformation ou d'une modification du contrat qui sont les causes matérielles qui en résultent. Il existe donc dans la formulation même de l'article L.1233-3 du Code du travail un lien de causalité non seulement entre la suppression d'emploi, la transformation d'emploi, la modification et les difficultés économiques. Mais il faut aussi un lien de causalité entre le licenciement lui-même et la suppression, transformation ou la modification (refusée) du contrat de travail. Il y a double causalité.

733. Cause qualitative et cause justificative

Il convient de distinguer la cause qualitative (la cause économique) de la cause justificative du licenciement économique (l'existence d'une cause réelle et sérieuse)[7]. Cela permet au juge de déclarer que même en l'absence de cause réelle et sérieuse, le licenciement garde son caractère de cause économique et cela permet au salarié de garder tous les bénéfices attachés au licenciement économique. Ainsi, le défaut de cause réelle et sérieuse de licenciement ne lui enlève pas sa nature juridique de licenciement économique. Le salarié est ainsi fondé à prétendre au bénéfice des mesures d'accompagnement du plan de sauvegarde de l'emploi.

5. Dont l'énoncé est ici découpé pour une meilleure compréhension et ne figure bien sûr pas de telle manière dans le Code du travail.

6. Les mentions entre parenthèses ne proviennent pas du texte de loi mais sont rajoutées pour les besoins de l'explication.

7. Cass. soc. 13 avril 1999, Qualitest, n° 95-45.028. Cass. soc 14 février 2007, Scheid, n° 05-40.504.

B. Précisions terminologiques sur la définition du motif économique

734. La suppression de poste (cause matérielle) doit s'apprécier dans le cadre de l'entreprise alors que la réalité des difficultés économiques (cause originelle) invoquées doit, elle, être appréciée dans le cadre du secteur d'activité du groupe[8].

Par ailleurs, si un poste est supprimé, il doit y avoir des raisons valables[9] : tel n'est pas le cas dans une affaire où un salarié est licencié pour motif économique en raison de la suppression de son poste consécutive à des difficultés économiques de la société résultant d'un endettement durable. Les juges ont considéré que le licenciement n'était pas fondé car au moment où il a eu lieu, même si la situation de l'entreprise était toujours déficitaire, ce que les dirigeants semblaient avoir prévu dès le début, elle s'était sensiblement améliorée. Dans ce contexte, les difficultés économiques alléguées, quoique réelles, n'étaient pas de nature à justifier le licenciement économique du salarié.

La transformation d'emploi est, quant à elle, un événement dû à l'évolution des techniques de production, de gestion, de communication. L'introduction d'une nouvelle rotative dans une imprimerie peut, par exemple, entraîner la transformation d'un ou de plusieurs emplois, voire leur suppression.

La modification refusée par un salarié d'un élément essentiel de son contrat[10] marque avant tout l'abandon du terme « modification substantielle ». Cela permet certes d'intégrer l'évolution de la jurisprudence sur la notion de modification du contrat de travail mais on peut regretter que le terme « modification du contrat de travail » n'ait pas été retenu. On peut aussi se demander ce qui est « essentiel » : quelle sera l'appréciation du juge ?

Le terme de « difficultés économiques » nécessite quelques précisions.

Tout d'abord, le cadre de leur appréciation est assez large puisqu'elles s'apprécient au niveau de l'entreprise ou au niveau du groupe, si l'entreprise appartient à un groupe, ou encore dans ce dernier cas dans le secteur d'activité du groupe[11]. Il faut aussi tenir compte des entreprises situées à l'étranger[12]. Qu'est-ce qu'un groupe ? Pour la Cour de cassation, la seule détention du capital d'une société par une autre ne caractérise pas forcément l'existence d'un groupe au sein duquel le reclassement doit être recherché. Il faut que soit établie en plus de cela l'existence d'une organisation et d'une gestion commune de sociétés permettant la permutation du personnel. Qu'est-ce qu'un secteur d'activité ? Il n'en existe pas de réelle définition, mais il a été précisé que la seule spécificité

8. Cass. soc. 5 avril 1995 (2 espèces), Sté Thomson Tubes et displays c/ Mme Steenhoute et SA TRW REPA c/ Mme Mabon, dit « Vidéocolor », JCP éd. E. n° 31-31 1995, II, p. 151, note G. Picca.

9. Cass. soc. 26 mars 2003, Sté TV Météo, n° 01-42.333.

10. Sur ce point, lire F. Favennec-Hery, « Loi Borloo : une nouvelle approche de la modification », Sem. Soc. Lamy, 17 janvier 2005, n° 1198, p. 9.

11. Cass. soc. 5 avril 1995 Vidéocolor, précité et Cass. soc. 29 septembre 2009, n° 08-41.327.

12. Cass. soc. 12 juin 2001, n° 99-41.571.

d'une entreprise ne caractérise pas un secteur d'activité[13], pas plus que son implantation dans un pays différent de ceux où sont situées les autres sociétés du groupe.

Outre ces précisions relatives à leur champ d'application, les difficultés économiques doivent être réelles, elles s'apprécient à la date des licenciements et elles peuvent être des difficultés à venir (*infra*, II A).

II. Les motifs économiques d'origine jurisprudentielle

735. La Chambre sociale de la Cour de cassation a rajouté des causes de licenciement à la liste des causes légales originelles. Outre les difficultés économiques ou les mutations technologiques, existent désormais des causes jurisprudentielles de licenciement.

A. La réorganisation d'entreprise : un motif autonome de licenciement économique

736. Les juges retiennent une définition très large du motif économique et du cadre d'appréciation de ce motif.

Il peut s'agir d'une entreprise qui, en vue de diminuer le coût de ses produits ou de lutter contre la concurrence, réorganise sa production en transférant une partie de ses activités dans un autre lieu géographique, voire à l'étranger. Il en résulte des fermetures d'entreprises ou d'établissements. À cet égard, une délocalisation peut apparaître comme une conséquence parmi d'autres des contraintes liées à une réorganisation.

La réorganisation de l'entreprise a été admise par la jurisprudence comme cause économique de licenciement, indépendamment de toute difficulté économique. En effet, il fallait pouvoir assurer aux salariés « victimes » d'une réorganisation pouvant aller jusqu'à une délocalisation de leur activité, y compris à l'étranger, la possibilité de refuser. Pour cela, il fallait que ce refus leur ouvre la porte d'un licenciement économique pour une meilleure protection : la réorganisation de l'entreprise devait être une cause de licenciement économique. Si la Cour de cassation a admis la réorganisation au rang de cause originelle de licenciement économique, son appréciation a fait l'objet d'une évolution.

Dans un premier temps, les juges ont décidé que la réorganisation de l'entreprise pouvait constituer une cause économique de licenciement à condi-

---

13. Cass. soc. 23 juin 2009, n° 07-45.668. Une société de produits chimiques exerçait sur le territoire français alors que d'autres filiales du groupe étaient installées dans huit pays différents. Certaines distribuaient des produits chimiques de base et d'autres des produits techniques. Il existait donc bien une spécificité de la société française, mais cela n'en faisait pas pour autant un secteur d'activité au sens de la jurisprudence.

tion qu'elle soit décidée « *dans l'intérêt de l'entreprise* ». La formule était peu heureuse car elle permettait à l'employeur de faire des licenciements uniquement dans l'intérêt de l'entreprise, donc des licenciements d'économie et non des licenciements économiques. C'est la raison pour laquelle l'appréciation de la réorganisation de l'entreprise a évolué : « *Les difficultés économiques doivent être appréciées au regard du secteur d'activité du groupe auquel appartient l'entreprise concernée ; lorsqu'elle n'est pas liée à des difficultés économiques ou à des mutations technologiques, une réorganisation ne peut constituer un motif économique que si elle est effectuée pour sauvegarder la compétitivité du secteur d'activité.* »[14] Une entreprise ne peut ainsi envisager une réorganisation que pour sauvegarder la compétitivité de son secteur d'activité, et non pour faire de simples économies. Il s'agissait en l'espèce d'une réorganisation de produits Thomson Tubes dont la production avait été délocalisée au Brésil. Afin de permettre aux salariés ayant refusé de partir au Brésil de bénéficier du licenciement pour motif économique, la Cour de cassation a admis la réorganisation comme cause économique de licenciement, à condition une fois de plus qu'elle soit faite pour sauvegarder la compétitivité du secteur économique concerné[15]. Cela explique que la réalité de la suppression ou de la transformation d'emploi ou encore de la modification du contrat de travail (causes matérielles) doit être examinée au niveau de l'entreprise. En revanche, les difficultés économiques (causes originelles) doivent être appréciées au regard du secteur d'activité du groupe auquel appartient l'entreprise concernée (notamment si on est face à un groupe plutôt prospère). La solution est identique s'il s'agit d'une multinationale : les difficultés économiques doivent être appréciées au niveau de toutes les entreprises du groupe, même celles situées à l'étranger. Quant aux possibilités de reclassement des salariés (*infra*, n° 741), elles doivent être recherchées à l'intérieur du groupe parmi les entreprises dont les activités, l'organisation ou le lieu d'exploitation leur permettent d'effectuer la permutation de tout ou partie du personnel.

Notons qu'à l'instar de la Cour de cassation, le Conseil d'État[16] a aussi admis que la nécessité de sauvegarder la compétitivité de l'entreprise est au nombre des causes sérieuses de licenciement économique. Il s'agit textuellement d'une reprise de l'arrêt « Vidéocolor » de 1995. Une entreprise peut donc désormais invoquer la nécessité de sauvegarder sa compétitivité, même en l'absence de difficultés économiques, ce motif constituant un motif autonome de licenciement. Il s'agissait ici du licenciement d'un salarié protégé ; l'inspecteur du travail saisi devait donc vérifier que la demande était justifiée par la nécessité de sauvegarder la compétitivité.

737. Depuis lors, diverses précisions ont été apportées :

– Qu'est-ce qu'une « bonne réorganisation » ?

14. Cass. soc. 5 avril 1995, Vidéocolor, précité.

15. B. Boubli, « La sauvegarde de la compétitivité de l'entreprise », Dr. soc. 2004, p. 1094.

16. CE 8 mars 2006, n° 270857, Rec. Lebon, Liaisons sociales, jurisprudence n° 965, 27 juin 2006.

Une bonne réorganisation est celle décidée pour sauvegarder la compétitivité du secteur d'activité et non pour répondre à un simple souci de rentabilité[17], ou encore lorsqu'il n'existe pas de réelle menace pour la compétitivité[18].

– Quelle est l'étendue du domaine de la réorganisation ? Faut-il comprendre les difficultés actuelles ou peut-on englober les difficultés économiques à venir ?

La Cour de cassation a pris parti pour la deuxième solution dans le célèbre arrêt « Pages jaunes »[19] : *« La réorganisation de l'entreprise constitue un motif économique de licenciement si elle est effectuée pour en sauvegarder la compétitivité ou celle du secteur d'activité du groupe auquel elle appartient, et que répond à ce critère la réorganisation mise en œuvre pour prévenir des difficultés économiques à venir liées à des évolutions technologiques et leurs conséquences sur l'emploi, sans être subordonnée à l'existence de difficultés économiques à la date du licenciement. »* Cet arrêt admet la possibilité de restructuration même en l'absence de difficultés économiques immédiates ; le but est d'éviter les difficultés prévisibles et leurs effets néfastes sur l'emploi, en utilisant au besoin la gestion prévisionnelle de l'emploi (GPEC). Les arrêts « Pages jaunes » font du licenciement économique préventif un outil de gestion de l'entreprise dans le cadre de la GPEC. La prévention peut passer par la modification des contrats de travail résultant de cette réorganisation. Cela répond bien au critère de la sauvegarde de la compétitivité et justifie des licenciements économiques, mais il faut un contexte d'évolution technologique[20].

– La réorganisation peut-elle compromettre la santé des travailleurs ?

L'employeur est tenu d'une obligation de sécurité de résultat. S'il procède à une réorganisation par une réduction du nombre des salariés assurant le service de jour et entraînant l'isolement d'un seul salarié chargé d'effectuer le travail, la nouvelle organisation du travail est de nature à compromettre la santé et la sécurité des salariés au travail[21].

– Quels sont les pouvoirs du juge en matière de réorganisation ?

Le juge ne peut se substituer à l'employeur quant au choix qu'il effectue dans la mise en œuvre de sa réorganisation[22]. Il lui appartient toutefois de contrôler le caractère réel et sérieux du motif économique et de vérifier l'adéquation entre la situation économique de l'entreprise et les mesures affectant l'emploi. Et il peut bien sûr suspendre une réorganisation qui compromet la santé et la sécurité[23].

---

17. Cass. soc. 22 septembre 2009, n° 08-44.147.
18. Cass. soc. 9 décembre 2009, n° 08-44.997.
19. Cass. soc 11 juin 2006, 2 arrêts, Les Pages jaunes, n° 04-46.201, n° 05-40.977, F. Favennec, JCP S 24 janvier 2006, G. Couturier, Sem. soc. Lamy, 23 janvier 2006.
20. Plus récemment, Cass. soc. 7 juillet 2009, n° 08-40.321, difficultés économiques à venir dans le secteur du pneumatique poids lourds chez Michelin.
21. Cass. soc 5 mars 2008, n° 06-45.888.
22. Cass. soc. 8 juillet 2009, n° 08-40.046, JCP S, 1479, note F. Dumont.
23. Cass. soc 5 mars 2008, précité.

B. La cessation d'activité

738. Le juge admet que la cessation d'activité soit considérée comme une cause économique pouvant entraîner un licenciement économique. Il peut s'agir par exemple d'un dirigeant d'une petite entreprise qui prend sa retraite et il convient alors de décider que cette cession d'activité est, pour ses salariés, un motif économique de licenciement.

C'est ce que les juges ont décidé : *« La cessation d'activité, quand elle n'est pas due à une faute de l'employeur ou à sa légèreté blâmable, constitue un motif économique de licenciement. »*[24] Il a par la suite été précisé que la cessation d'activité doit être définitive et qu'elle doit s'étendre à toute l'entreprise et non seulement à l'un de ses établissements. La cessation d'un droit au bail n'est pas considérée comme une cession d'activité[25].

La Chambre sociale a ajouté[26] que si l'entreprise arrête définitivement toutes ses activités, ce qui constitue en soi un motif économique, il faut tout de même qu'elle motive les lettres de licenciement ; en cas de cessation définitive, la lettre de licenciement peut se contenter de mentionner ce motif qui est assez explicite. Mais dans le cas d'espèce, il ne s'agissait pas d'une cessation définitive mais d'un abandon d'une activité parmi d'autres (l'atelier fonderie) ; l'employeur devait donc motiver quels étaient les effets de cette mesure sur l'emploi et motiver la lettre de licenciement.

Section 2
LES OBLIGATIONS DE L'EMPLOYEUR INHÉRENTES À SA DÉCISION DE LICENCIER ET PRÉALABLES À TOUT LICENCIEMENT

739. Lorsque la décision de licencier pour motif économique est prise, l'employeur doit, avant de procéder aux licenciements, respecter deux obligations légales : l'obligation d'adaptation et l'obligation de reclassement[27]. Il ne suffit pas que le licenciement économique ait une cause réelle et sérieuse. Le motif économique ne peut exister que si l'employeur a satisfait à sa double obligation : le licenciement ne peut alors intervenir que si ont été tentés tous les efforts préventifs de maintien de l'emploi.

---

24. Cass. soc. 16 janvier 2001, Morvant c/ Sté Royal Printemps, n° 98-44.647.
25. Cass. soc. 18 novembre 2009, n°s 07-45.669, 07-45.670, 07-45.671, 07-45.672.
26. Cass. soc. 28 novembre 2006, Revue de droit du travail, mars 2007, note Ph. Waquet.
27. C. trav. art. L. 1233-4.

I. L'obligation d'adaptation

740. L'employeur doit assurer l'adaptation des salariés à l'évolution de leur emploi, c'est ce qui résulte d'une jurisprudence célèbre : *« Mais attendu que l'employeur, tenu d'exécuter de bonne foi le contrat de travail, a le devoir d'assurer l'adaptation des salariés à l'évolution de leurs emplois »*[28]. Cela veut dire que l'employeur doit anticiper l'impact des mutations technologiques sur l'emploi, car elles peuvent entraîner des transformations d'emploi et une nécessaire adaptation des salariés. Cette obligation de nature contractuelle repose sur le respect du principe de bonne foi que le salarié et l'employeur doivent respecter. L'obligation d'adaptation à la charge de l'employeur s'inscrit depuis dans le cadre du licenciement économique mais aussi dans le droit à la formation professionnelle, que réaffirme la loi Fillon du 4 mai 2004. Le terme d'« employabilité » est aussi utilisé en pratique : l'employeur doit veiller au maintien de l'employabilité de ses salariés, c'est-à-dire qu'il doit veiller au maintien de la capacité des salariés à occuper *un emploi*[29]. Si l'employeur laisse ses salariés sans formation ou leur donne des formations insuffisantes, sans respecter son obligation d'adaptation, il encourt une condamnation pour défaut de cause réelle et sérieuse. Il peut en outre être condamné à des dommages-intérêts en raison de l'existence d'un préjudice distinct de celui de la rupture. Pour ne pas être condamné, l'employeur doit prouver qu'il était dans l'impossibilité d'affecter un salarié à un poste disponible moyennant une formation permettant l'adaptation du salarié.

II. L'obligation de reclassement

A. Le reclassement : une condition du licenciement

741. L'obligation de reclassement est véritablement au cœur du licenciement économique car, sans reclassement prévu, il ne peut y avoir de cause au licenciement. Un licenciement économique ne peut avoir un motif réel et sérieux que si l'employeur a tenté de reclasser le salarié, car le licenciement est la mesure ultime. Ainsi, avant tout licenciement pour motif économique et même si un plan de sauvegarde de l'emploi a été établi, l'employeur doit rechercher dans l'ensemble de l'entreprise des postes de reclassement et proposer aux salariés les emplois disponibles, à condition que la permutabilité de l'emploi soit possible entre les postes des salariés concernés. En cas de conflit, le juge doit rechercher si le reclassement est possible, non seulement dans les filiales mais aussi les autres sociétés du groupe auquel appartient l'entreprise, dont les activités, l'organisation ou le lieu d'exploitation permettent une permutation du personnel.

---

28. Cass. soc. 25 février 1992, Sté Expovit, 89-41.634, Bull.V. n° 122.
29. Cass. soc. 23 octobre 2007, n° 06-40.950.

La loi de modernisation sociale a consacré cette obligation à l'article L.1233-4 du Code du travail : « *Le licenciement pour motif économique d'un salarié ne peut intervenir que lorsque tous les efforts de formation et d'adaptation ont été réalisés et que le reclassement de l'intéressé sur un emploi équivalent ou, à défaut, et sous réserve de l'accord exprès du salarié, sur un emploi d'une catégorie inférieure ne peut être réalisé dans le cadre de l'entreprise ou, le cas échéant, dans les entreprises du groupe auquel l'entreprise appartient. Les offres de reclassement proposées au salarié doivent être écrites et précises.* »

Des précisions ont depuis été apportées par la jurisprudence quant à l'analyse de l'article L. 1233-4 du Code du travail.

Si les offres de reclassement doivent être écrites et précises[30], en cas de litige, seul l'écrit est admis comme mode de preuve. À défaut d'écrit, l'employeur doit être considéré comme n'ayant pas rempli ses obligations. Par ailleurs, la Cour de cassation a accepté l'idée que l'employeur oriente ses recherches de reclassement selon les souhaits du salarié, ce qui peut parfois se retourner contre lui s'il désire rester dans un périmètre bien précis et que les postes proposés par l'employeur ne lui conviennent pas[31]. L'employeur n'est tout de même pas tenu de délivrer une qualification nouvelle aux salariés leur permettant d'accéder à un poste disponible de catégorie supérieure[32] ; si l'employeur a certes l'obligation d'offrir une formation, cela n'implique pas l'obligation de délivrer une nouvelle qualification dans le cas où le salarié concerné a une qualification insuffisante pour occuper le seul poste vacant. En résumé, l'employeur doit procéder à une recherche loyale et préalable[33] au licenciement, il doit déployer les efforts les plus sérieux pour rechercher des postes pouvant convenir aux salariés licenciés ; l'effort doit être réel et doit se manifester par des propositions concrètes de reclassement. Toutefois, on ne peut pas lui demander l'impossible : si un projet de réduction des effectifs ne prévoit que des mesures de départs volontaires des salariés, à l'exclusion de tout licenciement, un plan de reclassement est sans objet. Toute recherche de reclassement qui vise à éviter les ruptures est inutile[34].

Le législateur a récemment voulu mettre fin à certaines pratiques jugées comme inadmissibles en matière de reclassement. Certaines entreprises n'hésitaient pas en effet à proposer aux salariés des conditions salariales peu acceptables qui entraînaient de fait un refus des personnes concernées (un emploi en Thaïlande pour 69 euros mensuels ou un autre en Tunisie pour 150 euros). Une loi visant à garantir de justes conditions de rémunération aux salariés concernés par une procédure de reclassement a été publiée le 18 mai 2010[35] et est applicable depuis le 20 mai 2010. Rappelons en effet que l'article L. 1233-4 du Code du

30. Cass. soc. 20 septembre 2006, Liaisons sociales, jurisprudence n° 976, 2 octobre 2006.
31. Cass. soc 13 novembre 2008, n° 06-46.227.
32. Cass. soc. 17 mai 2006, n° 04-43.022.
33. Cass. soc. 23 septembre 2009, n° 08-41.126.
34. Cass. soc. 26 octobre 2010, n° 09-15.187.
35. Loi n° 2010-499 du 18 mai 2010, *JO* du 19.

travail impose à l'employeur de proposer aux salariés menacés de licenciement économique un poste de reclassement au sein de l'entreprise ou du groupe dans un emploi de la même catégorie ou équivalent au poste occupé. La loi complète cet article en exigeant que cet emploi soit assorti d'une rémunération équivalente.

Par ailleurs, en cas de possibilité de reclassement à l'étranger, l'employeur doit demander au salarié menacé de licenciement économique s'il souhaite recevoir des offres de reclassement à l'étranger et sous quelles conditions. Lorsque l'entreprise ou le groupe auquel elle appartient est implanté hors du territoire national, l'employeur doit demander au salarié, préalablement au licenciement, s'il accepte de recevoir des offres de reclassement hors de ce territoire, dans chacune des implantations en cause, et sous quelles restrictions éventuelles quant aux caractéristiques des emplois offerts en reclassement, notamment en matière de rémunération et de localisation. La nouvelle loi légalise ainsi la méthode du *« questionnaire préalable de mobilité »* qui consiste à regrouper en une liste tous les postes disponibles à l'étranger et à faire circuler la liste parmi les salariés concernés, méthode pourtant invalidée par la Cour de cassation lorsque les offres de reclassement ne concernent que le territoire national.

Dernière précision : comment s'articule le plan de reclassement avec le plan de sauvegarde de l'emploi (*infra*, B) ? Le plan de reclassement s'intègre au plan de sauvegarde de l'emploi[36] et doit être présenté aux représentants du personnel dans les mêmes conditions. Sinon la procédure de licenciement est nulle et de nul effet.

B. Le périmètre d'application de l'obligation dereclassement

742. L'obligation de reclassement doit être la plus large possible afin de permettre aux salariés dont le licenciement est envisagé d'apprécier la totalité des postes auxquels ils peuvent prétendre. C'est pourquoi le périmètre de l'obligation comprend l'entreprise, mais également les sociétés du groupe auquel elle appartient, dont les activités, l'organisation et le lieu de travail permettent *« la permutation de tout ou partie du personnel »*[37]. L'obligation de reclassement a même été étendue aux sociétés partenaires du groupe[38] ainsi qu'aux entreprises situées à l'étranger[39]. Il s'agit toutefois d'une simple faculté offerte au salarié qui est en droit de la refuser[40].

Si le reclassement doit s'opérer dans une société étrangère, une condition s'impose : il faut que la législation locale ne fasse pas obstacle à l'emploi des

36. C. trav. art. L. 1233-62.
37. Cass. soc. 5 avril 1995, Vidéocolor, précité.
38. Cass. soc. 5 octobre 1999, n° 97-41.838.
39. Cass. soc 4 décembre 2007, n° 05-46.073.
40. Cass. soc. 29 janvier 2003, n° 00-46322, n° 00-46323.

salariés étrangers, et il appartient alors à l'employeur de démontrer cette impossibilité[41]. De même, il faut que le reclassement soit possible compte tenu des compétences des salariés et de leur connaissance de la langue parlée[42].

Une difficulté concerne les obligations des filiales ou sociétés du groupe : quelle est l'étendue de leurs obligations lorsqu'une des sociétés sœurs procède à un licenciement économique ? Sont-elles concernées par l'obligation de reclassement ? La réponse est négative pour la chambre sociale de la Cour de cassation : l'obligation de reclassement n'incombe qu'à l'employeur, une société du même groupe n'étant pas en cette seule qualité débitrice envers les salariés menacés[43].

À quelle date s'apprécie l'offre de reclassement et quel périmètre doit-elle comprendre ? La Cour de cassation a précisé que *« les possibilités de reclassement s'apprécient au plus tard à la date du licenciement »*[44]. Cette décision vise l'hypothèse où l'employeur, dans le cadre d'une cession, tente d'intégrer un autre groupe : si à la date du licenciement il n'a pas encore intégré le groupe, on ne peut lui reprocher de ne pas avoir cherché les possibilités de reclassement dans ce nouveau périmètre.

C. Les offres de reclassement

743. Selon l'article L. 1233-4 du Code du travail, les offres de reclassement doivent être écrites et précises. Elles doivent aussi être personnalisées[45], c'est pourquoi (à la différence du cas de figure où les offres de reclassement se situent à l'étranger, *supra*, n° 741), lorsque le reclassement ne s'effectue que sur le territoire national, l'employeur ne peut se contenter d'adresser aux salariés la liste des emplois disponibles. Il ne peut pas plus fournir un questionnaire dit de « mobilité », pratique permettant aux directions des ressources humaines de « sonder » les salariés sur leurs choix futurs. Ce qui est condamné, c'est le fait pour l'employeur de prendre l'initiative de « soupeser » les intentions des salariés avant toute recherche sans qu'ils aient été préalablement instruits des possibilités de reclassement[46]. À l'inverse et comme en témoigne la loi du 18 mai 2010, cette pratique s'entend mieux de la mobilité internationale puisque les salariés peuvent émettre des souhaits préalables, des options sur les pays ou continents choisis.

L'emploi proposé doit aussi être disponible car l'employeur doit exécuter loyalement son obligation de reclassement. Certes, ainsi qu'il est précisé dans le texte de loi, cela doit se faire sur un emploi de même catégorie correspondant à sa qualification, mais la proposition peut concerner un emploi de catégorie infé-

41. Cass. soc 4 décembre 2007, précité.
42. Cass. soc. 26 janvier 2010, n° 08-45.240.
43. Cass. soc. 13 janvier 2010, affaire « Flodor », J.-M.Olivier, « L'affaire Flodor : suite et presque fin », JCP S, 8 juin 2010, 1225.
44. Cass. soc., 1er juin 2010, n° 09-40.421.
45. Cass. soc. 20 octobre 2009, n° 08-43.999.
46. Cass. soc. 4 mars 2009, n° 07-42.381 et Cass. soc. 7 juillet 2009, n° 08-40.117.

rieure, ce qui conduira juridiquement à une modification du contrat de travail en cas d'acceptation du salarié. Il a de plus été jugé que seuls des emplois salariés[47] pouvaient être proposés au titre du reclassement, ce qui exclut la possibilité d'exercer une activité libérale ou indépendante ou encore l'exercice d'une prestation de services.

D. La prise en compte de la volonté du salarié dans le reclassement

744. Dans un premier temps, la Chambre sociale avait accepté que l'employeur puisse orienter ses recherches de reclassement en fonction des souhaits émis par un salarié, notamment dans l'hypothèse où le salarié définit un périmètre géographique duquel il ne souhaite pas s'éloigner[48] en raison de la proximité de son domicile. Elle a par la suite décidé de condamner les employeurs qui limitent leurs offres de reclassement en fonction de la volonté présumée de l'intéressé de les refuser, en raison du fait que le reclassement doit par exemple entraîner une modification du contrat de travail à titre économique et que le salarié refuse cette modification ; en présumant un refus identique pour l'offre de reclassement, l'employeur manque à son obligation de reclassement[49].

III. Appréciation des pouvoirs du juge en matière de contrôle du licenciement économique

745. Quels sont les pouvoirs du juge face au pouvoir de gestion de l'employeur ? Peut-il s'immiscer dans cette gestion au nom de la protection des intérêts des salariés[50] ?

Le juge judiciaire peut exercer un contrôle interne du pouvoir de gestion en vérifiant la réalité du motif économique allégué, aussi bien sur les causes originelles que sur les causes matérielles du licenciement. Mais il ne peut en principe exercer un contrôle externe des choix de l'employeur en matière de licenciement économique, notamment dans le cadre d'une réorganisation[51]. Si l'employeur estime que la meilleure solution pour son entreprise ne peut se faire que par un nombre élevé de licenciements, le juge ne peut lui imposer une voie médiane dans l'intérêt des salariés concernés par le licenciement. La seule possibilité pour le juge est d'intervenir en relevant la légèreté blâmable de l'employeur dans ses choix de gestion, ou bien encore la fraude.

---

47. Cass. soc. 31 mars 2009, JCP S, 1309, note F. Dumont.
48. Cass. soc. 13 novembre 2008, n° 06-46.227.
49. Cass. soc. 25 novembre 2009, JCP S, 1012, note I. Beyneix et J. Rovinski.
50. Cass. soc. 14 décembre 2005, JCP S, n° 7-8 2006, p. 22, note P. Morvan.
51. As. pl. 8 décembre 2000, n° 97-44219.

Rappel : L'article L. 1233-4 et les principales obligations de l'employeur

Causes originelles	*Causes matérielles*	*Obligations de l'employeur avant le licenciement*	*Obligations de l'employeur relatives au licenciement*
→ *permettent...* • causes légales - difficultés économiques - mutations technologiques • causes jurisprudentielles - réorganisation de l'entreprise - cessation d'activité	→ - transformations d'emploi - modification refusée par le salarié d'un élément essentiel du contrat de travail	- obligation d'adaptation et de formation - obligation de reclassement	Grand licenciement économique : - Consultation des institutions représentatives du personnel - Plan de sauvegarde de l'emploi

Section 3
LA PROCÉDURE DE LICENCIEMENT POUR MOTIF ÉCONOMIQUE

746. Une fois le motif économique déterminé et les obligations préalables au licenciement exécutées, demeure la nécessité pour l'employeur de respecter une procédure de licenciement économique. Une fois cette procédure mise en place (I), devront alors s'organiser les suites du licenciement (II).

I. La mise en œuvre de la procédure

A. Les trois types de licenciements pour motif économique

747. Les règles applicables aux licenciements économiques diffèrent selon le nombre de salariés concernés (plus ou moins de 10) et la période durant laquelle se déroule le licenciement (sur une même période de 30 jours ou non). Dans tous les cas l'employeur doit avoir cherché à reclasser les intéressés avant de les licencier.

Les articles L. 1233-8 et s. du Code du travail ont un caractère d'ordre public. Ils sont applicables à toute rupture du contrat de travail résultant d'un motif économique. Sont donc visées, outre les licenciements, les ruptures amiables et les démissions négociées faisant suite à une décision de licenciement économique. La résiliation amiable pour motif économique a été reconnue comme valable : le contrat de travail d'un salarié ordinaire ou celui d'un salarié protégé peut être résilié pour un motif économique après autorisation de l'inspecteur du travail. L'employeur n'a alors pas à procéder au licenciement[52].

Il est possible de distinguer trois grandes catégories de licenciement économique pour lesquelles il convient d'appliquer des procédures différentes.

52. Cass. soc. 27 mars 2007, n° 05-45.310.

Licenciement individuel pour motif économique	*Licenciement collectif pour motif économique concernant moins de 10 salariés sur une même période de 30 jours*	*Licenciement collectif pour motif économique concernant au moins 10 salariés sur une même période de 30 jours*
1. **Application de la procédure de licenciement pour motif personnel** (entretien, notification (mais délais différents) etc., voir *supra*) et 2. **Application de la procédure de licenciement économique de moins de 10 salariés** 1) Consultation du CE non obligatoire sauf si le licenciement individuel a une incidence sur la marche de l'entreprise 2) Priorité de réembauchage 3) Convention de reclassement personnalisée 4) Ordre des licenciements	*I - Conditions relatives à la consultation des institutions représentatives du personnel* 1. **Entreprises dépourvues d'institutions représentatives du personnel** : 1) Établissement de l'ordre des licenciements 2) Entretien préalable et proposition de la convention de reclassement personnalisée 3) Information du directeur départemental du travail 2. **Entreprises dotées d'institutions représentatives du personnel :** → Consultation préalable des représentants du personnel a) Délégués du personnel si moins de 50 salariés, comité d'entreprise ou comité d'établissement au-delà) b) Sanction en cas de non-respect : délit d'entrave c) Contenu de la consultation : → tous les renseignements utiles sur le projet de licenciement collectif et notamment : • les raisons économiques, financières et techniques du projet • le nombre de salariés habituellement employés, l'importance des licenciements envisagés et les catégories professionnelles concernées • les critères proposés pour l'ordre des licenciements • le calendrier prévisionnel des licenciements Possibilité pour le comité d'entreprise de recourir à un expert de son choix (expert comptable, expert en nouvelles technologies, expert pour la préparation des travaux du comité d'entreprise) *II - Conditions communes à toutes les entreprises* Entretien préalable de chaque salarié concerné • information par écrit de la possibilité d'adhérer à une convention de reclassement personnalisée 2) Notification du licenciement • envoi de la lettre de licenciement dans le respect de certains délais (7 jours dans les entreprises dotées de représentants du personnel ou dans les entreprises dépourvues de représentants du personnel mais pour les salariés ayant plus d'un an d'ancienneté) • contenu de la lettre : → énonciation du motif économique (à défaut la rupture est abusive) → existence de la priorité de réembauchage → possibilité d'adhérer à la convention de reclassement personnalisée 3) Information écrite à la DDTE dans les 8 jours de l'envoi des lettres de licenciement	1. **Application de la procédure de licenciement pour motif personnel** sauf pour les dispositions concernant l'entretien dans les entreprises dotées de représentants du personnel 2. Élaboration d'un **plan de sauvegarde de l'emploi** (voir *infra*) 3. **Consultation préalable des représentants du personnel** (délégué du personnel ou comité d'entreprise) : 2 à 3 réunions à prévoir 1) Communication préalable de tous les renseignements utiles sur le projet 2) Communication des mesures de reclassement ou du plan de sauvegarde de l'emploi 3) Communication des mesures de nature économique que l'employeur envisage de prendre → sanction en cas de non-respect de ces mesures : nouvelle procédure de consultation (ordonnance président TGI en référé) 4. **Réunions des représentants du personnel** : suggestions et avis sur les mesures envisagées • possibilité de se faire assister par un expert-comptable 5. **Communication des informations simultanément à la DDTE** • commentaires sur le contenu du plan de sauvegarde de l'emploi 6. Information des salariés sur la possibilité d'adhérer à une **convention de reclassement personnalisée** 7. Établissement de l'**ordre des licenciements** 8. **Notification des licenciements** dans le respect de certains délais

B. Les caractéristiques du « grand » licenciement économique[53]

1) Le plan de sauvegarde de l'emploi

748. Le plan de sauvegarde de l'emploi est l'élément clé du grand licenciement économique. Si la loi de modernisation sociale a procédé à un changement de terminologie en 2001 (du « plan social » au « plan de sauvegarde de l'emploi »), cela demeure une obligation légale inchangée depuis 1989 mais dont les contours ont fortement été précisés par la jurisprudence. L'article L. 1233-61 énonce : *« Dans les entreprises employant au moins cinquante salariés, lorsque le nombre de licenciements est au moins égal à dix dans une même période de trente jours, l'employeur doit établir et mettre en œuvre un plan de sauvegarde de l'emploi pour éviter les licenciements ou en limiter le nombre et pour faciliter le reclassement du personnel dont le licenciement ne pourrait être évité, notamment des salariés âgés ou qui présentent des caractéristiques sociales ou de qualification rendant leur réinsertion professionnelle particulièrement difficile. »*

L'élaboration d'un plan de sauvegarde de l'emploi est obligatoire dans les entreprises d'au moins cinquante salariés envisageant le licenciement d'au moins dix personnes sur une même période de trente jours. L'objet de ce dispositif est simple : l'employeur doit établir un document très détaillé comportant toutes les mesures envisageables pour « éviter » ou « limiter » les licenciements, y compris bien sûr les mesures de reclassement puisque le plan de reclassement établi en amont s'intègre au plan de sauvegarde de l'emploi. Tous les salariés concernés par le licenciement doivent bénéficier des mesures du plan de sauvegarde de l'emploi, notamment ceux dont le reclassement pourrait être difficile.

Certaines mesures relatives au plan de sauvegarde de l'emploi ont fait l'objet d'une évolution.

a) Le déclenchement du plan de sauvegarde de l'emploi[54]

749. Qui sont les salariés menacés par un licenciement économique ? Ce sont bien sûr ceux qui font d'ores et déjà l'objet d'une décision de licenciement, mais cela peut aussi être ceux à qui on a proposé une modification de leur contrat de travail à titre économique et qui l'ont refusée. Mais faut-il aussi englober les salariés qui ne se sont pas encore prononcés ? En effet, un problème peut apparaître si plusieurs propositions de modification sont faites, dans l'éventualité d'un licenciement collectif, dans le cadre d'un plan de sauvegarde de l'emploi. À partir de quand la procédure de licenciement économique doit-elle être déclenchée ?

Les juges avaient décidé[55] que la seule proposition d'une modification du contrat de travail à au moins dix salariés suffisait à établir un plan de sauvegarde de l'emploi, donc à déclencher la procédure. On se situait en amont du refus, au

53. P. Morvan, « Le droit des licenciements pour motif économique après la loi de cohésion sociale », TPS, février 2005, p. 8.

54. C. Radé, « Feu la jurisprudence Framatome et Majorette », Droit social 2005, p. 386.

55. Cass. soc. 3 décembre 1996, Framatome et Majorette, n° 95-17352.

moment de la proposition. Mais cette approche était contraire à la loi qui énonce que *« lorsque l'employeur envisage le licenciement de plusieurs salariés ayant refusé une modification (...) ces licenciements sont soumis aux dispositions des licenciements économiques »*. Il ne s'agit plus des salariés licenciables mais bien de ceux qui ont refusé la modification. La loi « Borloo » de 2005 est donc venue mettre fin à la jurisprudence : l'article L.1233-25 du Code du travail précise bien que le refus de la modification est une condition préalable à la mise en œuvre du droit du licenciement pour motif économique (*« lorsque au moins dix salariés ont refusé la modification d'un élément essentiel de leur contrat de travail proposé par l'employeur (...) »*). La chronologie est donc la suivante : proposition de modification, refus, projet de licenciement, application du droit du licenciement collectif et donc plan de sauvegarde de l'emploi.

b) Le contenu du plan de sauvegarde de l'emploi[56]

750. L'objet du plan de sauvegarde de l'emploi est de prévenir ou de limiter le nombre de licenciements par diverses mesures. Il doit prévoir de manière précise des actions de reclassement internes ou externes à l'entreprise, des actions de formation ou de conversion, des mesures de réduction ou d'aménagement du temps de travail, des mesures de préretraite progressive[57]. De même, des cellules d'orientation ou de formation peuvent être créées, des mesures pour aider à la création d'une entreprise individuelle, etc.

Le contenu du plan de sauvegarde de l'emploi doit être réel et sérieux (principe de pertinence), il doit prévoir des mesures précises et concrètes[58] et il doit être proportionné aux moyens de l'entreprise. La loi a repris cette idée selon laquelle la validité du plan de sauvegarde de l'emploi est appréciée au regard des moyens dont dispose l'entreprise ou, le cas échéant, l'UES ou le groupe, à l'article L. 1235-10 du Code du travail. Le juge du fond qui doit apprécier un plan de sauvegarde de l'emploi doit se livrer à une appréciation globale du plan et il doit tenir compte de l'actualisation des offres d'emplois proposées, notamment en raison du fait qu'un tel plan peut être exécuté sur plusieurs mois[59].

751. Des difficultés concernent l'articulation du plan de reclassement avec le plan de sauvegarde de l'emploi. Puisque la loi précise que le plan de reclassement doit s'intégrer au plan de sauvegarde de l'emploi, la pertinence de ce dernier s'appréciera notamment au regard des mesures de reclassement qu'il prévoit.

Il a ainsi été précisé dans une affaire « Pages jaunes » que constitue une mesure valable de reclassement la mise en situation de recherche de reclassement avec dispense d'activité et maintien de la rémunération[60]. Dans le cadre de son

56. C. trav. art. L. 1233-62.

57. Cass. soc. 17 mai 1995, SA Everite, précité : *« Le plan de sauvegarde de l'emploi doit, en ce qui concerne le reclassement interne des salariés, préciser le nombre et la nature des emplois qui peuvent être proposés à l'intérieur du groupe, parmi les entreprises dont les activités, l'organisation ou le lieu d'exploitation leur permettent d'effectuer la permutation de tout ou partie du personnel. »*

58. Cass. soc. 19 mars 2002, RJS 7/02, n° 801.

59. Cass. soc. 14 février 2007, n° 05-45.887.

60. Cass. soc. 14 février 2007, n° 05-45.887.

plan de sauvegarde de l'emploi, la société avait en effet proposé une dispense partielle puis totale d'activité pour les salariés concernés, au titre des mesures de reclassement. La cour d'appel de Versailles avait censuré la validité du plan car selon elle cette mesure avait pour effet de transférer au salarié une obligation de reclassement pesant sur l'employeur et qu'au surplus les salariés n'avaient plus accès au réseau intranet de l'entreprise. Mais la Chambre sociale admet qu'une mise en situation de recherche de reclassement peut constituer une mesure licite de reclassement, d'autant que le plan ne la prévoyait que pendant une période déterminée avec dispense d'activité et maintien de la rémunération.

De même, l'employeur qui, dans le cadre de la mise en œuvre de son plan, propose aux salariés un reclassement dans une autre entreprise, doit les informer loyalement des risques que peuvent présenter les emplois proposés, dans l'hypothèse où, par exemple, la société qui les accueille tombe rapidement en redressement judiciaire[61].

Les juges ont aussi admis qu'un plan de sauvegarde de l'emploi peut contenir des mesures réservées à certaines catégories de salariés, comme par exemple des mesures réservées aux salariés de plus de 50 ans mais de moins de 56 ans, à la condition toutefois que tous les salariés placés dans une situation identique puissent bénéficier de l'avantage, en vertu du principe d'égalité de traitement[62].

Notons que si le plan fixe un délai de réflexion afin que les salariés se prononcent sur les offres qui leur sont faites au titre du reclassement, ce délai constitue une garantie de fond dont le non-respect par l'employeur emporte méconnaissance de son obligation de reclassement et prive le licenciement de cause réelle et sérieuse[63].

c) Le cadre de l'établissement du plan de sauvegarde de l'emploi

752. Comment apprécier la condition d'effectifs requise pour la mise en place d'un plan de sauvegarde de l'emploi ? La condition d'effectifs et celle tenant au nombre de licenciements s'apprécient au niveau de l'entreprise à l'exclusion, a-t-il été précisé, des autres sociétés composant une unité économique et sociale, ce qui est logique car cette dernière n'a pas la personnalité morale et ne peut donc être employeur des salariés[64].

Par ailleurs, quel est le champ d'application spatial des règles françaises relatives au plan de sauvegarde de l'emploi ? Seuls les salariés rattachés à l'activité de l'employeur en France doivent être pris en compte pour la mise en place du plan[65], en vertu du principe de territorialité de la loi française.

61. Cass. soc. 6 juin 2007, n° 06-41.001.

62. Cass. soc. 17 octobre 2007, n° 06-40.887.

63. Cass. soc. 16 mai 2007, n° 05-44.085.

64. Cass. soc. 28 janvier 2009, n° 07-45.481.

65. Cass. soc. 28 septembre 2008, n° 07-42.862. Cas d'une banque italienne ayant décidé de fermer sa succursale parisienne et de licencier les 28 salariés. La cour d'appel avait estimé qu'il fallait tenir compte non pas uniquement des 28 salariés concernés mais de la globalité des effectifs, y compris à l'étranger.

Enfin, s'agissant d'une entreprise composée d'établissements géographiquement distincts, à partir du moment où tous les salariés de l'entreprise sont exposés à un licenciement économique, l'employeur ne peut réserver le bénéfice de certaines mesures prévues par le PSE (en l'espèce, des mesures de départ volontaire) aux salariés d'un seul établissement. Il y a rupture du principe d'égalité de traitement. En effet, selon la Cour de cassation, *« si un plan de sauvegarde de l'emploi peut contenir des mesures réservées à certains salariés, c'est à la condition que tous les salariés de l'entreprise placés dans une situation identique au regard de l'avantage en cause puissent bénéficier de cet avantage, à moins qu'une différence de traitement soit justifiée par des raisons objectives et pertinentes, et que les règles déterminant les conditions d'attribution de cet avantage soient préalablement définies et contrôlables »*[66].

d) La consultation du comité d'entreprise sur le plan de sauvegarde de l'emploi[67]

753. Bien que l'autorité administrative exerce un contrôle important sur le plan de sauvegarde de l'emploi puisqu'elle peut dresser un constat de carence, il appartient surtout aux représentants du personnel de veiller à la bonne application de la réglementation.

La consultation du comité d'entreprise est essentielle selon la loi. Lorsqu'un licenciement collectif est projeté, le comité d'entreprise doit être consulté deux fois : une fois au titre de la marche générale de l'entreprise (art. L. 2323-6 du Code du travail), pour les mesures relatives à l'emploi, aux questions générales relatives à l'organisation de l'entreprise, etc. (le comité d'entreprise peut essayer de proposer des solutions alternatives, faire appel à des experts, etc.) ; et une autre fois au titre de la procédure de consultation des représentants du personnel qui instaure une consultation spéciale en cas de licenciement économique (article L. 1233-30 du Code du travail). Cette dernière est d'ailleurs très précise puisqu'elle prévoit deux réunions séparées par trois possibilités de délais en fonction du nombre de licenciements envisagés.

La question est de savoir comment articuler ces deux consultations. Doit-il y en avoir deux ou une seule pour supprimer certains délais défavorables au chef d'entreprise, et s'il en faut bien deux, comment s'organisent-elles ?

Les juges ont très vite décidé[68] que le cumul de procédures s'impose. Mais ils ont par la suite précisé que cette double consultation pouvait être concomitante à condition de respecter les délais prévus par les deux textes les plus favorables pour le comité d'entreprise[69]. Cette procédure de concomitance a été consacrée par la loi de cohésion sociale en 2005.

---

66. Cass. soc., 12 juillet 2010, n° 09-15.182.

67. M. Cohen, « Le fonctionnement du comité d'entreprise et les licenciements économiques après la loi du 18 janvier 2001 », Droit social, avril 2005, p. 394.

68. Cass. soc. 16 avril 1996, « Siétam », Dr. soc. 1996, 484, A. Lyon-Caen.

69. Cass. soc. 17 juin 1997, Sté Les grands magasins de l'Ouest, TPS 1997, comm. 234, obs. P.Y. Verkindt.

e) Les sanctions liées à la méconnaissance du plan de sauvegarde de l'emploi

754. Les sanctions prévues par la loi en cas de non-respect des dispositions relatives au plan de sauvegarde de l'emploi sont sévères.

1. Nullité du plan et consultation du comité d'entreprise

L'absence de plan, ou sa méconnaissance ou encore son insuffisance (par exemple en cas d'absence de plan de reclassement) ne sont pas sans conséquence puisqu'elles entraînent la nullité de la procédure de licenciement. En effet, selon l'article L. 1235-10 du Code du travail, « *la procédure de licenciement est nulle et de nul effet tant qu'un plan visant au reclassement des salariés s'intégrant au plan de sauvegarde de l'emploi n'est pas présenté par l'employeur aux représentants du personnel qui doivent être réunis, informés et consultés (...)* ». Si la procédure de licenciement est nulle et de nul effet, les licenciements qui ont eu lieu en méconnaissance des dispositions légales sont également nuls : le salarié peut donc prétendre à des dommages-intérêts et, s'il le souhaite, à sa réintégration.

Parallèlement, un contrôle du plan de sauvegarde de l'emploi interne à l'entreprise est aussi prévu : l'employeur a l'obligation de présenter aux représentants du personnel le plan de sauvegarde de l'emploi qu'il a établi, ces derniers (le comité d'entreprise pour l'essentiel) devant être réunis, informés et consultés. Mais il ne faut pas confondre la sanction de nullité de la procédure de licenciement en cas d'absence de plan de sauvegarde de l'emploi avec celle d'irrégularité de la procédure consultative des représentants du personnel qui se traduit par une simple suspension[70]. Cette action visant à la suspension de la procédure peut être soulevée par le comité d'entreprise tant que les licenciements n'ont pas été notifiés, c'est-à-dire jusqu'à l'achèvement de la procédure de licenciement[71]. Par la suite, le comité d'entreprise peut agir en nullité de la procédure de licenciement mais à la seule condition que cette procédure ait été précédée d'une action en suspension.

2. Nullité du plan et réintégration

Diverses questions se posent alors, relatives à la nullité du plan de sauvegarde de l'emploi et à la réintégration.

En premier lieu, le juge doit-il ordonner la réintégration des salariés licenciés alors que la procédure de licenciement est nulle et que le licenciement est de nul effet ? Si les juges avaient répondu par l'affirmative dans le célèbre arrêt « Samaritaine »[72], la logique a voulu que le législateur revienne sur cette jurisprudence. En effet, la réintégration était parfois impossible matériellement

---

70. Cass. soc. 18 avril 1998, Sté Teas Corbas, Liaisons sociales, Juris. Actua. n° 611, 29 décembre 1998.

71. Cass. soc. 11 janvier 2007, n° 05-10.350.

72. Cass. soc. 13 février 1997, Sté des grands magasins de la Samaritaine, G. Couturier, « L'impossibilité de réintégration », Droit social avril 2005, p. 103.

quand la décision du juge intervenait des années plus tard[73]. Dans le nouvel article L. 1235-11 du Code du travail, il est désormais inscrit qu'en cas de nullité de la procédure de licenciement économique, par exemple en cas d'absence ou de nullité du plan de sauvegarde de l'emploi, le juge peut prononcer la nullité du licenciement et ordonner, à la demande du salarié, la poursuite de son contrat de travail, sauf si la réintégration est devenue impossible du fait de la fermeture de l'établissement ou du site, ou de l'absence d'emploi disponible de nature à permettre la réintégration du salarié.

En second lieu, quel est le périmètre de l'obligation de réintégration en cas de nullité du plan de sauvegarde de l'emploi ? Après l'annulation d'un licenciement pour nullité du plan de sauvegarde de l'emploi, l'obligation de réintégration résultant de la poursuite ordonnée du contrat de travail ne s'étend pas au groupe auquel appartient l'employeur, elle a pour cadre uniquement l'entreprise[74]. Il ne faut ainsi pas confondre l'obligation de reclassement, en amont du licenciement économique et qui a pour cadre le groupe, et l'obligation de réintégration qui ne s'apprécie que dans le cadre de l'entreprise. La raison en est simple : le licenciement étant nul, c'est le même contrat qui continue, avec le même employeur, seul débiteur de l'obligation de réintégration.

3. Droits des salariés à contester le PSE

La Chambre sociale a à nouveau précisé[75] que les personnes licenciées pour motif économique ont un droit propre à faire valoir que leur licenciement est nul au regard des disposions de l'ancien article L. 321-4-1du Code du travail. Le salarié auquel ce droit est ouvert a donc intérêt à se prévaloir de la nullité de la procédure de licenciement collectif sans que l'employeur puisse lui opposer le fait que des mesures individuelles de reclassement lui ont été proposées. Ainsi, même si les salariés ont bénéficié d'offres de reclassement personnalisées, ils peuvent tout de même demander la nullité du plan de sauvegarde de l'emploi.

Sanctions liées au non-respect du reclassement et du plan de sauvegarde de l'emploi

Non-respect de l'obligation de reclassement par l'employeur (pour les salariés pris individuellement)	Licenciement dépourvu de cause réelle et sérieuse
Absence de plan de sauvegarde de l'emploi ou insuffisance en raison d'absence de plan de reclassement	Nullité de la procédure de licenciement (et éventuelle réintégration)
Non-consultation du comité d'entreprise sur le plan de de sauvegarde de l'emploi	Irrégularité de la procédure (suspension)

73. Le professeur P. Morvan cite l'exemple du conseil des prud'hommes de Soissons qui en 2004 ordonna la réintégration de 115 salariés, licenciés en 1999, et alors même que leur usine avait été délocalisée et n'existait plus !

74. Cass. soc. 15 février 2006, JCP S n° 7 mars 2006, note J.Y. Frouin.

75. Cass. soc. 12 mars 2008, n° 07-40.308, et Cass. soc. 28 novembre 2006, JCP S n° 13, 27 mars 2007.

2) La promotion de la négociation collective sur les restructurations[76]

755. L'article 72-I de la loi Borloo a prévu un nouvel article L. 2242-15 au sein du Code du travail prévoyant la négociation triennale obligatoire relative à la stratégie globale de la GPEC (gestion prévisionnelle des emplois et des compétences) dans l'entreprise ou le groupe.

Cette mesure s'applique aux entreprises ou groupes qui emploient au moins 300 salariés ainsi qu'aux entreprises ou groupes de dimension communautaire. Elle a pour objet d'instaurer une obligation à la charge de l'employeur et des partenaires sociaux, consistant à anticiper l'évolution de son entreprise à moyen terme, afin si possible de limiter ou d'éviter les licenciements économiques.

Le chef d'entreprise est tenu d'engager tous les trois ans une négociation portant :

– sur les modalités d'information et de consultation du comité d'entreprise sur la stratégie de l'entreprise (stratégie globale) et sur ses effets prévisibles sur l'emploi ainsi que sur les salaires ;

– sur la mise en place d'un dispositif de gestion prévisionnelle des emplois et des compétences (GPEC) ainsi que sur les mesures d'accompagnement susceptibles de lui être associées, c'est-à-dire en matière de formation, de VAE (validation des acquis de l'expérience), de bilans de compétences et d'accompagnement de la mobilité professionnelle et géographique des salariés.

Lors de ces deux négociations, on doit également favoriser quelques thèmes particuliers comme le travail des seniors.

Si la GPEC est désormais l'un des motifs de négociation incontournable en droit français, une question s'est toutefois posée : une entreprise peut-elle mettre en place un plan de sauvegarde de l'emploi sans avoir négocié sur la GPEC au préalable ? La cour d'appel de Versailles[77] y avait répondu de manière claire : pas de PSE sans GPEC ; « *la procédure de négociation de l'article L. 320-2 du Code du travail* (ancien), *dont la vocation est préventive, est imposée de façon générale ; elle est d'autant plus impérative qu'un employeur envisage une décision susceptible d'avoir des effets sur l'emploi et que le comité d'entreprise la sollicite pour ces raisons* ». La GPEC n'a d'utilité que si elle intervient avant la prise de décision sur la modification des emplois et les éventuels licenciements. Donc, avant de mettre en place un plan de sauvegarde de l'emploi, une entreprise a l'obligation de négocier. Le non-respect de cette obligation constitue un trouble manifestement illicite qui entraîne la suspension de la procédure d'information et de consultation du comité d'entreprise.

Était alors intervenue une résistance de certaines juridictions du 1er degré pour lesquelles l'accord sur la GPEC n'est pas un préalable nécessaire au plan de

76. B. Teyssié, « À propos d'une négociation triennale : commentaire de l'article L. 320-2 du Code du travail », Dr. soc. 2005, p. 377. F. Favennec Héry, « Du droit du licenciement économique au droit de l'employabilité du salarié », Sem. soc. Lamy, 22 janvier 2007, n° 1291, p. 3.
77. CA Versailles 14e chambre, 2 mars 2007, RJS 3/07, n° 322.

sauvegarde de l'emploi[78]. Cela fut en quelque sorte confirmé par l'Accord national interprofessionnel du 11 janvier 2008 : en tant que démarche globale d'anticipation, la GPEC doit être entièrement dissociée de la gestion des procédures de licenciements collectifs et du plan de sauvegarde de l'emploi

3) La pérennisation des accords de méthode (dérogatoires)[79]

756. La loi Fillon du 3 janvier 2003 avait ouvert la possibilité à titre expérimental de déroger par accord collectif aux dispositions des anciens livres III et IV du Code relatifs à l'information et à la consultation du comité d'entreprise : c'est ce que l'on a nommé les accords de méthode. L'article 72, I de la loi du 18 janvier 2005 pérennise et reprend le dispositif dans un nouvel article L. 1233-21 du Code du travail selon lequel des accords de méthode peuvent fixer, par dérogation aux dispositions « classiques », les modalités d'information et de consultation du comité d'entreprise, lors des grands licenciements économiques.

L'intérêt de ces accords est bien entendu de déroger dans un sens plus favorable que la loi. Leurs conditions de validité ne sont pas soumises à une consultation préalable du comité d'entreprise mais à l'exigence du principe du majoritaire, comme le prévoit la loi du 4 mai 2004[80]. Les accords peuvent déroger au droit commun dans certains domaines comme la concomitance des consultations, le nombre de réunions et les délais qui les séparent, les modalités de recours à un expert-comptable. Il est même possible de prévoir que le comité d'entreprise puisse proposer lors de ces réunions des réponses alternatives à celles prévues par l'employeur. Il n'est toutefois pas question de remettre en cause le principe même de la négociation, ou encore les principes concernant l'obligation d'adaptation et de reclassement.

II. Les suites et conséquences du licenciement économique

757. Le législateur a entendu faire bénéficier les salariés licenciés pour motif économique de certains « bonus » dont ne bénéficient pas les salariés licenciés pour motif personnel. Il s'agit là bien sûr d'atténuer les effets d'un licenciement dont ils ne sont pas responsables.

78. TGI Paris 4 décembre 2007, FNAC.

79. P. H. Antonmattéi, « Accords de méthode génération 2005, la « positive attitude » », Droit social avril 2005, p. 399.

80. Pour conclure un accord collectif, le principe est celui de la majorité d'opposition. Toutefois, au niveau de la branche ou de l'entreprise on peut opter pour la majorité d'adhésion ; l'acte majoritaire s'entend d'un accord conclu avec les organisations syndicales représentatives qui ont recueilli plus de la moitié des suffrages valablement exprimés au premier tour des dernières élections du comité d'entreprise. Les accords peuvent être contestés mais dans un délai restreint de 3 mois à compter de la date d'accomplissement de la dernière formalité, c'est-à-dire dépôt de l'accord auprès de l'administration du travail.

A. Les principales mesures classiques d'accompagnement

1) La priorité de réembauchage (art. L. 1233-45 du Code du travail)

758. Elle est instituée en faveur des salariés licenciés pour motif économique (y compris le cas de l'adhésion à une convention de reclassement personnalisée). À compter de la rupture du contrat de travail et ce pendant un an, le salarié qui désire en bénéficier doit en faire la demande par écrit. Dans ce cas, l'employeur est tenu de lui indiquer durant la même période tout emploi devenu disponible et compatible avec ses anciennes fonctions. Bénéficie également de la priorité de réembauchage le salarié qui a acquis une nouvelle qualification. Les représentants du personnel doivent aussi être informés des postes disponibles dont la liste doit être affichée. En cas de non-respect de cette priorité par l'employeur, le salarié aura droit à une indemnité ne pouvant être inférieure à deux mois de salaire.

2) L'ordre des licenciements (art. L. 1233-5 du Code du travail)

759. Le licenciement économique obéit à une réglementation particulière qui veut que lorsque plusieurs salariés sont concernés par un tel licenciement, l'employeur doit démontrer l'ordre des partants. Le salarié doit pouvoir savoir « pourquoi lui et pas un autre » dans la mesure où la décision qui conduit au licenciement n'est pas liée à sa personne. D'ailleurs, l'ordre des licenciements doit être établi même si un seul salarié est licencié pour motif économique.

À défaut d'accord collectif ayant fixé des critères précis, l'employeur doit lui-même les définir lors de chaque licenciement pour motif économique tout en ayant dû les soumettre à la consultation du comité d'entreprise. Lors de la détermination de ces critères, il doit tenir compte de critères légaux sans qu'aucune hiérarchie ne lui soit opposée et sans que la liste proposée par le législateur n'ait un caractère limitatif. Il peut privilégier un critère à condition de tenir compte de chacun d'entre eux.

Ces critères légaux sont les suivants :

– les charges de famille, en particulier celle des parents isolés ;

– l'ancienneté de service dans l'établissement ou dans l'entreprise ;

– la prise en compte des personnes dont la réinsertion peut être difficile (personnes handicapées, salariés âgés) ;

– les qualités professionnelles appréciées par catégorie.

Le salarié peut demander la communication des critères retenus. L'employeur qui omet de répondre à la demande d'un salarié concernant les critères ayant déterminé le choix des salariés licenciés est sanctionné car l'absence de réponse de l'employeur à la demande du salarié le laisse dans l'ignorance du motif réel de son licenciement. Cela cause nécessairement un préjudice au salarié, distinct de celui réparant l'absence de cause réelle et sérieuse de son licenciement. Le salarié bénéficiera également de la réparation de son préjudice en cas de non-respect par l'employeur de ses obligations légales, par exemple s'il ne respecte pas l'ordre initialement retenu.

B. Les principales nouvelles mesures d'accompagnement

1) La convention de reclassement personnalisée et le congé de reclassement (art. L. 1233-65 et L. 1233-71 du Code du travail

760. Lors de l'entrée en vigueur de la nouvelle convention d'assurance chômage le 1er janvier 2001, les conventions de conversion avaient disparu et avaient été remplacées par les dispositions du Pré PARE. Ce dispositif prévoyait des actions de reclassement (ancien article L. 321-4-2 ancien du Code du travail) et il avait même été créé un congé spécifique de reclassement dans les entreprises occupant au moins 1 000 salariés.

Un nouvel article L. 1233-65 institue la convention de reclassement personnalisée qui s'applique dans les entreprises où le congé de reclassement ne peut s'appliquer (dans les entreprises de moins de 1 000 salariés, le dispositif est celui de la convention de reclassement personnalisée ; dans les entreprises de plus de 1 000 salariés, c'est l'article L. 1233-71 du Code du travail qui s'applique en prévoyant un congé de reclassement dont la durée ne peut excéder 9 mois, accompagné d'une allocation).

Tout comme dans le système de l'ancienne convention de conversion, l'employeur doit proposer à chaque salarié concerné par un licenciement économique le bénéfice d'une convention de reclassement personnalisée. Cela permet au salarié de bénéficier après la rupture d'actions d'orientation, de bilans de compétences, etc., et d'une allocation spécifique de remplacement. Ces actions de formation peuvent parfois être financées par le reliquat de droits acquis au titre du DIF[81].

Si le salarié accepte d'adhérer à la convention, la rupture est réputée intervenir d'un commun accord, mais le salarié sera tout de même fondé à invoquer les mesures spécifiques du licenciement économique comme l'absence de cause économique réelle et sérieuse, le non-respect de l'ordre des licenciements, etc.[82].

Si l'employeur ne propose pas la convention de reclassement personnalisée, il devra verser aux Assedic une contribution égale à deux mois de salaire brut.

2) La revitalisation des bassins d'emploi (art. L. 1233-84 et s. du Code du travail)

761. La loi de modernisation sociale avait prévu que, sous l'autorité du préfet du département, un dispositif puisse préserver le bassin d'emploi dans lequel un

81. C. trav. art. L. 1233-66.

82. Cass. soc 5 mars 2008, RJS 5/08, n° 580.

projet de licenciement collectif pourrait intervenir, afin d'accroître la responsabilité sociale des grandes entreprises. Ce dispositif fut abrogé par la loi Borloo du 18 janvier 2005, mais une réglementation similaire est introduite à l'article L.1233-84 du Code du travail.

Les entreprises qui occupent au moins 1 000 salariés (sauf si elles font l'objet d'un redressement ou d'une liquidation judiciaires) sont tenues, lorsqu'elles procèdent à un licenciement collectif affectant, par son ampleur, l'équilibre du (ou des) bassin(s) d'emploi dans le(s)quel(s) elles sont implantées, de contribuer à la création d'activités et au développement des emplois et d'atténuer les effets du licenciement envisagé sur les autres entreprises ou sur le bassin d'emploi. Une convention entre l'entreprise et l'autorité administrative est alors conclue pour déterminer les modalités du dispositif. Le montant de la contribution financière ne pourra être inférieur à deux fois la valeur mensuelle du SMIC par emploi concerné. Une contribution peut aussi être demandée aux entreprises occupant de 50 à 1 000 salariés.

C. Les actions en contestation du licenciement économique

762. Il existe principalement deux prescriptions en matière de licenciement économique (article L. 1235-7 du Code du travail).

Tout d'abord, il existe un délai portant sur la régularité de la procédure de consultation du comité d'entreprise. Si la procédure de consultation n'est pas respectée, il est possible de saisir le juge des référés (président du TGI) qui peut suspendre la procédure. Désormais, pour être valable, cette action doit être introduite dans un délai de quinze jours suivant chaque réunion du comité d'entreprise.

Ensuite est prévu un délai portant sur la régularité ou la validité du licenciement. Jusqu'alors la prescription était la prescription de droit commun. Désormais, toute contestation sur la régularité ou la validité du licenciement économique se prescrit par douze mois à compter de la dernière réunion du comité d'entreprise si l'action est menée par les représentants du personnel élus ou désignés, ou à compter de la notification du licenciement s'il s'agit d'une contestation individuelle (au lieu et à la place de la prescription quinquennale). Dans ce dernier cas, il appartient à l'employeur de rappeler cette prescription dans la lettre de licenciement, faute de quoi elle ne pourra pas être opposable au salarié.

Chapitre 3

Les suites de la rupture

Section 1
LE PRÉAVIS (OU DÉLAI-CONGÉ)

763. Il s'agit d'un délai préfix qui court à compter de la rupture du contrat de travail, c'est-à-dire à partir de la notification du licenciement ou de la décision de démission, sauf disposition conventionnelle plus favorable. C'est une période pendant laquelle le contrat de travail continue de produire des effets bien que l'une des parties ait notifié à l'autre sa décision de le rompre. Les parties ne peuvent renoncer par avance au préavis qui est dû, quel que soit l'auteur de la rupture. Le délai congé est observé sauf en cas de faute grave ou en cas de force majeure et pour d'autres motifs strictement prévus par la loi.

La durée du préavis s'apprécie différemment en cas de démission et en cas de licenciement. Le préavis de démission n'est pas envisagé par le Code du travail (sauf pour des professions particulières comme les journalistes ou les VRP) et il convient alors de se reporter aux dispositions conventionnelles et / ou aux usages.

Le préavis de licenciement peut être d'origine légale ou conventionnelle. La source la plus favorable prévoyant la durée la plus longue est retenue. Au terme de ces dispositions légales (article L.1234-1 du Code du travail), la durée minimale du préavis est fonction de l'ancienneté dans l'entreprise (ancienneté de services continue chez un même employeur) :

– ancienneté inférieure à 6 mois : renvoi à la convention collective ou aux usages de la profession ;

– ancienneté de 6 mois à 2 ans : un mois

– ancienneté d'au moins 2 ans : deux mois.

Pour les cadres, le préavis est, selon un usage général, de trois mois.

Le salarié peut être amené à exécuter ou non son préavis.

Si le salarié exécute son préavis (ce qui est la norme), il travaille dans les mêmes conditions qu'auparavant. Il est souvent stipulé, au sein des conventions collectives ou des contrats de travail, que le salarié dispose de deux heures par jour pour la recherche d'un emploi. Le préavis étant un délai préfix, il ne peut être ni prolongé, ni suspendu pour maladie par exemple. Le salarié peut toutefois être amené à commettre une faute durant le préavis. En cas de commission d'une faute grave ou d'une faute lourde il y aura alors renvoi immédiat et perte de l'indemnité de préavis pour le temps restant à courir, sans nouvelle procédure de licenciement.

Si le salarié n'exécute pas son préavis, cela peut résulter de trois situations :

– Le salarié demande à son employeur de le dispenser du préavis, par exemple parce qu'il a retrouvé du travail. S'il n'obtient pas l'accord de son employeur, il peut être amené à lui verser des dommages-intérêts. En revanche, avec l'accord de l'employeur, le préavis n'est pas exécuté et n'est pas payé.

– L'employeur l'en dispense : il doit alors lui payer intégralement les primes prévues et l'indemnité de préavis sauf faute grave exécutée durant ce préavis[1].

– L'employeur l'en prive : en cas de faute grave ou lourde commise lors de l'exécution du contrat de travail ; il s'agit alors des suites d'une sanction disciplinaire.

Section 2
LES INDEMNITÉS PERÇUES PAR LE SALARIÉ

A. L'indemnité de licenciement

764. Obligation légale ou conventionnelle à la charge de l'employeur, elle est due et payée en dehors de tout procès (ce qui la différencie de l'indemnité pour licenciement sans cause réelle et sérieuse) et est proportionnelle à l'ancienneté. Son existence est prévue à l'article L. 1234-9 du Code du travail, à condition que le salarié ait au moins un an d'ancienneté et sauf commission d'une faute grave.

Qu'elle soit légale ou conventionnelle, elle n'a pas le caractère d'un salaire mais celui d'une indemnisation forfaitaire en raison du préjudice subi par le salarié[2].

1. Mais cela ne le dispense pas de lui verser l'indemnité de licenciement et de congés payés.

2. Le salarié ne paiera en principe ni cotisations sociales, ni impôt sur l'indemnité légale de licenciement, jusqu'à un certain plafond, car elle n'est pas la contrepartie d'un travail. La solution est différente pour les indemnités contractuelles ou conventionnelles qui peuvent parfois atteindre des sommes « exorbitantes » ; qualifiées de « niches sociales » par la Cour des comptes lorsqu'elles sont exonérées de cotisations, elles représentent un manque à gagner pour les URSSAF de plus de 3 milliards d'euros. Depuis la loi de financement de la Sécurité sociale pour 2009, l'assiette des prélèvements sociaux et fiscaux applicables à toutes les indemnités a été élargie : les règles d'assujettissement varient selon la nature et le montant des indemnités versées. Les solutions retenues sont les suivantes :
– entre 0 euro et le montant légal ou conventionnel, les indemnités de licenciement ne sont assujetties ni à cotisation, ni à la CSG et à la CRDS ;

Dans un attendu de principe, les juges ont déclaré que lorsqu'elle est prévue par le contrat de travail, l'indemnité de licenciement a le caractère d'une clause pénale (art. 1152 *al.* 2 du Code civil). En conséquence, le juge du fond peut « modérer ou augmenter la peine qui avait été convenue, si elle est manifestement excessive ou dérisoire ». La Cour de cassation contrôle sur ce point non pas l'appréciation du dommage mais la motivation du juge du fond[3]. La solution ne peut bien entendu pas être transposable aux indemnités de licenciement prévues par accord collectif car, fixées par les partenaires sociaux, elles ne peuvent faire l'objet d'une révision judiciaire.

L'indemnité légale est peu élevée. Son montant[4] est, pour un salarié ayant un an d'ancienneté non interrompue au service d'un même employeur, égal à 1/5e de mois de salaire par année d'ancienneté et est majoré à partir de 10 ans d'ancienneté (deux quinzièmes de mois), sur la base du salaire brut[5]. Un salarié ayant 8 ans d'ancienneté percevra alors deux mois de salaire en principe non assujettis à cotisations ou à contributions sociales (tout dépend du montant du salaire). Le calcul est identique en cas de licenciement économique.

B. L'indemnité compensatrice de préavis

765. L'inobservation du délai-congé donne droit, sauf faute grave, à une indemnité compensatrice due par l'employeur s'il est à l'origine de l'inexécution du préavis. Son montant est forfaitaire : il correspond aux salaires et avantages qu'aurait perçus le salarié s'il avait travaillé durant le préavis. L'indemnité de préavis est un salaire ; elle n'a donc pas le caractère de dommages-intérêts et est soumise à impôt, cotisations et contributions sociales.

C. L'indemnité compensatrice de congés payés

766. Le droit à congés payés s'acquiert mois par mois (2 jours et demi par mois de travail) et donne lieu à la prise de congés payés par le salarié (cinq semaines par an selon la loi, mais il existe des conventions collectives plus généreuses). En cas

– entre le montant légal ou conventionnel et 200 000 euros, les indemnités sont assujetties aux seules CSG et CRDS ;
– au-delà de 200 000 euros, les indemnités sont soumises à cotisation, à la CSG et à la CRDS.
Des régimes de faveur existent pour les indemnités de licenciement versées dans le cadre d'un plan de sauvegarde de l'emploi (hors parachutes dorés) : elles sont exonérées de cotisations mais soumises à la CSG et à la CRDS pour la fraction qui excède le minimum légal ou conventionnel (il existe aussi des règles particulières concernant les indemnités de départ ou mise à la retraite). Quant aux fameux parachutes dorés, les indemnités de rupture d'un montant supérieur à 30 fois le plafond de la Sécurité sociale (soit plus d'un million d'euros) sont assujetties à cotisations et à contributions sociales dès le premier euro.

3. Cass. soc. 17 mars 1998, Liaisons sociales, n° 7852 du 23 avril 1998.

4. C. trav. art. R. 1234-2.

5. C. trav. art. R. 1234-4 : « *Le salaire à prendre en considération pour le calcul de l'indemnité de licenciement est, selon la formule la plus avantageuse pour le salarié : 1) soit le douzième de la rémunération des douze derniers mois précédant le licenciement ; 2) soit le tiers des trois derniers mois {...}* ».

de licenciement, si le salarié licencié n'a pas pris l'intégralité de ses congés durant la période de référence (en général du 1er juin de l'année précédente au 31 mai de l'année en cours), il a droit lors de la rupture et sauf faute lourde à une indemnité compensatrice de congés payés correspondant aux congés acquis et non pris.

Tableau récapitulatif des principales indemnités (ayant le caractère de salaire ou de dommages-intérêts) auxquelles peut prétendre un salarié en cas de licenciement

En dehors de tout procès = les indemnités dues au moment de la rupture	**Dans le cadre d'un procès = la contestation du licenciement devant le juge**
1. Indemnité de licenciement (légale ou conventionnelle) • selon la loi = 1/5e de mois de salaire par année d'ancienneté à partir d'un an d'ancienneté • n'a pas le caractère d'un salaire (donc non soumise à cotisations sociales) ; a la nature de dommages-intérêts (en réparation du préjudice subi par le salarié) **2. Indemnité compensatrice de préavis** • = montant forfaitaire correspondant aux salaires et avantages que le salarié aurait perçus s'il avait effectué son préavis • caractère d'un salaire **3. Indemnité compensatrice de congés payés** • = somme correspondant au reliquat de congés payés acquis et non pris • caractère d'un salaire	**1. Licenciement irrégulier** • au maximum un mois de salaire • caractère de dommages-intérêts (donc non soumis à cotisations) **2. Licenciement sans cause réelle et sérieuse** • au minimum six mois de salaires • nature de dommages-intérêts (lorsque le licenciement est entaché d'une irrégularité de fond et de forme, les indemnités (1 et 2) ne se cumulent pas ; seule l'indemnité pour licenciement sans cause réelle et sérieuse sera attribuée)

Section 3
LES DOCUMENTS REMIS LORS DE LA RUPTURE

I. Les documents obligatoires

A. Le certificat de travail

767. À l'expiration du contrat de travail (à l'issue du préavis), l'employeur a l'obligation de remettre au salarié un certificat de travail comportant certaines mentions qui sont exclusivement les suivantes : la date d'entrée du salarié et celle de sa sortie, la nature de l'emploi ou des emplois successivement occupés et les périodes pendant lesquelles ces emplois ont été tenus[6]. Aucune forme spéciale n'est exigée, mais il est préférable qu'il soit établi sur papier à en-tête de l'entreprise. Les mentions élogieuses sont facultatives.

Le certificat de travail est quérable et non portable : la seule obligation de l'employeur est de le tenir à la disposition du salarié. En cas de non-remise du

6. C. trav. art. D. 1234-6.

certificat, le salarié peut intenter une action de délivrance du document, au besoin sous astreinte, et réclamer des dommages-intérêts en cas de préjudice subi par suite de non-remise.

B. L'attestation pour l'organisme gestionnaire de l'assurance chômage

768. Ce document est destiné à permettre au salarié de bénéficier des allocations de chômage[7] auprès de Pôle Emploi. La délivrance de l'attestation est obligatoire pour l'employeur et quérable, elle est établie lors de la dernière paie et remise au salarié en même temps que le certificat de travail. Si l'employeur ne la délivre pas au salarié, il s'expose aux mêmes sanctions qu'en cas de non-remise du certificat de travail. La non-remise à un salarié des documents lui permettant de s'inscrire au chômage entraîne nécessairement pour lui un préjudice qui doit être réparé[8].

II. Le reçu pour solde de tout compte

769. Il n'est pas obligatoire mais permet à l'employeur de se prémunir contre toute contestation ultérieure de la part de son ex-salarié (caractère libératoire[9]). Il s'agit d'une attestation écrite que le salarié fait à l'employeur (mais établie par ce dernier) lors de l'expiration du contrat de travail et où il reconnaît avoir perçu l'intégralité des sommes qui lui restaient dues[10]. Le reçu pour solde de tout compte doit être établi par l'employeur à l'expiration du contrat de travail et daté en conséquence. Il doit comporter la mention « pour solde de tout compte » de la main du salarié et doit être signé par ce dernier, mentionner qu'il est établi en double exemplaire dont l'un est remis au salarié. Il ne peut viser une somme globale et ne pas préciser les éléments de rémunération qu'il concerne[11].

Ce document peut être dénoncé dans le délai de six mois à compter de sa signature (délai de forclusion), par lettre recommandée avec accusé de réception. Au-delà, le reçu devient libératoire pour l'employeur et le salarié ne peut plus agir pour obtenir paiement des sommes qu'il conteste. Mais le caractère libératoire ne vaut que pour les droits envisagés dans le reçu par les parties.

Le reçu pour solde de tout compte se distingue de la transaction. La signature du reçu, rédigé en termes généraux, ne peut valoir renonciation pour le salarié au droit de contester le bien-fondé de son licenciement. Seule

7. C. trav. art. R. 1234-9.
8. Cass. soc. 19 mai 1998, Liaisons sociales, n° 7882 du 22 juin 1998.
9. La loi de modernisation sociale de 2002 avait supprimé ce caractère libératoire, ce qui avait pour effet que le document n'avait plus que la valeur d'une simple preuve des sommes y figurant. Le caractère libératoire du reçu fut rétabli par la loi du 25 juin 2008 portant modernisation du marché du travail afin d'éviter la multiplication des contentieux.
10. C. trav. art. L. 1234-20.
11. Cass. soc. 16 mai 2000, Dr. soc. 2000, p. 925.

une transaction, signée après le licenciement et comportant des concessions réciproques, peut l'empêcher d'agir[12].

Section 4
LA TRANSACTION, UNE CONSÉQUENCE DE LA RUPTURE DU CONTRAT DE TRAVAIL

770. La transaction n'est pas un mode de rupture du contrat de travail (ce n'est pas une rupture amiable ou conventionnelle). C'est une conséquence de la rupture du contrat de travail (le plus fréquemment démission ou licenciement). Elle obéit aux règles de droit commun : selon l'article 2044 du Code civil, la transaction est un contrat par lequel les parties terminent une contestation née ou préviennent une contestation à naître[13]. Il s'agit la plupart du temps d'un « échange » entre une somme d'argent allouée par l'employeur en contrepartie de laquelle il obtient la renonciation pour le salarié d'agir en justice.

La transaction, qui peut être extrêmement défavorable au salarié, est entourée de nombreuses conditions relatives à sa validité :

– Subordination : la transaction ne peut intervenir que lorsque le salarié n'est plus sous la subordination de son employeur, donc lorsque la rupture est effective et non plus simplement lorsque le principe de la transaction a été décidé[14].

– Concessions réciproques : il est nécessaire que les parties aient fait des concessions réciproques. À défaut, la convention sera considérée comme nulle ; c'est pourquoi il faut que les prétentions des parties soient formulées par écrit[15]. Il appartient au juge de contrôler la réalité des concessions des parties. Si l'indemnité transactionnelle revêt un caractère dérisoire, elle ne constitue pas une véritable concession de la part de l'employeur et la transaction est nulle[16]. Le juge du fond appelé à se prononcer sur la validité d'une transaction doit aussi vérifier l'existence d'une cause réelle et sérieuse de licenciement afin de caractériser l'existence de concessions de la part de l'employeur[17]. Pour déterminer le caractère réel ou non des concessions contenues dans la transaction, le juge peut restituer aux faits énoncés dans la lettre de licenciement leur véritable qualifi-

---

12. Cass. soc. 9 décembre 1998, Liaisons sociales, n° 620 du 2 mars 1999.
13. Notre article, « De la transaction prévue par le Code civil à la transaction utilisée en droit du travail, réflexions sur une règle en dérive : le Code civil 1804-2004 », Dalloz 2004, 593. C. Fourcade, « La transaction en droit du travail, quelle place pour la liberté contractuelle ? », Dr. soc. 2007, 166.
14. Cass. soc. 29 mai 1996, Dr. soc. 1996, 689, obs. J. Savatier.
15. Cass. soc. 27 mars 1996, JCP 96, éd. E, II, 846, note F. Taquet.
16. Cass. soc. 28 novembre 2000, RJS 2/01, n° 197.
17. Cass. soc. 23 janvier 2001, Liaisons sociales, jurisprudence n° 704 du 12 février 2001.

cation[18]. Cela permet de contourner les manœuvres de l'employeur qui peut avoir été tenté de surévaluer les griefs reprochés au salarié (faute grave au lieu d'une faute simple, par exemple), ce qui a pour conséquence de fausser la valeur des concessions réciproques puisqu'elles sont fondées justement sur la qualification de la rupture.

– Moment de la transaction : la transaction ne peut intervenir qu'après notification du licenciement par lettre recommandée avec accusé de réception[19]. Cela évite certaines pratiques consistant à faire signer la transaction le jour du licenciement, puis à mettre la transaction dans le coffre de l'entreprise afin que le salarié ne puisse plus revenir dessus... Plus précisément, la transaction doit être conclue après la réception par le salarié de la lettre recommandée l'informant des motifs de son licenciement[20]. La transaction conclue avant le licenciement est nulle, mais il s'agit d'une nullité relative instituée dans le seul intérêt du salarié[21] et qui se prescrit dans le délai de cinq ans[22].

– Autorité de la chose jugée : la transaction a autorité de la chose jugée en dernier ressort et ne peut être dénoncée, ce qui emporte renonciation à toute réclamation ultérieure[23]. Le juge peut néanmoins annuler la transaction en cas d'erreur[24], de dol ou de violence, à condition que ces vices du consentement soient établis. C'est le cas par exemple lorsque la transaction conclue par les parties était fondée sur la croyance commune que seule l'indemnité légale de licenciement pouvait être réclamée, alors que le salarié avait droit à une indemnité conventionnelle d'un montant supérieur.

Certains pensent que l'avènement de la rupture conventionnelle par la loi du 25 juin 2008 portant modernisation du marché du travail devrait avoir pour conséquence une diminution notable des transactions, puisque les parties peuvent partiellement transiger, notamment en ce qui concerne les indemnités allouées au salarié et pouvant aller au-delà des indemnités légales de licenciement. C'est peut-être oublier que la transaction peut porter sur d'autres éléments de la relation de travail que les indemnités de licenciement.

18. Cass. soc. 6 avril 1999, Liaisons sociales, n° 631, 20 mai 1999.
19. Cass. soc. 18 février 2003, RJS 5/03, n° 604.
20. Cass. soc. 14 juin 2006, RJS 2006, n° 943.
21. Cass. soc. 28 mai 2002, RJS 8-9/02, n° 970.
22. Cass. soc. 28 mai 2002, Dr. soc. 2002, 783, obs. G. Couturier, Cass. soc. 14 janvier 2003, RJS 3/03, n° 343.
23. Ass. pl. 4 juillet 1997, Dr. soc. 1997, 978, obs. G. Couturier.
24. Cass. soc. 24 novembre 1998, Roussel c/ Association Les Papillons Blancs, Liaisons sociales, n° 616 du 1er février 1999.

Propos de fin d'ouvrage...

Même si ce livre a fait l'objet de publications chez le même éditeur il y a quelques années, cette édition représente un travail de deux ans.

L'apprentissage du droit du travail est long et complexe. Il faut connaître la loi, au moins quelques grandes conventions collectives et, bien sûr, se tenir au courant de l'évolution de la jurisprudence, quasiment au jour le jour. Je le reconnais, c'est certes mon travail, mais cela peut ne pas être toujours passionnant, il n'y a qu'à observer l'expression des étudiants dans l'amphithéâtre après le déjeuner ou certains jours d'examen...

La lecture de cet ouvrage (ou au moins de certains de ses passages) aura eu, je l'espère, le mérite d'intéresser, de séduire, pas uniquement pour passer un examen mais peut-être pour aller plus loin. Rien ne me fait plus plaisir que d'échanger quelques mots avec des anciens qui se sont dirigés vers un métier du droit social. C'est là que l'on enseigne vraiment.

Cet ouvrage est pour moi l'un des moyens de vous être accessible, d'exercer, en plus de l'enseignement, mon métier. L'objet d'un livre de droit est d'être pédagogique. Mais au-delà de ce simple aspect je souhaite que mes étudiants (et les amis qui vont le parcourir pour me faire plaisir), ainsi que tous ceux qui ont eu le courage de me lire sans me connaître, aient pris du plaisir, qu'ils en gardent quelques souvenirs et achètent les éditions ultérieures !

Cas pratique

<u>*Conseils préalables :*</u>

Prendre le temps de lire l'ensemble du cas pratique, puis de relire chaque point évoqué pendant au moins dix minutes. Ne pas reprendre la totalité des faits à chaque fois, synthétiser rapidement ce qui vous sert pour chaque cas envisagé. « Décortiquer » ce qui vous est donné (dates, lieux, personnes) pour trier en fonction de ce qui a de l'importance. ***Ne pas tout surligner ! Ne pas « se jeter » sur la table des matières de son Code du Travail : ce dernier ne soit servir qu'à compléter ses connaissances (textes de lois, article). De même, ne pas recopier tous les arrêts mentionnés sous les articles de lois : ne se servir que de ceux que l'on connaît (vus en TD, etc.) pour éviter de recopier des arrêts trop anciens. (Ces conseils valent pour les trois exercices proposés.)*** *Répondre à la question posée en rappelant rapidement les faits, la ou les règles de droit applicables, la solution que vous préconisez en allant jusqu'au bout (licenciement causé ou non, indemnités, etc.). Ne surtout pas réciter son cours.*

Madame X a été engagée à temps partiel en 2000, en qualité d'employée de cafétéria par une société de la grande distribution, la société C. située à Chatou. Son contrat de travail prévoyait à la suite d'un avenant qu'elle pourrait être affectée dans tout établissement de la société C. au sein de la ville de Chatou ou dans les localités limitrophes. En 2003 l'établissement de Chatou a été cédé à une autre société, la société LP, qui a fermé l'établissement pour y effectuer des travaux ; les salariés qui y étaient affectés dont Madame X ont cessé momentanément de travailler tout en étant payés. Pendant les travaux, le nouvel employeur a demandé à Madame X, le 29 août, de reprendre le travail le 1er septembre, dans un établissement LP situé à Saint-Denis en lui précisant qu'elle occuperait à nouveau son poste de travail à Chatou à la fin des travaux. Ayant refusé la nouvelle affectation, la salariée a été licenciée pour faute grave.

La salariée vous consulte aux fins de connaître ses droits et ses chances de succès.

Monsieur J a été engagé par une société de cosmétique en qualité de responsable de l'administration le 17 février 2005. Ce contrat de travail prévoyait une période d'essai d'une durée de trois mois renouvelable une fois. Le 16 mai 2005 l'employeur a présenté au salarié une lettre suivant laquelle les deux parties décidaient d'un commun accord de prolonger la période d'essai de trois mois. Monsieur J a contresigné cette lettre. Le 23 juin 2005, l'employeur notifiait à Monsieur J la rupture de la période d'essai.

Qu'en pensez-vous ?

Une entreprise de confection faisant partie d'un groupe international fait face à des difficultés économiques qui vont la contraindre, à terme, à licencier certains des salariés pour motif économique. Tenue avant toute opération de licenciement de procéder au reclassement des salariés concernés, elle a fait établir par les services de la DRH une liste comportant 47 postes de reclassement, liste qui a été distribuée aux salariés. Un salarié, Monsieur Y, n'ayant pu être reclassé au titre de cette procédure, a été licencié. Il conteste le caractère réel et sérieux de son licenciement et vous demande votre avis.

Correction du cas pratique

Madame X :

La salariée vous consulte pour connaître ses droits dans une affaire où il s'agit manifestement de la confrontation entre l'exercice du pouvoir de direction de l'employeur et les droits éventuels d'un salarié de refuser une mutation. Il est toutefois précisé qu'il s'agit d'une mutation temporaire. Il n'est pas ici fait mention d'une clause de mobilité, mais il s'agit plutôt de la question du changement de secteur géographique de la salariée.

Il convient alors de faire savoir à la salariée quel est le régime juridique habituel des changements de lieux de travail temporaires, puis de lui expliquer quelles sont les possibilités offertes à elle pour refuser le changement et faire déclarer son licenciement dépourvu de cause réelle et sérieuse afin d'obtenir des indemnités.

– La possibilité d'affectation temporaire des salariés en dehors du secteur géographique habituel ou de la zone d'affectation d'une clause de mobilité

La jurisprudence considère depuis 1998 (Cass. soc. 20 octobre 1998) qu'en l'absence de clause de mobilité, une modification du lieu de travail qui entraîne un changement de secteur géographique constitue une modification du contrat de travail que le salarié est en droit de refuser. En revanche, si le nouveau lieu de travail se situe dans le même secteur géographique, il s'agit d'un simple changement des conditions de travail que l'employeur peut imposer au salarié ; si ce dernier refuse, il peut être sanctionné, y compris par un licenciement qui n'est pas forcément constitutif d'une faute grave.

Par la suite, la jurisprudence a précisé le régime de la mutation occasionnelle ou temporaire. Cette dernière peut, à la différence d'une mutation « fixe », s'effectuer en dehors du secteur géographique habituel, sans que cela constitue une modification du contrat de travail. Il a toutefois été précisé que la mutation doit être justifiée par l'intérêt de l'entreprise et que la spécificité des fonctions du salarié implique une certaine mobilité (Cass. soc. 22 janvier 2003). Par ailleurs, l'employeur doit avoir prévenu le salarié dans un délai suffisant (Cass. soc. 15 mars 2006).

Ces dernières conditions ont été partiellement remises en cause par la Chambre sociale dans un arrêt plus récent.

– Les conditions de l'affectation temporaire posées par la Chambre sociale de la Cour de cassation

Par un arrêt du 3 février 2010, la Cour de cassation revient sur les conditions qu'elle avait posées en 2003. En premier lieu, elle supprime la condition suivant laquelle la spécificité des fonctions du salarié implique la mobilité. En deuxième lieu, elle semble fixer de manière claire et précise le régime de l'affectation temporaire ou occasionnelle en dehors du secteur géographique. Pour que cette mutation temporaire constitue un simple changement des conditions de travail et non une modification du contrat de travail, l'employeur doit s'assurer que trois conditions cumulatives ont été remplies : la mutation doit être faite dans l'intérêt de l'entreprise, elle doit être justifiée par des circonstances exceptionnelles et le salarié doit avoir été informé préalablement, dans un délai raisonnable, du caractère temporaire de l'affectation et de la durée prévisible de celle-ci.

Il est à noter que les mêmes conditions s'appliquent, précise la Cour de cassation, dans le cas d'une clause de mobilité, lorsque le salarié est envoyé de manière temporaire en dehors du secteur de la clause. Si les trois conditions cumulatives ne sont pas remplies, l'affectation temporaire constituera une modification du contrat de travail.

Au regard de ces éléments, si les deux première conditions fixées par la jurisprudence semblent remplies, il en va différemment pour la troisième, la salariée ayant eu deux ou trois jours pour s'organiser, ce qui ne constitue pas un délai raisonnable ; de plus, elle n'a eu aucune information sur la durée prévisible de l'affectation.

Le licenciement de Madame X semble dépourvu de cause réelle et sérieuse car la mutation envisagée constituait une modification de son contrat de travail qu'elle était en droit de refuser.

Monsieur J :

La question sous-jacente à la situation de Monsieur J est celle du renouvellement de la période d'essai et plus spécialement des conditions posées concernant l'acceptation du salarié de cette dernière. Si l'impératif de l'acceptation expresse du salarié a toujours été affirmé, la valeur de son contreseing sur un document de renouvellement présenté par l'employeur n'avait pas encore été abordée.

Selon une jurisprudence constante, le renouvellement de la période d'essai doit en principe faire l'objet d'une acceptation expresse du salarié au cours de la période initiale. Les parties ne peuvent alors convenir d'un renouvellement ou d'une prolongation tacite de la période d'essai (Cass. soc. 10 janvier 2001), le principe du renouvellement devant donc être prévu dès la conclusion du contrat de travail.

Cette possibilité de renouvellement est normale puisque les parties ne peuvent savoir à l'avance dans quelles conditions va se dérouler la relation de travail et si la période initiale sera suffisante pour apprécier les compétences du salarié, objet de la période d'essai (C. trav. art. L. 1221-20). Mais, bien que normale, la situation de renouvellement ne peut résulter d'une décision unilatérale de l'une des parties. La jurisprudence est formelle, il faut aussi au moment du renouvellement, juste avant la fin de la période initiale, un accord exprès des parties.

Notons que les dispositions de la loi du 25 juin 2008, non applicables aux faits de l'espèce, vont dans le même sens : « La période d'essai et la possibilité de son renouvellement ne se présument pas » (C. trav. art. L. 1221-23). « Elles sont expressément stipulées dans la lettre d'engagement ou le contrat de travail. » Mais il est rajouté que la période d'essai ne peut être renouvelée que si un accord de branche étendu le prévoit (C. trav. art. L. 1221-21). Le Code n'exige pas en outre que le renouvellement fasse l'objet d'un accord en cours d'exécution : il renvoie, quant aux conditions du renouvellement, à l'accord de branche.

Lorsqu'il est requis, l'accord du salarié au renouvellement doit être exprès. Cette notion renvoie normalement à l'exigence d'un écrit. Dans le cas de Monsieur J, il fallait analyser la valeur du contreseing apposé au bas du document que l'employeur lui avait présenté. Deux hypothèses s'ouvrent alors : soit le contreseing vaut acceptation expresse, auquel cas l'employeur pouvait mettre fin à la période d'essai ; soit il ne vaut pas acceptation expresse et la rupture du contrat de travail s'analyse en un licenciement dépourvu de cause réelle et sérieuse. Des éléments de réponse nous sont fournis par la chambre sociale de la Cour de cassation (Cass. soc. 25 novembre 2009) : « Le renouvellement ou la prolongation de la période d'essai doit résulter d'un accord exprès des parties et exige une manifestation claire et non équivoque du salarié, laquelle ne peut être déduite de la seule apposition de sa signature sur un document établi par l'employeur. » En effet, la seule signature prouve uniquement que le salarié a bien reçu le document mais pas automatiquement qu'il a exprimé une volonté expresse d'y adhérer. En clair, la signature ne peut pas valoir acceptation expresse des termes du document lorsqu'il ne ressort pas clairement des termes de celui-ci qu'il a pour objet de formaliser l'accord des parties. Cette affirmation peut être discutée car l'employeur a légitimement pu croire que le salarié, en ayant signé le document, y avait expressément adhéré. On peut y voir une exigence de formalisme accrue de la part de la chambre sociale : une simple signature ne suffit plus, il faut en sus une mention écrite de la main du salarié, par exemple « lu et approuvé ».

En l'espèce, le renouvellement n'ayant pas été expressément approuvé par Monsieur J., la rupture s'analyse en un licenciement dépourvu de cause réelle et sérieuse qui ouvre droit à indemnités.

Monsieur Y :

L'article L. 1233-4 du Code du travail prévoit qu'avant tout licenciement pour motif économique, l'employeur doit satisfaire à son obligation de reclassement en effectuant une recherche loyale et préalable des postes disponibles (Cass. soc. 23 septembre 2009). Les offres de reclassement qu'il propose doivent être écrites et précises (L. 1233-4). Si l'entreprise appartient à un groupe, voire à un groupe international, comme c'est le cas en l'espèce, le périmètre de l'obligation de reclassement s'étend à toutes les entreprises, même celles qui sont situées à l'étranger, parmi celles qui permettent permutation de tout ou partie du personnel (Cass. soc. 5 avril 1995). Les salariés concernés ont parfaitement le droit de refuser les offres proposées (Cass. soc. 29 janvier 2003).

L'effort de l'employeur doit être parfaitement réel, il ne peut faire des offres « fantômes », les propositions de reclassement doivent être précises et concrètes. Mais qu'en est-il de la manière dont il en fait part au personnel ? Peut-il faire des propositions globales, se contenter de dresser une liste des emplois disponibles et les fournir aux salariés ? La Cour de cassation est hostile à ces méthodes pratiquées dans certaines entreprises, qui peuvent prendre la forme de listes d'emplois, ou de « questionnaires de mobilité » dans lesquels les salariés se contentent de cocher ce qui pourrait leur convenir (Cass. soc. 4 mars 2009, Cass. soc. 7 juillet 2009, Cass. soc. 20 octobre 2009). Les offres de reclassement doivent être précises et concrètes mais aussi personnalisées.

Précisons que parmi les emplois que propose l'employeur au titre du reclassement, il faut bien sûr que l'emploi soit disponible : priorité est donnée à l'emploi de même catégorie ou, à défaut, de catégorie équivalente ou, à défaut, de catégorie inférieure (L.1233-4).

Monsieur Y a donc raison de contester le bien-fondé de son licenciement car l'employeur n'a pas satisfait à son obligation préalable de reclassement.

Commentaire d'arrêt

<u>Conseils préalables :</u>

Le commentaire d'arrêt nécessite une parfaite maîtrise de la lecture d'un arrêt et de la fiche d'arrêt, laquelle doit rapidement être faite au brouillon (faits, procédure, problème(s) de droit, solution). Le ou les problèmes de droit rencontrés font forcément référence à ce que vous avez vu en cours ou en TD. L'introduction du commentaire d'arrêt reprend bien sûr les faits et la procédure (de la manière la moins scolaire possible), les grands textes applicables, l'histoire s'il y en a une, et la fin doit annoncer le problème ou les problèmes rencontrés afin de faire votre annonce de plan. Faites une annonce bien claire. Quant au plan, la difficulté réside dans le fait de trouver deux parties équilibrées (alors qu'il n'y a qu'une branche au moyen du pourvoi par exemple). Il faut savoir parfois « couper » le moyen en deux et se servir de ce que l'on a vu en cours (arrêts, lois récentes, réformes en cours) et qui n'apparaît pas forcément à la lecture de l'arrêt. Le plus simple est bien sûr lorsque deux problèmes de droit bien distincts se détachent. Ne pas oublier : les deux sous-parties (A et B), les chapeaux introductifs et bien sûr la transition entre les deux parties.

Cass. soc., 30 octobre 2007, n° 06-44.757, F-P, Assoc. Maison de retraite Saint-Joseph c/ Daniel

LA COUR – [...]

Sur le moyen relevé d'office après avis donné aux parties :

• Attendu, selon l'arrêt attaqué (Rennes, 29 juin 2006), que Mme Daniel a été engagée, le 6 juin 2000, par l'association Maison de retraite Saint-Joseph en qualité d'agent de service ; que, par courrier du 20 février 2003, elle a été licenciée pour avoir porté des accusations de maltraitance sur les résidents à l'encontre d'une aide-soignante et pour avoir exprimé des critiques régulières à l'égard de l'infirmière, responsable du service ; qu'elle a saisi la juridiction prud'homale d'une demande en paiement de dommages-intérêts pour licenciement sans cause réelle et sérieuse ;

• Attendu que l'association Maison de retraite Saint-Joseph fait grief à l'arrêt de l'avoir condamnée à payer à Mme Daniel une indemnité pour licenciement sans cause réelle et sérieuse, alors, selon le moyen, que l'exercice par le salarié de sa liberté d'expression justifie son licenciement lorsqu'il en abuse, par l'emploi de propos injurieux, diffamatoires ou excessifs, contraires à son obligation de loyauté et de réserve ; qu'il résulte des constatations de l'arrêt que Mme Daniel a porté de graves accusations à l'encontre d'une aide-soignante : « maltraitance vis-à-vis des résidents, elle est nulle, elle est stressée, elle stresse tout le monde, il faut repasser derrière elle », ou bien : « ne change pas les résidents car ils ont des draps sales, ils sont retrouvés avec de la crasse, des rougeurs, la peau abîmée, les cheveux non lavés, les pieds crasseux » ; qu'en retenant que de tels propos, quel que soit leur bien-fondé, n'étaient pas de nature à justifier le licenciement de Mme Daniel qui n'était pas la seule à critiquer son travail et qui n'avait pas contribué à créer un climat malsain dans l'entreprise, au lieu de rechercher si Mme Daniel avait abusé de son droit d'expression par des imputations malveillantes, excessives et de nature à porter atteinte à la réputation de son employeur, la cour d'appel qui a déduit un motif inopérant, a privé sa décision de base légale au regard des articles L. 120-2 et L. 122-14-3 du Code du travail, ensemble l'article 1134 du Code civil ;

• Mais attendu qu'il résulte de l'article L. 313-24 du Code de l'action sociale et des familles que, dans un établissement accueillant des personnes âgées, le fait qu'un salarié a témoigné de mauvais traitements infligés à une personne accueillie ou relaté de tels agissements ne peut être pris en considération pour décider de la résiliation du contrat de travail ou d'une sanction disciplinaire ; que, par ce seul motif de pur droit, l'arrêt se trouve légalement justifié ;

Que le moyen n'est pas fondé ;

Par ces motifs :

• Rejette [...]

Correction du commentaire d'arrêt

Thème principal « la liberté d'expression » (La connaissance des dispositions relatives au Code de l'action sociale n'est pas nécessaire en soi pour connaître utilement l'arrêt).

Le Code de l'action sociale et des familles consacre en son article L. 313-24 une véritable immunité d'expression, à la fois de témoignage et de liberté de parole, au profit des salariés qui dénoncent certains traitements dégradants dans les établissements où ils exercent leur profession. Tel l'article L. 122-45 du Code du travail (ancien, nouvellement L. 1132-1) qui porte interdiction générale de toute forme de discrimination, l'article L. 313-24 prohibe plus spécialement une discrimination qui serait exercée par l'employeur du seul fait de « critiques » portées par les salariés dans les établissements concernés. C'est par une simple application de ce dernier article (motif de pur droit) que la chambre sociale de la Cour de cassation dans son arrêt du 30 octobre 2007 condamne le licenciement d'une salariée engagée en qualité d'agent de service d'une maison de retraite, licenciement qui avait été décidé en raison du fait que cette personne avait exprimé des critiques régulières à l'égard de l'infirmière responsable de service.

L'article L. 313-24 va bien au-delà, en vérité, des dispositions protectrices des libertés fondamentales du salarié en droit du travail, dont la liberté d'expression qui est une liberté de l'esprit.

En effet, en droit du travail, les salariés ne bénéficient de par la loi que d'un droit à l'expression collective (art. L. 461-1 du Code du travail ancien), qu'il ne faut pas confondre avec la liberté personnelle d'expression. Ce droit existe dans la loi depuis 1982 mais il ne peut s'exercer que dans les conditions prévues par les textes, c'est-à-dire dans le cadre de réunions collectives organisées sur les lieux et pendant le temps de travail. C'est la raison pour laquelle il ne peut être confondu avec le droit à la liberté personnelle d'expression qui est une liberté individuelle fondamentale du salarié.

I. L'affirmation de la liberté d'expression

La liberté d'expression est affirmée par des textes nationaux et internationaux (art. 10 et 11 de la Déclaration des droits de l'homme et du citoyen, art. 10 de la Convention européenne de sauvegarde des droits de l'homme et des libertés fondamentales, Résolution 1165 [1998] de l'Assemblée parlementaire du Conseil de l'Europe sur le droit au respect de la vie privée).

En droit du travail français, cette liberté a été reconnue possible, hors de l'entreprise, dans une célèbre affaire « Clavaud » (Cass. soc. 28 avril 1988, Bull. V n° 257). Les juges avaient à l'époque considéré que le salarié était libre, en dehors de la sphère de l'entreprise, donc en dehors de toute subordination juridique, de s'exprimer sur ses conditions de travail.

La liberté d'expression a été étendue à la sphère de l'entreprise (Cass. soc. 14 décembre 1999, Pierre c. SNC Sanijura, Les grands arrêts du droit du travail n° 13, Dalloz, éd. 2004, Dr. soc. 2000, p. 163, obs. J.E. Ray). Il s'agissait d'un cadre « de très haut niveau » qui avait exprimé des réserves à propos de la politique de l'entreprise lors d'une réunion du comité de direction. Au visa de l'article L. 120-2 du Code du travail, les juges ont considéré que le licenciement qui reposait sur le manquement supposé à une obligation de loyauté du cadre était dépourvu de cause réelle et sérieuse car il n'avait fait qu'user de sa liberté d'expression. Nul doute que le statut particulier de ce salarié et le lieu « fermé » où s'est exercée l'expression ont favorisé la décision de la Cour de cassation. Un droit de critique des cadres dirigeants semble affirmé dans cet arrêt.

(NDA : Il aurait été possible de faire dans cette première partie deux sous-parties : A – La reconnaissance de la liberté d'expression, B- L'extension de la liberté d'expression.)

La liberté d'expression des salariés, qui jouit depuis ces arrêts d'une protection en tant que liberté fondamentale, cesse quand l'abus est constaté dans l'exercice de cette liberté.

II. De l'exercice légitime à l'abus de la liberté d'expression des salariés dans l'entreprise

Le principe qui conduit l'application de l'exercice de la liberté d'expression est que le salarié jouit pleinement de cette dernière sauf abus de sa part. L'employeur ne peut de son côté apporter des restrictions à cette liberté qu'en respectant les principes conjoints de proportionnalité et de finalité (ancien article L. 120-2 C. travail devenu L.1121-1).

Mais qu'est-ce que l'abus ?

Les juges font une appréciation cas par cas de l'exercice légitime ou abusif de la liberté d'expression. Ainsi, ne commet pas un abus dans sa liberté d'expression un directeur du service d'exportation licencié pour divergences de vues avec son employeur alors que la mésentente s'est exprimée par des termes généraux et qu'aucune injure ou aucun propos diffamatoires ne pouvaient être reprochés au salarié (Cass. soc. 25 janvier 2000, SA William Pitters international c/ Deglane et autre). En revanche, encourt le licenciement pour faute grave une salariée qui fait connaître dans une lettre son opinion sur son supérieur hiérarchique, les propos contenus dépassant les limites de l'admissible (Cass. soc 9 février 2000, Galian c/ SA Provens télécommunications). Dans un arrêt Floutier du 2 mai 2001 (Floutier c/ SA Cofinindex n° 98-45.532, *Liaisons sociales*, n° 718 du 14 mai 2001), la Cour de cassation a considéré que les faits reprochés à la salariée ne caractérisaient pas l'abus : il s'agissait d'envoi limité dans le temps de plusieurs courriers, dont seul l'employeur était destinataire (la liberté d'expression ne permet en effet pas aux salariés concernés de diffuser leurs propos dans l'entreprise) et qui répondaient à un avertissement que la salariée jugeait injustifié. Cette dernière avait exercé légitimement sa liberté d'expression et elle n'aurait pu en abuser que si les propos avaient été diffamatoires ou injurieux, autrement dit s'ils avaient dépassé le cadre de la liberté.

Madame Daniel, salariée qui avait fait l'objet d'un licenciement dans l'arrêt commenté du 30 octobre 2007, avait dénoncé les agissements, notamment de maltraitance, d'une aide-soignante vis-à-vis des résidents de la maison de retraite où elle exerçait. Le pourvoi de l'employeur mentionne « l'abus » dans la liberté d'expression justifiant le licenciement « par l'emploi de propos injurieux, diffamatoires ou excessifs, contraires à son obligation de loyauté et de réserve ». De tels propos constitueraient effectivement des abus de la liberté d'expression pour n'importe quel autre salarié. Mais l'immunité affirmée par le Code de l'action sociale et des familles l'exonère de toute modération en raison du travail exercé et de la fragilité des personnes résidant dans les maisons de retraite.

Une précision doit être apportée quant aux conséquences attachées à la rupture. Le texte de l'article L. 313-24 du Code de l'action sociale et des familles prévoit *in fine* que le juge peut prononcer la réintégration si le salarié le souhaite. Est-ce à dire que licenciement prononcé à l'encontre d'un salarié d'un établissement concerné par le texte est toujours nul ?

La Cour de cassation a eu l'occasion de répondre à cette question dans le mois précédant l'arrêt ici commenté. Cette décision concernait le directeur adjoint d'un centre accueillant des travailleurs handicapés qui avait été licencié pour faute grave pour avoir témoigné de mauvais traitements. Le salarié avait contesté son licenciement et demandé sa réintégration, ce qu'il avait obtenu devant le conseil des prud'hommes qui avait assorti la demande d'une astreinte. La cour d'appel ayant confirmé la demande du salarié, l'employeur forme un pourvoi en cassation visant, notamment, à contester la décision de nullité du licenciement. En effet, selon le pourvoi, l'article L. 313-24 du Code de l'action sociale et des familles ne sanctionne pas expressément par la nullité le licenciement pris en considération, la réintégration invoquée n'étant qu'une possibilité pour le juge.

Par un arrêt du 26 septembre 2007 (Association Entraide universitaire c/ M. X, n° 06-40039) la Chambre sociale de la Cour de cassation pose pour principe que *« le pouvoir reconnu par ce texte* (c'est-à-dire l'article L. 313-24) *au juge de prononcer la réintégration du salarié licencié implique nécessairement que le licenciement est nul »*. Il est par la suite précisé que dès lors que la lettre de licenciement fait référence à des reproches faits au salarié pour avoir dénoncé des actes de maltraitance, la cour d'appel en a exactement déduit, sans avoir à examiner les autres griefs invoqués, que le licenciement était nul. Et, si la décision de réintégration n'est pas exécutée, le salarié a droit en sus des indemnités de rupture et pour licenciement illicite, à une indemnité égale à la rémunération qu'il aurait perçue jusqu'à la date de sa renonciation à la réintégration.

La liberté d'expression est bien une liberté fondamentale mais elle connaît des applications diverses, organisées par l'application de l'article L. 120-2 (nouvellement L. 1121-1)du Code du travail ou par des textes spéciaux comme l'article L. 313-24 dont il est question ici. Par ailleurs, même si ce dernier texte ne prévoit pas expressément la nullité du licenciement, on comprend que les juges ont voulu protéger les salariés concernés par un dispositif dissuasif pour les employeurs. Ils sont en quelque sorte des salariés protégés, non pas en raison de leur mandat mais du fait de l'entreprise pour laquelle ils travaillent et de la fragilité des personnes qui y résident. Ces dernières souffrent en effet d'une forme de « discrimination indirecte » lorsque les maltraitances dont elles font l'objet ne peuvent être dénoncées. On peut y voir alors une justification à la nullité du licenciement de ceux qui procèdent à de telles dénonciations.

(NDA : Là aussi deux sous-parties étaient envisageables : A – L'immunité de principe du Code de l'action sociale, B – La nullité de la sanction envisagée.)

Dissertation
Les fouilles dans l'entreprise

Conseils préalables :

La dissertation est de loin l'exercice le plus difficile selon nous car aucun élément ne vous est donné. Il ne faut la choisir que lorsqu'on est sûr d'avoir suffisamment de connaissances pour rédiger quatre ou cinq pages. L'introduction est essentielle (au minimum une page). On doit y trouver : la définition des termes du sujet, l'histoire, les règles de droit applicables, le droit international et / ou européen, le droit comparé et en « entonnoir » l'annonce du plan. Il ne s'agit pas de réciter son cours mais de faire coïncider ses connaissances avec le sujet, et ce de manière organisée. Là encore, ne pas oublier les sous-parties, les chapeaux introductifs et la transition entre les deux parties. Le cœur de la dissertation réside dans le IB et le IIA. Pour un devoir de L3, on acceptera par exemple que le IA soit un peu creux (rappel des règles de droit applicables alors qu'il vaut mieux les mettre en introduction), mais on l'acceptera beaucoup moins pour une copie de M2. De même, le IIB peut être un peu plus léger et amorcer des propos de conclusion. Mais ces petites indications ne valent que si vous manquez de connaissances ; normalement, tout est dans le cours !

En vertu du critère de subordination juridique qui caractérise le contrat de travail, le salarié doit être soumis au pouvoir de son employeur. La loi du 4 août 1982 « relative aux libertés des travailleurs dans l'entreprise » a réorganisé la répartition des pouvoirs dans l'entreprise : d'un côté sont affirmées les libertés des travailleurs mais, de l'autre, il n'est pas question de remettre en cause le pouvoir de direction de l'employeur. Ce dernier est double : l'employeur dispose tant du pouvoir de gérer librement son entreprise que de décider de la discipline dans cette dernière. Mais ce pouvoir de direction est de plus en plus limité et controversé. Il est entouré par des normes légales et impératives, par des conventions et accords, par un contrôle de l'inspection du travail, par l'obligation de consulter le comité d'entreprise sur les mesures importantes concernant l'organisation et le fonctionnement de l'entreprise. Parmi les mesures que peut être amené à prendre un employeur, la fouille est l'une des plus délicates. Suspecté de vol de marchandises ou de données confidentielles, le salarié se trouve partagé entre les droits et libertés dont il dispose mais aussi le pouvoir de sanction dont l'employeur est titulaire ; dans tous les cas, les fouilles sont difficiles à organiser et peuvent créer un climat de suspicion générale mal vécu par les salariés et nécessitant un contrôle du juge. C'est pourquoi les fouilles sont valables si elles respectent certaines conditions (I) et concernent des domaines bien particuliers de la surveillance de l'entreprise (II).

III. Les conditions justifiant une fouille

Les fouilles ne peuvent être mises en œuvre que dans des circonstances particulières (B) et à condition d'être proportionnées et légitimées par rapport à l'objectif que se fixe l'employeur (A).

A. Proportionnalité et finalité de la mesure

La légitimité de la fouille organisée par l'employeur s'apprécie au regard de l'article L. 1121-1 du Code du travail selon lequel « Il ne peut être apporté aux droits des personnes et aux libertés individuelles et collectives des restrictions non justifiées par la nature de la tâche à accomplir ni proportionnées au but recherché ». Depuis son insertion au sein du Code du travail en 1992, cet article est utilisé par le juge du contrat de travail chaque fois qu'une atteinte à une liberté fondamentale des salariés est suspectée. Cela vise donc aussi bien les atteintes aux libertés spécifiques que l'atteinte à la vie privée qui est ici concernée. La fouille sera donc considérée ou non comme légitime en fonction de sa pertinence et de son caractère proportionné. Par exemple, une fouille systématique des effets des salariés alors que l'entreprise ne peut justifier de mesures collectives de sécurité apparaîtra comme disproportionnée.

B. Circonstances permettant une fouille

Les fouilles peuvent être organisées de manière préventive dans les entreprises où l'on fabrique des métaux précieux, des bijoux de grande valeur qui peuvent se dérober facilement. L'activité même de l'entreprise justifie alors un tel contrôle avant même tout vol de marchandise. Il en va autrement dans les cas de figure où une entreprise connaît un grand nombre de vols et décide alors de faire un contrôle systématique, mais peut-être plus limité dans le temps, afin de dissuader les salariés qui se rendent coupables de tels méfaits.

Dans les entreprises occupant au moins vingt salariés et devant donc élaborer un règlement intérieur, ce dernier document organise obligatoirement les modalités des fouilles. Pour être licite et non abusive, la clause du règlement intérieur doit limiter la vérification des objets emportés par les salariés, notamment en cas de disparitions de matériel ou de risques particuliers de vol dans l'entreprise. De la licéité de la clause dépendra la validité de la sanction prise à l'encontre du salarié. En cas de clause abusive, le juge pourra annuler la sanction. Quant à la manière dont doivent se dérouler les fouilles, des mesures visant à protéger la dignité et l'intimité des personnes concernées (fouilles au corps) doivent être prévues. Des dommages-intérêts pourraient être alloués au salarié dont la fouille s'est déroulée dans des conditions indignes ou vexatoires.

Une fois les conditions permettant la mise en œuvre de fouilles rappelées, il convient de s'intéresser aux principaux domaines dans lesquels elles s'effectuent.

IV. Les modalités pratiques des fouilles

En pratique, la jurisprudence s'est principalement intéressée à trois catégories de fouilles.

A. La fouille du salarié ou de ses objets personnels

Les fouilles corporelles ou des effets personnels ne sont autorisées que dans la mesure où le but recherché par l'employeur est proportionnel à la mesure employée, c'est-à-dire éviter des vols ou autre dans l'entreprise. Elles concernent les objets personnels mais aussi les véhicules garés sur le parking de l'entreprise.

Parfois, les fouilles, même si elles ne sont pas prévues dans le règlement intérieur et à partir du moment où elles ont un caractère exceptionnel, sont quand même justifiées. Tel est le cas de figure dans lequel se trouvait la société M6 qui avait, suite aux attentats de 1995, organisé une fouille des sacs à l'entrée de ses locaux. Un délégué syndical ayant forcé le passage et refusé d'ouvrir sa sacoche, avait fait l'objet d'une mise à pied qu'il contestait. Invoquant l'ancien article L. 120-2 du Code du travail, les juges ont accueilli la mesure décidée par l'entreprise car cette dernière avait averti les représentants du personnel, la mesure était temporaire et exceptionnelle et était justifiée par des raisons de sécurité. Le salarié avait donc bien commis une faute qui pouvait être sanctionnée par une mise à pied (Cass. soc. 3 avril 2001).

En dehors de ces circonstances exceptionnelles, la Cour de cassation a précisé de manière plus générale que l'employeur ne peut vérifier le contenu des sacs de ses salariés qu'avec leur accord et à la condition de les avoir avertis de leur droit de s'y opposer et d'exiger la présence d'un témoin, s'agissant d'un salarié ayant dérobé 300 emballages en plastique et ayant été licencié pour faute grave. En l'espèce, le licenciement a été reconnu comme dépourvu de cause réelle et sérieuse en l'absence d'information de l'employeur sur le droit du salarié de s'opposer à la fouille de son sac (Cass. soc. 11 février 2009). Que faire alors s'il refuse (puisqu'il s'agit bien d'un droit au refus) ? Nul doute qu'il faille appeler les représentants de l'ordre (officier de police judiciaire) en espérant que le salarié accepte de les attendre... Si le salarié a été pris en flagrant délit de vol et qu'il ne restitue pas spontanément l'intégralité des objets volés, l'employeur peut le faire conduire immédiatement devant l'officier de police judiciaire le plus proche pour qu'il soit procédé à sa fouille. Il est en droit de retenir l'intéressé durant le temps nécessaire à sa présentation.

B. L'ouverture des armoires individuelles

L'employeur peut mettre à la disposition de ses salariés des vestiaires individuels où ils peuvent ranger leurs effets personnels. Concernant la fouille de ces casiers, les juges ont rappelé, en visant l'article L. 120-2 ancien du Code du travail, que l'employeur ne peut procéder à l'ouverture de l'armoire individuelle d'un salarié que dans les cas et conditions prévus par le règlement intérieur et présence de l'intéressé ou celui-ci prévenu (Cass. soc. 11 décembre 2001). L'employeur, dans cette affaire, reprochait au salarié la détention de canettes de bière dans son armoire et il en avait effectivement trouvé trois, ce qui avait entraîné le licenciement du salarié pour faute grave. La Chambre sociale reprend en fait des solutions qui avaient été données par le Conseil d'État dans une affaire Gantois de 1987 (information du salarié sur l'ouverture de son casier) et dans une autre affaire de 1987, l'affaire Centre Renault agriculture (sur l'exigence de la présence de l'intéressé).

Dans un arrêt du 15 avril 2008, l'ouverture est licite, déclarent les juges, dès lors que le salarié a été personnellement prévenu, et ce même s'il était absent au moment de l'ouverture. Il s'agissait d'une affaire où l'employeur avait trouvé dans le casier du salarié des objets appartenant à l'entreprise à l'occasion d'une opération d'ouverture de tous les casiers non identifiés. Le salarié ayant été prévenu trois semaines à l'avance par affichage sur son propre casier de la date d'ouverture de tout vestiaire non identifié, la fouille était possible.

C. Fouille du bureau du salarié et de son ordinateur personnel

L'employeur ne peut librement prendre connaissance des dossiers et documents détenus par le salarié dans le bureau mis à sa disposition pour l'exécution de son travail. Comme pour les fichiers stockés sur l'ordinateur du salarié, il faut distinguer selon que ces documents ont été ou non identifiés par le salarié comme étant personnels (arrêt Nikon, 2 octobre 2001). S'ils ne l'ont pas été, ces documents sont présumés avoir un caractère professionnel, de sorte que l'employeur peut en prendre librement connaissance (Cass. soc. 18 octobre 2006). Dans le cas contraire, le respect de la vie privée impose à l'employeur de ne les consulter qu'en présence de l'intéressé ou celui-ci dûment appelé.

Index

Les chiffres renvoient aux numéros de paragraphes.

Table des matières

Titre 1. Présentation générale du droit du travail

Titre 5. Les ruptures du contrat de travail et leurs conséquences

Achevé d'imprimer en janvier 2011 par EMD S.A.S. (France)
N° éditeur : 2011/075 - Dépôt légal : janvier 2011 - N° d'imprimeur : 24421